KB174479

탈서구중심주의와 그 너머 2

탈서구중심주의와 그 너머 2

: 한국 정치사상사의 재구성

1판 1쇄 | 2022년 2월 18일

지은이 | 강정인, 김영수, 손현주, 유불란, 이상익, 장인성, 전재호, 정종모, 황종원

펴낸이 | 정민용
편집장 | 안중철
편   집 | 강소영, 심정용, 윤상훈, 이진실, 최미정

펴낸 곳 | 후마니타스(주)
등록 | 2002년 2월 19일 제2002-000481호
주소 | 서울 마포구 신촌로14안길 17(노고산동) 2층
전화 | 편집_02.739.9929/9930 영업_02.722.9960 팩스_0505.333.9960

블로그 | blog.naver.com/humabook
트위터, 페이스북, 인스타그램 | humanitasbook
이메일 | humanitasbooks@gmail.com

인쇄 | 천일_031.955.8083 제본 | 일진_031.908.1407

값 25,000원

ⓒ 강정인, 김영수, 손현주, 유불란, 이상익, 장인성, 전재호, 정종모, 황종원 2022
ISBN 978-89-6437-395-8 94300
     978-89-6437-393-4 (세트)

탈서구중심주의와 그 너머

2

한국 정치사상사의 재구성

POST
EURO
CENT
RISM

강정인 김영수 손현주 유불란 이상익 장인성 전재호 정종모 황종원 지음

후마니타스

| 책 출간에 붙여 |

이 책은 서강대학교 '글로컬사회문화연구소'(이하 '연구소'로 표기함)의 연구 결과물이다. '연구소'는 한국연구재단의 후원을 받아 2011년부터 3단계의 연구를 수행해 왔다. '서구중심주의의 사상적 극복 가능성에 대한 예비적 모색'(소형 단계), '탈脫서구중심주의를 지향하는 다양한 사상적 대응의 비판적 검토: 이론적 심화와 지역적 확장'(중형단계), '탈脫서구중심주의적 미래의 모색: 교차·횡단·공존의 사상적 모델을 찾아서'(대형단계)라는 제목의 연구들이다. 소형단계에서는 우리 자신과 학계의 뿌리 깊은 서구중심주의를 반성하면서 극복 가능성을 성찰했다. 중형단계에서는 탈서구중심주의의 이론과 방법을 모색하면서 다양한 지역의 탈서구중심적 대응 사례를 검토했다. 대형단계에서는 비교사상 연구를 통해 탈서구중심주의를 지향하는 대안적 사상을 마련하기 위한 이론적 자원을 확충·심화하고자 했다. 특히 한국과 동아시아라는 공간적 지평 위에서 전개된 역사를 반추하고, 현대 과학기술의 혁신적 발전이 만들어내는 정치적 함의를 면밀히 추적함으로써 대안적 사상 모델을 구체화하고자 했다. 소형과 중형단계의 연구결과들은 이미 단행본으로 출간되었고, 이 책은 대형단계의 연구 결과를 정리한 것이다.

1. 한국 정치사상의 당면 과제

사상은 '개념으로 포착된 그 시대'이다. 즉, '시대의 흐름, 전개, 그 최종적 결과를 일정한 인식 틀에 따라 포착함으로써 개념적 일관성을 부여'하는 것이다. 또한 이 과정에서 '한 공동체가 겪었던 역사적 경험을 반성하면서, 보다 발전된 형태로 계승하는 작업'이기도 하다. 한 공동체를 건전하게 유지·존속하고, 다음 세대로 계승하자면, 이런 과제는 피할 수 없다.

한국은 19세기 말 이래 수다한 이념이 엇갈리며 격렬하게 대립했다. 지금도 그 여진餘震이 계속되고 있다. 그래서 근대 한국 정치사를 사상적으로 개념화하여 파악하는 작업은 한층 중요하다. 이런 과정 없이 정신적 성숙은 불가능하다. 정신적 성숙은 자신을 돌아보고 반성하는 가운데 보다 높은 단계로 이행할 때 가능하기 때문이다. 때로는 돌아보고 싶지 않은 과거와 마주하고, 떠올리기 힘든 기억을 끄집어내며, 인정하고 싶지 않은 과오를 되새기는 고통스러

운 작업이 동반될 것이다. 정치공동체 역시 이 단계를 생략하고서
는 새로운 단계로 옮겨 가기 어렵다. 해방 이후 산업화, 분단 극복,
민주화를 지향하면서 근본적 변화를 겪어온 한국 역시 그 경험에
걸맞은 정신적 심화가 동반되지 않으면 '선진국가', '일류국가'로
올라서기 어렵다. 이념 갈등과 정치적 혼란에서도 벗어나기 어려울
것이다.

한국 정치사상이란 한국에서, 한국 정치사상을 연구하는 것만으
로는 부족하다. 한국 사회의 역사적 경험을 사상적으로 재구성함으
로써 당대의 시급한 문제와 대면하고, 한국 사회의 근본적 질문에
해답을 줄 수 있는 사상적 자원을 마련해야 한다. 그럴 때 비로소
그것을 '생명력 있는' 한국 정치사상으로 부를 수 있을 것이다. 한
국의 정치사상은 가장 절박한 문제를 극복하기 위한 사상적 비전을
제시해야 한다. 그 과정에서 현실을 개념적으로 재구성해내는 '독
자적인' 인식 틀이나 연구방법이 만들어진다면, 세계 학계에서 '한
국 정치사상' 분야를 확립할 수도 있을 것이다. 하지만 현대 한국
정치의 3대 과제를 산업화, 분단의 극복, 민주화라고 했을 때, 의미
있는 성과를 거두었다고 하기는 어렵다.

한편 정치사상은 이상적인 정치공동체의 비전과 운동을 담고 있
다. 그런 점에서 정치사상은 미래의 삶을 지향하는 좌표이자 시공
간을 초월하는 보편성을 갖고 있다. 그러나 정치사상의 보편성은
정치적 헤게모니에 깊은 영향을 받는다. 동아시아 전통 정치사상에
서 유교가 보편성을 갖게 된 것은 중국 중심의 질서라는 현실적 헤
게모니 때문이다. 근현대 서구 정치사상의 보편성은 자본주의와 근

대국가의 헤게모니를 장악한 서구의 물질적 힘이 배경을 이루고 있다. 한국도 근대화라는 이름으로 서구화를 추진하지 않을 수 없었다. 이에 따라 서구적 개념과 이론체계, 세계관에 따라가지 않을 수 없었다. 그 결과 서구 정치사상의 보편성이라는 인식에서 벗어나기 어려웠다.

한국의 정치사상 연구자들은 현대 한국 정치에서 가장 중요하고 심각한 문제에는 대체로 소홀한 편이었다. 그보다는 서구 정치사상이 제시한 추상적 개념, 예컨대 정의, 공동체, 자유 등의 연구에 몰두했다. 그러나 서구정치사상의 문제 틀에 함몰되어 자신이 발 딛고 서있는 시공간의 문제를 외면한다면 한국 정치사상은 존재의 의미를 찾기 어렵다. 플라톤, 헤겔, 마르크스, 로크, 홉스 등 서구 정치사상은 물론 공자, 맹자, 순자, 노자 등 중국 사상가들, 그리고 다산, 혜강 등 실학자의 정치사상은 바로 그때, 그곳의 가장 시급한 문제를 정면으로 다루고자 했던 현실적 대결의식의 산물이었다.

'미네르바의 부엉이'처럼 한국 근대 정치사를 사상적으로 깊이 포착하려면 근대화의 과제가 어느 정도 완성되어야 한다. 한국은 해방 이후 수많은 굴곡을 거쳤다. 물론 아직도 남북 분단, 민주주의의 심화, 지속가능한 경제발전이라는 과제를 안고 있다. 그럼에도 불구하고, 경제발전은 물론 민주주의에서 눈부신 성과를 거두었다. 이제 한국 사회과학의 자생적 성장을 논할 수 있는 단계에 이르렀다. 그러나 이러한 작업이 제대로 진척되지 않는 가장 큰 이유는 그 필요성이 절박하게 인식되지 않았기 때문이다. 그 주요한 원인 중 하나를 서구중심주의에서 찾고자 한다.

2. 서구중심주의란 무엇인가?

유럽중심주의/서구중심주의Eurocentrism는 "유럽을 자신의 세계관의 중심에 두는 생각이나 실천"(『옥스퍼드영어사전』)으로 정의된다. 유럽 또는 서구는 미국과 영국, 프랑스, 독일 등 서유럽을 포괄하는 용어이다. 즉 미국을 포함한 서유럽의 가치, 규범, 제도를 세계의 표준으로 받아들이고, 비서구인이 거기에 스스로를 일치시키고자 하는 인식과 행동을 가리킨다.

서구중심주의는 대체로 세 가지 명제로 구성되어 있다. 첫째, 근대 서구문명은 인류역사의 발전단계 중 최고의 단계에 도달해 있다(서구 우월주의). 둘째, 서구문명의 역사발전은 서양뿐 아니라 전 인류역사에 보편적으로 타당하다(서구 보편주의). 셋째, 역사발전의 저급한 단계에 머물러 있는 비서구사회는 서구가 달성한 문명화 또는 근대화를 통해 서구문명을 모방하고 받아들임으로써만 발전할 수 있다(서구화).

서구중심주의는 문화제국주의, 혹은 비서구인의 '의식의 식민화'로도 부를 수 있다. 핵심은 서구가 자신의 세계관, 규범, 가치를 비서구에 부과하고, 비서구는 스스로를 이에 일치시키려는 것이다. 비서구는 서구의 제도와 관행을 인류 보편으로 인정하고, 거기에 못 미치는 자신의 현실을 경멸하거나 아쉬워하면서, 토착적인 문화와 정체성을 스스로 무시하거나 경멸하게 된다. '서구=좋은 것=바람직한 것'이 되는 반면, '비서구=저발전=나쁜=바람직하지 않은 것'이 된다. 예를 들면, '서구'를 설명할 때는 '합리적, 이성적, 과학적, 진보적, 논리적, 활동적'이라는 용어가 사용되고, 비서구에는 그 반대이다. 이렇게 서구는 세계의 중심이자 보편이 되며, 비서구는 그것을 당연한 것으로 받아들이는 것이다.

서구중심주의의 뒷면은 오리엔탈리즘이다. 오리엔탈리즘은 요컨대 '비서구에 대한 서구의 왜곡과 편견'이다. 그 본질은 서양을 우월한 존재로, 비서구를 열등한 존재로 이분화하는 것이다. 비서구에 결여된 것은 민주주의, 시장경제, 인권 등이다. 그것을 갖춰서 서구와 같아질 때만 비로소 중심부로부터 인정받고, 세계 역사에 참여하게 된다. '중심부로부터 인정받는다'는 것이 매우 중요하다. 아무리 비서구가 눈부신 성과를 거두어도 중심부에서 인정해주어야 한다. 나의 눈이 아니라 남, 즉 서구의 눈이 판단 기준이다.

역사적으로 서구중심주의는 서구 제국주의와 인종주의의 산물이다. 제국주의를 통해 유럽은 자신의 세계관과 가치체계를 모든 비서구인에게 강요하고 주입할 수 있는 물리적·문화적 힘을 갖게 되었다. 여기에 더하여 서구는 백인종이 세계에서 가장 우월하다는 인적 편견까지 확산시켰다. 그 결과 비서구는 서구문명을 유일한 보편적 대안으로 인식하는 서구중심적 세계관을 내면화하여, 독자적인 세계관을 형성하지 못하고 궁극적으로 자기소외에 이르게 되었다.

서구 사회과학은 특정한 사회의 역사적 산물이다. 비록 보편성의 외투를 걸치고 있지만, 그것 역시 서구의 고유한 역사적 경험의 산물이다. 그러나 서구가 도달한 현재의 모습을 전범典範으로 설정하고 '목적론적 근대화'의 길을 밟았던 비서구는 서구 사회과학이 안고 있는 역사성과 고유성마저 자신의 것으로 내재화하려는 문제를 드러냈다. 예를 들면, 자기가 속한 사회의 시급한 문제보다는 서구 학계의 최신 쟁점에 더 관심을 쏟는 현상, 그리고 서구의 시각과 이론으로 자기 현실을 평가하면서 서구의 '모범적' 이론에 미치지 못하는 비서구의 현실에 자괴감을 느끼는 일들이 생기는 것이다. 한국 사회과학도 그동안 자신의 눈보다는 서구의 눈으로 자기 현실을 파악하고, 자신의 현실은 주변화시키는 '서구중심주의의 폐해'를 드러냈다. '학문의 대외 종속성' 혹은 '식민지화'라는 비난에서 자유로울 수 없는 것이다. 한국 정치사상 부문에서 이같은 서구중심주의의 폐해는 어떻게 나타나고 있을까?

3. 한국 정치사상과 서구중심주의

서구중심주의가 한국 정치사상 연구자들과 한국 정치사상에는 어떤 형태로 투영되고 있을까?

첫째, 문제의식의 서구화이다. 19세기 말부터 대다수의 한국 사상가들은 서구사상의 이해에 몰두해왔다. 이에 따라 전통 사상을 연구하는 학자들은 물론, 당대의 정치현실을 통찰하려는 이론가들역시 서구 정치사상의 틀에 함몰되었다. 그 결과 자기 사회에 대한 독자적인 문제의식을 형성하지 못하고 자기 사회의 맥락과 유리된 문제의식을 갖게 된다.

한때 유행했던 온갖 종류의 '포스트'가 그런 사례다. 근대화를 달성한 서구에서는 탈근대 혹은 근대 이후를 전망하고 설계하는 포스트가 타당하다. 하지만, 자유·인권·법치·민주주의 등 근대의 가치조차 제대로 완성하지 못한 우리의 현실에서 그런 이론들은 적실성이 크지 않았다. 서구에서 왕성하게 논의되고 있다는 이유로, 그 이론은 '빌려온 정당성'을 누렸다. 이에 따라 한국사회의 절박한 문제들을 사상적으로 재구성하려는 노력은 외면되고, 한국사회의 문제들이 서구적인 문제로 환원되면서 고도로 추상성이 높은 관념의 세계로 증발해버린다.

둘째, 서구 이론에 따른 한국 사상의 동화주의적 해석이다. 어느 사상이나 원산지가 있고 수입국이 있다. 수입국은 자신의 문제의식과 맥락에 맞게 그 이론을 받아들여 수정·보완한다. 그 과정에서 자신의 상황에 맞도록 사상의 재맥락화 작업이 진행되며, 궁극적으로는 사상의 토착화가 이루어진다. 서구 자유주의도 영미권, 프랑스, 독일 등 지역에 따라 그 성격은 조금씩 다르다. 그 사상을 받아들인 문제의식과 사회상황이 다르기 때문이다.

그런데 비서구 학자들은 서구의 세련된 이론에 비추어 그에 모자라는, 혹은 그 이론과 어긋나는 부분을 들어 비서구 사회를 비판한다. '한국 자유주의는 가짜', '한국의 보수는 사이비' 등의 비난도 그 한 예일 것이다. 누구와 견주어 가짜 혹은 사이비인가? 결국 서구 어느 나라의 '오리지널'과 다르다는 말이다. 이렇게 비서구의 사상은 언제나 서구 정치사상의 그림자에 불과하고, 서구 원산지 이론에 못 미치는 성토의 대상이 된다. 결국 사상을 원본과 다르게 만든 한국 사회의 문제의식, 그 문제의식에 따른 사상의 수정과 변용, 그렇게 해서 만들어진 '한국판 ○○주의'의 독특한 성격에 대한 물음은 사라진다.

셋째, 정치사상 분야들 사이의 단절이다. 서구 정치사상가 혹은 이론가들이 항상 인용하는 플라톤, 아리스토텔레스, 홉스, 로크, 루소, 마르크스 등은 서구의 전통이다. 그 전통에 입각하여 논변을 제기하며 동시대의 문제의식에 맞게 사상을 재구성한다. 우리의 정치사상 분야는 서양 정치사상, 동양 정치사상, 한국 정치사상으로 나누어져 있는데, 각 분야별 지적 교류가 거의 없다. 서양 정치사상의 연구자들은 전통 정치사상을 잘 언급하지 않는다. 심하게 말하면, 알려고 하지도 않는다. 동양 혹은 한국 정치사상의 경우, 서양 정치사상의 패권이 워낙 강하기 때문에 서양의 대가들을 인용하지만, 서양의 사상을 끌어들일 뿐 더 깊이 알려고 하지 않는다.

서구의 학문은 세련된 논변과 이론적 도구를 갖추었다. 이 때문에 서구 학문이 세계의 학문 표준으로 자리 잡고 있다는 사실을 무시하면 안 된다. 본 연구가 지향하는 탈서구중심주의는 서구 학계의 학문적 성과를 인정하고 서구의 지적 자원을 충분히 활용하고자 한다. 나아가 그것을 우리의 문제의식과 맥락에 맞게 재구성하여, 궁극적으로는 '자신의 눈으로 자신이 속한 세상을 바라보는' 이론을 만들고자 한다. 이 작업에는 전통 정치사상과 서양 정치사상의 풍부한 지적 유산이 모두 필요하다. 난점은 이 분야들 사이의 지적 교류가 잘 이루어지지 않고 있다는 사실이다. 심하게 말하면 거의 단절에 가깝다. 서구의 지적 자원과 학문적 방법을 빌려 전통 정치사상을 현대적 맥락에 맞게 재구성하려는 노력, 전통 정치사상의 자원을 원용한 서구 정치사상의 창조적 재해석은 계속 미루어지고 있다.

다음으로 한국 현대 정치사상에서 투영된 서구 중심주의의 그림자를 살펴보자.

서구와 비교하여 한국 현대 정치사상의 가장 중요한 특징은 자유주의, 보수주의, 급진주의 등 서구의 여러 이데올로기들이 압축적·동시적으로 유입, 수용되었다는 사실이다. 그리하여 정치사상이 내재적 계기를 거치며 자생적으로 성장하기보다, 그 계기를 생략·압축한 채 외형만 수용되는 양상을 보였다. 물론 19세기 말 이래의 역사적 도전에 대응하여 서구 정치사상을 이해하고 정착시키려는 노력이 부단히 경주되었다. 그 결과 1919년 상해임시정부는 민주공화국을 선포한 것이다.

다만 대한제국과 일제강점기, 해방 후 정치사상의 수용을 보면, 사상마다 일정한 시간적 차이를 두고 유입되었다. 중국으로부터의 독립과 일본을 모방한 문명화가 가장 시급한 과제로 대두되었던 1890년대에는 근대 민족주의가 형성되는 가운데 사회진화론과 자유주의가 먼저 도입되었다. 3·1운동 이후에는 민족주의와 사회주의가 갈등을 빚었다. 해방공간에서는 '이미' 들어와 있던 자유주의가 '자유민주주의'라는 이름을 갖고 사회주의와 치열하게 대립했다.

이러한 역사적 궤적에서 공통적으로 드러나는 특징은 세 가지이다. 첫째, 세계체제의 주변부인 한국이 외세에 의한 생존 위협을 극복하기 위한 방안을 모색하는 과정에서 사상의 수용이 이루어졌다는 점이다. 개화기 초기에는 서구의 사상과 이념은 배척하고 신문물만 받아들이는 방향을 취했다(동도서기). 하지만 점차 서구의 물질문명 이면에 독특한 사상이 내재되어 있다는 사실을 인식하게 되고, 그러한 사상도 도입해야만 문명개화를 이룩할 수 있다는 생각이 확산되었다. 이때 한국에 들어온 서구의 사상은 '빌려온 정당성'을 누렸다. '왜 정당한지' 설명할 필요는 없다. 중심부에서 왔다는 사실 그 자체로 당연히 정당한 것이 되는 것이다.

이처럼 서구를 우리가 도달해야 할 목표로 삼고, 그 수단으로 도입된 사상 역시 '당연히' 옳고, 또 우리에게 필요한 것이라는 전제가 이미 개화기부터 마련되었다. 이러한 인식 아래 '어떻게' 하면 우리도 '빨리' 그것을 실현할 수 있는가 하는 문제가 초미의 관심사가 되었다. 민주주의 여건이 취약함에도 불구하고 대다수 한국인이 이미 민주주의가 바람직한 제도라는 데 합의했다는 사실에서도 그런 점을 엿볼 수 있다. 우리에게는 '왜 민주주의'보다는 '어떻게 그 실현'이 중요한 문제였던 것이다. 사회주의의 경우에도 마찬가지였다.

둘째, 서구 사상이 문명, 개화, 독립, 생존이라는 목표의 실현을 위해 도입되었기 때문에 사상의 현실적 유효성 여부가 대단히 중요했다. 곧 그것이 우리에게 왜 필요한 것인지 내재적인 철학적 기반이나 세계관의 면밀한 이해와 검토에 앞서, 우리에게는 그 사상이 얼마나 부국강병, 근대화, 독립 등의 목표에 '얼마나 더' 기여할 수 있느냐가 중요했다. 따라서 서구 원산지에서 전래된 이념이 한국 현실과 충돌하거나 근본적으로 모순된 요소를 갖고 있더라도, 국가의 목표라는 상위의 가치를 더 잘 실현시킬 수 있다면 적극 수용되었다. 이른바 '한국적' 이념으로의 '창조적' 변형이라는 수사가 그것이다. 역대 권위주의 정권은 국가안보, 경제성장, 반공을 우위에 놓고, 자유민주주의 앞에 '한국적', '행정적' 등 각종 수식어를 붙였다.

셋째, 한국의 근대 정치사상은 국가, 민족의 생존이라는 절박한 과제의 실현을 위한 이념적 도구로 수용되었다. 이 때문에 어떤 이념도 정당성을 입증하기 위해서는 민족주의의 틀에서 벗어날 수 없었다. 애국계몽기 개화지식인들은 국가의 독립과 부국강병을 위한 방편으로 민주주의 혹은 자유주의 도입을 논의했다. 1920년대 자유주의와 사회주의는 민족해방의 방법을 둘러싸고 큰 갈등을 빚었다. 아울러 해방 후 자유주의와 사회주의는 근대국가의 대안을 둘러싼 이념 대립이었다. 권위주의 정권은 먼저 부국강병을 달성하기 위해 자유를 유보하는 것이 불가피하다는 '한국적' 민주주의를 주장했다. 반면 저항적 자유주의는 먼저 민주주의를 이룩해야 부국강병도 가능하다고 맞섰다. 그렇지만 양측 모두 한국이 '세계에 자랑스러운 국가와 민족'이 되어야 한다는 최종 목적에는 의견이 같았다.

반공의 틀을 깨고 근본적으로 다른 발전 패러다임을 제기한 1980년대 급진주의 진영 역시 민중·민주·민족이라는 슬로건에서 보듯 민족의 자장磁場에서 결코 자유롭지 못하였다. 이들은 여전히 보수진영을 친일, 친미파 집단으로 비판한다. 한편 진보진영에 대한 한국 보수진영의 비판 역시 민족주의 수사학이다. 보수진영은 진보진영의 입장이 진정한 민족 이익에 배치된다고 비판한다. 다시 말해 한국의 정치 이념은 국가와 민족의 생존, 강국强國의 수사학에

간혀있다. 진보진영 역시 이러한 틀을 벗어나기 쉽지 않다.

정치사상은 당면한 사회경제적 문제를 진단하고, 어떻게 대응할 것인지에 대해 방향을 설정하는 역할을 한다. 서구가 완제품으로 내놓은 답변들을 추종할 때, 그리고 더 빨리 그리고 가장 효율적으로 서구를 따라잡는 것이 최우선의 목표였을 때는, 우리 사회가 밟아온 근대화의 경로를 반성하고 이를 바탕으로 장기적인 국가적 비전을 정립하는 과제는 뒤로 미루어졌다. 물론 한국 사회는 압축적 근대화를 통해 '민족국가의 수립', '민주주의의 형성', '사회경제적 근대화'라는 근대화의 핵심 의제를 성공적으로 달성했다. 그러나 현재 사회적 양극화의 심화, 다문화사회로의 진입으로 야기된 국민 정체성의 문제, 민주화 이후 불거진 민주주의의 위기, '4차 산업혁명'으로 인한 급속한 사회 변동과 혼란 등 다양한 도전과 위기에 직면하고 있다. 이런 문제들에 대한 적절한 대응을 가로막고, 맹목적으로 서구의 가치를 '표준'으로 삼는 인식의 편향성, 즉 서구중심주의를 지양해야 한다는 데서 우리의 작업은 출발한다.

4. 탈서구중심주의 전략:
교차와 횡단, 공존과 융합

중심주의를 극복하기 위한 전략은 동화적assimilative; integrative, 역전적reverse; counter, 해체적deconstructive, 혼용적hybrid, syncretic 전략으

로 구분된다. 이를 서구중심주의에 대한 대응에 적용하여 구체화하면 다음과 같이 정리할 수 있다.

첫째, 동화적(또는 통합적) 전략은 비서구사회가 서구 문명이 성취한 보편적인 의미·결과를 수긍하면서 서구의 제도·관행·가치·문화 등을 적극적으로 수용하고, 그것에 동화(통합)하려는 전략이다. 즉, 서구적 가치의 구현을 통해, 서구와 어깨를 나란히 함으로써 서구 중심주의를 극복하려는 시도이다. 서구 사상에 의거해서 한국의 과거와 현재를 조망하고 서구의 현실에 대해서도 내재적인 비판을 할 수 있다고 보기 때문이다. 이런 시도는 종종 자본주의 맹아론처럼 한국의 과거에서 근대화·서구화로 진척될 수 있던 자생적 가능성과 한국 사회를 침체로 몰고 간 전통 가치 체계를 비판하는 노력으로 이어진다.

둘째, 역전적 전략은 서구 문명이 강압적으로 부과한 패권적 담론의 보편성 또는 우월성을 부정함으로써 동화를 거부한다. 나아가 자신이 속한 문명의 제도·관행·가치·문화의 독자성, 우월성 또는 보편성을 주장하고, 그것을 보존·강화하려는 전략이다. 전통적 가치 체계의 예외적이고 독특한 성격을 중시하고 서구적 가치의 보편성을 부정하는 시도라고 할 수 있다. 그런데 이 전략은 한국 사회의 부정적인 현실의 원인조차 서구 사상에 의한 왜곡에서 찾고 서구적 가치의 긍정적인 측면들까지도 거부하는 경향을 갖는다. 서구문명의 도전에 대응한 지금까지의 시도들은 대개 동화적 전략과 역전적 전략에서 벗어나지 못했다.

셋째, 해체적 전략은 푸코의 지식/권력 이론에 힘입은 것이다.

서구가 자신과 비서구의 차이를 서술하고 재현하는 과정 — 곧 지식의 생산과정 — 에는 이미 권력이 함축되어 있다. 서구중심주의는 바로 이러한 권력의 담론을 인식하는 데서 출발한다. 그리고 이지식/권력을 벗어나 타자(비서구)를 서구에 종속시키지 않으면서 재현할 수 있는 대안적 형태의 지식을 창조하고자 한다. 이 전략은 중심과 주변의 구분 또는 이를 가능케 하는 이항대립적 차이들(예를 들면 문명/야만, 현대/전통), 그리고 그 차이들을 규정하는 기준들이 단지 지배와 억압을 위해 중심에 의해 인위적으로 조작·구성·부과된 것으로 본다. 더 나아가 이러한 구분·대립·차이들이 사실상 또는 이론상 타당한 근거가 없다는 점을 들어, 그것을 해체하는 데 주력한다.

넷째, 혼융적 전략이란 서구의 일정한 이념이나 제도 등을 수용할 때 동화적·역전적 전략의 장점을 적극 수용하는 한편, 두 전략이 전제하는 서구와 비서구의 부당한 이항대립을 해체함으로써 앞의 세 전략들을 복합적으로 활용하는 시도이다. 혼융적 전략은 서구 문명과 비서구 문명 간에 존재하는 차이를 수렴하는 동시에 해소되는 계기를 발견함으로써, 두 문명을 호혜적으로 공존시키고 융합하고자 한다. 어느 하나가 다른 하나를 배제하는 것이 아니라 서로의 차이들을 인정하며 융합시키고자 하는 것이다.

동아시아와 서구를 놓고 본다면, 이 전략은 동아시아 국가들이 서구 문명의 일정한 요소들 — 예를 들어, 자본주의, 민주주의, 과학기술 등 — 을 수용하는 과정에서 서구적인 것과 아시아적인 것을 선별적으로 취사선택하고, 양자의 차이를 보존·수렴·해소하는 혼융을 통해 자신들에게 적합한 새로운 종합synthesis을 창안해내는 것을 말한다. 이는 과거의 전통을 서구적 가치에 비추어 비판적으로 재해석하여 계승하는 한편, 전통에 비추어 서구문물을 수정하여 선별적으로 수용하고 그 과정에서 양자의 차이를 해소하거나 공존시키는 과정을 수반할 것이다. 그 과정에서 서구 문명의 우수한 요소의 모방 및 수용(동화적 전략), 그리고 자기 문명의 긍정적 요소의 보존 및 갱신(역전적 전략)을 통한 혼융적 종합이 형성될 것이다.

우리의 전략은 동화적·역전적 전략을 통해 서구중심주의를 극복하려 한 종래의 시도가 일정한 한계를 보였다는 인식에서 출발한다. 혼융적 전략은 공간을 가로지르고 시간을 횡단하여 문명 간의 대화, 과거와 현재의 대화, 교차 문화적 대화를 추구하는 것이다. 교차와 횡단을 통해서 서구의 일원적 보편성에 동화되지 않고, 또 특수성에 의거하여 보편성을 거부하지도 않는 공존과 융합이 가능해진다. 우리 연구는 문명·국가·집단 간의 호혜적이고 평등한 관계를 구축하는 해방 이데올로기를 형성하기 위해, 과거·현재·미래 그리고 서구와 비서구를 교차·횡단하는 연구방법론으로 혼융적인을 탐색해왔다.

서구중심주의를 극복하기 위한 비교의 지평은 정치공동체의 근본적인 필요와 문제의식, 곧 '공동체는 어떤 가치를 실현해야 하고, 그 가치를 어떻게 실현할 것이며, 시대적 변화에 어떻게 대응해야 하는가'에서 출발해야 한다. 서구중심주의의 폐해란 결국 이런 문제의식을 패권적 중심주의에 기대어 쉽게 해결하려고 함으로써 애초의 문제의식은 물론 문제를 인식하는 자신의 존재조차 망각하는 데 있다. 반면 공존과 융합의 비전은 중심의 부재가 아니라 '비패권적 중심' 혹은 '비누적적 중심'에 대한 통찰에 기반을 두고 있다. 즉 공존과 융합은 문명·국가·집단 간의 호혜적이고 평등한 관계에 대한 비전을 제공함으로써 서구중심주의의 기반을 허무는 토대를 마련하려는 연구 전략이다.

교차와 횡단의 전략은 서구중심주의에 기반을 둔 근대적 보편성에 의해 열등한 것으로 비하되거나 은폐되어 있던 타자들의 존재를 드러내고, 소통과 이해를 가능하게 만드는 데 목적을 두고 있다. 전략으로서 교차와 횡단의 개념은 공존과 융합의 비전을 토대로 삼고 있다. 공존과 융합의 비전은 서구와 비서구, 국가와 집단 간의 상호이해와 소통에 기반을 둔 관계맺음에서 출발한다. 이를 통해 다층적이고 다원적인 서구적 가치와 비서구적 가치를 공동체의 주어진 조건과 과제에 맞추어 혼용하고 종합하여 최초에 수용된 것과 다른 새로운 것으로 창조해내는 것을 지향한다. 이러한 공존과 융합의 비전은 대안적 사상 모델이 한편으로 서구중심주의를 극복하기 위한 다양한 문화권의 시도는 물론 과거와 현재의 횡단이라는 거시적인 관점에서 일반적인 원칙과 이론을 정립해야 하지만, 동시에 한 정치공동체의 근본적인 필요와 문제의식 속에서 구체화되어야 한다는 것을 함축한다.

5. 대안적 사상 모델의 구축: 탈서구중심주의의 방법론

소형단계부터 대형단계까지 이 연구의 기본적인 문제의식은 정치사상의 영역에서 서구중심주의의 폐해를 극복할 수 있는 탈脫서구중심주의적 사상을 정립하려는 것이다. 탈서구중심주의post-Euro-centrism란 일차적으로는 서구중심주의 이후의 사상, 생각의 구조, 문화 사조 등을 의미한다. 문제는 접두사 'post'의 다양한 의미에 따라 탈서구중심주의가 다양하게 이해된다는 데 있다. 이 접두어에는 '이후'after, '반대'anti, '넘어서'trans, beyond라는 적어도 세 가지 의미가 있다. 이 연구는 탈서구중심주의를 세 번째 의미, 곧 서구중심주의라는 메타 이데올로기에 포함된 서구적 가치의 긍정적인 측면을 한편으로 수용하면서, 패권적 중심성을 극복하는 의미로 받아들인다.

이와 같은 탈서구중심주의는 서구의 패권적 중심성에 대한 비판적 성찰을 기반으로 하지 않은 채 서구중심주의 이후를 전망하거나 서구적 가치에 대한 전면적 부정만을 대안으로 삼는 사상과 거리를 둔다. 그것은 서구중심주의의 다원적·다층적 성격에 주목하고, 한 공동체의 주어진 조건 속에서 서구적 가치의 패권적 지배 구조를 공존과 융합의 구조로 변화시키는 시도를 함축한다. 이러한 작업을 위해 이 연구는 소형단계에서부터 서구중심주의를 극복하기 위한 (상위의) 방법론적 개념으로 '횡단성'transversality과 '교차 문화적 대화'cross-cultural dialogue를 강조했다.

교차와 횡단은 차이성을 가진 주체간의 소통을 통해 타자와 나를 동시에 변화시키는 사유의 운동이자 방법론이다. 이를 통해 서로 다른 사회의 '서로 다른 목소리'를 경청하고 타자의 독자성을 인정하며 상호간의 소통 가능성을 높이고 이를 토대로 다양성을 보존하는 종합을 이루고자 한다. 달리 말해, 교차와 횡단은 우리 자신을 타자의 시각으로 보고, 또 타자를 우리의 시각으로 교차해서 보는 과정을 통해 새로운 차이를 생성하는 것이다. 이 방법론은 차이에 대한 상호 이해와 중첩적 합의의 영역을 구축하고 넓혀 가는 것을 함의한다.

　교차와 횡단의 방법론에 입각한 대안적인 탈서구중심주의적 사상 모델은 한편으로 서구중심주의에 대한 일반적인 비판적 성찰을 담고 있어야 한다. 다른 한편, 해당 정치공동체의 근본적인 필요와 문제의식을 반영해야 한다. 서로 다른 문명·국가·지역에서 서구중심주의의 발현과 수용 양상이 상이하고, 그에 따라 탈서구중심주의의 문제의식의 양태 또한 공동체의 조건에 따라 다양하기 때문이다. 또한 탈서구중심주의적 사상을 정립하게 위해 활용될 수 있는 사상적 자원도 지역의 문화적 전통과 역사적 맥락에 따라 각기 다양하다는 사실도 고려되어야 한다.

　위와 같은 문제의식을 바탕으로 이 연구는 한국과 동아시아를 중심에 놓고, 탈서구중심적 사상의 모델을 정립하는 (하위의) 방법론적 원칙을 네 가지로 설정했다. ① '서양 정치사상의 한국화', ② '전통 정치사상의 현대화', ③ '현대 한국 정치의 사상화(또는 사상적 재구성)'가 그것이다. 그리고 이를 통해 ④ 지구화·정보화 시대에 한국의 탈서구중심주의적 미래 정치사상을 모색하는 것이다.

첫째, 서양 사상의 한국화는 서양 사상의 보편성에 의문을 제기하면서, 한국적 맥락에 비판적으로 수용하거나 그 대안을 고민하는 것이다. 둘째, 전통 사상의 현대화는 동아시아 및 한국의 전통 정치사상에 현대의 문제의식을 투영해서 그 사상을 확충하고 쇄신하는 작업이다. 위의 두 작업에는 전통 정치사상과 서양 정치사상을 비교·검토함으로써, 양자의 수렴가능성을 탐색하고 호환가능성을 확충하는 노력도 포함되어 있다. 이 경우 전통 사상의 관점에서 서양 사상을 비판하고, 서양 사상의 시각에서 전통 사상을 비판하는 교차 비판적인 작업은 서양 정치사상의 한국화는 물론 전통 사상의 현대화에도 크게 기여할 것이다.

셋째, 현대 한국 정치의 사상적 재구성은 현대 한국 정치의 독특성을 발견하여 독창적인 재구성을 시도하는 노력이다. 정치사상 연구자들은 한국 정치 현실에서 가장 중요하고 심각한 문제들이 무엇인가를 고찰하고, 이를 해결하기 위한 이론적 논변이나 사상적 비전을 전개해야 한다. 하지만 역설적으로 정치사상 연구자들의 노력이 가장 부진한 분야가 현대 한국 정치의 사상화 작업이다. 후발국으로서 한국의 3대 정치적 과제는 산업화, 민주화, 통일된 국민국가 건설이라고 할 수 있다. 21세기의 한국은 산업화와 민주화라는 목표는 어느 정도 달성했지만, 향후 한국 사회를 선도할 수 있는 이념적 좌표에 대한 공감대를 확보하지 못했다. 이를 타개하기 위한 작업이 현대 한국 정치의 사상적 재구성이다. 이러한 것들은 정치사상의 지평 혹은 존재 방식 자체의 전환을 촉진시키고, 한국 사회의 탈서구중심적인 장기적 비전을 제시하려는 의도의 소산이기도 하다.

넷째, 지구화·정보화 시대에 탈서구중심주의적 미래 정치사상을 모색하는 것이다. 과거나 현재에 머물지 않고 미래로까지 연구의 시간 지평을 넓히는 것이 필요하다. ICT 기술혁명에 따른 시대적 변화는 그 속도, 범위와 깊이, 시스템 충격이라는 측면에서 '제4차 산업혁명'으로 불리고 있다. 이 현상은 우리에게 위험과 가능성이라는 이중적 계기를 제공한다. 먼저 그것은 기술 격차의 확대를 통해 기존의 서구중심주의를 더욱 강화시킬 위험을 지니고 있다. 그러나 동시에 서구중심주의적 미래의 지속 가능성에 대한 비판을 통해 탈서구중심주의적 사상의 전개에 유리한 환경을 조성하기도 한다.

'탈서구중심적 미래정치사상'은 4차 산업혁명이 추동하는 미래 사회의 모습에 대한 서구학자들의 예견과 전망을 경계하는 데서 출발한다. 즉, 미래의 정치사상 역시 서구중심주의에 지배될 위험이 크기 때문에, 우리의 시각에서 미래상을 선제적으로 확보할 필요가 있다. 이처럼 지구화·정보화 시대에 한국의 탈서구중심주의적 미래 정치사상을 모색하는 것이 우리의 네 번째 방법론적 원칙이다.

이 연구는 기본적으로 탈서구중심적 한국 정치사상의 모델을 구축하려는 데 주안점을 두고 있지만 연구 공간을 한국으로 한정하지 않았다. 한국, 중국(대만), 일본 등 동아시아 국가들의 서구중심주의 극복 시도는 대안적인 사상 모델을 구체화하기 위한 공간적 지평이다. 공간적 지평으로서의 동아시아는 한국의 탈서구중심주의

사상을 정립하기 위한 직접적인 비교의 맥락을 제공한다. 한·중·일 3국은 동아시아 문명권 내에서 오랫동안 전통과 역사를 공유했지만, 근대 서구 문명의 수용과 변용의 과정에서 서구중심주의의 패권적 발현에 대해 제각기 다른 대응을 보여주었기 때문이다. '동아시아 현대 정치사상에서의 탈서구중심주의'는 전통 사상의 강국인 중국과 근대화를 선진적으로 달성한 일본의 정치사상에서 진행되었던 대안적인 탈서구중심적 시도를 발굴해 동아시아적 지평에서 탈서구중심적 정치사상을 모색하는 연구를 지칭한다. 다른 한편 이러한 시도는 전통적 사상 자원을 현대적으로 재해석하고, 현대를 비추는 거울로서 전통의 의미와 가치를 성찰함은 물론, 동과 서를 횡단하여 동아시아 사상과 서구 사상을 교차시키는 사상적 작업이기도 하다.

6. 이 책에 수록된 글들

1권의 주제는 '현대 한국 정치 이론의 공간적 지평'이다. 소주제는 ① 현대 한국 정치 이념의 재해석, ② 현대 한국 정치의 이론적 쟁점, ③ 현대 동아시아의 이념적 모색이다. 요컨대 현대 한국 정치의 이론과 이념, 그리고 현대 중국 정치와 일본 정치의 이념을 검토했다. 특히 급진주의, 보수주의, 민족주의 등 서구의 정치 이념이 현재 한국의 정치 현실에서 어떻게 재구성되고 있는지, 이런 통상적인 이념 분류를 넘어 이론과 개념을 중심으로 한국 정치 현실을 비판적으로 분석할 수 있는 방안은 무엇인지, 한국 정치사상의 전개를 비교·성찰하기 위해 동아시아 현대 정치사상의 전개 과정에서 어떤 점을 살펴보아야 할지를 다루었다.

2권의 주제는 '한국 정치사상사의 재구성'이다. 소주제는 ① 한국 정치사상의 전통, ② 전통 사상의 새로운 지평, ③ 한국 정치사상의 현재이다. 한국 정치사상의 과거, 과거의 변용과 새로운 모색, 그리고 현재의 상황을 검토한 것이다. 과거에서 가장 중요한 것은 유교의 전통이다. 과거의 변용에서는 유교, 그리고 새로운 세계상을 제시한 동학, 근대 서구 사상의 수용을 살펴보았다. 현재에서는 현대 한국의 국가주의와 민족주의, 가치관의 변화상을 조명했다.

제1부 "한국 정치사상의 전통"을 다룬 첫째 논문은 이상익의 글이다. 이 글은 아리스토텔레스의 시민과 맹자의 사민四民에 관한 논의를 비교, 검토했다. 그 목적은 동서의 고대 정치사상을 대표하는 아리스토텔레스와 맹자가 국가의 구성원을 어떻게 이해했는지 살펴보는 것이다. 결론은 아리스토텔레스의 시민 개념은 극히 제한적인 반면 맹자의 사민 개념은 보편적이라는 것이다. 통상 동양의 유교 정치사상은 '민본'民本, 서양의 민주주의 정치사상은 '민주'民主로 특징지워진다. 또한 유교 민본주의 정치에서 민은 '군왕에게 복종해야 하는 신민臣民'이었으나, 서양 민주주의 정치에서 민은 '자유롭고 평등한 시민市民'이었다고 본다. 그러나 이는 '민본'과 '민주'의 실상을 왜곡할 수도 있다. 아리스토텔레스는 재산(여가)과 교양(이성)을 시민이 갖추어야 할 자격으로 설정했다. 하지만 농·공·

상과 노예는 시민에서 제외했다. 이들에게는 재산과 교양이 부족하기 때문이며, 그들의 역할은 시민들에게 여가를 제공하기 위해 천역賤役에 종사하는 것이라고 보았다. 반면 맹자는 '모든 백성', 즉 '사·농·공·상'을 모두 '주권자'로 상정했다. 또한 '군왕은 통치권자에 불과하고, 국가의 주권은 백성에게 있다'고 보았다. 표면적으로 볼 때, 아리스토텔레스의 이상 국가는 '평등한 공동체'였고 맹자의 왕도 국가는 '위계적 공동체'였다. 그러나 아리스토텔레스의 이상 국가는 '시민 사이의 평등으로서, 일부 구성원만의 행복'을 보장하는 국가였다. 반면 맹자의 왕도 국가는 위계적이지만 '사민四民, 즉 모든 구성원의 행복'을 추구하는 국가였다. 그런데 맹자의 주장은 백성이 주권을 실질적으로 행사할 수 있는 구체적 방안을 제시하지 못했다는 점에서 한계가 있다. 반면 아리스토텔레스의 시민은 선거권과 피선거권 등 참정권을 지니고 폭넓은 정치적 자유를 누리면서, 국정에 참여하고 통치자를 통제할 수 있었다.

제1부의 둘째 논문은 김영수의 글로서, 세조대 김시습의 삶에 대한 후대의 평가를 검토하고 있다. 남효온, 윤춘년, 이이, 박세당의 김시습론이 대표적이며, 그들의 주요한 관점은 유교적 절의론이다. 유교 지식인들은 세계의 현실에 깊은 책임감을 가졌다. 일종의 앙가주망engagement, 즉 '자임'自任의 정신이다. 이때 절의란 부당한 현실에 저항해 정의를 회복하기 위한 실천이다. 비간比干이 주왕紂王의 폭정을 비판하다 죽은 것, 백이·숙제가 무왕의 역성혁명을 비판하고 수양산에서 굶어 죽은 것이 그 사례이다. 이처럼 절의란 유교 윤리와 현실 정치의 충돌에서 비롯된다. 조선조 절의를 대표하는

정몽주, 길재, 김시습, 조광조 등도 현실 정치의 부조리에 저항하다가 좌절했다. 이들은 유교의 순수 가치를 위해 헌신하다가 처형되거나 추방된 순교자들로서 인식되었고, 유교의 진정한 정신적 영웅으로 평가되었다. 그래서 모두 유교의 성전인 문묘에 종사되었다. 이 때문에 김시습에 대한 절의론을 검토해 보면, 조선의 정치사상과 정치 현실, 그리고 지식인의 정치 참여의 성격을 구체적으로 이해할 수 있다. 유교적 이상은 현실 정치와 공존이 쉽지 않다. 그래서 유교 지식인들은 현실 정치와 대면하는 방식에 대해 깊이 성찰했다. 출처관이 그것으로서, 절의는 그 이상적인 양식이다. 김시습론도 출처에 대한 조선 지식인들의 깊은 고뇌와 성찰의 산물이다. 김시습 자신도 절의를 유교의 다른 핵심 가치인 천명이나 인정仁政보다 더 높은 가치로서 평가했다. 정치 참여의 최종 목적을 민생보다 의리에 둔 것이다. 이는 조선 지식인들의 전형적 정치관으로 생각된다.

제1부의 셋째 논문은 유불란의 글로서, 최명길이 주화론 구축 과정에서 국가의 정치적 영역의 독자성과 우선적인 가치를 어떻게 구축해 나갔는지 살펴보았다. 통상 "척화론은 순수한 절의만으로써 옥쇄주의를 일삼는 것이라 한다면, 주화론은 현실을 참작한 끝에 난국에 빠진 국가와 민생 문제를 타개해야 한다는 것"으로 이해된다. 하지만 주화파의 언설과 실제 행보를 종합해 보면, 대명의리의 추구라는 측면에서 척화를 반대했다고 보기는 어렵다. 오히려 양자가 나뉘는 지점은 명나라에 대한 의리의 인정 여부 그 자체가 아니라, "옛날부터 중국 바깥의 제후국으로서, 상국을 위해 절개를 지키

다 의리에 죽은 경우가 어디 있습니까?", 즉 조선이라는 한 나라가 궁극적으로 어디까지, 무엇까지를 희생할 수 있을지의 여부였다. 즉, 명 제국으로 상징되던 '천하'에 대해 조선이라는 나라의 상대적 함의를 어떻게 상정해야 하는가의 문제였다. 조선조에 조선의 왕이 중국 황제에 대해 갖는 의리는 조선의 신민이 조선의 왕에 대해 갖는 의리와 연동되는 '연쇄 구조'를 갖고 있었다. 즉, '국제적 군신의리'는 그대로 국내 정치 차원의 군신의리와 직결되었다. 또한 명과 청은 단순히 국가를 넘어 문명과 야만, 인간과 짐승을 대표하는 실체였다. 따라서 전쟁과 강화의 선택은 문명과 인간에 대한 입장과 직결되어 있었다. 조선이라는 국가적 '생존'이란 이에 비하면 오히려 부차적인 문제였다. 이는 비단 척화파만의 가치판단이 아니라, '조선 지식인 사회의 공의이자 국론'이었다. 그러나 최명길은 조선의 신하로서, "명나라를 위해 우리 임금께 권해, 우리나라를 망하도록 함이 옳은가?"라고 반문하고, 현실적 대응權道으로서 강화를 주장했다. 또한 시비 중심의 개개 '사인'私人 영역과는 달리 '사직과 인민의 이해'라는 별도의 준거에 입각해, 국가의 보전保國을 우선적인 자기 목적으로 삼아야 한다고 주장했다.

제2부 "전통 사상의 새로운 지평"의 첫 논문은 강유위의 『대동서』大同書에 관한 정종모의 연구이다. 이 논문은 유가 사상이 어떻게 소수자 윤리학 담론에 참여할 수 있는가를 이론적으로 성찰했다. 특히 강유위의 『대동서』를 근현대 유학에서 소수자 담론의 기원으로 삼고, 소수자 윤리학의 가능성이 강유위의 사상에 어떻게 함축되어 있는지를 검토했다. 소수자 담론은 현대사회가 직면하고 있는

중요한 윤리적 과제 가운데 하나이다. 구체적으로는 인종차별, 성소수자, 난민, 외국인 노동자, 비정규직 문제 등을 들 수 있다. 소수자 문제에 대한 철학적, 사상적 고민은 서양철학만이 아닌 유학 전통에서도 찾을 수 있다. 강유위는 측은지심을 유가 인학仁學 체계의 핵심으로 삼고, 고통 받는 타자에 대한 윤리를 전개했다. 그는 여성, 계급, 인종의 차별 등에서 야기되는 다양한 고통에 주목했다. 그리고 그런 고통이 만연하는 한 유학의 궁극적 이상인 인정仁政의 실현과 대동大同 사회의 도래는 불가능하다고 보았다. 이는 공맹 유학을 계승하면서, 동시에『예기』「예운」의 '대동'大同 개념에서 피력된 인정의 이상을 한층 확대한 것이다. 많은 기존 연구는『대동서』를 급진적 사회공학의 아류로서 비판했다. 그러나 '타자 윤리학', '소수자 윤리학'의 차원에서 보다 적극적으로 강유위의 인학의 실천적 의미를 규명할 수 있다. 이를 위해 이 논문은 칸트의 '규제적 이념'과 '구성적 이념'에 대한 구분을 차용했다. 또한 이 개념의 윤리적 함축에 대한 가라타니 고진의 해석을 활용했다. 이로써 강유위 인학이 단순히 공상적, 추상적 설계가 아니라, 현실에 대한 구체적 비판과 윤리적 실천을 추동하는 역할을 한다는 점을 제시했다.

제2부 둘째 논문은 황종원의 연구로서, 최시형의 생태학적 사유와 평화를 다룬다. 최시형은 자신이 살던 시대의 갈등과 불안은 사람뿐만 아니라 천지와 그 사이에서 살아가는 생명체들 사이에서도 일어남을 지적했다. 그리고 그런 극단적 투쟁과 극도의 불안감이 생겨난 근본 원인을 "선천과 후천의 운이 서로 교체되며, 이기理氣가 서로 싸우는" 데 기인한다고 진단했다. 선천 시대에는 통치 계

층이 민중과 자연을 지배함으로써 해방된 삶을 누렸다. 후천 시대는 그렇게 희생당하던 민중과 자연이 존귀한 주체로 대우받는 것이 역사적 운명이다. 따라서 선천과 후천이 교체되는 과도기에 자연과 인간이 겪는 불안이란 폭력 세력과 평화 세력 사이의 갈등에서 빚어지는 것이다. 최시형은 이 갈등이 평화적 방법으로 해소되어야 한다고 보았다. 그는 통치 계층과 민중, 남성과 여성, 윗사람과 아랫사람 등의 사회적 모순이 투쟁이 아니라, 압박받는 존재들을 하늘님처럼 섬기는 사인여천事人如天의 실천에 의해 해결되어야 한다고 생각했다. 그 근거는 인간과 자연의 관계에 대한 생태학적 사유에 있었다. 민중이 통치 계층에 의해 희생당해 온 것과 같이 자연 또한 인간을 위해 희생되어 왔다. 그런 자연과 인간 사이의 모순은 자연이 인간에게 복수를 함으로써 종결될 수 없고, 그래서도 안 된다. 자연의 복수는 인류에게 종말을 뜻하기 때문이다. 인간과 자연 사이의 모순은 자연을 하늘님처럼 섬김에 의해서만 비로소 평화적으로 해결될 수 있다. 동학은 하늘님의 내재성을 강조하는 종교이다. 최제우는 내유신령內有神靈, 외유기화外有氣化라고 설명했다. 이는 하늘님의 인간 내재성, 자연 내재성을 모두 인정하는 주장으로서, 이로부터 사람과 자연이 하늘님을 모신 존귀한 존재라는 관념이 도출된다. 최시형은 역사적으로 줄곧 압박받고 희생당해 온 민중, 여성, 자연 등이 하늘님처럼 존귀한 존재임을 발견하고, 그들을 하늘님처럼 존귀한 존재로 대우할 것을 역설한다. 이 논문은 최시형이 '하늘로써 하늘을 먹임'이라는 명제를 해설하면서, 희생하는 자연이라는 관념을 어떻게 이끌어냈는지 규명했다. 또한 그런 자연을 존귀한 존재로 모실 때 요구되는 태도와 실천의 원칙을 성경신誠敬信, 무위無爲의 개념을 중심으로 제시했다.

제2부 세 번째 논문은 장인성의 글로서, 유길준의 문명사회 구상을 후쿠자와 유키치福沢諭吉, 존 힐 버튼John Hill Burton과의 사상적 연쇄라는 관점에서 살펴보았다. 19세기 스코틀랜드 계몽사상가 버튼의 『경제학 교본』(1852)은 동아시아 계몽사상의 사상연쇄를 보여주는 좋은 사례다. 근대 동아시아 계몽사상을 대표하는 후쿠자와 유키치, 유길준, 량치차오梁啓超는 각각 1868년, 1880년대, 1890년대 후반의 문맥에서 버튼의 정치경제사상과 조우하였다. 『경제학 교본』은 스코틀랜드 계몽사상을 정리한 교과서인데, 후쿠자와가 이를 일부 번역해 『서양사정 외편』(1868)으로 출간했다. 중국어 번역본은 『좌치추언』佐治芻言(1885)이다. 캉유웨이康有爲는 이 책을 읽고 정치론을 저술했고, 량치차오도 버튼의 자유무역론에 동조했다. 유길준은 후쿠자와를 통해 이 책을 접했고, 『서유견문』 집필 시 『서양사정 외편』을 가장 중요하게 참고했다. 『서유견문』은 1880년대 개방 개혁의 맥락에서 개인, 사회, 국가의 존재 양태를 모색한 유길준의 고민이 담긴 문명사회의 구상이었다. 그는 개인, 사회, 국가의 현상과 개념이 동시적이면서 상관적으로 출현함을 선구적으로 인지했고, '인민'(혹은 '국인', '각인'), '인세', '방국'(혹은 '국가') 개념을 통해 개인, 사회, 국가의 바람직한 모습을 그려냈다. 그런데 후쿠자와의 번역이 대체로 버튼의 논지를 충실히 전달했다면, 유길준은 후쿠자와의 번역문과 개념을 재량껏 취사선택했을 뿐만 아니라 자신의 사상을 투사시켜 자유롭게 고쳐 썼다. 이처럼 『서유견문』

은 단순한 서양 사상의 소개가 아니라 유길준의 주체적 관점과 독자적 해석이 들어간 문명론이자 사상론이었다. 특히 유학 정신을 보전하고자 자신의 생각을 넣어 변용했다. 19세기 말 개방 개혁과 새로운 정치사회 질서가 요청받는 상황에서, 버튼의 보수적 리버럴리즘과 자유주의적 사회경제론은 동아시아 국가들의 개혁에 중요한 의미를 획득했으며, 경제론보다는 문명사회론으로 읽혔다. 버튼의 저서는 동아시아의 자유주의 경제사상과 민주주의, 입헌주의 정치사상, 사회사상의 형성에 의미 있는 기여를 하였다.

제3부 "한국 정치사상의 현재"의 첫 논문은 박정희 시대의 국가주의에 관한 강정인의 글이다. 구체적으로는 세 차원, 즉 '정치철학으로서의 국가주의', 박정희 정권에서 추진된 국가 주도의 경제발전에서 드러난 '정치경제적 국가주의', 1960년대 말부터 유신 체제에 걸쳐 박정희 자신이 적극적으로 추진한 자주국방에 투영된 '국제 관계에서의 국가주의'를 중심으로 검토했다. 국가주의는 정치철학 분야에서 먼저 이론화되었다. 국가주의란 국가가 개인·집단·(시민)사회를 초월하는 실재성과 가치를 갖는다는 사고이다. 이에 따라 개인이 국가를 위해 희생하는 것은 당연하다. 헤겔 철학은 전형적인 국가주의로서, 개인에게 "지고의 의무는 국가의 구성원이 되는 것"이다. 이 점에서 국가주의는 자유주의와 정면으로 대립한다. 자유주의에서 국가는 개인의 생명·자유·재산을 보존하기 위한 도구나 장치이다. 박정희는 국가를 신성시했다. 특히 그의 국가주의는 민족주의와 강고하게 결합된 국가민족주의로서, "그 구성 요소인 개인과 시민사회의 자율성을 철저히 부정하고, 동시에 그것들을

초월하는 엄청난 무게와 신성성을 획득"했다. 경제적 국가주의는 산업화 또는 경제발전에서 자유 시장보다 국가의 주도적 역할을 강조한다. 즉, 시장 중심의 경제발전 모델과 대립한다. 박정희 정권은 국가 주도의 경제발전을 강력히 추진했다. 이는 개발독재, 발전국가론, 동아시아 경제발전 모델, 또는 (신식민지) 국가독점자본주의 등 다양한 개념을 통해 이론화되었다. 20세기 후반 일본을 비롯한 한국·대만·싱가포르 등 동아시아 국가들이 성취한 급속한 경제성장은 물론 덩샤오핑이 주도한 중국의 산업화 정책을 설명하기 위해 발전국가 개념이 널리 통용된다. 국제사회는 무정부적 상태이므로, 국가는 안전을 확보하기 위해 국력을 극대화하고자 부단히 노력한다. 식민지 경험과 6·25전쟁을 겪은 한국에게는 더욱 절실한 문제였다. 그런데 1960년대 말 이후 북한의 빈번한 무력 도발, 베트남의 공산화, 주한 미군 철수를 둘러싼 한미 동맹의 불안정 등으로 안보 위기가 초래되었다. 이 때문에 박정희는 자주국방에 대한 집념을 가지고, 중화학공업화에 기초한 강력한 국가건설을 통해 안보 위협에 자력으로 맞설 수 있는 자주국방을 지향했다. 국가주의의 세 차원은 현실에서는 상호 중첩적이고 상호 보완적이다. 그러나 박정희 정권의 소멸과 함께 국가주의는 약화되고 퇴조하기 시작했다.

제3부의 두 번째 논문은 2000년대 한국 민족주의의 극단화를 다룬 전재호의 글이다. 구체적으로는 한국 국수주의 역사학의 주장과 활동을 검토하고 있다. 1970년대 유신 체제기에 등장한 국수주의 역사학은 역사학계가 식민사관에 빠져 한국사를 축소, 왜곡시켰다

고 비판했다. 1980년대에 『환단고기』, 『단』, 『잃어버린 역사를 찾아서』 등 국수주의 역사학의 대표적 저술이 발간되었다. 이 책들은 단군을 역사적 인물로 간주하고, 고조선을 거대 제국으로 주장했다. 또한 한사군, 특히 낙랑이 한반도 밖에 있다고 주장한다. 백제와 신라의 영토도 중국으로 확장했다. 국수주의 역사학은 이처럼 영토 팽창주의를 담고 있다. 2000년대 이후 이들은 정치권과 언론의 지원을 업고 역사학계의 주요 학술 사업을 중단시키고, 정부의 재정 지원을 받는 등 실질적인 '힘'을 과시했다. 구체적으로 2007년부터 동북아역사재단이 하버드대학교 한국학연구소와 공동으로 추진하던 '고대 한국 프로젝트'Early Korea Project를 중단시켰다. 또한 동북아역사재단이 2008년 시작한 '동북아역사지도 편찬사업'을 중단시켰다. 동북아역사지도에서 독도가 누락되고, '한사군 한반도설'과 '임나일본부설'과 같은 고대사 왜곡이 반영되었다는 이유 때문이다. 역사학계는 이런 국수주의 역사학을 '사이비 역사학' 또는 '유사 역사학'으로 규정했다. 그럼에도 불구하고, 국수주의 역사학이 큰 힘을 갖게 된 원인은 무엇인가? 첫째는 한국 사학계의 한국사에 대한 과장·미화가 유사 역사학이란 괴물을 키웠기 때문이다. 구체적으로 '초역사적인' 민족 개념, 현재의 민족주의적 시각에서 과거를 투영하는 역사 해석, 단군 신화와 고조선에 대한 '모호한' 태도, 애국심을 고취하기 위해 국난 극복을 강조하는 서술이 그것이다. 이에 대해 탈민족주의 역사학은 한국 사학계가 민족을 초역사적인 자연적 실재로 부당하게 전제하고, 한반도와 주변의 역사를 현재의 민족국가를 중심으로 서술했다고 비판했다. 또한 과거사를 근대 민족국가를 중심으로 하나의 계보로 서술하는 '국사'national history 패러다임을 고수하는 것을 비판했다. 둘째는 일본의 과거사 부정과 중국의 동북공정에 대한 반발 때문이다. 셋째는 정치권과 언론이 국수주의 역사학의 민족주의에 편승했기 때문이다. 20세기 초 민족주의 역사학의 등장은 국가 상실이라는 위기 상황의 산물이었다. 해방 이후 민족주의 역사학도 식민사관의 극복과 선진국으로의 도약이라는 시대적 과제의 산물이었다. 21세기도 민족국가nation-state의 세계 질서가 지속하는 한 민족주의nationalism는 소멸하지 않고, 민족주의적 역사학도 지속될 것이다. 파시즘처럼 극단적 민족주의는 인류에 치명적 해를 끼친다. 따라서 국수주의 역사학은 반드시 통제해야 하며, 학계도 학문적 자세를 지켜야 한다. 이를 위해 첫째, 역사학계는 초역사적 민족 개념 사용에서 벗어나야 한다. 둘째, 역사학계는 근대 한민족의 시각이 아니라 '역사적 원근법'에 따라 당대의 시각에서 역사를 바라보아야 한다. 셋째, 역사학계는 전근대의 국가를 서술할 때, 독자가 근대국가와 동일시하지 않도록 그 성격과 한계를 설명해야 한다. 넷째, 역사학계는 과거에 대한 '인식의 한계'가 존재한다는 사실을 교과서에 기술해야 한다.

제3부의 세 번째 논문은 한국인의 가치관에 대한 손현주, 강정인의 글이다. 구체적으로는 근대 한국 사회의 사회변동과 가치관 변화, 그리고 미래의 가치관에 대한 전망을 살펴보았다. 가치는 무엇이 옳고 그른지, 어떤 것이 성공이고 실패인지, 무엇이 중요하고 중요하지 않은지, 무엇이 바람직하고 바람직하지 않은지, 무엇이 아름답고 추한지를 결정하는 기준을 제시한다. 그리하여 가치는 인간

행동의 방향을 결정하고 개인의 삶에서 좋아하고 좋아하지 않는 것을 결정하게 된다. 지난 100여 년간 한국은 사회적·정치적·경제적 변화에서 격정의 시대를 보냈다. 전통 가치로는 숙명주의적 자연관, 도덕주의적 인간관, 인정주의적 관계관, 권위주의적 서열관, 가족주의적 집합체관 등이 있다. 1960년대 이후 산업화, 도시화로 인해 개인주의, 남녀평등 의식, 현재 중시, 탈권위주의, 자기 주장성의 강화 같은 가치관이 확산되었다. 그런데 한국은 압축적 근대화로 인해 전통과 근대의 가치관이 혼재하는 이중적 가치 체계를 갖고 있다. 구체적으로는 개인주의 대 집합주의, 도덕주의 대 물질주의, 평등주의 대 권위주의, 합리주의 대 인정주의의 가치관이 혼재했고, 대립해 왔다. 인류학자인 이언 모리스Ian Morris는 100년 후의 사회 발전 상승폭은 빙하기부터 지금까지 과거 10만 년의 4배를 넘어서 인간의 존재 의미와 존재 방식을 전적으로 바꾸는 혁명적인 변화가 진행될 것으로 예상했다. 미래 사회는 제4차 산업혁명에 따른 자율화 사회, 포스트 휴먼 시대, 디지털 공유 경제로 발전할 것이다. 브루스 매즐리시Bruce Mazlish에 따르면, 미래는 유기적인 것과 기계적인 것, 생명과 기계 사이에 이분법을 깨뜨리고 기계 또한 인간 진화의 일부임을 인정하는 가치가 등장할 것이다. 한국 사회의 가치는 1960년대 산업화 시대에는 경제 가치가 중요했고, 1980년대에는 정치적 자유와 개인의 삶이 보장되는 사회 가치, 1990년대에는 세계화와 다양성, 경쟁과 효율성에 근거하는 시장가치, 2000년에는 공공의 이익과 사회적 가치 실현, 환경문제 극복과 협력적 소비를 위한 공유 가치로 발전했다. 미래는 물질적 풍요, 복지의 제도화에 따라 생존과 안정의 욕구가 달성되고, 공유 가치 실현을 통해서 애정과 소속감을 충족시키는 사회 연결 욕구가 충족될 것이다. 또한 기계에 의한 인간 노동의 대체와 생산성 향상으로 정신적 가치를 추구하게 될 것이다. 예술 창작, 진리 탐구, 아름다움, 삶의 양식과 존재와의 조화 등이 중요하게 되고, 정신적 만족을 통해 행복을 추구할 것이다. 아울러 인간과 기계가 공생하는 공존의 가치가 실현될 것이다. 한국 사회는 '경제 가치 → 사회 가치 → 시장가치 → 공유 가치 → 정신적 가치 → 공존의 가치'로 진화·발전할 것이다.

한국은 지난 150여 년간 역사적으로 격변을 겪어왔다. 그 변화의 충격은 2000년에 걸친 한국 역사에서 가장 심각했다. 정치사상도 전통이 완전히 파괴되고, 서구의 것으로 대체되었다. 유교 사상이 사라진 공백을 민족주의, 국가주의, 자유주의, 민주주의, 공산주의 등 각종 사상이 메웠으며, 서로 치열하게 대립하고 경쟁했다. 오늘날 한국 정치사상을 지배하는 가장 강력한 사상은 민족주의이다. 남북한은 자유민주주의와 공산주의로 여전히 대립 중이다. 북한의 공산주의는 봉건주의와 전체주의로 퇴화했다. 남한은 1987년 민주화 이후의 민주주의를 둘러싸고 정치적 양극화가 악화되고 있다.

동북아시아를 보면, 한국과 일본은 자유민주주의가, 중국은 사회주의가 지배하고 있다. 하지만 세 나라 모두 민족주의의 주박에서 벗어나지 못하고 있다. 중국은 특히 사회주의 이념의 현실적 공동화를 민족주의와 애국주의로 덮고 있다. 그 결과 동북아시아는 19세기 말의 비극적 상황으로 점차 빠져드는 중이다. 동북아시아의 물질적 성공과 풍요 뒤에 드리운 어두운 그림자이다. 이 역설의 원인은 무엇인가? 우선 1840년 아편전쟁 이후 동북아시아를 강타한 문명사적 쇼크에 대한 성찰의 빈곤을 지적할 수 있다. 쇼크의 핵심은 '서양'West이며, 동시에 그 반反으로서의 '동양'East이다. 거시적으로 보면, 동북아시아에 부여된 문명사적 사명은 서양과 동양의 통합이다. 한국은 특히 그중에서도 '주변'이었다. 역사적으로 대개 중국의 주변이었고, 근대에 서양과 일본에 의해 다시 주변화되었다. 주변은 소외가 깊고, 모순도 더 크다. 한국은 식민지와 전쟁, 빈곤과 독재를 겪었다. 이런 역사의 비극과 인간의 참상을 극복하기 위한 집단적 성찰이 정치사상이다.

이 연구는 세계사적으로 서구중심주의를 극복하고, 동아시아와 한국의 현실에 뿌리박은 정치사상을 모색하기 위한 하나의 시도이다. 이를 위해 서구 정치사상을 한국의 관점에서 재성찰하고, 전통 한국의 정치사상을 현대의 관점에서 재음미하고, 현재 한국 정치의 현실을 사상적으로 포착하며, 미래 한국의 정치사상을 전망하고자 하였다. 꿈은 높았지만 결과는 기대에 미치지 못했다. 다만, 한국 정치사상의 앞날에 작은 이정표를 제시한 것으로 위안을 삼고자 한다.

마지막으로 이 연구를 처음 기획하고 이끌어 오신 강정인 교수님(서강대학교)께 깊은 존경의 마음을 표한다. 강 교수님은 지난 30여 년간 한국 정치사상 학계에 끊임없이 생명력을 불어넣었다. 시대의 문제를 가슴 깊이 느꼈고, 열정적으로 연구와 대화에 몰두했다. 이 연구는 사실상 그의 분신이었다. 서구중심주의의 극복, 한국 정치사상의 현재화, 한국 정치의 사상화는 그의 평생에 걸친 최대 화두였다. 하지만 지난해 불의의 사고로 운신이 자유롭지 않게 되었다. 한국 정치사상 학계의 큰 손실이자 아픔이었다. 하루 빨리 온전히 회복되어, 밤새 술잔을 기울이며 사상의 향연을 함께할 수 있기를 염원한다.

마지막으로 10년에 걸친 한국연구재단의 지원에 감사드리며, "이 책은 2017년 대한민국 교육부와 한국연구재단의 지원을 받아 수행된 연구임(NRF-2017S1A3A2065772)"을 밝힌다.

2021년 12월
연구자들을 대표하여 김영수, 정승현

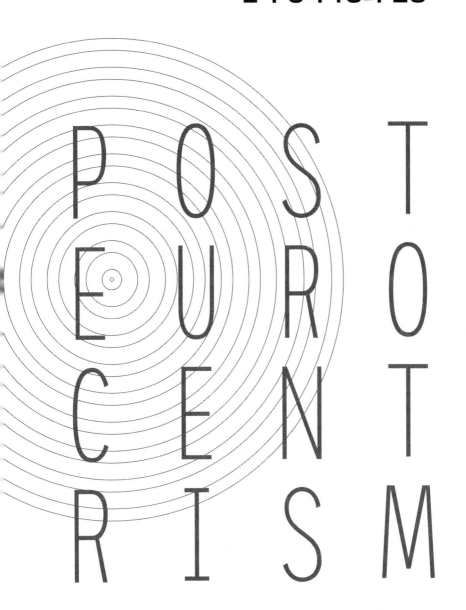

| 1장 |

이상국가의 구성원

아리스토텔레스의 '시민'과 맹자의 '사민'

이상익

1. 서론

동양의 유교 정치사상과 서양의 민주주의 정치사상을 비교하여 논할 경우, 흔히 '민본民本과 민주民主'라는 개념 틀이 동원된다. 또한 '민본과 민주'라는 관점은 유교의 민본주의 정치사상에서 민은 '군왕에게 복종해야 하는 신민臣民'이었으나, 서양의 민주주의 정치사상에서 민은 '자유롭고 평등한 시민市民'이었다는 주장으로 연결된다. 이런 주장은 한편으로는 타당한 것이나, 한편으로는 '민본과 민주'의 실상을 왜곡할 수도 있다.

예컨대 우리는 서양의 민주국가에서는 모든 국민이 완전한 주권을 행사하는 것으로 간주하면서 유교의 민본주의는 여러 모로 그에 미달하는 것으로 비판하기 쉽다. 그런데 실제로는, 서양에서 '대중 민주주의'가 확립되기 이전에는 주권자인 '시민의 범위'가 매우 제한적이었으며, 대중 민주주의가 확립된 다음에는 '대의제도'로 인하여 '시민들의 주권'이 크게 제한을 받게 되었다. 19세기 중반까지의 근대 시민 민주주의 체제에서는 대부분의 국민이 주권을 인정받지 못했고,[1] 현대 대중 민주주의 체제에서는 국민의 주권이 크게 약화된 것이다.[2]

이 글에서는 유교의 민본주의와 서양의 민주주의를 비교 논의함에 있어서 간과할 수 없는 핵심 관건은 양자가 상정하는 '민의 범위'의 차이에 있다고 본다. 서양 근대의 시민 민주주의에서는 시민의 자격을 '재산과 교양을 지닌 사람'으로 한정했는데, 이런 관념을 확립한 인물은 고대의 아리스토텔레스였다.[3] 한편 전통 유교에서는

1_근대 민주주의의 선구자라 하는 영국의 경우, 1688년(명예혁명) 이후 1832년(제1차 선거법 개정)까지의 시기에 참정권을 행사할 수 있는 사람은 전체 성인 인구의 약 3%에 불과했다. 1832년의 제1차 선거법 개정을 통해서 유권자 수는 전체 성인 인구의 약 5%로 늘어났는데, 어느 정도의 재산을 소유한 중산계급(부르주아 계급)이 그 수혜자였다(이화용 2010, 77-97).

2_루소가 『사회계약론』에서 "영국인들은 단지 의회의 의원들을 선출할 때에만 자유로우며, 선출하자마자 자유를 상실하고 노예로 전락한다"고 꼬집은 것을 상기해 보라.

3_아리스토텔레스가 당시 아테네 민주정에 대해 비판적이었다는 점을 주목하면 아리스토텔레스와 민주주의의 관계를 부정적으로 볼 수도 있겠다. 그런데 아리스토텔레스가 추구한 '혼합정'은 민주정의 요소인 '자유민 신분'에다 과두정의 요소인 '부'(財産)와 귀족정의 요소인 '미덕'(教養)을 혼합한 것이었다. 이렇게 본다면 아리스토텔레스는 단순히 당시 민주정을 부정한 것이 아니라 민주정을 개선하고자 한 것이다. 한편, 로드(Carnes Load)는

'군왕 한 사람을 제외한 모든 사람'을 민(백성)으로 취급했다. 요컨 대 유교에서는 '사士·농農·공工·상商'을 모두 백성으로 인정해 '사 민'四民[4]이라고 부른 것이다.

이런 맥락에서 본고에서는 아리스토텔레스(기원전 384~기원전 322)의 '시민' 개념과 맹자(기원전 372?~기원전 289?)의 '백성'[四民] 개념을 중심으로 '국가의 구성원'에 대한 맹자와 아리스토텔레스의 견해를 비교 고찰하고자 한다.[5] 이 글의 목적은 다음과 같다.

첫째, 아리스토텔레스의 '시민' 개념은 국민 가운데 일부에게만 주권을 인정하는 '특권적 개념'인 반면,[6] 맹자의 '백성'은 모든 사람

"아리스토텔레스가 창안한 '혼합정'(polity)이라는 개념은 근대 정치사상과 정치 관행에 강력한 영향력을 행사했다"고 평한 바 있다(스트라우스·크랍시 1995, 235).

4_『書經』「周書」<周官>에서는 "사공은 국가의 토지를 관장하니, 사민을 거주하게 하고 때에 맞게 지리를 활용한다(司空 掌邦土 居四民 時地利)"고 했는데, 채침(蔡沈)의 주(註)에서는 "동관경(冬官卿)은 국가의 빈 땅을 관장하여 사·농·공·상 사민을 거주하게 하고, 천시(天時)에 따라 지리(地利)를 흥성하게 한다."고 풀이하였다. 『春秋穀梁傳』成公 元年條에서도 "옛날에는 사민이 있었으니, 사·농·공·상이다"라고 하였다.

5_이 글에서 활용한 아리스토텔레스 『정치학』(POLITIKA)의 판본은 다음과 같다. 첫째는 국역본으로, 천병희의 번역본(2014)과 나종일의 번역본(1999)을 활용했다. 둘째는 영역본으로, 바커의 번역본(Barker 1995)과 싱클레어의 번역본(Sinclair 1981)을 참조했다. 『정치학』을 별단(別段)으로 인용할 경우 대개는 나종일의 국역본을 활용했으나, 간혹 천병희의 국역본을 활용하기도 했다. 또한 여러 판본들 사이의 번역어의 통일을 기하기 위해서 또는 문장을 간명하게 다듬기 위해서 간혹 번역어나 번역문을 약간 손질하기도 했는데, 원의(原意)를 손상할 정도의 손질은 전혀 없었기 때문에 이를 별도로 표기하지는 않았다. 한편, 아리스토텔레스의 텍스트를 인용할 때엔 '1332a28'처럼 베커 판(Bekker 1831)의 '쪽수, 단수, 행수'를 모두 표기하는 것이 관례이나, 본고에서는 '1332a'처럼 간단하게 '쪽수와 단수'만을 표기했다.

6_오늘날의 학자들은 때때로 이 점을 간과하는 것 같다. 예컨대 김재홍은 '아리스토텔레스

을 포괄하는 '일반적 개념'임을 밝히는 것이다.

둘째, 아리스토텔레스가 말하는 '평등한 시민들의 공동체'는 농·공·상을 배제한 시민들끼리의 평등에 불과하며, 농·공·상을 포함시켜 볼 경우에는 사실상 '위계적 공동체'가 된다는 점을 밝히는 것이다.

셋째, 따라서 '민주와 민본'을 '시민市民과 신민臣民'의 관점에서만 대비하는 것은 부적절하거니와, 본고에서는 이를 보완하는 맥락에서 '시민과 백성四民'이라는 관점을 제시하려는 것이다.

아리스토텔레스가 말하는 '시민'과 맹자가 말하는 '백성'의 개념적 차이를 정확히 알면, 근대 민주주의에서 말하는 '평등한 참정권'과 유교 민본주의에서 말하는 '불평등한 위계'의 정확한 함의를 이해하게 될 것이며, 이로써 서양의 민주주의와 유교의 민본주의에 대한 올바른 논의의 지평을 확보할 수 있다.

의 시민정치론'을 논하면서, 아리스토텔레스의 '시민'이 매우 제한적인 개념이라는 것에 대해 거의 언급하지 않았다(김재홍 2008). 한편, 손윤락은 '아리스토텔레스의 시민교육'을 논하면서 '아리스토텔레스의 경우, 시민교육의 대상은 과거보다 확대된 것'이라 했는데(손윤락 2015, 83), 아리스토텔레스가 말하는 '시민'의 범위에는 노예는 물론 농·공·상도 배제된다는 점을 주목한다면, 손윤락의 이런 주장은 별로 설득력이 없다고 하겠다. 아리스토텔레스의 혼합정은 시민의 자격에 '재산과 교양'을 추가함으로써 당시 아테네 민주정의 경우보다 시민의 자격을 더욱 제한한 것이다.

2. 아리스토텔레스의 시민론

1) 국가 구성의 '조건들'과 '부분들'

오늘날 민주국가에 살고 있는 우리들은 모든 국민들을 '국가의 구성원'으로 간주하고, 국가의 모든 구성원들을 '주권자'로 간주한다. 그런데 민주국가였다고 하는 고대 아테네의 철학자 아리스토텔레스는 일부의 국민들만 주권자(시민)로 간주했다.

고대 아테네의 민주주의가 노예제에 기초한 민주주의로서,[7] 노예가 아닌 '자유민'들만이 '정치적 권리를 지닌 시민'으로 인정되었다는 점은 잘 알려진 사실이다. 그런데 더욱 놀라운 점은, 아리스토텔레스의 경우 노예는 물론 '농·공·상'까지도 이상 국가의 구성원으로 인정하지 않았다는 점이다.[8] 아리스토텔레스는 국가 구성의

---

[7]_이에 대해 가라타니 고진(柄谷行人)은 "아테네의 민주정은 전사=농민인 시민이 민회에 가고 병역에 복무함으로써 성립하는 것인데, 그것은 노동을 노예에게 맡기지 않고서는 불가능하다. 그러므로 민주정이 발전할수록 노예가 많아졌던 것이다."라고 설명한 바 있다 (고진 2016, 30).

[8]_이에 반해 플라톤은 『국가』에서 '참된 나라' 또는 '건전한 나라'의 구성원들로서 농·공·상을 거론한 다음, '임금노동자들'에 대해 "이들은 지적인 일에서는 이 나라 사람들의 동반자 관계에 그다지 어울리지 않는 사람들이지만, 힘든 일들을 능히 감당해 낼 수 있는 체력을 지니고 있네. …… 그러니까 임금노동자들 또한 나라의 정원에 포함되는 사람들인 것 같으이"라고 설명했는데(『국가』, 371e). 이것으로 본다면 플라톤은 '농·공·상'은 물론 '임금노동자'들까지 이상 국가의 구성원에 포함시킨 것이라 하겠다.

'조건들'conditions과 '부분들'parts을 별개로 구분하고, 노예와 농·
공·상 등은 '국가를 구성하는 데 필요한 조건들일 뿐'이라고 보았
다.[9] 먼저 이에 대해 살펴보자.

아리스토텔레스는 "이상적 정치 질서는 그 성격에 맞는 물질적
조건을 갖추고 있어야 한다"라고 전제하고, 국가의 필수 조건으로
'인적 자원'과 '영토'를 꼽았다. 인적 자원으로는 "정치적 결사의 형
태와 모습을 갖추고, 좋은 생활 방식을 이룩하는 목적을 위해 자족
할 정도의 인구수"를 필요로 하며, 영토는 "그곳에 살고 있는 사람
들로 하여금 여유 있는 생활과 절제 있는 생활을 결합하는 여가 있
는 생활을 할 수 있도록 해줄 만큼 커야 한다"는 것이다(『정치학』,
1326b).

그런데 아리스토텔레스에 의하면 "국가에 있어서 전체의 존속에
필요한 조건들은 체제 전체의 일부로서 역할하는 유기적 부분들이
아니다"(『정치학』, 1328a). 요컨대 어떤 것이 '국가의 존속에 필요한
요소'라 하더라도 그것이 꼭 '국가의 구성 부분'에 속하지는 않는다

9_역사적으로 보면, 아테네 민주정의 주도권이 중산계급에서 하층계급으로 이동함에 따
라 아테네의 민주정도 타락과 쇠락의 길로 접어들게 되었다. 경제적 자립을 바탕으로 합리
적 판단을 내릴 수 있었던 중산계급 대신 경제적 자립 기반이 없었던 하층계급이 아테네의
민주정을 주도하게 되자, 그들은 사익을 앞세움으로써 민주정을 쇠락하게 만든 것이다(김
경희 2006, 17-21). 한편, 키토(H. D. F. Kitto)는 아테네 몰락의 한 원인을 '상인들의 득세'에
서 찾은 바 있다. 전쟁은 부유한 상인에게는 상업적 성장의 기회를 제공했고, 가난한 상인
에게는 직장과 보수를 제공했기 때문에, 상인들은 '극렬 민주파, 제국주의자, 주전파'가 되
었다는 것이다(키토 2008, 248). 그리하여 아리스토텔레스는 중산계급의 정치를 복원하고
자 그의 이상 국가론에서 하층계급(농·공·상)의 정치적 권리를 박탈한 것으로 보인다.

는 것이요, '최선의 그리고 최고의 생활'이라는 '국가의 목적'에 기여하는 존재만이 '국가의 구성 부분'으로 간주될 수 있다는 것이다 (『정치학』, 1328a).

아리스토텔레스는 '국가의 존속에 필요한 요소들'로서 여섯 가지를 거론했다. 모두가 먹고 살기 위한 '식량', 각종 도구를 만들기 위한 '기술과 기능', 국가의 구성원들이 권위를 유지하고 반항을 억제하며 외부의 침략에 대처하기 위해 항상 지녀야 하는 '무기', 국가를 운영하는 데 필요한 '일정한 재산', 신神들을 숭상하는 '공적 예배 제도', 공익을 위해 무엇이 필요하며 사람들 사이의 사적私的인 거래에서 무엇이 정의正義인가를 결정하는 '통치 기구' 등이 그것이다. 이상 국가에는 이 여섯 요소를 맡을 사람들로서 '농부, 장인, 군인, 재산가 계급, 승려, 통치 관리' 등이 있어야 한다. 그런데 아리스토텔레스는 이 여섯 계급 중에 '농부·장인' 등은 '국가의 구성에 필요한 조건들'일 뿐, 결코 '국가의 구성 부분'이 아니라고 보았다.

이상적 정치 질서를 가진 국가는 그 시민들이 천하고 선善에 해로운 직업인 기계공이나 상점 주인으로서 생활해서는 안 된다. 또한 그러한 국가의 시민들은 농사일을 해서도 안 된다. 즉 선善을 키우기 위해서 그리고 정치적 활동을 위해서도 여가가 필요한 것이다. 그 반면에 군사력과 공동 이해를 논의하며 사법적인 문제를 결정하는 집단은 둘 다 국가에 없어서는 안 되며, 명백하게 특별한 그리고 특정한 의미에서 국가의 '부분들'이다. …… 국가의 시민들은 일정한 재산을 갖고 있어야 한다. 그리고 이러한 사람들만이 국가의 시민인 것이다. 기계공 계급은 국가에 아무런 참여권이 없다. 그리고 선善의 생산자가 아닌 어떤 계급도 국가에 참여할 수 없다. 이러한 결론은 명백히 이상 국가의 원칙으로부터 나오는 것이다(『정치학』, 1328b-1329a).

아리스토텔레스는 '농·공·상'을 '천하고 선에 해로운 직업'이라 했다.[10] '천하고 선에 해로운 직업'에 종사하는 사람들은 '선善의 생산자'일 수 없거니와, "선의 생산자가 아닌 어떤 계급도 국가에 참여할 수 없다"는 것이다. 한편, 위의 인용문에서는 '국가의 구성 부분'이라는 말과 '시민'이라는 말을 함께 사용하고 있다. 아리스토텔레스는 "시민의 명칭은 관직과 국가의 명예에 참여할 수 있는 자들에게만 특별히 적용될 수 있는 것"이라 했는데(『정치학』, 1278a), 이런 맥락에서 '국가의 구성 부분'에 속하는 사람들이 곧 국가의 '시민'이다. 그는 또 '시민'의 자격으로 '일정한 재산'을 거론했다. 일정한 재산을 지닌 시민들만이 국정에 참여할 권리를 지닌다는 것이다.[11]

10_위의 인용문에는 '공(工)·상(商)'을 '천하고 선에 해로운 직업'이라 한 내용만 보이는데, 위의 인용문 바로 다음에는 "농사를 짓는 사람들은 당연히 노예나 야만족 출신의 노동자들이어야 한다"고 말하고 있다.

11_아리스토텔레스가 거론한 '국가의 존속에 필요한 여섯 가지 요소들' 가운데 '일정한 재산'은 '한 계급이 전담하는 요소'가 아니라 '군인·통치관리·승려 세 계급이 모두 지녀야 하는 요소'이다. 이렇게 보면 아리스토텔레스의 이상국가는 '농·공·상'과 '군인·통치관리·승려' 여섯 계급이 주축을 이루는데, 아리스토텔레스는 '농·공·상'에게는 시민의 자격을 부여하지 않고 '군인·통치관리·승려'만을 시민으로 인정한 것이다.

이것으로써 국가를 구성하는 데 필요한 '조건들'과 국가의 구성 '부분들'에 대한 우리의 연구는 끝났다. 농부들, 기능공, 뜨내기 날품팔이, 노동자 집단들은 이 범주들 중에 첫 번째에 속한다. 두 번째의 집단은 군인과 국정을 논하며 사법 결정을 하는 집단을 포함한다. 이들은 각기 별개의 요소이다. 이 기능의 분화는 어떤 경우에 있어서는 평생 계속되며, 다른 경우에 있어서는 일정한 기간이 지나면 연령에 따라 승계하는 것이다(『정치학』, 1329a).

위에 보이듯이, 아리스토텔레스는 농·공·상과 날품팔이 노동자 등은 국가를 구성하는 데 필요한 '조건들'에 속하며, 군인과 통치 관리는 국가의 구성 '부분들'에 속한다고 명확히 구분했다.[12] 한편 그는 '농·공·상'은 평생토록 한 가지 일에 종사하는 것이 좋으나, '군인·통치 관리·승려'는 일정한 기간이 지나면 연령에 따라 승계하는 것이 좋다고 보았다.

이상에서 '군인·통치 관리·승려'만을 국가의 시민으로 인정하고 '농·공·상'은 시민으로 인정하지 않는 아리스토텔레스의 견해를 살펴보았거니와, 또 하나 살펴야 할 것은 '노예'에 대한 그의 견해이다. 『정치학』 제1권 「가족론」의 첫째 주제가 '노예'에 관한 논의이듯이, 노예 문제는 그의 정치사상에서 중요한 비중을 차지한다. 또

12_요컨대 군인·통치관리·승려 등 '국가의 구성 부분들(integral parts)'에 속하는 사람들은 '완전시민'(full citizens)이며, 농·공·상 등 '국가를 구성하는 데 필요한 조건들(necessary conditions)'은 '보조적 구성원'(ancillary members)이라는 것이다.

한 그는 "완전한 가정은 노예와 자유인으로 구성되어 있다"(『정치학』, 1253b)고 하여 노예를 가정의 필수품으로 규정하고, '가정의 가장 기본적이고 단순한 요소'로서 '남편과 아내'나 '부모와 자식'의 관계에 앞서 '주인과 노예'의 관계를 논하고 있다.

아리스토텔레스에 의하면, 본래 주인으로 사는 것이 합당한 인간도 있고, 본래 노예로 사는 것이 합당한 인간도 있다. '육체적 힘이 세나 이성이 부족한 사람'이 바로 노예에 적합한 인간이다. 그는 노예를 '길들인 짐승'으로 간주했고, '재산'으로 간주했다. 노예는 주인에게 육체적인 노역을 제공하기 위해 존재한다. 주인은 노예를 부리고, 그리하여 남는 여가를 정치나 철학에 써야 한다는 것이 그의 지론이었다(『정치학』, 1254b-1255b).

아리스토텔레스가 노예를 필수품으로 규정한 까닭은, 노예가 주인에게 '자유를 누릴 수 있는 여가'를 제공하기 때문이었다. 그는 노예의 존재를 필수로 간주했음에도 불구하고, 노예들에게는 어떠한 정치적 권리도 인정하지 않았다. 이는 '본래 노예로 사는 것이 적합한 인간에게는 노예 상태가 올바르며 동시에 유익하다'는 신념 때문이었을 것이다.

2) 혼합정과 '시민들의 공동체'

아리스토텔레스는 "정치 분야에서의 선善은 정의正義이다. 그리고 정의는 공동 이익common interest을 증진시키는 방향으로 나아가는 데 있다"라고 규정하고(『정치학』, 1282b), "한 사람, 소수의 사람, 혹은 다수의 사람이 공동 이익을 위해 통치를 하는 경우에, 그들이 통치를 하는 정치 질서는 필연적으로 올바른 정치 질서라고 말할 수 있다. 이와 반대로 한 사람, 소수의 사람 혹은 대중의 개인적 이익을 지향하는 정치 질서는 왜곡된 형태의 정치 질서이다"라고 설명했다(『정치학』, 1279a). 요컨대 '왕정, 귀족정, 혼합정'은 좋은 정체요, '폭군정, 과두정, 민주정'은 나쁜 정체라는 것이다.

왕정은 '한 사람의 가장 탁월한 인물'이 공동선을 위해 주권을 행사하는 것이요, 귀족정은 '소수의 탁월한 인물들'이 공동선을 위해 주권을 행사하는 것인 반면, 혼합정은 대중 즉 '다수의 평범한 사람들'이 공동선을 위해 주권을 행사하는 것이다.[13] 그런데 '탁월한 한 사람 또는 소수의 지혜'보다는 '평범한 다수의 지혜'가 더욱 바람직하다는 것이 아리스토텔레스의 지론이었다. '한 사람의 큰 부자가 마련한 잔치'보다는 '많은 사람들이 돈을 염출한 잔치'가 더욱 훌륭한 것처럼, '탁월한 소수의 자질'보다는 '평범한 다수의 자질을 결집한 것'이 더욱 우월하다는 것이다(『정치학』, 1281a-b).[14]

13_아리스토텔레스는 '왜곡된 형태의 정체'에 대해 "폭군정은 왕정의 타락된 형태이고, 과두정은 귀족정의 타락된 형태이고, 민주정은 혼합정의 타락된 형태이다. 폭군정은 한 사람이 자기 자신의 이익만을 위하여 통치를 하는 것이고, 과두정은 부자들의 이익만을 위한 정치이고, 민주정은 가난한 계층의 사람들의 이익을 위한 정치이다. 이 세 가지 형태 중의 어떤 것도 시민 전체의 이익을 위한 것은 아니다"라고 설명했다(『정치학』, 1279b).

14_이밖에도 아리스토텔레스는 '대중은 개인보다 부패의 위험성이 적다'는 것과 '대중은 개인보다 감정의 영향으로부터 안전하다'는 점을 들었다(『정치학』, 1286a).

아리스토텔레스는 '혼합정'을 '민주정의 요소인 자유민 신분, 과두정의 요소인 부富, 귀족정의 요소인 미덕을 동등하게 배려하는 것'이라고도 설명하고(『정치학』, 1294a), '중산계급이 공동 이익과 평등의 원칙에 근거하여 국정을 주도하는 것'으로도 설명했다(『정치학』, 1296b). 그가 말하는 '중산층'이란 '자유민 신분으로서, 적절한 부富와 합리적 이성理性, 美德을 갖춘 존재'이다. 요컨대 그는 '교양과 재산을 갖춘 자유민'만이 '국가의 구성 부분'인 '시민'의 자격이 있다고 보았다.

앞에서 살핀 것처럼 아리스토텔레스는 '농·공·상'을 시민의 범주에서 제외시켰다. 그 결과 '군인·통치 관리·승려'만이 시민의 범주에 들게 되는바, 이것이 바로 '교양과 재산을 갖춘 자유민'이 맡아야 할 직책이다. 그런데 '군인·통치 관리·승려'는 서로 다른 집단의 시민들이 각각 맡아야 할 직책이 아니라, 모든 시민들이 나이에 따라 자연스럽게 나누어 맡아야 하는 직책이다. 시민들은 젊어서는 군인으로서 나라를 지키고, 장년이 되어서는 국정을 운영하는 통치 관리가 되며, 더 늙어서는 승려직을 맡아야 한다는 것이다(『정치학』, 1329a).[15] 이는 정치권력이라 할 수 있는 국가의 주요 직책들을 시민들이 독점하는 것이다. 그는 교양과 재산을 지닌 자유민들만이 주권자(시민)의 자격이 있다는 입장에서 이렇게 주장한 것이다. 그러면 왜 이처럼 시민의 자격으로 '교양과 재산'을 강조한 것인가?

15_플라톤 역시 '군인으로 복무한 사람들만이 관리가 될 자격이 있다'고 보았다(『법률』, 753b).

이는 그의 '국가관(정치관)·인간관'과 관련된 문제이다.

먼저 '국가관'의 측면을 살펴보자. 그에 의하면 국가란 일차적으로는 '자급자족의 생존'을 위한 결사체이나, 궁극적으로 '좋은 생활(훌륭한 삶)'을 위한 결사체였다. 이를 염두에 두고, 다음의 인용문을 보자.

정치적 권리를 주장할 수 있기 위해서는 국가의 존재를 구성하는 요소들에 어떤 기여를 할 수 있어야 한다. 그래서 가문이 좋고 자유민 출신이며 부자인 사람들이 명예와 관직을 요구할 수 있는 좋은 기반을 가지는 것이다. 관직을 담당하는 사람은 필연적으로 자유민이어야 하며 납세자여야 한다. 국가는 생활 수단이 없는 사람들만으로써는 구성될 수 없는바, 이것은 마치 국가가 노예들만으로써 전적으로 구성될 수 없는 것과 마찬가지이다. 그러나 만약 부富와 자유민 출신이라는 점이 필요한 요소라고 한다면, 정의로움과 군인다움도 또한 필요한 요소라고 부언해야 한다. 이들도 또한 사람들이 한 국가 안에서 함께 살려면 구비되어야 하는 요소들이다. 한 가지 차이점은 첫 번째 두 가지 요소는 국가가 단순히 존재하는 데 필요한 것이며, 마지막의 두 요소는 국가에서 좋은 생활을 향유하기 위해서 필요한 요소라는 점이다(『정치학』, 1283a).

위의 인용문에서 주권자의 자격 요건으로 제시된 요소들은 '부富와 자유민 출신' 및 '정의로움과 군인다움'이다. '부와 자유민 출신'은 국가가 단순히 '존재'하는 데 필요한 요소이며, '정의로움과 군인다움'은 국가에서 '좋은 생활'을 향유하기 위해 필요한 요소이다. 국가를 기본적으로 '시민들의 결사체'라고 본다면, 국가의 '생존(존재)'을 위해서는 '재산'이 필요하고, '좋은 생활'을 위해서는 '교양(정의로움, 군인다움, 선善)'이 필요한 것이다.[16]

이제 '인간관'의 측면을 살펴보자. 주지하듯이 아리스토텔레스는 이성을 인간의 고유한 본성으로 규정하고, 이성에 따르는 삶이 '인간다운 삶'인 동시에 '가장 좋고, 가장 행복한 삶'이라고 설명했다 (『니코마코스 윤리학』, 1178a). 이성과 교양은 궤를 같이 하는 개념인 바, 그가 시민의 자격으로 '교양'을 강조한 것은 곧 '이성을 발휘하는 사람만이 사람다운 사람'이라고 보았기 때문이다.

이상의 내용을 정리해 보자. 아리스토텔레스에 의하면, 국가는 일차적으로는 '자급자족의 생존'을 위한 결사체이나, 궁극적으로는 '좋은 생활'을 위한 결사체이다. 그는 이런 이상을 실현할 수 있는 가장 바람직한 정체는 '혼합정'이라고 보았다. 혼합정은 재산과 교양을 지닌 시민이 주도하는 정체이다. 그는 적절한 재력은 이성(교양)을 발휘할 수 있는 토대가 된다고 보았다. 이런 주장은 충분히 타당해 보인다. 문제는 이것이 농·공·상과 노예 등 수많은 사람들의 희생에 기초한 체제라는 점이다.

16_아리스토텔레스는 이처럼 혼합정의 성공 요건으로 부(富)와 교양을 함께 언급하지만, 궁극적으로 중요한 것은 교양이라고 보았다(『정치학』, 1333a).

3. 맹자의 보민론保民論

1) 민民의 위상과 '보민이왕'保民而王

주지하듯이, 유교의 정치사상은 '천명天命 사상'으로부터 시작한다. 천명사상은 '하늘이 국가의 주권자'라는 관념을 담고 있다. 하늘이 특정한 사람을 군주로 임명해 이런저런 일을 수행하도록 위임했다면, 그 국가의 '주권자'는 분명 '하늘'이요, '군주'란 천명을 대행해 백성을 통치하는 '통치권자'에 불과한 것이다. 요컨대 전통 유교 사상에서 군주는 통치권자에 불과했던 것이요, 결코 주권자가 못 되었다.[17]

유교 정치사상에서 국가의 주권자는 하늘이요, 군주는 통치권자에 불과하다는 점은 유교의 '혁명론'을 통해 더욱 분명히 알 수 있다. 군주가 하늘의 명령대로 선정善政을 베풀면 그 위임이 지속되고, 폭정暴政을 자행하면 하늘이 통치권을 회수하여 다른 사람에게 위임한다는 것이다. 이처럼 군주의 치적을 평가하고 군주를 바꾸는 주체는 하늘이었으니, '군주는 통치권자에 불과하고, 하늘이 주권자였음'이 분명하다.

그런데 '하늘의 뜻'은 알기가 어려운바, 유교에서는 '민심은 곧

17_이런 논법을 정확히 이해하려면 주권과 통치권을 명확히 구분해야 한다. 주권과 통치권의 구분에 대해서는 권영성(1998, 115) 참조.

천심'이라는 관념을 정립하였다. 그리하여 천명론은 곧 민심론과 표리를 이루게 되었거니와, 이것이 맹자가 물려받은 '민본 사상'의 내용이었다. 맹자는 민본 사상을 더욱 철저하게 전개하면서, 마침내 백성이 가장 귀중하고, 군주는 오히려 가벼운 존재라고 규정했다. 또한 민심의 지지를 얻어야만 군주가 될 수 있다고 했으니, 이는 바로 주권자는 군주가 아니라 백성이라는 주장일 것이다. 나아가 맹자는 민생을 위해서는 '사직社稷도 다시 세울 수 있다'고 했다. 요즈음 말로 하면, 민생을 위해서는 국가의 통치 체제도 바꿀 수 있다는 뜻이다. 이런 주장에 따르면, 군주는 통치권자에 불과한 것이다.

군주는 통치권자에 불과하고, 주권자는 백성이라면, '군주는 민심에 따라 통치해야 한다'는 당위론이 성립하게 된다. 이런 맥락에서 맹자는 민심의 지지를 얻어 통치권자가 되기 위해서는 백성의 소망을 실현해 주어야 한다고 말한다(『孟子』 離婁上 9). 맹자는 입버릇처럼 늘 '인정仁政'을 설파했는데, 백성을 주권자로 상정하고, 백성을 위해 봉사하는 정치가 바로 '인정'이었다.

맹자는 '인정仁政'을 '백성을 보호하는 군왕이 됨'保民而王으로도 설명했다(『孟子』 梁惠王上 7). 백성을 보호하기 위한 '인정'의 두 축은 '형벌을 줄이고, 세금을 줄이는 것'이다. 오늘날의 말로 설명하면 '백성의 자유를 확대하고, 백성의 재산을 존중하라'는 것이다. 맹자는 인정을 보다 구체적으로는 '백성들이 생활의 모든 부면에서 유감遺憾이 없도록 하는 것'이라 설명했다. 맹자는 특히 '노인들의 편안한 삶'을 보장하라고 역설하고, 이를 위해서는 '물질적인 풍요'

를 보장해야 할 뿐만 아니라 '효제孝悌의 윤리'를 가르쳐야 한다고 설파했다. 이런 맥락에서 맹자가 말하는 인정仁政은 생업의 보장과 인륜의 확립을 두 축으로 삼는 것이기도 하다.

맹자의 보민론保民論에서 주목할 것은, 백성 가운데 '일부'만 주권자로 설정하는 아리스토텔레스와 달리, 맹자는 '모든 백성'을 보호의 대상으로 설정했다는 점이다. 예컨대 맹자는 다음과 같이 말한다.

> 현자賢者를 높이고 능력이 있는 자를 임용하여 준걸俊傑이 지위에 있으면 천하의 선비가 모두 기뻐하여 그 조정에서 벼슬하기를 원할 것이다. 시장의 점포에 자릿세만 받고 (화물貨物에 대한) 세금을 징수하지 않으며, 법대로 처리하기만 하고 자릿세도 받지 않으면 천하의 상인이 모두 기뻐하여 그 시장에 화물을 쌓아 두기를 원할 것이다. 관문關門에서 살피기만 하고 세금을 징수하지 않으면 천하의 여행객들이 모두 기뻐하여 그 길로 통행하고자 할 것이다. 농부들에게 공전公田을 도와서 경작하게만 하고 별도의 세금을 징수하지 않으면 천하의 농부들이 모두 기뻐하여 그 들판에서 농사짓기를 원할 것이다. 일반 가정에 부포夫布와 이포里布를 거두지 않으면 천하의 백성이 모두 기뻐하여 그의 백성이 되고자 할 것이다. 진실로 이 다섯 가지를 능히 시행한다면 이웃나라의 백성들도 부모처럼 우러를 것인바, 백성이 있게 된 이후로 그 자제子弟를 거느리고 그 부모를 공격하여 성공한 경우는 없었으니, 이와 같으면 천하에 대적할 자가 없다(『孟子』公孫丑上 5).

요컨대 '선비들'을 위해서는 현자를 높이고 능력자를 우대하며, '상인들'을 위해서는 시장의 세금을 줄이며, '여행객들'을 위해서는 관문의 세금을 폐지하며, '농부들'을 위해서는 공전公田의 노역勞役만 부과하고 기타 곡물세를 폐지하며, '일반 백성들'을 위해서는 부포와 이포 등 잡세를 폐지하라는 것이다. 여기서 주목할 것은 맹자가 '모든 계층, 모든 부류의 백성들'을 모두 보호의 대상으로 설정하고 있다는 점이다.[18] 신분제도와 그에 따른 차별이 엄연히 존재하던 시대, 백성의 목숨이 초개처럼 취급되던 전란의 시대에 이러한 주장을 펼쳤다는 것은 매우 획기적인 일이라 하지 않을 수 없다.

2) '분업의 체계'로서의 통치와 피치

아리스토텔레스와 마찬가지로, 맹자도 기본적으로 국가를 '분업의 체계'로 이해했다. 먼저 맹자의 분업론을 살펴보자. 맹자는 당시 등문공滕文公에게 인정仁政을 권하여, 등문공이 인정에 힘쓰고 있었다. 그런데 농가農家 학파의 일원이었던 허행許行은 등문공에 대해

18_『孟子』에는 '노예'에 대한 언급이 전혀 없다. 중국 고대사회에는 물론 노예가 존재했었다. 그런데 『孟子』, 더 나아가 유교의 경전에는 노예에 대한 언급이 거의 없다. 이는 '유교가 노예제도를 당연시한 증거'라고 볼 수도 있지만, 그보다는 '유교가 노예제도를 국가의 긴요한 토대로 삼지 않았다는 증거'라고 보는 것이 더욱 타당할 것이다. 요컨대 중국 고대에 노예가 존재했었지만, 그렇다고 중국 고대가 '노예제 사회'였던 것은 아니다(沈長云 1989, 86~91).

"진실로 어진 군주이나, 아직 도道를 모르는 것이다. 어진 군주는 백성들과 함께 밭을 갈아 먹고 살며, 손수 밥을 지어 먹으면서 다스리는 것이다. 지금 등滕 나라에는 창름倉廩과 부고府庫가 있는바, 이는 백성을 착취하여 자신을 봉양하는 것이니, 어찌 어진 군주라 할 수 있겠는가?"라고 비판했다. 이에 대해 맹자는 모든 생활필수품을 자급자족한다는 것은 매우 번거로운 일이요, 사실상 불가능한 일이라고 반박했다. 또 각자가 생산한 물품을 교환해서 쓰는 것은 결코 그 상대방을 해치는 일이 아니라 하여, 교역의 정당성을 옹호했다. 요컨대 맹자는 분업의 불가피성과 효율성을 인정하고, 분업의 결과 필연적으로 요청되는 교역 또는 유통流通, 商業의 의의도 충분히 인정했다(『孟子』 滕文公上 4).[19]

이처럼 사회나 국가 자체를 분업의 관점에서 이해한 맹자는 더 나아가 '통치統治와 피치被治' 역시 분업의 관점에서 이해했다. 통치자는 '정신노동자'요, 피치자는 '육체노동자'라는 것이다. 맹자는 '피치자가 통치자를 먹여 주고, 통치자는 피치자로부터 얻어먹는 것'이 '천하의 공통된 의리'라고 설명하고, 통치자들이 생산 활동에 종사하고 싶어도 너무 바빠 그럴 수 없다는 점을 강조했다. 통치자들이 이처럼 바쁘고 이처럼 공로가 크다면, 피치자들로부터 얻어먹

19_유교에서는 한편으로는 농업을 근본으로, 상업을 말작으로 규정하여 농업을 권장하고 상업을 억제하는 '무본억말'(務本抑末)의 경향이 있음도 사실이다. 유교에서 상업을 억제하거나 천시한 것은 이른바 '천장부'(賤丈夫) 때문이다. 천장부란 상업의 본질 즉 유통에 힘쓰고 그 '정당한 대가'를 얻으려는 사람이 아니라 '매점매석' 등을 통해 '부당한 이익'을 취하려는 사람을 말한다(『孟子』 公孫丑下 10).

을 자격이 충분하다고 할 것이다. 맹자는 다음과 같이 말한다.

후직后稷이 백성들에게 가색稼穡을 가르쳐서 오곡을 심고 가꾸게 하
자, 오곡이 익음에 백성들이 자라나게 되었다. 사람에게는 도리가 있
거니와, 배불리 먹고 따뜻하게 옷을 입어 편안하게 거처하면서 가르침
이 없다면, 금수禽獸와 가깝게 된다. 성인聖人이 이를 근심하시어 설契
을 사도司徒에 임명하여 인륜을 가르치게 하셨으니, 부자유친父子有
親, 군신유의君臣有義, 부부유별夫婦有別, 장유유서長幼有序, 붕우유신
朋友有信이 그것이다. 방훈放勳, 堯이 (설契을 임명하며) 말씀하시길
"수고로운 자를 위로하고, 먼 곳에 사는 사람을 오게 하며, 그릇된 자
를 바르게 해주고, 굽은 자를 곧게 해주며, 도와서 세워 주고 도와서
실천하게 하여, 각자 스스로 자신의 본성을 얻게 하고, 또 따라서 진작
시키고 은혜를 베풀라"고 하셨다. 성인이 백성을 근심함이 이와 같으
니, 어느 겨를에 밭을 갈겠는가? 요堯는 순舜을 얻지 못함으로 자기의
근심을 삼았고, 순舜은 우禹와 고요皋陶를 얻지 못함으로 자기의 근심
을 삼았으니, 100묘의 밭을 가꾸지 못함으로 자기의 근심을 삼는 자는
농부이다(『孟子』滕文公上 4).

위의 인용문은 통치자들의 본분을 설명한 것으로서, 두 맥락에서
이해할 수 있다. 첫째, 통치자들의 임무는 백성을 먹여 살리는 '양
민'養民과 백성들에게 인륜을 가르치는 '교민'教民으로 대별된다.[20]

20_맹자가 말하는 '양민과 교민'은 아리스토텔레스가 말하는 '재산과 교양'에 상응하는바,

피치자들은 재화를 생산하고 유통하는 일에 종사하는 반면, 통치자들은 백성들의 생업을 보장하고 백성을 교육하는 일에 종사한다. 둘째, 통치자들은 모든 백성을 위해 노력하나, 백성들은 각자 자신의 생업을 위해 노력한다. 다시 말해 통치자들은 '국가의 공동선'을 추구하는 일에 종사한다면, 일반 백성들은 '각자의 사익'을 추구하는 일에 종사한다. 자신의 사익에 얽매이지 않고 공동선을 추구할 수 있는 사람은 많지 않다. 맹자는 유교의 지론에 따라 이런 사람을 '군자'라 하고, 군자에게 특별한 권위를 부여했다.

이상의 내용을 정리해 보자. 맹자는 분명 국가의 주권자는 백성이요, 군주는 국가의 통치권자일 뿐이라고 보았다. 통치자는 주권자인 백성을 돌보는 책임을 맡은 사람인바, 맹자는 이를 '보민이왕' 保民而王이라 했다. 아리스토텔레스와 마찬가지로 맹자 역시 국가를 분업의 체계로 이해했고, 특히 '통치자와 피치자'의 관계 역시 분업의 관점에서 이해했다. 일반 백성들이 각자의 사익을 추구하는 일에 매달리는 것과 달리, 통치자는 국가의 공동선을 추구하는 일에 힘써야 한다는 것이 맹자의 지론이었다. 맹자의 보민론에서 주목할 것은, 백성 가운데 '일부'만 주권자市民로 설정하는 아리스토텔레스와 달리, 맹자는 '모든 백성'을 보호의 대상으로 설정하고 있다는 점이다.

이에 대해서는 뒤에서 다시 논하기로 하자.

4. 맹자와 아리스토텔레스의 비교

1) '평등한 공동체'와 '위계적 공동체'

아리스토텔레스는 "국가는 자유로운 사람들의 공동체"라고도 말하고(『정치학』, 1279a), "국가는 동등한 사람들의 결사"라고도 말했거니와(『정치학』, 1328a), 그가 지향한 국가는 '자유롭고 평등한 시민들의 공동체'였다. 그의 이러한 지향은 고대 아테네 민주정의 정수精髓를 계승한 것이라 하겠다.[21]

고대 아테네에서 '시민'이란 납세의 의무를 지니고 투표권을 지닌 사람으로서, 공공 생활이나 군사 활동 등 모든 분야에서 직접적이고 적극적으로 상호 협력하는 존재였다. 아테네의 민주정에서는 공직의 배분이나 정치 참여가 평등하게 이루어졌거니와,[22] 관례적

21_ 우리에게 잘 알려진 페리클레스(Perikles)의 '국장(國葬) 연설문'에서는 아테네의 민주정(demokratia)을 'isonomia'로 설명하기도 했는데, 'isonomia'는 어원상 '법 앞의 평등' 또는 '동등한 권한' 등을 의미한다. 아테네의 민주주의는 종종 'isonomia'라고 불리기도 했을 만큼 'demokratia'와 'isonomia'는 밀접하게 연관된 것이었다(김경희 2006, 11).

22_ 아테네 민주정에서는 풍부한 경험과 전문적 지식을 요하는 몇몇 직책을 제외하고 거의 모든 관직이 추첨으로 임명되었는데, 이는 '절대적 평등'을 보장하기 위한 방법이었다. 아리스토텔레스는 "관리의 임명에 있어서 추첨 방식을 사용하는 것은 민주적 방식으로 간주되고, 투표를 사용하는 것은 과두제적 방식으로 간주된다"고 설명한 바 있다(『정치학』, 1294b). 투표로 관리를 선출할 경우 누구나 공평하게 공직을 담당하지 못하고, 대부분 부·명예·출신·능력 등을 통해 대중에게 영향력이 있는 사람들이 공직을 담당하게 된다는 것이다(강정인 2008, 75).

으로 한 사람의 시민은 병사兵士이기도 했고, 재판관이기도 했으며, 또 의원議員이기도 했다(디킨슨 1989, 81). 아테네의 민주정은 무엇보다도 '모든 시민은 자유롭고 평등하다'는 원칙에 기초했다. '모두가 번갈아 가며 지배하고 지배받는 것, 그리고 누구나 원하는 대로 살 수 있다는 것'이 아테네 민주정의 핵심이었다(신철희 2013, 222).

위와 같은 전통을 배경으로, 아리스토텔레스는 '시민'의 개념을 두 차원에서 정의했다. '엄밀한 의미'에서의 시민은 '관직과 법정의 운영에 참여하는 사람'을 뜻하고(『정치학』, 1275a), '상식적 의미'에서의 시민은 '번갈아 가면서 지배를 하며 또한 지배를 받는 시민 생활에 참여하는 모든 사람'을 뜻한다(『정치학』, 1283b). '관직과 법정의 운영에 참여하는 사람'은 '지배를 하는 사람'인바, 상식적 의미의 시민 생활에는 '지배를 하는 것'뿐만 아니라 '지배를 받는 것'도 포함된다는 것이다. 이런 맥락에서 아리스토텔레스는 '시민'에게는 '어떻게 지배를 해야 하는가' 하는 것과 '어떻게 복종해야 하는가' 하는 것을 함께 아는 '이중의 능력'이 요구된다고 설명하고, "좋은 시민은 지배를 하며 동시에 지배를 받기에 필요한 지식과 능력을 겸비해야 한다"고 강조했다(『정치학』, 1277a-b).[23]

이처럼 시민을 '지배자인 동시에 피지배자'라고 규정한 것은 '모든 시민은 본질적으로 평등하다'는 뜻이기도 했다. 본래 서로 평등한 시민들은 젊어서는 군인으로서 나라를 지키고, 장년이 되어서는

23_이에 대해 장의관은 "치자 및 피치자로서의 경험을 통해 다수는 상호절제와 진중한 덕을 배우며, 편협한 이기심을 극복하게 된다"고 설명한 바 있다(장의관 2011, 22).

국정을 운영하는 통치 관리가 되며, 더 늙어서는 승려직을 맡아야 한다. 그런데 대부분의 관직은 추첨을 통해 배분되기에, 시민들은 수시로 지배자가 되기도 하고 피지배자가 되기도 한다. 이런 맥락에서 아리스토텔레스가 지향한 국가는 '자유롭고 평등한 시민들의 공동체'였다. 그런데 유의해야 할 것은, 그가 '평등한 공동체'의 주역으로 설정한 '시민'은 농·공·상과 노예 등이 제외된 매우 제한적 개념이었다는 사실이다. 농·공·상을 포함하여 설명한다면, 그의 이상 국가도 분명 시민과 농·공·상 사이에 '지배-피지배 관계'가 존재하는 '위계적 공동체'였다.

아리스토텔레스가 '재산과 교양'을 갖춘 사람으로 시민의 자격을 제한한 것과 달리, 맹자는 '민'民, 百姓의 자격을 제한하지 않았다. 맹자가 말하는 '민'이란 '국가의 영토 안에 거주하는, 군왕 한 사람을 제외한 모든 사람'을 통칭하는 개념이었다.[24] 민 가운데 군왕의 통치를 보좌하는 일부의 사람을 '신'臣이라 하는데(장현근 2016, 280), 신은 주로 사士 계급에서 충원되었다. 그리하여 넓은 의미에

24_ 장현근에 의하면, 한자어 '民'은 본래 '노예'를 지칭하는 개념이었으나, 여러 차례 신분 변동을 거치면서 '노예와 평민'을 포괄하는 개념이 되었고, 결국에는 '국왕 한 사람을 제외한 정치사회의 모든 구성원'을 지칭하게 되었다. 한편, 오늘날에는 '백성'과 '민'을 같은 관념으로 취급하지만, 본래 '백성'은 '귀족'을 뜻하고 '민'(黎民)은 '천민과 노예'를 뜻했다. "공자 이후 제자백가의 책에서 백성은 하층 노예계급을 제외하고 거의 모든 피통치자 전체를 아우르는 보통명사로 쓰인다. 모두 민으로 바꾸어도 통용이 될 정도로 백성이 피통치자를 뜻하는 민과 같은 의미로 사용되고 있다. 굳이 따지자면 아직도 백성이 민보다 조금 덜 포괄적인 개념인 정도다. 민은 신분적 제한을 거의 두지 않고 보통 사람들 전체를 뜻하는 말로 사용되고 있기 때문이다"(장현근 2016, 273-283).

서 민에 속하는 사士가 통치 계급으로 분류되면서, 피치계급인 민과 대비되는 개념으로 등장하게 되었다.

'군왕'은 천명을 받아서, 또는 민심의 지지를 받아서 최고 통치자가 된 사람이다. 유교에서는 성덕聖德을 지닌 사람에게 천명이 내린다고 설명하는바, 이런 맥락에서 군왕의 권위를 뒷받침하는 것은 '성덕'이다. 그런데 아무리 성덕을 지녔다 하더라도 한 사람이 수많은 사람을 통치한다는 것은 어려운 일이므로, 군왕의 통치를 보좌하는 사람이 필요하다. 유교에서는 그런 사람을 '신臣'이라 하거니와, 그렇다면 신臣이란 어떤 존재여야 하는가? 다시 말해 신臣의 권위는 어디에서 나오는 것인가? 맹자는 다음과 같이 말한다.

> 항산恒産이 없으면서도 항심恒心을 지니는 것은 오직 사士만 그럴 수 있다. 일반 백성들은 항산이 없으면 그에 따라 항심도 잃게 되니, 진실로 항심이 없다면 온갖 방벽사치放僻邪侈를 일삼게 된다(『孟子』梁惠王上 7).

아리스토텔레스의 경우와 마찬가지로, 맹자에게도 통치란 '공동선'을 추구해야 하는 것이었다. 그런데 항심이 없는 사람이 관직을 맡으면 공동선을 추구하지 않고, 관직을 사익을 추구하는 수단으로 변질시키게 된다. 그러므로 늘 항심을 발휘할 수 있는 사士가 관직을 맡아야 한다는 논리가 성립하게 되는바, 이렇게 본다면 신臣의 권위는 그가 지닌 '항심'에서 나오는 것이다.

아리스토텔레스가 추구한 국가는 '시민들의 평등한 공동체'였던 것과 달리, 맹자가 말하는 국가 안에는 '군왕君王 — 신臣, 士 — 민民'이라는 통치의 위계가 존재한다. 군왕과 신臣은 백성을 다스리는 일에 종사하는데, 그것은 백성의 생업을 보장하는 '양민'養民과 백성에게 인륜을 가르치는 '교민'敎民으로 대별된다. 맹자는 '통치자와 피치자'의 관계를 '부모와 자식'에 비유하기도 하고, '선각자와 후각자'에 비유하기도 했다. 자애로운 부모가 연약한 자식을 보호하는 것이나 지혜로운 자가 어리석은 자를 깨우치는 것은 모두 '지배자와 피지배자 사이의 평등'이라는 관념과는 거리가 먼 것이다. 요컨대 맹자가 역설한 '군왕과 신하가 백성을 보호하고 가르치는 국가'는 '평등한 공동체'가 아니라 '위계적 공동체'였다.[25]

2) '시민의 행복'과 '사민四民의 행복'

아리스토텔레스에게 있어서 '선'善과 '좋은 생활' 및 '행복'은 동의어였다. 같은 맥락에서 그는 "최선의 방식으로 구성된 국가는 행복을 달성할 가능성이 가장 큰 국가"라고 하였다(『정치학』, 1332a). 앞에서 그의 두 가지 '시민' 개념을 소개했거니와, 그는 여기에 하나를 추가하여, '이상적 의미'에서의 시민이란 "선善에 부응하는 생

___

25_'위계질서'라 하면 흔히 '상명하복'(上命下服)을 연상하는데, 이는 법가의 논리이다. 유가에서 말하는 위계질서는 '윗사람이 아랫사람에게 모범을 보임'과 '윗사람은 아랫사람을 보살피고 아랫사람은 윗사람을 공경함'을 뜻한다.

활 방식을 성취하려는 목적을 갖고 지배를 하며 또한 지배를 받는 능력과 용의가 있는 사람"이라 하였다(『정치학』, 1284a). 그의 이상 국가에서는 시민의 자격으로 '선善에 부응하는 생활 방식'을 강조한 것이다. 이런 점들을 염두에 두고, 다음의 인용문을 보자.

> 국가는 동등한 사람들의 결사이며, 동등한 사람들만이 이룰 수 있는 결사이다. 그리고 국가의 목적은 가능한 한 최선의 그리고 최고의 생활이다. 최고의 선善이란 행복이며, 그것은 활동력과 선善의 완전한 행사에 있는 것이다. 그러나 실제 생활에 있어서는 모든 사람이 이렇게 할 수 있는 것은 아니다. 어떤 사람은 여기에 완전하게 참여하며, 또 다른 사람은 단지 부분적으로만 참여하거나 혹은 전혀 아무런 참여도 하지 못한다(『정치학』, 1328a).

위의 인용문의 요점은 다음의 세 가지로 정리된다. 첫째, 국가는 평등한 시민들의 결사이다. 둘째, 국가의 목적은 최고의 선善 즉 '행복'의 실현이다. 셋째, 모든 사람이 국가의 결사結社, 構成에 참여하는 것은 아니다. 요컨대 국가란 시민들의 행복을 위한 결사인바, 시민이 아닌 계층, 즉 농·공·상이나 노예는 국가의 구성원이 못 된다는 것이다.

앞에서 살펴보았듯이, 아리스토텔레스는 농·공·상이나 노예는 국가를 구성하는 '부분들'이 아니라, 이상 국가를 구성하는 데 필요한 '조건들'일 뿐이라 했다. 이들은 시민들에게 여가餘暇, 財産를 제공하는 역할을 할 뿐인바, 시민들은 이들이 제공하는 여가를 바탕으로 정치와 철학 활동을 해야 한다는 것이 아리스토텔레스의 지론이었다. 그는 이를 '선善을 생산하는 활동'이요, '행복한 생활'이라 했다.[26] 따라서 그가 말하는 '행복한 공동체'는 농·공·상과 노예가 배제된 '시민들만의 행복한 공동체'였다. 여기서 우리는 골즈워디 디킨슨Goldsworthy L. Dickinson의 다음과 같은 말을 주목할 필요가 있다.

국가 속에서 자신의 최고의 삶을 실현하는 그리스 시민의 이면에는 단지 생존의 수단만을 실현할 뿐인 하층계급이 존재했다. 그런데 더 근원적인 계급의 구별은 노예와 자유인의 구별이다. 대부분의 그리스 국가는 인구의 대다수가 노예였다. 극단적인 예로 기원전 4세기 말경의 아테네 인구는 40만 명으로 추정되는데, 시민이 10만 명 정도였다. 노예는 집안일뿐만 아니라 농장이나 공장, 그리고 광산 등에서도 일했다. 단적으로 말한다면 국가의 생산 노동의 대부분을 수행했던 것이다. 고대 그리스에서 모든 분야의 생산자는 사회적·정치적 권리를 갖지 못했다. 그들은 다만 귀족의 존립을 위한 존재였으며, 국가 역시 귀족을 위해 귀족 속에 존재했다(디킨슨 1989, 87-88).

위와 같은 맥락에서 디킨슨은 "자유민의 관점에서 민주제인 정부도 노예의 관점에서는 과두정치 체제였다. 왜냐하면 노예는 그

26_아리스토텔레스는 영원한 진리를 탐구하고 음미하는 '관조적 삶'이야말로 '인간의 고유한 기능[理性]'을 발휘하는 '최선의 삶'이며 '가장 완전한 행복'이라고 규정했다(『니코마코스 윤리학』, 1177a-b). 아리스토텔레스의 '정치적 삶' 또한 '이성적 삶'과 궤를 같이 하는 것이다(이상익 2016, 79-86).

본성에 따라 참정권을 갖지 못했고, 또 그들이 인구의 과반수 이상을 차지했기 때문이다"라고 갈파한 바 있다(디킨슨 1989, 122).[27] 그런데 이런 사정은 아리스토텔레스의 이상 국가에서도 별로 개선되지 않은 것이다.

아리스토텔레스의 이상 국가가 '일부 시민들의 행복'을 추구하는 공동체였던 것과 달리, 맹자의 이상 국가는 '모든 국민의 행복'을 보장하는 국가였다. 유교에서는 전통적으로 한 나라의 백성을 '사·농·공·상' 네 부류로 나누고, 이를 '사민'四民이라 했다. 맹자는 이들 사·농·공·상 가운데 어느 한 부류도 배제하지 않고 '사민이 모두 함께 잘 사는 나라'를 추구했다. 맹자는 모범적인 인정仁政의 사례로 문왕文王의 정치를 거론하면서, 다음과 같이 말한다.

옛날에 문왕이 기岐 땅을 다스릴 때, 농사짓는 사람에게는 9분의 1을 세稅로 거두었고, 벼슬하는 사람에게는 대대로 녹祿을 주었고, 관關과 시市에서는 살피기만 하고 세금을 거두지 않았고, 연못에서는 물고기 잡는 것을 금하지 않았으며, 죄인은 처자까지 연좌시키지 않았다.

늙어서 아내가 없는 것을 '홀아비'라 하고, 늙어서 남편이 없는 것을 '과부'라 하며, 늙어서 자식이 없는 것을 '홀몸'이라 하고, 어려서 부모가 없는 것을 '고아'라 하는바, 이 네 부류는 천하의 궁민窮民으로서 호

27_디킨슨은 서기전 4세기 말경의 아테네 인구 40만 명 가운데 '4분의 1' 정도가 시민이었다고 설명했으나, 키토(H. D. F. Kitto)는 고대 아테네에서 시민은 전체 인구의 '10분의 1' 정도였다고 추산한 바 있다(키토 2008, 196~198).

소할 곳이 없는 사람들이다. 문왕이 인정仁政을 베풀 때에 반드시 이 네 부류의 사람들을 먼저 보살폈다(『孟子』梁惠王下 5).

위의 첫째 문단에서는 문왕이 '사·농·공·상' 등 모든 부류의 백성을 빠짐없이 배려했다는 점을 강조했고, 둘째 문단에서는 문왕이 특히 '홀아비·과부·홀몸·고아' 등 곤궁한 백성을 먼저 보살폈다는 점을 강조했다. 위의 인용문에서 알 수 있듯이, 맹자가 말하는 인정은 어느 한 부류의 백성을 소외시키는 것이 아니라 모든 부류의 백성을 두루 배려하는 것이며, 그 가운데 특히 곤궁한 백성을 먼저 보살피는 것이었다.

앞에서 살핀 바 있듯이, 인정仁政의 첫째 과제는 모든 백성들에게 항산을 보장하는 것이요, 둘째 과제는 백성들에게 인륜을 교육하는 것이다. 요컨대 맹자가 추구한 이상 국가는 '한 사람도 소외되지 않고 모든 백성이 의·식·주의 풍요를 바탕으로 인륜을 실천하며 즐겁게 사는 국가'였다.

5. 결론

아리스토텔레스의 이상 국가에는 '군인·통치 관리·승려'뿐만 아니라 '농·공·상'과 '노예'도 존재한다. 그런데 그는 군인·통치 관리·승려만 국가의 구성 '부분들'로 인정하고, 농·공·상과 노예는 국가 구성의 '조건들'일 뿐이라 했다. 다시 말해 그는 농·공·상과 노예에게는 '시민'의 자격을 부여하지 않았다.

아리스토텔레스는 재산(여가)과 교양(이성)을 시민이 갖추어야 할 자격으로 설정하고, 농·공·상과 노예는 재산과 교양이 부족하므로 천역賤役에 종사하는 것이 마땅하다고 주장했다. 그의 이상 국가에서 농·공·상과 노예는 시민들에게 여가를 제공하기 위해 존재한다. 시민들은 이들이 제공하는 여가를 바탕으로 정치와 철학 활동을 해야 한다는 것이 그의 지론이었다. 그는 이를 '선善을 생산하는 활동'이요, '행복한 생활'이라 했다. 이러한 맥락에서, 그가 말하는 '행복한 공동체'는 농·공·상과 노예가 배제된 '시민들만 행복한 공동체'였다.[28]

아리스토텔레스가 '교양과 재산을 지닌 다수의 시민'이 주권을 행사하는 '혼합정'을 추구한 것과 달리, 맹자는 '어진 군주'가 통치하는 '왕정'을 전제하고 있었다. 그런데 유의할 것은, 맹자는 '군왕은 통치권자에 불과하고, 국가의 주권은 백성에게 있다'고 보았다는 점이다. 맹자는 '모든 백성' 즉 '사·농·공·상'을 모두 '주권자'로 상정했다. 물론 맹자가 인정한 '백성의 주권'이 오늘날 민주국가에서의 '시민의 주권'과 같은 수준은 못된다. 오늘날의 시민들은 선거권과 피선거권 등 참정권을 지니고 폭넓은 정치적 자유를 누리면서

28_헤겔은 '공적 삶과 사적 삶의 일치'를 구현한 '아테네 민주정'을 찬미하면서도, '시민들의 평등'과 '노예들의 배제'가 '서로 표리(表裏)를 이루는 것'이었음을 지적한 바 있다(나종석 2012, 34~37).

국정에 참여하고 통치자들을 통제할 수 있다. 그런데 맹자의 주장은 백성들이 주권을 실질적으로 행사할 수 있는 구체적인 방안을 제시하지 못했다는 점에서, 근본적인 한계를 지닌다. 그럼에도 불구하고 맹자가 천명과 민심을 등치시킴으로써 백성의 주권을 설파하고 민귀군경民貴君輕을 외친 것은 중요한 의미를 지닌다. 맹자는 백성이 주권자라는 인식을 바탕으로 백성을 초개草芥처럼 여긴 당시의 군주들을 비판하고, '군왕은 백성을 보호하는 일에 힘써야 한다'保民而王고 역설할 수 있었다.

맹자의 보민론에서 주목할 것은 두 가지이다. 첫째는 보민을 '백성들로부터 밥을 얻어먹는' 통치 계급의 당연한 책무라고 보았다는 점이며, 둘째는 '모든 백성'을 보호의 대상으로 설정했다는 점이다. 이런 점들을 이해한다면, 아리스토텔레스의 이상 국가는 '평등한 공동체'였으나 맹자의 왕도 국가는 '위계적 공동체'였다는 점은 별로 중요하지 않게 된다. 정작 중요한 문제는 아리스토텔레스의 이상 국가는 '시민, 즉 일부 국민만의 행복'을 보장하는 국가였으나, 맹자의 왕도 국가는 '사민四民, 즉 모든 국민의 행복'을 추구하는 국가였다는 점이다.

아리스토텔레스가 말하는 '재산과 교양'은 맹자가 말하는 '항산과 항심'에 상응한다. 아리스토텔레스에게 있어서 재산은 '육체적 욕구를 충족시키는 수단'이며, 교양은 '영혼이 본래의 기능을 발휘하는 것'이다. 그가 말한 '좋은 생활'은 '영혼이 본래의 기능을 발휘하는 삶'인바, 그는 "좋은 생활을 위해서는 일정한 양의 물질적 조건이 충족되어져야 한다"고 역설했다(『정치학』, 1331b). 그는 또한

"교양과 품행은 부유한 계급들과 더 관련이 많은 것"이라 하고, "부유한 사람들은 일반적으로 여러 이점利點들을 갖고 있는데, 범죄자들은 이런 이점들이 없기 때문에 범죄를 저지르게 된다"라고도 했다(『정치학』, 1293b). 이를 맹자의 말로 표현하면 '항산을 지닌 사람들은 그로 인해 항심도 지닐 수 있으나, 항산이 없는 사람들은 그로 인해 항심도 잃게 된다'는 것이다.

그렇다면 '재산과 교양' 또는 '항산과 항심' 문제에 대해 아리스토텔레스와 맹자는 동일한 인식을 지녔던 것이다. 그런데 아리스토텔레스는 재산과 교양을 '시민의 자격'으로 설정함으로써, 농·공·상과 노예를 주권자의 반열에서 소외시키게 되었다.[29] 반면에 맹자는 모든 국민을 주권자로 설정하고 항산과 항심을 '통치의 목표'로 설정함으로써, 모든 국민이 항산을 누리며 인륜을 실천하는 국가상을 제시하게 된 것이다.

---

[29]_다만 한 가지 유의할 것은, 아리스토텔레스가 말하는 행복은 '중용과 관조의 삶'으로서, '물질적 풍요를 만끽하는 삶'이 아니었다는 점이다(아리스토텔레스가 '여가'를 '여유와 절제가 결합된 것'으로 설명한 것도 주목할 내용이다). 그러므로 '시민들의 행복'을 추구하는 아리스토텔레스의 이상 국가는 '농·공·상과 노예에 대한 과도한 착취'를 면할 수 있는 것이다. 그런데 서구 근대의 시민민주주의는 행복을 '물질적 풍요를 만끽하는 삶'으로 정의함으로써 무산계급(인민대중)을 과도하게 착취하게 된 것이다.

| 2장 |

조선조 김시습론과 절의론

남효온, 윤춘년, 이이, 박세당의 김시습 전기를 중심으로

김영수

1. 절의론에 나타난 '유교-정치'의 대립

  김시습(1435~1493)은 정몽주, 길재 등과 더불어 유교적 절의를
지킨 조선 전기의 대표적 인물로 알려져 있다(강창규 2018, 5). 이 글
의 목적은 김시습의 삶에 대한 후대의 평가를 통해 조선조의 절의
론을 검토하고, 이 논의에 나타난 '유교-정치' 사이의 긴장을 살펴
보고자 한다. 절의론과 관련된 구체적 사례를 보면, 절의론은 유교
가 현실 정치에서 직면하는 긴장과 충돌에 관한 논의와 다르지 않
음을 알 수 있다.

  『설원』說苑에 따르면, 절의를 행하는 것立節은 "몸을 희생하여 인

仁을 이루고, 위해를 무릅쓰고 의義를 세워, 절리節理에 의거해 죽음을 따지지 않는다"(『說苑』「立節」)[1]는 것이다. 『설원』에서 예로 든, 폭군 주왕紂王에게 간하다 죽은 비간比干, 그리고 무왕의 역성혁명을 비판하고 수양산에서 굶어 죽은 백이·숙제의 행위가 그러하다.[2] 길재에 따르면, 절의란 성현의 가르침에 따라 사는 것으로서, 부모와 임금을 위해 죽는 것이다. 특히 역성혁명처럼 인륜에 큰 문제가 생긴 비정상적 상황變에 처해 결단하는 것이다.

성현의 글을 읽고 무엇을 배웠겠습니까? 자식은 효도에 죽고, 신하는 충성에 죽는 것입니다. 고금의 예를 실천하며 자신의 포부를 행함은 다름이 아니라 평소에는 인을 행하고 변을 당해서는 절개를 지키는 것입니다(『冶隱集』「冶隱先生言行拾遺」(上) ‘附’ 上宰相啓).[3]

중국의 절의론을 대표하는 인물은 백이·숙제이다. 조선 절의론의 비조는 정몽주이며, 그 뒤를 길재, 김시습, 조광조가 잇고 있다. 이들의 공통점은 현실 정치에 항의하고 저항한, 그리고 대체로 현실 정치에 실패한 인물들이라는 점이다.

1_"士有殺身以成仁 觸害以立義 倚於節理 而不讓死地."

2_조선시대에 "절의와 일민(逸民)의 표상인 백이는 군신 간의 의리가 위기에 처했을 때 끊임없이 소환되었"다(이홍식 2013, 260).

3_"讀聖賢書 所學何事 子死孝而臣死忠 履古今禮 爲抱非他 常蹈仁而變蹈節."

아조에서 유종儒宗으로 숭앙을 받으며 세상의 사표가 된 분들 가운데 한훤 김굉필, 일두 정여창, 정암 조광조, 회재 이언적, 퇴계 이황이 공무孔廡에 배향되었다. 아, 다섯 사람뿐인데, 복주되어 죽은 자가 세 사람이고, 유배되었다가 죽은 자가 한 사람이고, 오직 퇴계만이 간신히 살아남아 고종명考終命할 수 있었다. 그러나 그도 중년에 형인 감사공監司公 이해李瀣의 화를 당한 결과 당시에 삭직되어 쫓겨난 뒤 외군外郡에서 배회하고 임야에서 실의의 나날을 보내었다(『桑村先生集』卷49, 「山中獨言」).

조선 전기 유교의 정신적 영웅 가운데 이황만이 가까스로 자연수명을 다했다. 김시습도 "험악하고 근심스러운 정치 현실을 직접 언급하지 않았지만, 현실의 모순을 경험하고 끊임없이 고뇌하였다"(심경호 2003, 9). 이산해는 김시습을 "한조각 구름, 외로운 새"孤雲獨鳥라고 칭했다. 자연만이 벗으로 남은 외로운 인간의 초상으로서, 아렌트가 말한 어두운 시대에 내적 망명inner emigration을 떠난 사람인 것이다(아렌트 1983). 그러나 역설적으로 이들은 '유종', 즉 유교의 진정한 정신적 영웅으로 추앙받았다. 이런 사실을 보면, 현실 정치 속에서 유교의 근본 가치가 위협받았음을 알 수 있다.[4] 신형기(1992, 101)는 김시습 역시 그 점을 통감했을 것으로 보았다.

4_이를 철학과 정치의 대립으로도 볼 수 있다. 아테네의 정치 현실에 대해 소크라테스는 "이 나라에서 일어나고 있는 부정과 불법적인 일을 막으려는 사람은 누구이건 그 목숨을 부지하지 못할 것"(플라톤 1982, 36)이라고 개탄했다.

이러한 현실적 부조리에 대한 탄식은 이윽고 유교 이념의 유효성에 대한 의문으로 이어질 수 있는 것이었다. 이미 계유정난은 유교 이념의 도덕적 본질을 비웃는 현실 정치의 실상을 드러낸 것이 아니었던가. 정변의 무자비하고 탐욕적인 폭력성에 몸서리친 김시습이라면 그로선 아마도 유교 이념에 대한 타성적 기대를 더 이상 갖기 어려웠으리라.[5]

그렇다면 유교도 불교처럼 탈정치화하면 좋을 것이다. 하지만 공자 이래 유교는 정치를 인간과 사회를 변화시키기 위한 가장 유력한 수단의 하나로 인식했다. 유교는 다양한 역사적 변용을 겪었으나 정치에 대한 관심을 포기한 적은 없다.[6] 왕안석의 국가주의적이고 중앙집권적 신법이 실패한 뒤, 남송의 성리학은 지역사회의 거버넌스와 개인의 도덕에 관심을 돌렸다. 그러나 성리학 또한 정치

5_다음 연구들의 지적도 동일하다: "김시습은 어린 시절부터 혈기왕성한 청년이 될 때까지 사서오경과 같은 경전과 사서(史書)를 통해 유교 지식을 습득해 가며, 유교 이념으로 가득 찬 문명국가를 꿈꾸었다. 하지만 경전이 담고 있는 이상과 조정에서 벌어지고 있는 현실의 거리는 너무나도 멀었다"(정출헌 2018, 16). "계유정란이 유교 이념을 시험하는 계기, 곧 이념적 기대와 현실적 정치 윤리 간의 갈등을 제기한 것이었다"(신형기 1992, 98). "[김시습은] 인의의 이상 정치를 실현해야 한다는 정치철학을 철석같이 믿어 왔다. 그러나 세조의 왕위 찬탈은 가치 체계를 완전히 뒤집어엎고 말았다. 아니, 올바른 이념이 현실 속에서 전혀 실현될 수 없다는 사실을 분명히 알게 되었다"(심경호 2003, 126).

6_정자(程子)에 따르면 공자가 지은 『대학』은 유교의 정치적 이상을 체계적으로 제시하고 있다. 『대학』의 강령은 "대학의 도는 명덕을 밝히는 데 있으며, 백성을 새롭게 하는 데 있으며, 지극히 착한 데 머무름에 있다"(大學章句: 「大學之道 在明明德 在親民 在止於至善」)는 것이다. 즉, 수기와 치인이 핵심이다. 다음 8조목에서는 이를 다시 '수신-제가-치국-평천하'로 나누어 설명하고 있다.

를 포기한 것이 아니라 그 개념과 폭을 넓힌 것이다(Youngmin Kim, Ha-Kyoung Lee, and Seongun Park 2019, 8-11). 유학자의 삶에서 정치는 이처럼 운명적인 것이다. 문제는 "명군이 나오는 것은 천 년에 한 번뿐인데, 세도世道의 추락은 물이 아래로 흐르는 것과 같다" (『栗谷全書』「聖學輯要」 '進箚')[7]는 현실과 이상의 괴리이다.

유교적 이상을 지향했던 조선의 지식인들은 이런 정치 현실에 저항했다. 정몽주, 조광조, 사육신 등은 부정한 현실 정치에 저항해 목숨을 바쳤다. 한편 길재나 생육신 조려趙旅처럼 현실 정치를 떠나 은거한 일민逸民도 있다.[8] 그러나 그들은 일상생활에서는 매우 표준적인 삶을 영위했다. 길제와 조려는 향촌에 유교적 예속을 보급하고 주자가례를 철저히 실천했으며, 자녀 교육에도 힘썼다(김봉곤 2016). 하지만 김시습은 정치는 물론 사회에서도 벗어나 승려, 광인, 그리고 떠돌이가 되었다. 1481년 환속한 김시습은 조부의 제사 제문에서, "어리석은 소자는 본지本支를 계승하였으나 젊은 날 이단에 빠졌기 때문에 통탄스럽게도 미혹되어 보본報本을 강구하지 못했다"(『秋江集』「師友名行錄」)고 불효를 참회했다. 그런 점에서 조선 정치사에서 김시습은 일민 중에서도 독특한 삶의 형식을 선택한 인물이다.[9]

7_"明王之作 千載一時 而世道之降 如水益下."

8_이색이 따르면, 한국에서 '은일'(隱逸)이 중요한 가치가 된 것은 고려말이었다. 이색은 최해(崔瀣)의 농은(農隱) 이후 자신을 포함해 당대인의 호에 '은'(隱)자가 많이 들어간 것을 근거로 들었다(『牧隱集』「牧隱文藁」 '陶隱齋記').

김시습에 대한 기존 연구는 주로 그의 시문학, 소설, 유교 및 불교·도교 사상을 다루었다. 즉, 문학과 사상 연구가 압도적으로 많다.[10] 정치학적 연구는 극히 적은데, 김용곤(1980), 신형기(1992), 김풍기(2004), 정경환(2015), 김진봉(2015)의 연구를 들 수 있다. 김용곤의 연구는 「연보」에 따라 김시습의 생애를 4단계로 나누어 살펴보았다. 결론은 "한마디로 김시습은 그가 생각하고 있었던 유가적 왕도 정치의 실현을 생각하면서 한평생을 보냈다고 해도 과언이 아니었다"는 것이다. 정경환은 김시습의 정치사상을 민본주의, 군신일체론, 철인군주론, 덕치론, 대의실천론으로 나누어 검토했다. 김진봉은 정치철학의 관점에서 김시습의 인간관이 절대 자유, 의리, 애민주의에 기초한 인간관이라고 주장했다. 이상의 연구는 김시습에 대한 전통적 관점을 따르고 있다. 이에 반해 김풍기(2004, 6-7)는 "김시습의 인물 형상을 절의라고 하는 한 가지 규준에 의해서만 파악"하면, "다른 모습과 의미를 발견한다는 것은 어려워진다"고 지적했다. 구체적으로 김시습의 1364년 불경언해 사업,

---

9_김시습은 원래 도가를 따르고자 했으나, 조선에 그런 사례가 없어 불교를 택했다고 말했다: "이에 세상 밖으로 훌훌 떠나고자 하여 진단(陳摶)과 손사막(孫思邈)의 풍도를 우러러 따르고자 했습니다. 하지만 나라의 습속에 이런 일이 없어 결정을 미루고 있었습니다. 그러다가 어느 저녁 옷에 검은 물을 들여 산인(山人)이 되면 소원을 채울 수 있다는 걸 문득 깨달아 마침내 송도로 떠났습니다"(『梅月堂全集』「宕遊關西錄後志」).

10_기존 연구는 "김시습의 시세계를 분석하거나 사상을 연구하거나 금오신화와 관련된 연구가 다수를 차지하고" 있다(강창규 2018, 5). 김시습 평전은 이종호(1999), 심경호(2003)의 연구가 있다. 심경호의 평전이 가장 상세한데, 수록된 참고문헌은 모두 문학과 사상에 관한 연구이다.

1365년 원각사 낙성식 참여는 "김시습의 절의적 이미지에 맞지도 않았지만 그의 삶을 일관되게 설명하려는 입장에서는 해명하기 어려운 것"(김풍기 2004, 17)이기 때문이다. 신형기는 김시습 설화의 주제는 "정치적 불의에 대한 윤리적 저항"(신형기 1992, 98)이라고 정의했다. 그런데 그는 김시습에 대한 기록이나 연구를 보면, "그에 관한 설화와는 다른 해석의 여지를 발견하는 것이 어려운 일이 아니다"(신형기 1992, 97)라고 지적했다. 첫째, 김시습의 방랑에는 절의만이 아니라 복합적 이유가 존재한다. 둘째, 김시습의 삶은 이상주의적인 만큼 현실의 모순과 복합성을 받아들이지 못하는 한계도 뚜렷하다. "선과 악, 혹은 떳떳한 것과 그렇지 못한 것이 간단히 나누어진다"(신형기 1992, 99)는 점이 그렇다. 그런 점에서 김시습의 정신과 실천은 매우 제한적이었다고 보는 것이다.

결국 그는 그 자신의 한계와 그가 살아야 했던 시대의 한계를 넘을 수 있었던 인물은 아니었다. 때문에 자기 시대의 모순을 감지했다 하더라도 그는 이를 타개할 어떠한 현실적 방책을 발견할 수 없었다. 가능한 것은 그가 고뇌하는 개인으로 남는 것이었다. …… 이 지점에서 이야기의 전개는 벽에 부딪치게 된다(신형기 1992, 102).

신형기는 김시습 연구의 지평을 확장하고 깊이를 심화시켰다. 그러나 이 글은 이문구의 소설 『매월당 김시습』에 대한 문학평론이라는 점에서 본격적인 연구로는 한계가 있다.

이 글은 남효온, 윤춘년, 이이李珥, 박세당의 평가를 통해 김시습의 삶에 내포된 정치적 의미를 검토하고자 한다.[11] 특히 시대와 평자에 따라 셋으로 유형화하여 검토하고자 한다: ① 조선 전기(남효온, 윤춘년), ② 조선 중기(이이), ③ 조선 후기(박세당).[12] 셋으로 나눈 이유는 시대와 평자에 따라 평가가 어떻게 다른지 살펴보려는 것이다. 시대별로 보면, 김시습에 대한 평가는 '절의지사 → 만대의 스승 → 성인'의 순으로 후대로 갈수록 격상됨을 알 수 있다. 평자에 따라 보면, 남효온과 윤춘년의 평가는 기본적으로 '절의'의 관점에 서있다. 이는 조선시대의 일관된 평가이다. 하지만 윤춘년의 전기를 보면, 김시습의 절의가 비타협적인 것이 아니라, 세조를 인정한

11_김시습에 대한 기록은 남효온(南孝溫)의 「사우명행록」(師友名行錄), 홍유손(洪裕孫)의 「제김열경시습문」(祭金悅卿時習文), 이자(李耔)의 「매월당집서」(梅月堂集序), 윤춘년(尹春年)의 「매월당선생전」, 이산해(李山海)의 「매월당집서」, 이이(李珥)의 「김시습전」, 허목(許穆))의 「청사열전」(淸士列傳), 이건창(李建昌)의 「청은전」(淸隱傳)이 있다.『매월당집』은 성균관대학교 대동문화연구원 판본(1973)이 있고, 국역본은 강원도의 『국역매월당전집』(2000), 세종대왕기념사업회의『국역매월당집(전5권)』(2011)이 있다. 김시습의 자전적 기록은 「자사진찬」(自寫眞贊), 「사유록」(四遊錄), 「동봉육가」(東峯六歌), 「상유양양진정서」(上柳襄陽陳情書)가 있다(강창규 2018, 10; 심경호 2003, 579-595). 이 글은 정치적 의미를 담은 기록을 중심으로 분석했다.

12_김시습의 삶에 대한 조선 시대의 평가를 유형화한 연구로는 전성운(2013), 강창규(2018), 엄기영(2019)이 있다. 전성운은 김시습에 대한 이해를 크게 셋으로 나누었다: ① 낙백과 전패의 소광한 은자, ② 생지(生知)의 성인과 색은행괴(索隱行怪)의 무리, ③ 생지(生知)의 문장가, 백세(百世)의 사표(師表). 강창규는 전성운의 유형화에서 남효온이 빠져 있고, 또한 시대, 평자, 정치사회적 맥락이 결여되어 있음을 지적하고, 시대와 평자에 따라 성종대(남효온 등), 중종대(李耔), 명종대(尹春年)로 나누었다. 남효온은 김시습의 절의, 그리고 유자의 본질을 강조했다. 이자는 김시습이 유가와 불가의 양면(行儒迹佛)을 가졌다고 평가했다. 윤춘년은 김시습을 대시인이자 공자 같은 성인으로 평가했다. 이 글에서는 김시습의 정치적 측면에 대한 평가만 검토하고자 한다.

가운데 절의와 조화시키고자 했음을 알 수 있다. 이른바 권도權道이다. 이이는 김시습을 단순한 절의지사를 넘어 만대의 스승으로 격상시켰다. 또한 이이의 기록을 보면, 김시습은 광대처럼 행동했지만 내적으로는 철인이었다. 즉, 그 삶의 구조는 '세계-광대-철인'으로서, 광대의 외양으로 철인의 내면을 감춘 것이다. 이는 철학과 세계의 대립을 완화시키기 위한 삶의 형식이자 풍자적 표현 양식이다. 마지막으로 박세당은 김시습을 인仁, 청淸, 권權이라는 유교적 가치를 종합적으로 체현한 성인聖人으로서 인식했다. 이는 조선조 최고의 평가이다. 이상의 기록과 평가를 보면, '정치-유교'의 대립 속에서 절의라는 가치가 나타남을 알 수 있다. 또한 세계와 정치의 다양성에 따라 절의 역시 다양한 방식으로 조응하고 있음을 알 수 있다. 유교에서는 이를 출처관出處觀으로 유형화했다. 그것은 결국 정치 현실 속에 어떻게 올바른 삶을 체현할 것인지에 대한 유교적 성찰로 이해할 수 있다.[13]

13_"근대 이전의 유학자들에게 출처 문제는 평생을 두고 고민하는 대상이었다. …… 유학의 기본 전제가 수기치인에서 벗어나지 않는 한 출처 문제는 언제나 자신을 향해서 선택을 요구하기 마련이다"(김풍기 2003, 112).

2. 김시습에 대한 평가 ① : 절의, 그리고 변용된 절의

1) 남효온, 「사우명행록」: 절의지사節義之士로서의 김시습

김시습의 일생에 대한 짧지만 개략적인 최초의 평가는 남효온南
孝溫(1454~1492)의 「사우명행록」師友名行錄에 실렸다. 남효온은 개
국공신 남재의 5세손이고, 김종직의 제자이다. 그는 김시습보다 19
세나 어렸다. 그러나 1471년(성종 2년) 김시습이 환속했을 때 벗이
되었다.[14] 그의 평가는 김시습을 직접 안 인물의 것이라는 점에서
중요하다. 평가의 요점은 크게 네 가지로서 김시습의 천재성, 유자
儒子적 정체성, 절의, 방광放狂이다. 김시습에 대한 후대의 평가도
대략 이 범주에서 벗어나지 않는다. 그러나 시대와 평자에 따라 강
조점과 표현 방식, 조명하는 측면과 깊이가 다르다.

유교와 현실 정치의 긴장은 김시습의 절의와 방광에서 드러난다.
먼저 절의를 보자. 김시습은 "을해년(1455, 단종 3년)에 세조가 섭정
하자, 불문에 들어가서 설잠雪岑이라 이름하였다"(『秋江集』「師友名
行錄」).[15] 정확히 말하면 세조의 '섭정'은 1453년 10월 계유정난 이
후의 처사를 뜻한다. 1455년의 일은 단종을 상왕으로 봉하고 세조

14_「사우명행록」의 김시습 항목 말미에 "그가 좋아한 사람은 정중(正中, 李貞恩), 자용(子
容, 禹善言), 자정(子挺, 安應世) 및 나였다"고 기술했다.

15_"乙亥年 光廟攝政 入沙門 名日雪岑."

가 즉위한, 즉 명목은 선양禪讓이지만 사실상 찬탈을 말한다. 남효온은 '찬탈'로 직서하지 못했지만, 김시습의 출가가 '세조의 섭정' 때문임을 명백히 밝혔다.[16]

세조의 집권은 정통성과 인륜, 두 측면에서 유교적 가치와 양립할 수 없었다. 성삼문이 추국장에서 밝힌 견해를 보자.

세조가 친히 국문하면서 꾸짖기를 "그대들은 어찌하여 나를 배반하였는가?" 하니, 성삼문이 소리치며 말하기를 "옛 임금을 복위시키려 했을 뿐입니다. 천하에 그 누가 자기 임금을 사랑하지 않는 자가 있겠습니까. 제 마음은 나라 사람들이 모두 아는 바이거늘 어찌 배반이라 하십니까. 나리는 평소에 걸핏하면 주공周公을 끌어댔는데, 주공에게 또한 이런 일이 있었습니까. 삼문이 이렇게 한 것은 하늘에 두 개의 해가 없고天無二日 백성에게 두 임금이 없기民無二王 때문입니다"(『秋江集』「六臣傳」'成三問') 하였다.

계유정난 이후 세조의 처사는 주공의 섭정과 같은 것으로서 정당화되었다.[17] 주공은 13세의 조카 성왕 대신 섭정을 하다가, 그가 20

16_그러나 김시습이 말한 자신의 출가 이유는 3가지이다: "얼마 있다가 마음과 세상일이 서로 어긋나 위태로운 지경(顚沛)에 빠졌을 즈음, 세종과 문종께서 잇따라 승하하였습니다. 세조 초년에 오랜 지기와 대신들이 모두 귀신의 명부에 올랐습니다. 게다가 다시 이도(異道)가 크게 일어나고 유도(儒道)가 쇠락하게 되니, 저의 뜻은 황량해져 마침내 승려와 함께 산수를 떠돌게 되었습니다." 첫째, 과거 낙방, 둘째, 계유정난, 셋째, 불교의 부흥이다(정출헌 2018, 20).

세가 되자 왕권을 봉환하고 섭정에서 물러났다. 세조는 이와 달리 찬탈했다. 따라서 성삼문의 관점에서 세조의 왕권은 정통성이 결여되었고, 적법한 왕은 단종 1인 뿐이었다.

김시습은 사육신처럼 직접 저항하지 않고, 세상과 절연함으로써 부정한 정치 현실을 간접적으로 비판했다. 그리고 "홀로 저잣거리의 미치광이 같은 자들과 즐겁게 놀다가 취하여 길가에 쓰러져 있었고, 언제나 바보처럼 웃고 다녔다"(『秋江集』「師友名行錄」).[18] 기묘사림의 일원으로서 1521년(중종 16년) 김시습 문집을 처음 간행하고 종합적인 전기를 쓴 이자李耔(1480~1533)에 따르면, 김시습 생시에는 그에 대한 세평이 좋지 않았다. "예의범절을 따지지 않아 위엄이 적었"고, "미친 척 농지거리하고 방자하게 굴어 시속을 조롱하였"기 때문에 "사람들은 그 모양을 보고는 마침내 '경망하고 조급하다'고 손가락질하며 업신여기고 조롱하며, 함부로 욕하기를 꺼려하지 아니하였다"(『梅月堂全集』「梅月堂集序」(李耔)).

하지만 김시습의 이런 외면적 일탈의 이면에는 깊은 분노가 존재했다. 영의정 정창손[19]에 대한 김시습의 신랄한 비난이 그 예증이

17_세조 1년(1455) 대간은 "신 등이 그윽이 전하의 보정(輔政)을 측량하건대, 이는 곧 주공의 섭정입니다"라고 말했다(세조실록 1년 윤6월 16일조).

18_"遨遊醉倒於道側 恒愚恒笑."

19_정창손은 젊어서 촉망받는 집현전 학자이자, 높은 절조로 명망을 얻었다. 하지만 세종 사후 그는 수양대군 편에 서서 1455년(세조 1년) 좌익공신 3등에 녹훈되었다. 1456년 그는 사위 김질로부터 성삼문 등의 단종복위 계획을 듣고 고변하여 좌익2등공신이 되었다. 1458년 영의정에 올랐고, 1487년 86세로 죽을 때까지 재상의 지위에 있었다.

다. 정창손은 1426년 출사한 이래 세종, 단종, 세조, 예종, 성종까지 모두 5대를 섬긴 당대 최고의 정치가였다.

> 하루는 술을 먹고 저자를 지나다가 영의정 정창손을 보고 말하기를 "이놈아, 그만 두어" 하니, 정창손이 못 들은 척하였다(『秋江集』 「師友名行錄」).[20]

김시습의 비판은 광인과 바보의 모습으로 이루어지고 있다. 하지만 김시습의 속 모습은 준엄한 절의지사이다. 이를 보면 광언은 절의의 다른 표현이다. 절의가 현실에서 용납되지 않을 때, 사회적 행위 양식을 벗어난 광기로 모습을 바꾸어 드러냈을 뿐이다. 비판의 이런 형식이 풍자로서, 풍자는 비판과 해학 사이에 존재한다. 이를 통해 비판의 예기를 순화시키고 위험을 감소시키는 것이다. 실제로 김시습이 광인이나 바보 모습을 연출했기 때문에 정창손도 못 들은 척할 수 있었다. 풍자라는 회색 지대를 통해 정창손은 '관용'을, 김시습은 '절의'를 드러낸 것이다.

하지만 성종 대에도 세조의 정통성 부재와 패륜을 누구도 공개적으로 비판할 수 없었다. 이 때문에 김시습이 세상과 절연한 이유를 '세조의 섭정' 때문이라고 확언하는 것은 정치적으로 매우 위험했다. 남효온의 절친이자 김시습의 망년지우였던 홍중손도 "공은 벼

20_"一日 飮酒過市 見領議政鄭昌孫曰 汝奴宜休 鄭若不聞."

슬하기를 좋아하지 않아 머리를 깎고 불문佛門에 몸을 의탁했다"(『篠叢遺稿』上,「祭金悅卿時習文」)[21]고 했을 뿐이다. 그러므로 남효온이 명백하게 '세조의 섭정'을 이유로 든 것은 매우 위험했다.[22] 그는 사육신 전기「육신전」六臣傳도 지었는데, 이를 쓰면서 "내가 어찌 죽음을 아껴 대현들의 이름을 인멸시키겠는가"라고 말했다 한다(『정조실록』정조 15년 2월 21일). 실제로 선조는 「육신전」을 읽어보고 "이들은 아조我朝의 불공대천의 역적"이라고 분개했으며, 책을 모두 불태우고 서로 말하는 자는 중죄에 처하겠다고 공언했다(『선조실록』9년 6월 24일).

2) 윤춘년,「매월당선생전」: 비타협적 절의의 변용

명종대의 윤춘년尹春年(1514~1567) 또한 김시습의 삶을 '절의'의 관점에서 파악했다. 남효온의 인식이 점차 보편화되기 시작한 것이다. 그런데 윤춘년은 남효온과 달리 김시습의 절의가 비타협적인

21_"公不樂夫爲賓, 倚西教以爲形."

22_남효온은 또한 성종 9년(1478) 18세 때 포의의 선비로서 성종의 구언에 응해, 문종비 현덕왕후 능인 소릉(昭陵) 복위를 요청하는 상소를 올렸다(『성종실록』성종 9년 4월 15일). 현덕왕후는 친모와 동생 권자신이 사육신의 모의에 참여했다가 주살되었고, 아들 단종은 군으로 강등되었다. 이 때문에 세조 3년 폐서인되었고 소릉도 개장되었다. 그러므로 소릉 복위는 세조의 정통성에 대한 도전으로서, 도승지 임사홍은 "신자(臣子)로서 의논할 수 없는 바"라고 비판하고 처벌을 주장했다. 이후 남효온은 과거 응시를 포기했다(『정조실록』15년 2월 21일).

것이 아니었다는 사례를 기술했다. 즉, 김시습이 세조의 관용을 인정한 가운데 자신의 절의와 공존할 수 있는 방식을 추구했음을 밝혔다. 첫째, 윤춘년은 김시습의 출가 경위를 구체적으로 서술하고 있다.

21세 때인 단종 3년(1445), 삼각산 중흥사에서 글을 읽고 있을 때, 서울에서 돌아온 사람이 있었는데人有自京城而還者 선생은 즉시 문을 닫고 밖으로 나오지 않은 것이 사흘이었다. 하루 저녁에는 느닷없이 통곡하며 그의 서적을 다 불사르고 거짓 미친 체佯狂하여 더러운 뒷간에 빠졌다가 그곳을 떠나 버렸다. 이에 삭발하고 중이 되어 이름을 설잠雪岑이라 하였다(『(梅月堂全集』 「梅月堂先生傳(尹春年)」).

그런데 윤춘년은 김시습의 출가 연도, 그리고 막연히 서울에서 돌아온 사람만 언급했다. 그 사람은 아마 세조의 찬탈 소식을 전했겠지만, 윤춘년은 그 내용을 전혀 언급하지 않았다. 하지만 그는 김시습의 방광이 진짜가 아니라 '거짓 미침'이라고 단정했다. 방광에 절의의 의미를 부여한 것이다. "그의 광기는 올바른 가치가 실현될 수 없는 현실에서, 무력한 인간이 취할 수 있는 한 가지 태도요 현실과의 연관 방식이었다"(심경호 2003, 4).

둘째, 윤춘년은 세조가 먼저 화해의 손을 내밀고, 김시습도 세조의 부름에 응했지만 사실상 거절한 사실을 기술했다. 정치적 관점에서 이 이야기는 심오하며, 김시습의 절의가 매우 섬세한 숙고의 산물이었음을 보여 준다.

세조께서 운수천인도량雲水千人道場을 원각사에서 베풀었는데, 여러 중 모두가 말하기를, "이번 모임에 설잠이 없을 수 없다"하였다. 임금이 드디어 그를 부르라고 명했는데, 왔다가 스스로 절 뒷간에 빠졌으므로 여러 중이 미쳤다病狂고 하여 쫓았다(『梅月堂全集』「梅月堂先生傳(尹春年)」).

일국의 왕으로서 세조가 자존심을 굽히고 먼저 화해를 청한 것은 쉽지 않은 결단이었다. 하지만 김시습에 대한 기존 인식을 생각하면, 그는 이 화해를 단호히 거절하는 게 마땅했다. 그러면 그의 절의는 더욱 빛났을 것이다. 하지만 김시습은 뜻밖에도 초청에 응함으로써 훼절의 의혹을 받았다. 그런데 김시습이 뒷간에 빠짐으로써 세조와의 만남은 불발로 끝났다. 부르고, 오고, 그리고 거절하는 이 형식이 중요하다. 김시습은 초청에 응함으로써, 세조의 관용과 호의에 감사의 뜻을 전했다. 그 다음 뒷간에 빠짐으로써 세조와의 만남을 사실상 거절했다. 세조를 존중하지만, 둘 사이에 넘을 수 없는 문제가 존재함을 알린 것이다.

그런데 김시습이 원각사에 참석한 것은 역사적 사실이지만, 나머지는 사실이 아니다. 이에 관한 김시습 자신의 기록이 있다. 1465년 3월 그믐, 세조는 효령대군의 간청에 따라 명소命召로 김시습을 원각사 낙성식에 불렀다. 불교를 숭신한 세조는 원각경을 언해하고 흥복사를 중창해 원각사를 세웠다. 이를 기념하는 낙성식은 국력을 기울인 국가적 행사였다. 명소란 임금이 친히 서명한 패로 신하를 부르는 것이다. 당시 경주 금오산실에 머물던 김시습은 "좋은 모임은 늘 있는 것이 아니며, 번창하는 세대는 만나기 어려운 것이다. 달려가 치하하고 곧 돌아와 여생을 마치리라"하고서, "즉시 날짜를 다투어 상경하여 이 모임에 참석하였다"(『梅月堂全集』 「梅月堂續集」, 圓覺寺洛城會 圓覺寺讚詩). 3월 29일 출발해 초파일 낙성식에 맞춰 4월 7일 서울에 도착했으니, 밤낮으로 말을 달린 것이다. 기별이 이처럼 촉박하게 온 것을 보면, 초청이 마지막 순간에 결정되었음을 알 수 있다. 세조도 고심한 것이다.

낙성을 축하하는 시에서, 김시습은 "일민逸民이 낙성회에 참석하리라고 누가 믿겠는가"라고 썼다. 일민이란 속세를 벗어난 은사隱士로서, 자신을 가리킨다. 김시습의 참석은 확실히 누구도 예상치 못한 이변이었을 것이다. 원각사 중창은 자신의 치세를 과시하기 위한 세조의 정치 프로젝트였다.[23] 김시습의 참석은 그 효과를 더욱 증폭시켰을 것이다. 김시습은 이 기대에 잘 부응했다. 낙성회를 그린 시를 보자.

성주聖主께서 5백 년을 중흥하니, 빛나는 공업 뛰어나도다.

새 일월은 요순시대처럼 빛나고, 세상은 오래되어도 예악은 새롭네.

모든 정치 잘 하고 불법도 높이니, 백관이 태평성대 축하하네.

23_원각사 중창에 즈음해 상서로운 징조가 나타났다는 기록이 실록에 10회나 등장한다. 하나의 사례를 보자: "원각사에 서기(瑞氣)와 상운(祥雲)이 어리고 사리 분신(舍利分身)하는 기이함이 있으므로 백관이 진하(陳賀)하였다"(『세조실록』 세조 11년 12월 24일). 그때마다 세조는 사면령을 내리고 관계자를 포상했다. 이를 비판한 중종대 기사를 보자: "당시에 또한 천화 서기(天花瑞氣)라는 부황하고 무리한 일이 있었습니다"(『중종실록』 14년 6월 21일).

부처님의 살펴보심 찰나지만, 우리 임금의 수명은 만년을 누리리(『梅月堂全集』「梅月堂續集」, '望卿雲百官致賀').

김시습은 세조를 성주로, 그의 치세를 요순시대로 찬양했다. 효령대군은 또한 김시습에게 원각사 찬시를 짓게 하여 세조에게 바쳤다. 이에 세조는 "찬시가 매우 훌륭하다. 환궁하여 그를 인견할 것이니, 그때까지 이 절에 머물러 있게 하라"고 하교했다. 화해 불가능한 두 사람이 원융무애한 부처의 가르침을 통해 화합한 것일까? 하지만 "단종을 몰아낸 불의로운 정권에 김시습이 몸을 담았다는 사실은 그의 이미지와는 전혀 다른 사건"이었다(김풍기 2004, 6).[24]

그런데 김시습은 금오산으로 돌아갔으며, 그는 "그때 임금을 만나보고 싶은 마음이 없고, 오직 산수나 즐기면서 놀고 싶은 생각이었다"(『梅月堂全集』「梅月堂續集」'圓覺寺讚詩'). 한양에서 수일 머문 것도 효령대군의 만류 때문이었다고 해명했다. 그러나 실제 경주로 내려간 것은 다섯 달쯤 후인 8월 말이었다(심경호 2003, 243-244). 그런데 돌아가는 도중 다시 2~3차나 세조의 소명을 받았다. 세조로서는 최선을 다한 것이다. 일개 포의지사인 김시습의 명예도 한껏 높아졌을 것이다. 김시습은 또한 승려에게 발급하는 국가의 공인증인 도첩度牒을 받았다. 이를 받으면 납세와 군역의 의무가 면제

24_이에 대해 정병욱, 이병도는 그를 절의지사로 보기 어렵다고 보았다(정병욱 1997, 이병도 1989). 또한 도첩을 받기 위한 것(심경호 2003, 226), 법회에 대한 호기심과 효령대군의 정성에 대한 보답(정주동 1999, 99), 그리고 왕명을 거역할 수 없는 인간적 한계(김연수 1997, 34) 때문이었다는 견해가 있다. 이에 대해서는 김풍기(2004, 17) 참고.

된다. 더욱이 세조는 노란 종이에 자색 도장을 찍어 김시습의 도첩을 친히 하사했다. 효령대군에게 보낸 진정시에서 김시습은 "구중궁궐 임금의 은혜를 처음 입게 되니蒙恩, 가시나무가 어떻게 상서로운 구름을 감당하랴"라고 떠나는 이유를 밝혔다. 하지만 김시습은 세조의 은혜를 인정했다. 도첩을 받고 김시습은 "성은을 말로 이루다 표현할 길이 없다"고 감격해 했다(심경호 2003, 239). 이 때문인지 김시습이 비타협적으로 저항만 한 것은 아니다. 수레를 돌려 서울로 올라와 세조에게 올린 진정시를 보자.

소신이 이미 자라와 벌처럼 숨어서 조용히 지내는 것을 달게 여겼는데, 갑자기 효령대군의 편지를 받고 겸하여 성지聖旨까지 받았습니다. 그래서 감히 병을 이유로 사양할 수 없어, 즉시 달려와 성대한 모임을 치하했습니다. 이제 법사法事(원각사 낙성식)가 끝나 호연히 떠나려는데, 다시 성조聖詔를 받아 황송무지입니다. …… 엎드려 바라건대, 멀리 떠난 엄광嚴光의 항절抗節를 허락하시고 회련懷璉처럼 한가롭게 지내라는 조칙을 받게 해주시며, 자비로운 은혜를 베푸시어 산야에 버려져 있게 해 주십시오(『梅月堂全集』「梅月堂續集」, '半途復命召固辭陳情詩').

김시습의 낙성회 참석에는 불가피한 이유가 있었다. 세조와 효령대군이 동시에 불렀으니 그들은 정성을 다한 것이다. 김시습으로서도 거절할 수 없었다. 거절은 현실적으로도 매우 위험했을 것이다. 세조 정권은 김시습의 방광회랑放狂詼浪이나 충의분격을 짐짓 방관

했다. 관대한 태도를 취한 것이다. 그러나 왕의 숙부의 초청과 왕의 소명까지 거절하는 것은 다른 문제였다. 김시습도 그 상황을 받아들였고, 세조가 원하는 찬시도 바쳤다. 우중虞中에 대한 맹자의 평가처럼, 그는 세상을 벗어났으면서도 시세에 적절히 대처廢中權한 것이다. 김시습은 "마땅히 나아갈 때는 나아가야 한다. 이윤과 부열이 은殷에 나아갔지만 그 뜻을 빼앗겼다고 말할 수 없다"라고 말했다(『梅月堂全集』「古今君子隱顯論」).[25]

김시습은 신병身病을 이유로 도성을 떠났지만, 명분은 엄광의 항절抗節과 회련의 수한遂閑임을 스스로 천명했다. 그리고 자신을 산야에 버려둘 것棄置山野을 간청했다. 명분만 지켜 준다면 더 이상 저항하지 않겠다는 약속이었다. 엄광(BC.39~AD.41)은 광무제 유수의 젊을 때 절친이다. 유수가 황제로 즉위해 그를 불렀으나, 벼슬을 사양하고 부춘산에 은거했다. 회련(1009~1090)은 송대의 승려로서, 인종의 부름으로 도성의 정인원淨因院 주지가 되었다. 그러나 거듭 강청해 마침내 산사로 돌아갔다. 김시습이 삶의 의미를 궁극적으로 '절의'와 '청한'淸閑에 두었음을 알 수 있다. 윤춘년의 기록은 부분적으로 틀렸지만, 이야기의 전체적 의미는 틀리지 않았다고 볼 수 있다.

25_"當就而就 伊傅就殷 不可言奪志." 김시습의 출처관은 곽신환(2005) 참고. 심경호(2003, 9)는 "김시습은 정치적 역학관계의 장 속에서 자기 위치를 조율한 적 없이 방랑과 은둔을 반복하였을 따름"이라고 했는데, 반드시 그렇지는 않았다.

3. 김시습에 대한 평가 ② : 광대와 철인, 그리고 만대의 스승

1) 이이李珥, 「김시습전」

이이(1536~1584)의 「김시습전」은 기존 기록을 종합한 완성판으로서, 가장 길고 상세하다. 김시습의 사후 89년째 되는 1582년, 선조는 이이에게 「김시습전」을 쓰도록 했다.[26] 전기가 완성되자 선조는 이듬해 왕명으로 교서관에서 문집을 간행하도록 했다(『梅月堂全集』「梅月堂集序」). 선조가 적극 나선 이유는 김시습의 절의를 추숭하는 한편, 남효온의 「육신전」에 충격을 받고 「김시습전」으로 이를 대체하려고 했던 듯하다(최준하 1996, 427).

「김시습전」을 쓸 당시 이이는 47세로서, 2년 뒤 세상을 하직했다. 그 무렵 그는 동서 분당에 휘말려 동인의 극심한 공격을 받으면서, 정치와 삶에서 희망을 잃고 있었다. 세상의 신산과 간고를 깊이 겪은 뒤였다. 이이는 일찍이 "전신은 바로 김시습이었는데 금세는 가도賈島가 되었구나"라는 시를 지었다(『명종실록』 명종 19년 8월 30일).[27]

26_"전교(傳敎)를 받들어 <인심·도심도설>과 「김시습전」, 「학교모범」을 지어 올렸다"(『栗谷全書』「附錄」 '行狀(金長生)').

27_"前身定是金時習 今世仍爲賈浪仙." 서인들은 이 시가 이이의 작품이 아니라 허균의 위작이라고 주장했다(『숙종실록』 숙종 26년 2월 26일). 김풍기(2003, 118)에 따르면, "율곡은 자신의 젊은 시절 방황기 경험 탓인지, 김시습의 전기를 쓰면서도 그의 행적에 대해 비교

가도는 당대唐代의 시인이다. 김시습과 가도, 이이는 모두 승려였다가 환속한 경험이 있었다.

첫째, 이이는 김시습과 세종의 만남을 중시하여, 매우 자세히 서술했다. 김시습의 인생에서 가장 중요한 만남은 세종과의 만남이었다. 김시습이 5세였을 때, 세종은 그를 궁궐로 불렀다.

> 세종이 듣고 승정원으로 불러 시詩로 시험하니 과연 빨리 지으면서도 아름다웠다. 하교하기를, "내가 친히 보고 싶으나 세속의 이목을 놀라게 할 듯하니, 그 가정에 권하여 드러내지 말고 잘 가르치도록 하게 하라. 그의 학업이 성취되기를 기다려 장차 크게 쓰리라"하고, 비단을 하사하고 집으로 돌려보냈다. 그때부터 그의 명성이 온 나라에 떨쳐 그의 이름을 부르지 않고 다만 5세라고만 불렀다. 시습은 임금의 권장을 받고 나서는 더욱 원대한 학업에 힘썼다(『栗谷全書』「金時習傳」).

세종은 인재를 사랑했지만 신중했다. 김시습을 직접 만나지 않고 승정원 지신사 박이창朴以昌에게 시험토록 했다(『梅月堂集』「上柳襄陽陳情書」). 세인을 놀라게 하는 것이나, 아이의 재능이 너무 빨리 드러나는 것이 교육에 바람직하지 않다고 보았기 때문이다. 그래서 김시습을 잘 보호하도록 가족에게 권고했다. 그러나 이 사건은 그를 유명 인물로 만들었다. 이것이 김시습의 성격 형성에 큰 영향을 준 듯하다. 이자에 따르면, 김시습은 "명성이 너무 일찍 알려진 데

적 우호적이거나 깊은 이해심을 깔고 있다."

다 성격 또한 몹시 꼬부라져서 시대의 형편을 용납하기 어려웠다"
고 한다.

김시습의 절의는 유교 윤리 이전에 세종에 대한 의리에서 시작된
것으로 보인다. "김시습은 세종의 특별한 신임에 감격하여 미친 사
람처럼 종적을 숨기고 절간에 몸을 의탁하였다"(『정조실록』 정조 15년
2월 21일)고 한다. 신흠의 전언을 보자.

하루는 김시습이 남효온에게 이르기를 "나는 영묘(英廟, 세종)로부터
두터이 알아줌을 받았기 때문에 이렇게 고달픈 생활을 하는 것이 마땅하
다. 그러나 공은 나와는 사정이 다른데 어찌하여 세도世道를 위해 뭐
든지 해볼 생각을 하지 않는 것인가?"하였다(『象村先生集』 「山中獨言」).[28]

하지만 이이도 김시습의 출가 이유를 명료하게 기술하지는 않았
다. 다만 "노산魯山(단종)이 3년 만에 손위遜位하니, 그때 김시습은
나이 21세로 삼각산에서 글을 읽고 있었다. 이때 서울에서 온 자가
있어서 김시습이 즉시 문을 닫고 나오지 아니하기 사흘이나 하더
니, 이에 크게 울고 그 서적을 다 불사르고 미친 척 뒷간에 빠졌다
가 도망가서 불가에 의탁하였다"(『栗谷全書』 「金時習傳」)[29]라고 기술

28_성삼문도 세종에 대한 의리를 강조했다. 국문을 당하던 성삼문은 세조 앞에 있는 신숙
주에게 "나와 자네가 집현전에 있을 때, 세종께서 날마다 왕손(王孫)을 안고서 거닐고 산보
하다가 여러 유신(儒臣)에게 이르시기를 '과인이 세상을 떠난 뒤에 경들은 부디 이 아이를
보호하라.' 하셨네. 그 말씀이 아직 귀에 남아 있거늘 자네는 이를 잊었단 말인가. 자네의 악
행이 이 지경에 이를 줄은 생각하지 못했네"(『秋江集』 「師友名行錄」)라고 비난했다.

했다. 윤춘년의 글을 거의 모사한 것이다. 하지만 단종의 '손위'遜位란 표현은 김시습의 출가 이유를 보다 분명히 밝힌 것이다. 그럼에도 불구하고 '노산'과 '손위'란 단어는 모두 세조의 정통성을 인정한 것이다.

둘째, 이이는 절의의 관점에서 김시습에게 불멸의 위치를 부여했다.

절의를 표방하고 윤기倫紀를 붙들었으니, 그 뜻을 궁구해 보면 가히 일월과 빛을 다툴 것이며, 그 풍성風聲을 들으면 나약한 사람이라도 또한 뜻을 세운 즉, 비록 백대의 스승이라 하여도 지나친 말이 아닐 것입니다(『栗谷全書』「金時習傳」).[30]

이는 백이에 대한 맹자의 평가를 빌린 것으로서, 김시습을 성인의 반열에 놓은 것이다.[31] 그런데 김시습 스스로도 자신의 실존적 정체성을 백이에서 찾았다. 「백이숙제찬」伯夷叔齊贊과 「군자은현론」君子隱現論은 그 대표적 작품이다. 조선 전기에 "김시습만큼 적극적으로 백이를 소환하고 그의 의리를 재현한 인물이 드물"었다(이홍식 2013, 267).

29_ "魯山以三年遜位 於是 時習年二十一 方讀書于三角山中 人有自京城來者 時習卽閉戶不出者三日 乃大哭 盡焚其書 發狂陷于溷廁而逃之 託迹緇門."

30_ "標節義 扶倫紀 究其志 可與日月爭光 聞其風 懦夫亦立 則雖謂之百世之師 亦近之矣."

31_ 윤춘년도 "김시습을 추존하여 공자에 비유하기도 하였다"(『선조수정실록』 선조 즉위년 10월 5일).

셋째, 이이는 김시습의 방광이 정치적 위험을 피하기 위한 전략적 태도임을 밝혔다. 이이에 따르면, 김시습은 "일부러 광태를 부려 그 진실을 가렸다"作狂易之態 以掩其實. 다른 한편 김시습은 "경직勁直하여 남의 허물을 용서하지 않았다." 특히 시세에 영합한 사람에 대한 분노는 컸다. 영의정 정창손에 대한 신랄한 비판은 전술한 바 있다. 정창손은 물론 모든 관원들은 김시습의 비판을 모른 체하고 지나쳤다. 하지만 마음속으로 울분이 쌓였다.

조정의 벼슬아치 가운데 어떤 이가 김시습에게 모욕을 당하고 분함을 참을 수가 없어, 서거정을 보고 그 사실을 아뢰어 그의 죄를 다스려야 한다고 했다. 서거정은 머리를 저으며, "그만두게. 미친 사람과 무얼 따질 필요가 있겠는가. 지금 이 사람을 벌하면 백대百代 후에 반드시 공의 이름에 누가 되리라"하였다(『栗谷全書』「金時習傳」).

서거정은 김시습을 국사國士로 인정하고 교유했다. 그는 조선 전기의 대표적 지식인이자 정치가로서, 『경국대전』, 『동국여지승람』 편찬 등 국가 프로젝트를 담당해 조선 초 제도의 완비에 크게 공헌했다. 그 역시 집현전 학자로서 세종이 깊은 지우知遇를 받았지만, 세조에 협조해 순탄한 환로를 걸었다. 45년간의 공직 생활에서 다섯 차례 재상직을 담당했고, 대제학을 23년 맡았고, 45년간 경연에 참가했다(심경호 2003, 250). 김시습과 서거정은 모두 이계전의 제자이다. 하지만 서거정은 영화로 가득한 삶을 산 반면, 김시습은 신산한 삶을 살았다(정출헌 2005). 사후의 평가는 그 반대였다. 신흠은

"사가四佳(서거정)의 문장의 아름다움과 나라에 모범이 되었던 것은 그 시대에 빛나고 후세에 드리울 만하지만, 매월공의 위인으로 말하면 사가보다 훨씬 더 뛰어났으나 불가에 자취를 의탁하여 광채를 감추고서 수양首陽(백이·숙제)처럼 살지언정 위상渭上(강태공)처럼 하는 것은 부끄러워하였다"(『象村集』「梅月堂四佳亭畵像跋」)고 평가했다. 서거정도 생전에 그 사실을 알았다. "지금 이 사람을 벌하면 백대 후에 반드시 공의 이름에 누가 되리라"는 그의 말을 보면, 그는 김시습의 삶의 의미, 그리고 미래의 역사에서 차지할 위치를 이미 간파하고 있었던 것이다. 그는 15세나 연하인 김시습을 망년지우忘年之友로 받아들였다.[32]

서거정이 막 조정에 들어가느라고 행인을 물리치고 바삐 조회에 들어가는데, 마침 김시습이 남루한 옷에 새끼줄로 허리띠를 두르고 폐양자蔽陽子(필자 주: 흰 대로 엮은 천민의 삿갓)를 쓴 채로 그 길을 지나다가 그 행차의 앞길을 범하게 되었다. 그리하여 머리를 들고, "강중剛中(필자 주: 서거정의 자字)이 편안한가"하였다. 서거정이 웃으며 대답하고 수레를 멈추어 이야기하니, 길 가던 사람들이 놀란 눈으로 서로 쳐다보았다(『栗谷全書』「金時習傳」).

하지만 정창손에 대한 비판을 보고 위험을 느낀 사람들은 김시습

32_그러나 김시습이 1471년(성종 2년) 환속하여 관직에 나아가고자 했을 때, 서거정은 그를 추천하지 않았다(심경호 2003, 298).

과 절교하였다. "사람들이 이를 위태롭게 여겨서, 일찍이 함께 교유하던 자들이 모두 절교하고 왕래하지 않았다"(『秋江集』「師友名行錄」)고 한다. 남효온, 안응세, 홍유손 등 몇 사람만 끝까지 변하지 않았다. 하지만 김시습 역시 위험을 모른 것은 아니다. 그가 진실을 숨김없이 말하면서도 위험을 피한 방법은 미친 흉내였다.

어떤 때에는 나무를 조각하여 농부가 밭갈이하는 모습을 만들어 책상 옆에다 두고 종일토록 골똘히 들여다보다가 울면서 태워 버리기도 하였다. 때로는 심은 벼가 이삭이 패어 나와 탐스럽게 되었을 때에 취중醉中에 낫을 휘둘러 모조리 쓸어 눕히고, 그러고는 방성통곡하기도 하였다. 그 행동거지가 종잡을 수 없었으므로 크게 속세의 웃음거리가 되었다(『栗谷全書』「金時習傳」).

보통 사람들은 이 희대의 천재가 미쳤다고 생각했고, 자신들과 동류가 된 그의 기행을 웃음거리로 삼았다. 김시습에 따르면, "어떤 사람은 저를 천치라 하기도 하고, 어떤 사람은 저를 미치광이라고도 하며, 소라고 부르고 말이라 불러도 모두 그때마다 즉시 응하여 주었다"(『梅月堂全集』「上柳襄陽陳情書」)[33]고 한다. 세상은 그를 조롱했지만, 김시습은 분노보다 안도감을 느꼈다.

세상을 거침없이 횡행하면서도 김시습은 자신에 대한 세상의 눈길에 깊이 주의하고 있었다. 산에 있을 때 누군가 찾아오면 김시습

33_"使人不齒 故惑以僕爲痴 惑以僕爲狂 呼牛呼馬 皆便應."

은 반드시 "자기에 대한 서울의 소식을 물어보고, 자기를 통렬히 욕하는 이가 있더라고 하면 희색이 드러나고, 거짓 미치광이로서 그 속에는 다른 배포가 있다고 하는 이가 있더라고 하면 바로 눈살을 찌푸리며 좋아하지 않았다"라고 한다. 누군가 자신을 미치광이로 보지 않는 것은 위험 신호였다. 만약 김시습이 진지한 얼굴로 권력을 비판했다면 그의 목숨은 하루도 지탱하지 못했을 것이다. 권력의 입장에서, 김시습의 신랄한 풍자와 거침없는 비난은 위험했다. 하지만 김시습은 미치광이 모습을 했다. 그런 김시습의 광언을 진지하게 받아들이고 처벌한다면, 오히려 그 말을 사실로 만드는 것이다. 가장 좋은 방법은 지나가는 바람소리로 여기고 정창손처럼 그냥 지나치는 것이다.

김시습의 사례를 보면, 광대의 정치적·사회적 기능을 이해할 수 있다. 광대는 누구나 알고 있지만 말할 수 없는 것, 말해서는 안 되는 것을 말한다. 그것이 사람들에게 카타르시스를 선사한다. 광대의 말은 위험하지만, 그렇게 체제의 긴장을 완화하고 균형을 회복시킨다. 광대를 허용하지 못하는 체제는 조만간 전면 붕괴의 위험에 직면한다. 조선 정치는 유교적 가치와도 충돌했고, 유교 외의 가치에도 편협했다. 하지만 김시습의 사례를 통해 알 수 있듯이, 광언에는 비교적 관대했다.

아! 높은 말씀과 준엄한 언론으로, 꺼리는 것을 범하고 기피하는 것을 일부러 저촉하며 공경을 꾸짖고 욕함에 조금도 사정을 보아 덮어두는 것이 없었건만, 당시 그 잘못을 들추는 사람이 있었다는 말을 들어보지 못하였다. 그러니 우리 선왕의 융성한 덕과 보필하는 신하들의 큰 도량을 말세에 선비들로 하여금 말을 공손하게 하는 것과 비교해 보면 득실이 어떠한가. 아! 거룩하도다(『栗谷全書』「金時習傳」).

당시 김시습의 잘못을 거론한 사람이 없었다는 이이의 말은 사실과 다르다. 하지만 광인의 말을 처벌하면 안 된다는 서거정의 주장이 우세했고, 정창손도 그런 태도를 취했다. 건강한 정치체제는 모두 권력 비판의 기제를 갖추고 있다. 정도전은 "전폐殿陛에 서서 천자와 더불어 시비를 다툴 수 있는 자가 간관이다"(『三峯集』「經濟文鑑」(下) '諫官')라고 말했다. 조선은 공론 정치를 이상적인 정치로 인식함으로써, 언로를 폭넓게 허용하고자 했다. 하지만 김시습의 풍자는 이와는 다른 형식의 권력 비판이다. 조선 정치체제에서 풍자에 의한 권력 비판은 대체로 민간의 마당극이나 탈춤 같은 연희演戲의 형태로 발전했다. 그러나 김시습처럼 지식인에 의한 풍자의 전통은 예외적이었다.

김시습은 한 시대의 광대로서 진실을 거리낌 없이 드러냈지만, 그 대가로 자신의 삶을 희화화하고 망가뜨렸다. 이이에 따르면, 김시습이 "하루아침에 세상을 도피하여, 마음은 유교에 있고 행동은 불교를 따라, 시속 사람들이 해괴하게 여겼다"고 한다. 김시습 스스로도 그 점을 명료하게 이해했다. 자신이 그린 초상화에, 그는 "네 모습 지극히 보잘 것 없고, 네 마음 너무나도 미련하니, 마땅히 너를 구렁텅이 속에 두련다"(『梅月堂全集』「梅月堂文集」'自寫眞贊')[34]라는 설명贊을 붙였다. 이는 자기를 바라보는 자의식으로서 일종의 자학이다. 그러나 이 같은 존재의 이중성은 그가 세상과 공존하는 방식이었다. 그 구조는 '세계world-광대clown-철인philosopher'의 구조이다. 겉으로 김시습은 광인이자 바보였지만, 안으로는 심오한 철인이었다. 이산해에 따르면, "천지 사이에 청명하고 정수精秀한 기운이 사람에게 모여 영특하고 뛰어난 자질을 빚어, 문장을 짓고 말을 하면 호한浩汗하기 강하江河 같고 굳세기 금석과 같아 크게 우주에서 우는 자가 있으니, 본조의 신 김시습이 그러한 사람이었다" (『梅月堂全集』梅月堂集序). 이런 구조의 삶은 철인이 세계와 직접 대면하지 않기 위한 것이다. 양자의 불화가 너무 심각했기 때문이다. 그래서 철학이 세상에 나가기 전 한 번 비틀어, 매우 심각한 것을 매우 희극적인 것으로 만들었다. 세상 사람들은 이를 우스꽝스럽게 생각했지만, 권력자들은 안도했고, 철인은 그렇게 비틀린 자기를 고통스러워했다.

4. 김시습에 대한 평가 ③ : 성인聖人

1) 박세당, 「매월당영당권연문」梅月堂影堂勸緣文

조선 후기에 김시습을 재평가한 사람은 박세당(1629~1703)이다.

34_"爾形至眇 爾言大侗 宜爾置之丘壑之中."

그는 유교가 추구하는 이상적 가치들에 따라 김시습의 삶을 재조명하고, 김시습이 그 가치들을 모두 대변하고 있다는 결론을 내렸다. 김시습을 공자에 버금가는 성인으로 평가한 것이다.

박세당은 김시습보다 200여 년 뒤의 인물이다. 두 사람의 특별한 인연은 모두 수락산에 은거했다는 사실이다. 김시습은 1472년 38세 때 수락산 동봉에 폭천정사를 짓고 10여 년 생활했다(『西溪集』「梅月堂影堂勸緣文」). 박세당은 김시습과 비슷한 나이인 1688년 40세 때부터 수락산에 은거했다. 이곳은 인조반정 정사공신인 부친 박정이 사패지로 하사받은 아버지의 땅이었다. 박세당은 그의 저택 옆을 흐르는 시냇물 서계西溪를 호로 삼았다. 김시습은 수락산 봉우리인 동봉을 딴 동봉자東峯子를 호로 삼았다. '동봉'과 '서계'는 대구를 이룬다. 동봉에서 흘러내린 물이 서계로 흐르니, 김시습을 사숙私淑하는 뜻을 담았을 것이다.[35]

박세당은 이런 우연한 인연에 깊은 의미를 부여했다. 1686년(숙종 12년) 58세의 박세당은 김시습의 영당影堂을 수락산에 세우기 위해 기금 모금에 나섰다. 그 글이 「매월당영당권연문」梅月堂影堂勸緣文이다. 영당은 진영(초상화)를 모시는 곳이다. 박세당은 김시습이 거처한 동봉 서쪽의 석림사石林寺 옆에 영당을 짓고자 했다. 그래서 석림사 승려에게 재물과 양식을 구하는 글을 썼다. 그런 다음 김시

35_다음 시에서도 그 뜻을 추측할 수 있다: 동봉은 이미 옛 정사에 없으니 / 도인다운 풍모. 누구인들 잇겠는가. / 서계 노옹은 밭두둑에 살면서 / 홀로 동봉을 사랑하여 오가며 보네 (『西溪集』「石泉錄」(上) '東峯': "東峯已無舊精舍 道人風流誰繼者 西溪老翁住溪畔 獨愛東峯行坐看"). 이에 대해서는 주영아(2007, 74-77) 참고.

습이 말년을 보낸 홍산현鴻山縣(부여) 무량사無量寺에 있는 김시습의 자화상을 옮겨 봉안한 뒤, 뜻을 같이하는 선비 수십 인과 함께 석채례釋菜禮를 행하였다. 석채례는 스승을 모시는 학생의 예식이니, 박세당은 김시습의 학문과 절행을 따르겠다는 뜻을 표시한 것이다. 1700년 숙종은 김시습의 영당에 사액賜額을 내려 청절사淸節祠로 삼았다(『西溪集』 「年譜」). 이렇게 하여 박세당은 수락산을 김시습의 정신이 영원히 사는 안식처로 만들었다.

그런데 박세당은 김시습에게서 어떤 가치를 발견했는가? 그것은 궁극적으로 '삶의 태도'인데, 크게 두 가지이다. 첫째는 유교적 가치이며, 둘째는 방외方外의 가치 혹은 회통會通의 정신이다(심경호 2003, 52-65). 이중 유교적 가치만 살펴보자. 박세당은 김시습의 삶의 가치를 인仁, 청淸, 권權으로 요약했다.

옛날 우중虞仲은 머리를 깎고 문신을 한 채 만이蠻夷에 거처하였고, 백이伯夷는 주나라 곡식을 먹지 않고 수양산에서 굶어 죽었다. 공자가 백이에 대해서는 '인仁을 구하여 인을 얻었다'고 허여하고, 우중에 대해서는 '청淸에 맞았고 권權에 맞았다'고 칭찬하였다. 이 두 분은 모두 인륜의 지극한 변고를 만나고 천하의 극심한 어려움에 처해 마음속으로 잘 헤아려 각각 편안한 바대로 행하고 세속의 이목을 놀라게 하는 것을 돌아보지 않은 분들이다. 혹 백이의 마음을 가지고 우중의 행동을 하여 인을 얻은 데다 청과 권에 맞아 두 분의 극치를 하나로 합할 것 같으면 세상에 무엇이 이보다 더할 수 있겠는가. 청한자淸寒子(필자주: 김시습)로 말하면, 태어난 지 다섯 살에 신동으로 세종에게 인정을 받았다. 세조가 즉위함에 미쳐 홀로 세상에 뜻이 없어 산속으로 도망가 절에 은둔하여 죽을 때까지 돌아오지 않았으니, 청한자야말로 이른바 백이의 마음을 가지고 우중의 행동을 한 분이 아니겠는가(『西溪集』 「梅月堂影堂勸緣文」).

박세당은 김시습을 최고의 성인으로 평가했다. 인물로는 우중과 백이를 겸했고, 정신으로는 인, 청, 권을 아울렀다는 것이다. 우중과 백이는 유교의 정신적 영웅들이며, 그들의 삶은 유교적 이상의 현현顯現으로 평가된다. 누군가 그 가치 가운데 하나만 성취해도 유교의 역사에 영원히 남을 것이다.

우중은 중옹仲雍으로서, 주나라 태왕太王 고공단보古公亶父의 차남이다. 막내 계력季歷에게 전위하려는 아버지의 뜻을 알고, 형 태백泰伯과 함께 자리를 양보했다. 그뒤 남쪽 형만荊蠻으로 가서, 그곳 풍속에 따라 머리를 깎고 문신을 했으며, 오나라를 세웠다. 태백이 죽자 제2대 오왕이 되었다. 계력의 아들이 문왕이고, 손자 무왕이 은나라를 멸망시켰다. 주가 은의 폭정을 제거하고 천하를 통일한 것은 결국 태백과 중옹의 양보에서 비롯된 것이다. 왕위를 사양하는 것은 어렵고, 그런 역사적 사례도 거의 없다. 오히려 왕위를 둘러싸고 부자와 형제가 피를 흘리는 일이 많다. 그러므로 적임자에게 왕위를 양보하는 것은 '지극한 덕'至德으로 평가받을 만하다. 중옹·태백과 백이·숙제는 올바른 삶의 전형이 되어, 동아시아인들의 윤리적·정치적 감수성을 강력하게 자극했다. 공자의 논평을 보자.

일민逸民은 백이, 숙제, 우중, 이일夷逸, 주장朱張, 유하혜柳下惠, 소련少連이다. 공자께서 말하기를, 자기 뜻을 굽히지 않고, 자기 몸을 욕되게 하지 않은 것은 백이·숙제이다. 유하혜와 소련을 평하면, 뜻을 굽히고 몸을 욕되게 하였으나, 말은 도리에 맞았고 행동은 사려가 깊었으니, 그들은 이렇게 살아갔을 따름이다. 우중과 이일을 평한다면, 은거하며 말을 함부로 하였으나 처신은 청렴했고, 세상과 떨어진 것은 적절했다. 하지만 나는 이들과 생각이 달라서, 옳은 것도 없고 옳지 않은 것도 없다(『論語』「微子篇」).[36]

일민은 학문과 덕행이 높지만 숨어사는 사람이다.[37] 백이·숙제는 뜻을 늘 높이 지니고, 몸을 더럽히지 않았다. 또한 자신이 믿는 대의명분을 위해 극도의 곤란을 마다하지 않고 목숨까지 버렸다. 맹자에 따르면, 백이는 "그 임금이 아니면 섬기지 않았고, 그 백성이 아니면 부리지 않았다. 치세에는 나갔고, 난세에는 물러났으니, 성인 가운데 청한 분聖之淸者이다"(『孟子』「萬章」下). 우중은 숨어 살았지만 하고 싶은 말은 다 했다隱居放言. 그러나 몸은 깨끗하여 절조를

36_"逸民 伯夷, 叔齊, 虞仲, 夷逸, 朱張, 柳下惠, 少連. 子曰 不降其志 不辱其身 伯夷叔齊與. 謂柳下惠少連 降志辱身矣. 言中倫 行中慮. 其斯而已矣. 謂虞仲夷逸 隱居放言 身中淸 廢中權. 我則異於是 無可無不可."

37_레게(James Legge)는 일민을 "The men who have retired to privacy from the world"로 번역했다(*Confucian Analects*, Book XVIII. Wei Tsze. Chapter VIII). 『후한서』「일민전」에 나오는 일민의 특징은 관직에 나가지 않음(不仕), 사직하고 떠남(辭去), 불러도 오지 않음(不至), 은거(隱閉) 등 네 가지이다(심경호 2003, 238).

잃지 않고身中淸, 세상의 버림을 받았으나 시세에 적절히 대처했다廢中權.

박세당은 김시습의 삶 속에 이런 가치들이 모두 포괄되어 있다고 평가했다. 그럼에도 불구하고 길재에 비해 김시습에 대한 국가와 사회의 평가는 너무 낮았다. 왜 그런가? 박세당은 그 이유가 사람들이 세조를 의식하기 때문이라고 본다. 그러나 길재의 경우도 태조 이성계를 의식해야 하니, 조건은 같다. 박세당은 태조와 세조가 모두 "천명과 민심에 순응한 것"이었다고 본다. 역사가 그렇게 갈 수밖에 없었다는 뜻이다. 그러나 그 시대를 사는 신하로서는 지켜야 할 절조가 있다. 따라서 "두 분이 스스로 자신의 지조를 깨끗이 한 것이 또 두 임금의 성덕盛德에 무슨 해가 되기에 꺼린단 말인가." 각자 가야 할 길을 갔을 뿐이니, 양립할 수 없으면서도 양립 가능한 것이라고 본 것이다. 박세당은 세조도 김시습의 그런 점을 인정했다고 보았다.

청한자가 세속을 떠나 은거하였을 당시 세조가 맞이하여 불렀고, 측간에 빠져 도망치자 마침내 내버려 두고 묻지 않았다. 이는 거짓으로 미치고 병을 핑계하여 세상을 조롱하고 자기 뜻대로 행동한 태도가 진실로 이미 세조의 큰 도량 속에 포용을 받은 것인데, 오늘날에 와서 꺼릴 필요가 뭐가 있단 말인가(『西溪集』「梅月堂影堂勸緣文」).

5. 결론: 무엇이 참다운 절의인가

이상에서 김시습의 삶에 대한 조선 지식인들의 평가를 통해 조선조 지식인들의 절의론, 그리고 '유교-정치' 사이의 긴장과 대립을 살펴보았다. 구세적 지식인은 스스로 세계의 현실에 깊은 책임감을 갖고 있다. 일종의 앙가주망engagement, 즉 '자임'自任의 정신이다. 그 전형은 백성을 위해 "막중한 천하를 자임했다"(『孟子』「萬章下篇」)[38]는 이윤伊尹이다. 그러나 유교적 이상은 현실 정치와 공존이 쉽지 않다. 그래서 유교 지식인들은 현실 정치와 대면하는 방식에 대해 깊이 성찰했다. 출처관이 그것으로서, 절의는 그 전형적인 양식이다. 조선조 지식인들의 김시습론도 출처에 대한 그들의 깊은 고뇌와 성찰의 산물이었다. 김시습의 출처에 대한 평가는 '절의'로 요약할 수 있다. 그러나 김시습의 삶은 슬픔으로 가득한 일생이었다.

그가 한 일을 추적해 보면 시를 쓰고서 통곡했으며, 나무에 조각하고서 통곡하며, 벼를 수확하고서 통곡하고, 고개에 올라서면 반드시 울고, 갈림길을 당하면 반드시 울었다. …… 그의 행적은 한적하여, 한조각 구름, 외로운 새와 같았다(『梅月堂全集』「梅月堂集序」).

박세당의 평가로 돌아가면, 김시습은 백이·숙제처럼 뜻을 높이 지니고, 몸을 더럽히지 않았다. 목숨을 버리지 않았지만, 세상과 타

---

[38]_"其自任以天下之重也."

협하지 않았다. 백이에 대한 맹자의 평가처럼 "치세에는 나아가고 난세에는 물러났으니, 청淸한 사람이다." 우중처럼 숨어 살며 하고 싶은 말은 다 했다. 이를 위해 스스로 세상의 버림을 받았고, 그로써 세상과 위태롭게 공존할 수 있었다.

하지만 공자는 '절의'라는 신성한 가치를 두 가지 측면에서 재성찰했다. 첫째, 절의의 방향에 대한 성찰이다. 공자는 백이·숙제가 "인仁을 구하여 인을 얻었으니, 무엇을 원망했겠는가"(『論語』「述而篇」)[39]라고 평가했다. 그들은 자신의 진리를 기준으로 타인을 부정하지 않은 것이다. 단지 그들이 갈 길을 갔을 뿐이다. 자기의 생각과 달라도 타자를 계몽하거나 교화시키려 하지 않고, 산속에 들어가 스스로 굶어 죽었다. 이 때문에 백이·숙제는 상충하는 진리들 사이에 갈등을 촉발하지 않았을 것이다. 그러나 김시습은 자신의 진리를 기준으로 정광필 등을 비난했고, 그들의 분노를 불러일으켰다.[40] 이처럼 진리가 밖을 향해 자기를 주장할 때, 진리의 실현은 또 다른 전쟁을 야기한다. 위기지학爲己之學과 위인지학爲人之學의 차이도 여기에 있을 것이다.

둘째, 절의의 차원에 대한 성찰이다. 관중에 대한 공자의 평가는 제자 자로와 자공의 예상을 벗어났다. 관중은 주군인 공자 규糾의 적인 제환공의 재상이 되어 제나라를 중흥시켰다. 불사이군의 절의

39_ "求仁而得仁 又何怨."

40_ 심경호(2003, 11)는 김시습이 "절의를 다른 어떤 이념보다 중시했지만 남에게 강요하지 않았다"고 평가했다.

를 버린 것이다. 이 때문에 자로와 자공은 관중을 비판했다. 그러나 공자는 "관중이 환공을 보필하여 제후의 패자가 되어 천하를 한 번 바로잡아一匡天下, 백성이 지금까지 그 혜택을 받는다"(『論語』「憲問篇」)라고 관중을 옹호했다. 일신의 절의보다 백성의 안녕을 더 높은 가치로 인식한 것이다. 이이 또한 "애석한 것은 김시습의 영특한 자질로써 학문과 실천踐履을 갈고 쌓았더라면, 그가 이룬 것은 헤아릴 수 없었을 것"(『栗谷全書』「金時習傳」)이라고 평했다. 절의의 관점에서 김시습을 백대의 스승으로 평가했지만, 민생의 관점에서 그가 학문과 실천에 힘써 관중처럼 공업功業을 이루지 못한 것에 대해 애석하게 생각한 것이다. 이에 김시습은 "남아가 세상에 태어나 도를 행할 만한데도 자기 몸만 깨끗이 하며 인륜을 어지럽힌다면 부끄러운 일이겠지만, 만약 도를 행할 만하지 못하다면 홀로 자신의 몸만 닦는 것도 가하다"(『梅月堂全集』「宕遊關西錄後志」)고 답했다. 이이와 같은 지적에 동의하면서도 자신으로서는 다른 대안이 없었다고 변명한 것이다.

공자는 일민의 삶에 존경을 표했지만 전적으로 동의하지는 않았다. 그는 일민의 삶과 비교해, "나는 옳은 것도 없고 옳지 않은 것도 없다"고 말했다. 이에 대해 맹자는 공자가 "벼슬할 만하면 벼슬하시고, 그만둘 만하면 그만두시고, 오래 머물 만하면 오래 머무시고, 속히 떠날 만하면 속히 떠나셨다"고 해석했다(『論語集註』「微子篇」). 또한 공자는 "군자는 이 세상에서 어떤 일을 꼭 해야 한다고 고집하거나, 어떤 일을 해서는 안 된다고 고집하지 않고, 오직 대의에 입각해서 행동한다"(『論語』「里仁篇」)[41]고 말했다. 특정한 하나의 가치에 묶이지 않고 주어진 상황 속에서 옳은 길을 모색하고자 한 것이다. 그런데 김시습도 같은 의견이었다.

> 선비의 거취와 은현隱顯은 반드시 먼저 의리에 맞는가 맞지 않는가, 그리고 도를 행할 수 있는가 없는가를 헤아리는 데 있을 뿐이다. 버리고 갔다 하여 현철하며, 벼슬에 나아갔다 하여 아첨이 되며, 숨었다 하여 고상하며, 나타났다 하여서 구차한 것은 아니다(『梅月堂全集』「古今君子隱顯論」).[42]

그러나 김시습은 공자와 달리 "의리는 천명天命보다 앞서 있고, 도탄에 빠진 백성을 구제하려는 인자의 마음보다 위에 있다"(이홍식 2013, 273)고 보았다.

> 채미가는 이렇다. "저 서산에 올라 고사리를 캐노라. 난폭함으로 난폭함을 바꾸고도 그 잘못을 알지 못하네." 나는 말한다. 백이와 숙제가 이와 같이 말한 것은 대개 주 무왕이 비록 죄인을 벌하고 백성을 구휼했지만 그 당시 아비의 상을 치르기 전인데도 오히려 그 주검을 장사하지 않고 상복을 입은 채 신하로 임금을 쳤기 때문이다. 그렇다면 무왕의 난폭함은 주 임금보다 더 심하다(『梅月堂全集』「伯夷叔齊贊」).

41_"君子之於天下也 無適也 無莫也 義之與比."

42_"士之去就隱顯 必先量其義之適與不適 道之可行與不行而已 不必去而賢 就而諂 隱而高尚 顯而苟且也."

맹자는 무왕의 방벌을 천명으로서 옹호했다. 하지만 김시습은 무왕보다 백이를 더 높이 평가했다. "이 공과의 기준이 되는 것은 다름 아닌 '군신 간에 지켜야 할 도리', 즉 의義"였다(이홍식 2013, 273).

| 3장 |

'제 나라에 대한 의리'의
정치적 함의 문제

최명길의 주화론을 중심으로

유불란

1. "명나라를 위해 우리 임금께 권해, 우리 나라를
망하도록 함이 옳은가?"

1) 명분과 실리, 이념과 현실?

반세기 전의 한 신문 칼럼은, 주화론과 척화론에 대해 다음과 같이 정리하고 있다.

말하자면 척화론은 순수한 절의만으로써 옥쇄주의玉碎主義를 일삼는 것이라 한다면, 주화론은 현실을 참작한 끝에 난국에 빠진 국가와 민생문제를 타개해야 한다는 것으로 요약할 수 있으리라(『동아일보』 1970/02/03, 1).

이런 식의 도식화는 '호란'에 대해 역사학적 측면에서 처음으로 고찰한 것으로 알려져 있는 이나바 이와키치稻場岩吉가, "택민주의" 澤民主義적 현실론과 유·불리를 돌아보지 않는 명분론이라는 대립 구도를 제시한 이래, 학계까지를 막론해 지금껏 우리 사회에서 '통념'처럼 기능해 왔다고 할 수 있다(稻場 1933, 252; 허태구 2017, 187). 그런데 척화론은 정말로 '현실'과 유리된 그런 주장이었던 것일까? 천조天朝, 즉 명나라에 '군신의 의리'가 있고 '부자의 도리'가 있으니, "우리의 도리로선 [원군을 명하는] 말이 끝나길 기다리지 말고 마땅히 갑옷을 말아 들고 서둘러 달려가고, 갓끈을 동여맬 겨를도 없이 구원해야 합니다. 강약은 말할 바가 아니고, 이해는 논할 바가 아니며, 성패는 고려할 바가 아닙니다. 의리와 관련해 무엇이 이보다 크겠습니까?"(趙絅, 『龍洲遺稿』6「疏」'玉堂時斥和箚'). 이처럼 화친을 배척하며 내세운 조경(趙絅, 1586-1669)의 상소문 같은 경우를 보자면, 분명 그렇게 보이기도 한다.

하지만, '만약 그리 하지 않을 경우' 일어날 수 있는 사태에의 경고까지를 아울러 고려해 보면 어떨까. 척화의 아이콘 격이었던 김상헌金尙憲(1570~1652)은 일찍이 이렇게 물은 바 있다. "지금 만일 의리를 버리고 은혜를 잊고서 차마 이런 일(후금에의 항복)을 행한다면, 천하 후세의 의론은 돌아보지 않는다손 치더라도 장차 …… 신하들로 하여금 어떻게 국가에 충성을 다하라 할 수 있겠습니까."(『인조실록』 인조 17년 12월 26일).

"[혹 침략 당하지 않더라도] 종기가 안에서 곪아 터져서 종사가 먼저 멸망될 것이니 두렵지 않습니까?"(『인조실록』 인조 17년 12월 26일). 실제로 정묘호란(1627)에 뒤이은 이인거李仁居의 반란 기도에서 단적으로 드러나듯, 일국의 왕이 제국의 황제에 대해 갖는 의리와 일국의 신민이 제 왕에 대해 갖는 의리가 연동되는 당대의 "연쇄 구조"적 조건 하에서, 척화 측의 이 같은 경고는 지극히 현실적인 우려였다(손애리 2011, 60). "국제적 군신 의리"는 그대로 국내 정치 차원의 군신 의리와 직결되었기 때문이다(정용화 2005, 107). 실제로 현現혁명정권은, 바로 그렇게 신료들의 고의적인 태업과 반항에 밀려 좌초하던 광해군의 전前정권을 끝내 무너트리기까지 한 주역이었던 것이다(계승범 2008, 448).[1]

중국 조정을 섬겨 온 게 이백여 년이라, 의리로는 군신이며 은혜로는 부자와 같다. 그리고 임진년에 재조再造해 준 그 은혜는 만세토록 잊을 수 없는 것이라. (중략) [그런데] 광해는 배은망덕해 천명을 두려

1_실제로, 인조정권 역시 병자년 이후 마찬가지의 곤경에 처하게 된다. 인조와의 대화 중 최명길은 당시상황을 다음과 같이 묘사한다. "비록 혹 관직을 제수해도 오려 하지 않[습니다.] (중략) 국가는 반드시 사대부와 더불어 일을 같이 해야 하는데, 서로 잇대어 떠나 버리는 게 이미 풍습이 되다 보니 명부(官案)상의 숫자는 많지만 실제로는 몹시 적습니다. 고위직(名官)도 그러한데 말직(庶官)이야 어찌 나무라겠습니까"(『승정원일기』 인조 15년 4월 4일).

위하지 않고 속으로 다른 뜻을 품[어] …… 예의의 나라로 하여금 오
랑캐와 금수됨을 면치 못하게 하였으니, 그 통분을 어찌 이루 다 말할
수 있으랴. 천리를 거역하고 인륜을 무너뜨려, 위로는 종묘사직에 득
죄하고 아래론 만백성에게 원한을 맺었다. 죄악이 이에 이르렀으니 어
떻게 나라를 통치하고 백성에게 군림하[겠는가.](『인조실록』 인조 1년
3월 14일)[2]

즉 화친이란, 의리 차원에서 광해군 이상의 '패륜'을 저지르게 된
다는 점에서도 문제였지만, '입국의 토대', 즉 혁명정권 스스로의
최고 명분에 대한 자기부정이란 점에서, 우선 정치적으로 용납될
수 없는 그런 선택지였던 셈이었다(한명기 2000, 65; 『인조실록』 인조
15년 1월 23일).[3]

이런 측면에서 척화 측의 '절의'에 대한 강조는, 명분상으로는 물
론, 나아가 당시 조선의 국내 정치적 차원에서의 현실까지를 사실
상 아우르고 있었다. 이에 비해 주화 측의 소위 현실'주의'는 어떠
한가? 앞서 살펴본 칼럼에서 단적으로 드러나듯, 오늘날 이와 같이

2_"…… 我國服事天朝, 二百餘載, 義卽君臣, 恩猶父子, 壬辰再造之惠, 萬世不可忘也°(중략) 光海
忘恩背德, 罔畏天命, 陰懷二心 …… 使我三韓禮義之邦, 不免夷狄禽獸之歸, 痛心疾首, 胡可勝言! 夫
滅天理´戮人倫, 上以得罪於宗社, 下以結怨於萬姓, 罪惡至此, 其何以君國子民, 居祖宗之天位, 奉宗
社之神靈乎?"

3_결국 인조의 사후, 혁명정권은 『인조대왕행장』을 통해 폐모살제 등만을 거사의 이유로
언급하고, 앞서 반정교서에선 포함되었던 광해군의 외교적 대응 문제에 대해서는 언급을
누락시킴으로써, 반정의 명분에 대한 수정을 시도하기에 이른다(계승범 2008, 454).

부르는 까닭은, 위기에 대한 정확한 정세 인식에 바탕을 두고, 그로부터 정치적 '생존'을 확보하기 위해 적절히 대처했다는 그런 식의 평가로서 인 것으로 보인다. 확실히 오늘날처럼 나라—國를 가장 상위의 정치적 심급으로 여기는 경우에서라면, 그 생존을 기하는 것이야말로 진정한 '실리'에 다름 아닐 터이다. 하지만 문제는, 과연 당시에도 그렇게 여겼을까 하는 점이다. 조선의 군사력만으론 후금에 맞설 수 없다는 정세 판단 그 자체야, 사실 인조 임금을 위시한 혁명정권에서도 광해군 못지않게 잘 내리고 있었다(허태구 2015, 183). 다만 이들은, 국제 정세에 어둡거나 '오판'해서가 아니라, 이조참판 정온鄭蘊(1569~1641) 같은 이의 상소에서 단적으로 드러나듯, 근본적으로 지금과는 상이한 정치적 가치 체계에 입각해 사고하고 있던 것이다.

최명길의 생각으로는, 한번 신臣이라고 일컬으면 포위당한 성도 풀 수 있으며, 군부君父도 온전하게 할 수 있다고 여기는 것입니다. 그러나 설령 이와 같이 된다 한들 부녀자나 소인의 충성 밖에 되지 않을 텐데, 더구나 절대 그렇게 될 리도 없지 않습니까. 예부터 지금까지 천하의 나라가 길이 보존되기만 하고 망하지 않은 경우가 어디 있습니까. 무릎을 꿇고 망하느니, 차라리 바른 도리正道를 지키며 사직社稷을 위해 죽는 게 낫지 않겠습니까(『인조실록』 인조 15년 1월 19일).[4]

4_"鳴吉之意以爲, 一稱臣則圍城可解也, 君父可全也" 設或如是, 猶爲婦寺 小人之忠也, 況萬萬無此理乎? 自古及今, 天下國家, 安有長存而不亡者乎? 與其屈膝而亡, 曷若守正而死社稷乎?"

요컨대 척화와 주화는 "문명과 야만, 인간과 짐승을 택하는 실존적 결단" 차원의 문제로서, 국가적 '생존'이란 여기 비하면 오히려 부차적인 문제로 취급되고 있다. 이는 비단 척화파만의 독단적인 가치판단이 아니라, 당시 곧 "조선 지식인 사회의 공의이자 국론"이기도 했던 것이다(허태구 2017, 217).

2) '나라'와 '천하'의 사이에서

일단 이렇게 당대의 실제 맥락을 고려하기 시작하면, 주화파와 척화파를 명분과 실리, 이념과 현실의 이분법으로 가름하기에는 상당한 무리가 따름을 알 수 있다. 실제로 이귀李貴(1557~1633)와 더불어 '일관되게' 주화론을 견지했던 거의 유일한 경우였던 최명길崔鳴吉(1586~1647)은, 스스로의 논지를 이렇게 요약한 바 있다. 자신은 오랑캐에게 신하로 복종하려는 게 아니다. 다만 상황이 급박하니 일단 "권도權化를 써서 앙화를 늦[춰야]"마땅한 바, 그리하여 "재앙을 서너 해쯤 늦추며 …… 민심을 수습하고, 성을 쌓으며 양식을 저축해 국방을 더욱 견고하게 하고, 군사를 거둬 움직이지 않다가 저들 틈새를 엿봄이 나라를 위한 계책으로선 이보다 나을 게 없다"(최명길, 『遲川集』11「箚」'丙子封事 第三')는 것이다. 이런 "오랑캐를 제어하는 술책"羈縻之計은 당시 척화파들의 비난처럼, 이미 오랑캐에 기댔으면서 그저 시간이나 좀 끌어 보려 한 핑곗거리에 불과했던 것일까?(최명길, 『遲川續集』1「書札」'與趙浦渚飛卿翼書 六書';『인조실록』인조 15년 1월 23일). 하지만, 그렇다고 일각에서 제기하듯 주화 측 인사들을 '친청파'로 규정해 버린다면, 명의 연경燕京이 후금군에 포위되자 곧바로 근왕병을 소집하자고 주장한 이거나, 명과의 밀통으로 심양에 유폐되기까지 한 최명길의 이후 행보를 정합적으로 설명하기 어려워진다(김용흠 2006, 202).

사실 주화파의 언설과 실제 행보를 종합해 본다면, 대명의리對明義理의 추구라는 측면에서 이들이 반드시 척화 쪽에 반대했다고 보긴 어렵다(허태구 2017, 223; 최명길,『遲川續集』1「書札」'答張谿谷持國維書 八書'). 오히려 양자가 갈리는 지점은 명나라에 대한 의리의 인정 여부 그 자체가 아니라, "옛날부터 중국 바깥外服의 제후국으로서, 상국을 위해 절개를 지키다 의리에 죽은 경우가 어디 있습니까?", 즉 조선이라는 한 나라가 궁극적으로 어디까지, 무엇까지를 희생할 수 있을지의 여부였다(『인조실록』인조 15년 1월 20일). 그리고 최명길 은, 바로 이 점에서 척화 측이 앞서 살펴보았듯 '국망'國亡, 즉 나라 까지도 희생시킬 수 있다고 공언하는 데 대해 반박하고 나섰던 것 이다.

조선을 위하는 신하로선 반드시 명나라를 위해 내 나라를 망하게 해선 안 된다는 게 의리상 당당하며, 실로 성현의 교훈에도 부합되는 겁니 다. 그런데 김(상헌), 정(온) 두 선생은 도리어 이 [내 나라부터 위해 야 한다는] 의리에 어두워 …… 그저 고상한 논의淸論만을 숭상하고 있으니, 의리의 면에서 중도를 지키는 게 과연 어렵습니다(崔鳴吉, '答 張谿谷持國維書 八書').[5]

주의할 점은, 이때 망국의 회피라는 것이 그냥 '나라 살리기'가 아니라, (대명)의리와 충돌하거나 궁극적으로는 모순되기까지 하는 초유의 '비상한 상황'contingency 앞에서, 그럼에도 불구하고 조선의 명운을 우선시해야 한다는 그런 것이라는 데 있다. 주화 측이 대명의리를 존중했듯, "천자께 죄를 짓느니, 차라리 성상께 죄 짓는 편이 낫다"던 척화 측 역시, 그렇다고 제 임금과 사직을 가벼이 여기거나 했던 것은 결코 아니었다(『광해군일기』 광해 10년 6월 20일). 문제는 제 한 몸身 → 제 집안家 → 제 나라國[6] → 천하로 확장되어 가는 유가적 세계관의 구도 내에서, 독립적이라기보다는 오히려 상호 전제되면서 서로 밀접히 연결된 각 영역들 가운데, 이렇게 어느 하나를 택해야만 할 때 무엇을 우선시할지 애매했다는 데 있다(손애리 2011, 47). 요컨대 주화파와 척화파가 충돌하게 된 핵심은, 이런 와중에서 근대적인 국민국가만큼의 우월한 가치를 아직 채 확보하지 못했던 당시의 '나라'라는 영역을 두고, 명 제국으로 상징되던 '천하'에 대한 상대적 함의를 어떻게 상정해야 할지였던 셈이었다.

주지의 사실대로 이와 관련해 최명길은, 당대에는 말할 것도 없

5_"此則東邦體國之臣, 必不爲皇朝, 而亡我國者, 義理堂堂, 實合聖賢之訓, 而金鄭兩台, 反昧此簡義理, 徒尙淸論 …… 中道, 果其難也."

6_전근대 동아시아에서 "家는 부자간의 孝를 매개로 하고, 國은 군신 간의 忠을 매개로 하는 불평등관계 속에서의 헌신을 의미하는 사회관계로, 그 기능하는 장소만 다를 뿐 기본적으로는 같은 사회조직의 원리"로서 여겨져 왔다. 때문에 천하 내지 국가는 큰 가족이고, 가족은 작은 천하에 다름 아니었던 것이다(박상섭 2017, 95). 이에 혼동을 피하기 위해 이하, 국가 영역에 대한 호칭으로 '나라'라 표기하기로 한다.

고 사후에도 논쟁의 발화점으로서 되풀이해서 거론되곤 했다(김민혁 2017, 174-5). 이에 본고에서는 그의 주화론을 중심으로, 논리구축의 과정에서 이상의 저 '나라'라는 정치적 영역의 독자성과 우선적인 가치를 어떻게 구축해 나아갔는지에 대해 살펴보고자 한다.[7]

2. 지천遲川의 논리 쌓기

1) '옳은 정치'의 반면反面

"경(김상헌)의 말이 옳기는 옳다."

인조의 이 같은 긍정 아닌 긍정에서 단적으로 드러나듯, 대명의리가 공론장 내에서 압도적인 정당성의 원천으로 작용하는 한, 여기서 조금이라도 어긋나는 입안은 정책으로서의 현실적인 타당성 여부와 무관하게 비판에 노출될 수밖에 없었다. 예를 들어, 똑바로

7_최명길의 주화론에 대한 그간의 선행연구 중 상당수는, 그의 양명학적 소양과 연결 짓는 철학적인 방향에서의 접근을 취해 왔다(허태구 2017, 217). 이는 확실히 최명길 일개인에 대한 분석차원에서는 합당할 수 있지만, 동시대의 여타 주화파나 성혼처럼 그가 역사적 전거로서 삼고 있는 그 밖의 경우에선 적용키 어렵다는 문제가 있다. 이에 주화파적 사고 및 그 시야의 배태과정 쪽 분석은 후속 과제로 삼기로 하고, 본고에서는 우선 정치적인 논리 구축 과정 쪽의 해명에 집중하기로 한다.

노려보며 "어버이 임금君父으로 하여금 개돼지 같은 후금 사신差人에게 절하게 하려 하다니, 이귀의 마음을 신(윤황)은 참으로 모르겠습니다"라고 일갈하고, 공공연히 욕설마저 퍼부음에도, 이귀 같은 주화 측 인사들은 그저 "하루아침에 포위되어 핍박받게 되면 이런 도리를 따지는 말마디臺論만으로 적을 물리칠 수 있겠느냐"라 대꾸할 따름이었다(『인조실록』인조 5년 2월 10일).

사실, 조선의 정치제도상 사간 윤황尹煌(1572~1639)을 비롯해, 당시 척화론을 주도하던 대각臺閣 측 언관들의 소임은 바로 이렇게 '옳은 정치'를 장려하는 데 있었으니, 당시 맥락에서 보자면 그들은 제 직분에 충실했다고도 볼 수 있다(박현모 2003, 44). 다만 문제는, 최명길이 "정치가 대각[의 시비다툼]으로 귀결되어 헛된 논의浮議에 제재 당한다"라고 지적했듯, 이런 '옳은 논의'의 경쟁이 공론장의 주도적인 경기 방식으로 고착되었다는 데 있다. 이에 따라 조정 내 매사의 논의가 명분과 의리의 경연으로 화하게 된 바, 누구나가 내심 떠올리던 '필요한 조치' 쪽은 쉬이 언급하기 어려워지게 되었던 것이다(김용흠 2006, 264; 『인조실록』인조 14년 11월 8일).

금일 신을 공격하는 논의는, 몇몇 연소배 입에서 나와 온 조정이 그리로 쏠려, 혹은 서로 부화뇌동하기까지 합니다. 그 사이에 저 최명길의 억울함을 아는 자가 없진 않지만, 둘러서서 서로 보기만 하여 마침내 감히 신의 심사를 밝히지 못하는 것은, 다름 아니라 한번 입을 열면 그대로 화의의 구덩이 속으로 끌려가기 때문입니다. 이것은 주화란 두 글자가 신의 일생에 누가 된다는 사실을 잘 보여 줍니다(崔鳴吉, '丙子

封事 第三’).⁸

  이에 최명길이 되풀이 강조했던 것은, 바로 대신으로서, 위정자
로서 임금과 백성에 대해 지고 있는 ‘책임’이라는 문제였다. 무릇
신하된 도리 상, 마땅히 내 임금을 편안케 하고 우리 백성의 보전을
위주로 해야 한다(崔鳴吉, ‘與趙浦渚飛卿翼書 五書’). 이런 “신하된 자
의 분의分義”는 내팽개친 채, 끝내 제 한 몸만 홀로 선하게 수양하겠
다며 고집하는 것은 있을 수 없는 일이라는 것이었다(崔鳴吉, ‘答張谿
谷持國維書 九書’). 이로부터 그는, 병자년의 위기에 즈음해 척화와
주화론 사이에서 애매하게 침묵만을 고수하던 대다수의 조정 신료
들에게 다음과 같이 일갈한다.

  아뢰는 말이 왜 몽롱하고 이랬다저랬다 하며, 끝내 한마디 말이나 계
  책도 시행치 않는 겁니까? 원래 일정한 꾀함도 없으면서, 이리저리 둘
  러대는 보신책遷就이나 쓴 것뿐입니다. 능히 간원의 논의를 써서 싸울
  계책을 결단치도 못하고, 그렇다고 신의 주장을 써 화를 지연시킬 꾀
  도 쓰지 못하다, 하루아침에 적 기병이 멀리서부터 몰려온다면 대신들
  은 강화도로 들어가 지키자 …… 는 데 지나지 않을 겁니다. 그리되면
  …… 백성生靈은 아주 결단魚肉이 날 텐데 …… 이런 지경에 이르러 그
  허물을 누가 책임질 겁니까?(崔鳴吉, ‘丙子封事 第二’)⁹

8_ “今日攻臣之論, 出於若干年少之口, 而擧朝靡然. 或相和附, 其間非無知臣誣枉者, 而環立相視. 終
不敢明臣心事者. 無他, 一開口則相隨而入於和議科臼中故也.”

그것은 물론, 바로 "오늘날 여러 신하들의 책임"에 다름 아니었다.

2) 정당성 대 정당성

하지만, 이를 다하기 위한 그 '필요한 조치' 쪽의 정당성을 어찌
확보할 것인가?

천하 정세가 돌아가는 것을 제대로 파악치 못해, 병화를 재촉하
고 국사를 그르친 무리라 지목하긴 했지만, 그렇다고 최명길이 척
화를 부르짖는 이들의 저 '맑은 뜻' 자체마저 부정했던 것은 결코
아니었다(崔鳴吉, '答張谿谷持國維書 十書'). 어쨌든, 명나라가 '부모의
나라'라는 것은 저들의 상소를 기다리지 않아도 "사람마다 모두 아
는 바" 아니던가. 다만 그 대의가 "나라의 존망을 헤아리지 않는 대
의"라는 것이 문제일 따름이었다(崔鳴吉, 『遲川續集』3 「書札」 '上北渚金
相國鎏書 三書').

그에 비해 최명길은, 자신은 "나라를 보존키 위한 대의"에 입각
해 있다고 주장한다. 그것이 조선東國의 신하된 자로서, 각기 자기
임금을 위한다는 『춘추』의 대의에 부합한다는 것이었다. 그리고 이
에 입각해서 보자면, 오히려 "제 어버이 임금은 생각지 않고 오로지

9_"回啓之辭, 一何朦朧回護, 逢無一言一策之見施. 此不過元無定算, 特爲遷就之計者耳. 夫旣不能
用諫院之論, 以決戰守之計, 又不能用臣之言, 以爲綏禍之謀, 一朝虜騎長驅, 不過體臣入守江都
…… 生靈魚肉, 宗社播越. 到此地頭, 咎將誰任."

중국 조정만을 위하는"척화 측의 태도에는 심각한 문제가 있다. 명나라 조정을 위하는 맑은 논의 그 자체야 천하의 떳떳한 도리常經이자 고금의 보편된 의리通義임에 분명하지만, 저들은 제가 처한 위치, 즉 우선 조선의 신하라는 점을 잊고 있다는 것이었다. 그는 이를 '나루를 건넌 뒤 배 타는 격'越津乘船, 즉 순서가 거꾸로 서 있다고 지적한다(崔鳴吉, '答張谿谷持國維書 八書')

"조선의 신하된 도리"상, 다른 무엇보다 제 나라 조선의 자기 임금부터 위해야 마땅하다. 이치가 이와 같음에도 불구하고, 명나라조차 능히 소멸시키지 못하고 있는 저 강성한 오랑캐들에 대해, 잠시 달래는 술책으로 화를 늦추기는커녕 "지난날 살려준 은혜再造만을 생각"해 "장차 [상국 명나라보다] 먼저 스스로 망하는 길"로 나아가야 마땅하단 말인가?(崔鳴吉, '上北渚金相國瑬書 三書').

이처럼 그는 자기 나라, 제 임금부터 구해 마땅함을 '조선의 신하된 자로서의 의리'로서 부각시킨다. 하지만 당시 정세를 고려할 때, 이를 관철하자면 불가피할 명에 대한 의리와의 충돌 문제는 어찌 정당화할 것인가. 이 지점에서 최명길은, 이귀가 그러했듯 이른바 경과 권經權의 논리를 통해 오랑캐와의 화의가 대명의리와 모순되지 않음을 주장하고 나선다(김용흠 2006, 203).

'권'權이란 무엇인가? 『맹자』에 따르면, 남녀 간엔 직접 주고받지 않는 게 상례지만, 형수가 물에 빠졌을 때는 손을 맞잡아 구원함이 마땅하다. 이처럼 권은 "변칙적인 사태를 만났을 때 마땅함을 아는 것"(『論語集註大全』 「子罕」)으로서, 보편타당한 법칙인 '경'經이 현실의 무궁한 뭇 양상에 채 미치지 못할 때, 이에 통하게끔 해줄 방편

이다. 이런 측면에서 대개 '권도'權道란, 보편적 윤리 규범인 '경도'
經道가 변화하는 현실에 맞게 구현되게끔, 시의성을 확보하면서 본
래적 가치를 발휘토록 보완해 주는 '실천적인 개념'으로서 정리해
볼 수 있다(김준태 2016, 123).

　이런 권도의 사용이 불가피하다는 점에는 누구나가 동의하는 바
였다. 하지만 동시에, 어찌되었건 일단 이렇게 '변칙'을 정당화할
수 있게 된다면, 이로부터 자의적 판단이나 자기 합리화로 이어질
위험성 또한 명백할 터였다. 때문에 "모름지기 성인이라야 비로소
함께 권도를 행할 수 있다. 그리하여 아마도 안자顔回같이 현명한
분이라도 감히 이런 논의 하는 걸 두려워했으리라. [그러니 이즈음 얄
팍한 이들의 권변 같은 건] 걷기를 배우기도 전에 달리기부터 배우는
꼴"이라 강조한 주자의 경고에서 단적으로 드러나듯, 권도의 사용
은 그간 끊임없이 경계되던 바였다(『朱子語類』37「可與共學章」).

　"성인께서 분명하게 가르침을 내리셨다. 작은 예절을 무시하고
큰 뜻을 이루자는 것은 패도覇道와 공리功利만을 따지는 주장이라"
(심노숭 2014, 453). 이처럼 권도 차원에서 어떤 조치를 취했노라 운
운하는 것은 위태로운 방식의 정당화였다고 할 수 있다. 권도임을
인정하는 그 자체가 오히려 더한 논란을 야기할 수 있기 때문이다.
그런데 사정이 이와 같음에도 불구하고, 최명길은 선진들의 논의와
역사적인 전거에 대한 검토를 통해 "이리하면 백성을 보존하고 저
리하면 도리에 해로우며, 또 이렇게 하면 일의 마땅함事宜에 합한다
는 점을 두루 숙고하고 헤아려 본 결과," 오랑캐와의 화의가 도리에
어긋나지 않는 "마땅한 권도"임을 확신하게 되었다고 자신한다. 대

체 그 근거는 무엇이었을까.

3. 호안국과 성혼을 통한 최명길의 문제 제기

1) '비록 그 처사가 바르다 해도 나라 망친 죄를 면치 못하는 까닭'

최명길은 우선, 북송대의 저명한 유자였던 호안국胡安國(1074~1138)이 거란에 대한 석진石晉, 즉 오대五代 중 후진後晉의 대응을 두고 내린 논평을 거론한다. 알려진 대로 후진의 고조 석경당은 제위에 오르고자 거란의 힘을 빌린바, 이 과정에서 요나라 태종 야율덕광에게 신하이자 '자식 황제'兒皇帝라 자칭하고, 훗날 송나라 때까지도 두고두고 국방상의 화근이 될 북변의 연운燕雲 16주를 할양하기에 이르렀다. 이런 오랑캐에 대한 저자세 외교는 석경당의 조카였던 출제出帝 석중귀 때 뒤집어지게 되는데, 이때 후진의 권신 경연광이란 이가 '신하란 말은 빼고 손자라고만 칭'去臣稱孫하자면서 전쟁을 도발하는 등, 대對거란 강경론을 주도한 덕분이었다.

하지만 경연광의 당초 호언장담과는 달리 후진은 결국 패배하게 되었고, 이에 다시 신하라 칭하겠다고 빌기까지 했으나 멸망에 이르게 된다. 이를 두고 호안국은, 의분이라는 측면情에서 말하자면 온 천하 인심이 오랑캐에게 굽힌 것을 불평하고 있었으니, 한번 후

런히慨然 설욕해 보고자 한 심정이야 충분히 이해할 만하다 평가한다. 하지만 비록 그렇다 하더라도, 정치적인 대처의 차원事에서 보자면 경연광이 진晉나라를 망하게 한 죄 그 자체는 대속할 길이 없다고 꾸짖는다. 좁은 속마음으로 생각해 낸 얕은꾀와 섣부른 분노로 인한 해독이 그 군주에게까지 미치게 했기 때문이다. "아, 가령 경연광이 '도리 상 타당하다 생각되어도, 행동을 하되 오직 때를 살펴 행동으로 옮겨야' 할 의리를 알고서, 우선 예전 맹약을 지키며 안으로 정사를 제대로 닦았던들, 서너 해가 채 지나지 않아 …… 뜻을 펼 수 있었으리라"(朱熹, 『御批資治通鑑綱目』57, 「春二月晉主還東京」).

최명길은 이상과 같은 논의를 인용하면서, 앞서 석경당 때 치욕스레 땅까지 베어 주게끔 했지만 일단 나라의 명운은 지켜 냈던 후진의 대신 상유한과, 의리에는 맞을지언정 나라는 망하게끔 이끈 경연광을 비교해 다음과 같이 평가한다.

무릇 상유한의 간언은 지혜로움에 가깝지만 …… 오랑캐에게 신하가 되자고 함으로써 중국에 난리의 기초를 마련했습니다. 경연광의 말은 바름正에 가깝지만, 시의時宜를 헤아리지 않고 가벼이 오랑캐와 틈을 만들어 멸망覆亡의 화를 가져왔습니다. 그 일이 비록 다르다 하되, 그 죄는 같습니다(崔鳴吉, '丙子封事 第三').[10]

10_"夫桑維翰之諫, 近於智矣 …… 導主臣虜, 以基中國之難. 景延廣之言, 近於正矣, 而不度時宜, 輕開釁釁, 以致覆亡之禍. 其事雖殊, 厥罪惟均."

일견 그는, 양비론을 취하고 있는 듯 보인다. 하지만 곧이어 최명길은, 중국을 높이고 이적 물리치는 것을 '일생의 사업'으로 삼은 것으로 유명한 호안국이, 오히려 오랑캐를 배척한 경연광 쪽에 대해 "그 마음은 용서하되 그 행적에 대해선 죄주기"에 나선 이유를 묻고 나선다. 그것은, 남의 신하된 이로서 제 군주를 위해 나랏일을 도모하면서, 깊이 헤아리지 않은 채 제멋대로의 계책 쓰기를 과감히 하다, 그래서 결국 나라를 망하도록 한다면 "그 일이 비록 바르다 해도, 그 죄로부터 도망할 순 없는 까닭"에 저런 평가를 내렸다는 것이었다.

2) 으뜸 된 의리, '그리고' 그에 못지않은 버금가는 의리

이처럼 척화 측의 '나라의 존망을 헤아리지 않는 대의' 역시 정당성의 측면에서 온전하기만 한 것이 아님을 부각시킨 뒤, 이로부터 최명길은 그의 당대에는 물론, 이후에도 지속적으로 논쟁거리가 되었던 선조宣祖 때 성혼成渾(1535~1598)의 '화친'론에 대한 본격적인 논의에 착수한다. 주지의 사실대로 성혼은, 이이와 더불어 노론의 비조로 부각된 인물인지라, 후일 정국이 요동칠 때마다 논란의 초점이 되곤 했다. 그리고 이때 매번 시빗거리로 작용했던 것이 그의 임진전쟁 중의 처신, 즉 임금이 파천하면서 제 마을 앞을 지나가는데도 나와 보지 않았던 문제와 바로 이 일본과의 강화 건의였다.

전자 쪽, 즉 비록 직임에서 물러나 있던 상황이라지만, 신하된 자로서 제 임금에 대한 의리상 그리 행동해야 마땅했는지 이미 상당한 구설수에 오른 터였다. 그래도 이때에는 선조의 은근한 견책을 입는 정도에서 일단 넘어갈 수 있었지만, 후자 쪽에서는 문자 그대로 조정 내 모든 이의 격한 비난과 맞닥트리게 된다.[11] 심지어 당시 통념상 사제 관계의 의리에서 볼 때 상상하기 어려운 사태, 즉 자신의 제자로부터 공공연히 힐난을 당하는 지경에까지 이르렀던 것이다.

이처럼 '화친'은, 그가 한 편지글에서 훗날 이 때문에 사형을 면치 못하리라 탄식했을 만큼 위험한 선택지였다(成渾, 『牛溪續集』4 「簡牘」 '與黃思叔'). 사실, 성혼 스스로는 자기가 '앞장서'先唱 화친을 주장한 게 아니라는 점을 누누이 강조하곤 했다. 마침 명나라 황제가 조칙을 통해 "조선의 한 자 땅과 한 사람 백성도 짐과는 관여됨이 없[다]"고 공언했을뿐더러, 전역을 사실상 좌지우지하던 명의 시랑侍郞 고양겸이 "그대 나라에서는 [화친을 하여] 한가로운 틈을 타 백성들을 모으고 가르쳐, 왜적에 대한 원수를 갚고 치욕을 보복하는 터전으로 삼으라"며 압박해 오는 데 대해, 조선 측으로선 거스를 힘이 없으니 일단 수용해 상황을 호전시킬 기회를 마련하자 했을 따

11_성혼에 따르면, "난리에 [임금께] 달려가는 게 상도(常道)이지만, 나는 본래 산야에 있었으므로 벼슬해 관작이 있는 사람이 아니다. 옛 사람으로 강만리 같은 무리들은 일찍이 난리에도 달려가지 않았으니, 나 역시 또한 마음속으로 그리 하려" 했다고 한다. 하지만 이러한 그의 해명에도 불구하고, 심지어 "우계 문하의 …… 여러 사람들도 또한 모두 의심하였던 것이다. 오늘에 와서 우계의 의리로써만 단정하고, 다른 여러 의리를 모두 쓸어버릴 수는 없다"는 기록에서 단적으로 드러나듯, 훗날까지 지속적인 논쟁거리로서 계속되었다 (李肯翊, 『燃藜室記述』18, 「宣祖朝故事本末」 '成渾').

름이었다는 것이다(成渾, 『牛溪先生年譜』1 「年譜」 만력22년; 『牛溪集』3, 「章疏」 2 '擬申上自劾疏'). 무엇보다 자신을 그렇게나 비판하던 조정의 모두가, 수일이 채 못 되어 결국 고양겸이 요구한 대로 받아들이지 않았던가?

그와 관련된 문헌 곳곳에서 반복되고 있는 이런 해명만을 놓고 보면, 일견 성혼이 내심으론 화의에 반대한 듯한 인상을 받을지 모르겠다. 물론, 이런 소동이 벌어지기 한 해 전(1593) 기록에 따르면, 한양을 수복하는 과정에서 왜적을 "화친을 위해 편히 [후퇴하도록] 보내"준 데 대해 그는, 죽을 만큼 분통이 터진다고 발언하기도 하였다(成渾, 『牛溪集』5, 「簡牘」2, '與子文濬'). 하지만 그런 의분과는 별도로, 중요한 것은 성혼이 명나라 측 화친안을 통해 "왜적을 물러가게 함과, 우리나라가 위급함을 명에 아뢰면서 왜적의 항복 받을 것을 주청하는 것"이 오랑캐에게 "복수하는 큰 의리"상 정도正道에서 벗어나지 않는다고 못 박았다는 점이다. 왜냐하면, 어찌됐건 궁극적으로 나라를 위기에서 벗어나게 해 "종묘사직을 보전하는 것이 소중하기 때문"이다(成渾, 『牛溪集』5 「簡牘」2 '答申子方應榘論奏本事別紙').

일을 처리하는 방법에는 으뜸가는第一 의리가 있고 버금되는第二 의리도 있는데, 으뜸 된 의리를 미루어 갈 수 없거든 버금되는 의리에 나아가 행해야 하니, 이른바 대의에 해가 될 게 없다는 겁니다. 이렇게 본다면 이번 주청(명 측이 요구한 화의안의 수용)이 의리에 해가 된다 하겠습니까, 아니면 해 될 게 없다 하겠습니까? …… 종묘사직을 보존키 위해 최선을 다해야 하거늘, 요행自然에 성패를 맡기고 오직 요동으로 건너가는 것만 첫째 의리로 삼는다면, 어리석은 저는 이게 과연 옳은지 어떤지 모르겠습니다(成渾, 『牛溪集』5 「簡牘」2 '與或人論奏本事 別紙').[12]

하나에만 집착할 게 아니라, 본래 '권'權이 저울과 저울추로 경중을 맞추어 가며 이리저리 옮겨서 고르게 하는 것을 의미하듯, 권도를 발휘해야 마땅하다. 그렇지 않다면 주자께서 "'이미 한 자를 굽혀 한 길을 펴지 않는다'고 하신 뒤, '비파 받침대雁足에 풀칠해 비파를 타지도 않는다'"[13]며 왜 굳이 변통을 옹호하는 또 한 구절을 더했으랴(成渾, 『牛溪集』5 「簡牘」2 '答黃思叔論奏本事 第二書'). 일에는 시비是非도 있고 이해利害도 있는데, 시비만 위주로 하면 이치理는 보이되 실상物은 보이지 않고, 반대로 이해만 위주로 하면 실상은 보이되 이치는 보이지 않는 법임을 성혼은 경고한다(成渾, '答申子方 應榘論奏本事別紙').

보내온 편지에 "차마 화의가 …… 이루어지게 된다면, 강화하여 생존

12_ "處事之制, 有第一義, 有第二義. 在第一義上推不去, 則就第二義上行將去, 所謂無害於義者也. 以此觀之, 今玆奏請, 爲害於義乎, 爲無害於義乎. …… 宗社圖存, 當無所不用其極, 而任成敗於自然, 唯以度遼爲第一義, 愚不知其可也."

13_ 앞 구절은 『孟子』 「滕文公」 下에 나온 말로, 요컨대 의리를 조금 굽혀 큰 이익을 도모하는 것을 비유한 것이고, 아래 구절은 『史記』 「廉頗藺相如列傳」에서의 인용이다. 비파 받침대[雁足]를 고정시킨 채 비파 줄을 탄다면 제대로 음절을 이룰 수 없을 터이니, 요컨대 변통할 줄 모르는 폐해를 비유한 것이다.

키보다는 차라리 의리를 지키며 멸망하는 게 낫다" 하였습니다. 이 글을 읽어보매, 한편으로 나라가 망하는 날에도 선비들의 기개가 쇠퇴치 않았으니 기뻐 축하할 만합니다. 하지만 다른 한편으로, 차라리 망하더라도 돌아보지 않[겠다는] …… 것은 그저 신하가 절개 지키는 말에 불과할 따름입니다. 사직의 존망은 그렇고 그런 어떤 이匹夫의 죽음과는 다른데도 이리 말하다니, 나도 모르게 눈물이 턱까지 흘러 적시는 구려(成渾, '答黃思叔論奏本事 第二書').**14**

이런 당시 성혼의 참담함을 헤아린다며 최명길은 "족히 사람으로 하여금 한바탕 눈물이 줄줄 흐르게 만든다"고 토로한다. 그가 보기에 성혼은, 한 시대 유자들의 종장儒宗임에도 불구하고 자신의 저 큰 명예는 돌아보지 않고, 나라가 살아날 길을 헤아려 그 '시의에 맞는 권도'를 행하고자 "명나라 장수의 한 마디 말 있은 걸 갖고 감히 강화 주청하자는 말"까지 꺼내 들었던 것이다(崔鳴吉, '丙子封事 第三'). 그에 비해 당시나 지금이나 "조정에 가득한 명사"들의 처사는 어떠한가? 성인이라도 죽을 지경에선 권도를 행해 살 길을 찾거늘, 저들은 "모두 군부 보존하는 의리에는 어둡고 …… 깨끗한 의논이라는 게 한갓 척화의 흔쾌함만을 알아, 삶을 버리고 의리를 취한다"라고만 하니, 최명길 자신이라고 그러고픈 마음이 없겠는가? 다만 국망이란 변고에 대처하는 도리를 헤아려 보자면, 그 한 번 죽는

14_"來喻 …… 與其講和而存, 無寧守義而亡也. 讀之至此, 一則亡國之日, 士氣不衰, 可爲忻賀. 一則寧亡不顧, 寧死無他, 人臣守節之言耳. 宗社存亡, 異於匹夫之死, 如此立說, 不覺涕泗交頤也."

다는 문제에도 또한 '죽을 만한 명분'과 '죽지 않을 만한 명분'이 있는 법이라는 것이었다.

그렇다면, 이 죽지 않을 만한 명분이란 대체 무엇인가.

우리 동방이 비록 명나라에 신하의 예를 행하고 만력황제의 은덕을 많이 입긴 하였으나, 내력을 따져 보면 우리 태조대왕께서 창업의 성군으로서 천시를 헤아려 명나라에 귀순해 복종하신 것이라. 이는 해외에서 조공執贄을 바치는 번신藩臣일 뿐, 중국 내의 땅을 봉함 받은 직접적인 신하親臣는 아니라. 신종께서 임진년에 끼친 은혜야 비록 가히 잊을 수 없다지만, 태조께서 창업하신 신령스러운 이 나라神基 또한 차마 망하게 할 수 없는 게 큰 의리라. 또 해동 사람은 이미 해동의 신하인데 …… 명나라를 위해 우리 임금께 권해, 우리나라를 망하도록 함이 옳은가?(崔鳴吉, 『遲川續集』4「書信」'答仲弟參判惠吉書 二書')[15]

잘 알려진 대로 일찍이 최명길은, 명분이란 실상의 그림자에 불과한지라 그런 명분만을 좇아 실상을 책하다가는 잃는 것이 많으리라 지적한 바 있다(崔鳴吉, '論典禮箚 丙寅'). 이는 평소 원칙론을 견지하기보다 현실 상황에 따라 변화를 자주 보였던 그의 평소 행적과 맞물려서, 일견 명분 그 자체를 경시한 듯 보일 수 있다(이재철 1992,

[15]_"我東方雖行臣禮於大明, 多蒙恩德於萬曆, 而究其來歷, 則惟我太祖大王以刱業之聖君, 諒天時而歸附於明朝. 此是海外執贄之藩臣, 誠非服內割封之親臣也. 神宗壬辰之遺澤終不可忘, 而太祖刱業之神基亦不忍忘者. 此其義理之大也. 此海東之人旣是東國之臣, 則爲吾君不忘吾國之道, 其可乎. 爲明朝勸吾君以亡其國, 可乎."

59). 그러나 위의 발언에서 알 수 있듯, 그가 실제로 추구했던 바는 '군부 보존하는 의리' 및 제 나라의 보존 또한 '큰 의리'됨을 부각시켜, 이로써 '나라의 존망을 헤아리지 않는 대의'의 횡행, 즉 궁극적 충성의 대상이 나라 밖(명 황제)에 맞춰진 명과 실名實의 괴리를 극복하려 했던 것이지, 현실 추수주의가 아니었다(계승범 2018, 118). 그리고 이렇게 조선 사람 된 입장에서 제 나라가 갖는 고유한 가치를 '대명의리'에 못지않은, 심지어 우선해야 할 '의리'로 위치 지음에 따라, 오랑캐와의 강화는 당시 비상한 상황에서 필요한 '권도'일 뿐더러, 나아가 '마땅한 권도'일 수 있게 되었던 것이다.

4. 결론을 대신하여

1) '나랏일'國家之事 차원에서의 마땅한 권도

명과의 밀통 사건으로 심양의 옥에 갇히게 된 최명길은, 그즈음 인질로 끌려와 함께 갇혀 있게 된 김상헌과, 다음과 같이 읊조린다.

고요히 거처하며 온갖 움직임을 살피니,
정녕코 온갖 흐드러짐으로 귀착하네.
끓는 물과 얼음이 모두 물이요,

가죽옷과 베옷 또한 옷 아님이 없네.

일 처리하는 방법은 때때로 다르지만,

마음이야 어찌 도리에서 어긋나리.

그대 능히 이 이치를 깨달으면,

말하거나 침묵커나 각기 하늘의 이치라네(崔鳴吉, 『遲川集』3 「北扉酬唱

錄」 '用前韻講經權').¹⁶

성공과 실패는 천운에 달렸으되,

반드시 의리로 귀착되는지를 살펴야 하리.

비록 아침과 저녁을 바꿀 수는 있어도,

저고리와 치마를 바꿔 입을 수는 없는 노릇.

권도權道는 혹 현자라도 그르치지만,

경도常經는 뉘라도 어긋남이 없으리.

이치 밝은 선비께 말하노니,

순간일지언정 천기의 저울질은 삼가소(金尙憲, 『淸陰集』12 「雪窖後集」

'次講經權有感韻').¹⁷

그간의 통론에 따르면, 두 사람은 제각기 권도와 경도를 옹호하

16_"靜處觀群動, 眞成爛漫歸. 湯氷俱是水, 裘葛莫非衣. 事或隨時別, 心寧與道違. 君能悟斯理, 語
默各天機."

17_"成敗關天運, 須看義與歸. 雖然反夙莫, 詎可倒裳衣. 權或賢猶誤, 經應衆莫違. 寄言明理士, 造
次愼衡機."

고 있는 것으로서 해석되어 왔다. 물론 잘못된 평가라 할 수는 없지만, 여기서의 핵심은 이런 권, 경 중 어느 편에 섰느냐의 여부가 아니다. 왜냐하면 권도와 경도는 '길'일 뿐, 그 자체로서 어떤 최종 목적지가 아니기 때문이다. 김상헌이 경도 쪽을 옹호하고 나선 까닭은, 이편 길이 '의리'라는 지향점에서 어긋날 염려가 없어서이지, 권도 그 자체를 부정한 것이 아니었다. 나아가 최명길의 경우에선 아예 권도를 "일처리 하는 방법"일 뿐이라 못 박고 있다. 그에게도 지향점은 김상헌과 마찬가지로 '도리'였기 때문이다.

요컨대, 최명길 역시 의리 위주의 "전통적인 사고 패턴"에 입각해 있었다는 점에서는 김상헌이나 마찬가지였다(丸山 1998a, 15). 뿐만 아니라 사유의 재료 면에서도, 동일한 전거를 둘러싼 해석학적 논변을 주고받는 데서 드러나듯, 공통된 지반에 입각해 있었다. 일례로 주자는, 그의 유명한 「임오년 봉사封事」에서 이리 주장한 바 있다. "오늘날 강화 하자는 주장을 혁파치 못하면 …… 대신들 책임 의식도 필시 가벼워지며, 전공을 세우려는 장군들과 병사들 투지도 틀림없이 느슨해지며, 관리들이 조정 명령을 받들 때도 틀림없이 …… 온 마음을 다하지 않을 겁니다. 그래서야 근본이 언제 튼튼해지길 바라겠으며, 형세는 언제쯤이나 조성 되겠습니까?"(朱熹 2011, 52). 이것이 곧 척화 측이 되풀이 주장하던 '사기'론의 원형이었다(『인조실록』 인조 15년 1월 23일). 하지만 주자는, 곧이어 이렇게 말하고 있기도 하다. "[그리하여] 몇 해 뒤, 우리 의지가 확립되고 기세도 충만해지고 …… 군사력도 강해지면, 그때 …… 저들 틈을 살펴 가며 서서히 군사를 일으켜 도모[하자]"고(朱熹 2011, 57). 이는 곧 최명길이, 앞서 그가 보기에 최상의 '계책'이라 언급하던 바로 그 주장이기도 했다.

따라서 주화냐 척화냐 그 자체는, 본래대로라면 당장 어떤 길을 택해야 할지의 견해차에 불과할 뿐, 궁극적으로 저 오랑캐를 물리치겠다는 도리의 측면에서까지 모순되었던 것은 아니었다. 그런데 문제는, 당시 급박하게 돌아가던 조선의 상황이 이런 '통상적인 위기' 범위를 넘어서게 되었다는 데 있다. 이제 조선의 위정자들은, 어버이와 같다는, 그것도 재조지은再造之恩의 상국에 대한 의리와 제 나라의 명운 가운데 택일해야 하는 초유의 '만일의 사태'contingency에 직면하게 되었던 것이다. 작금의 상식에서 보자면 국가적 생존 쪽을 택해야 마땅하리라. 하지만, 그래서 (대명)의리 쪽을 희생시킨다면? 그 순간 화친은, 당시의 맥락으로선 더 이상 권도가 아니라, 그저 목숨을 구걸하는 비겁함에 지나지 않게 될 터였다.[18] 이것이 바로 최명길이, 여기서 제 나라를 돌아보는 것 또한 의리가 될 수 있음을 입증하려 나선 까닭이었다.

우리나라는 …… 명나라 황성 부근京畿 지역이나 중국 땅 내 영역內服을 영토로 받은 신하가 아니라, 본래 태조대왕께서 귀부한 중국 바깥의 제후국外藩입니다. 게다가 백성과 종묘사직을 지켜야 할 책임도 있

18_"다만 시절이 이런 상황(탕·무왕의 걸·주 주살)에 이르면, 도리는 마땅히 이렇게 실천해야 하는 것이니, 비록 경에 반한다 하더라도 자연 도리에는 합치한다. 경도에 반하면서 도리에 합치하지 않는다면 불가하겠지만, 도리에 합치한다면 또한 어찌 경도에 해가 되겠는가?"(『朱子語類』37 「可與共學章」)

습니다. 따라서 천승千乘의 우리나라를 지켜 보전할 건 생각지 않고, 임금으로 하여금 한갓 …… 명나라를 위해 충절을 세워야 한다고 하는 것은, 그렇고 그런 어떤 한 사람匹夫이 작은 개울이나 도랑에 빠져 죽는 것 같은 그 정도의 도량에 불과 하외다. 그러니 결단코 『춘추』春秋에서의 "각기 제 임금을 위한다"란 대의와 어긋납니다. 또한 우리 동쪽 나라 신하로선 차마 발설할 말이 아니외다(崔鳴吉, 『遲川續集』1 「書札」 '答李延陽教詩時白書').[19]

나라와 천하에 이르기까지 동일한 사적 윤리의 선상에 묶어 두던 전통적인 시각과는 달리, 이처럼 '국익'을 그와는 별도 차원의 문제로 규정하면서 최명길과 척화파의 입장은 비로소 결정적으로 갈리게 된다. 저들 척화 쪽 인사들이 대명의리라는 단일한 의리에만 입각해 있던 데 비해, 이제 그는, 성혼 식으로 표현하자면 제 나라에 대한 의리를 '또 한 의리'로서 상정하게 되었기 때문이다(김용흠 2006, 264).

이로부터 최명길은, 이 나라라는 독자적인 영역에선 시시비비 중심의 개개 '사인'私人 영역과는 달리 "사직과 인민의 이해"라는 별도의 준거에 입각해, 국가의 보전保國을 우선적인 자기 목적으로 삼아야 한다고 주장한다(稻葉 1933, 251-252). 이에 따라 그의 화친론

19_"我國 …… 非皇畿內服之臣, 自是太祖大王故附之外藩, 且有民社之責. 則以我千乘之國, 不思存其君保國, 而使其君徒懷一切之心爲皇朝立節者, 近於匹夫溝瀆之諒決, 非春秋各爲其君之大義也. 亦非東國臣子之所忍言也."

은 비록 일견 상궤에서 벗어날지언정, 작금과 같이 비상한 상황에선 '나라를 보존하기 위한 대의' 상 불가피한 '정치적 필요성'을 갖는 조치로서, 마침내 정당한 권도일 수 있게 되었다(곽차섭 1996, 44).

2) 계보: '국가방략'적 사고의 종과 횡

이처럼 나라를 "확고히 하고 유지시키[는]" 데 우선적인 가치를 두는 "국가방략"적 발상은, 최명길 너머에선 얼마만큼이나 공유되고 있던 것일까?(Viroli 1992, 490).[20] 분명, 당시 권도라 이름 붙여진 경우들 모두가 국가방략적인 조치였던 것은 아니었다. 혹은 그중 '나랏일'國家之事 차원이라 언급된 경우에서조차, 반드시 요즘식의 '국사'state affairs 내지는 그런 맥락에서의 "국가적 필요성"에 해당되었던 것도 아니었다(丸山 1998b, 239). 하지만 이를 감안하더라도, "나랏일 처리하는 것은 필부의 처신과는 다르니, 이해관계를 전적

20_양승태는 "Staaträson"을 '이성'으로 번역한 것은, 그 어휘 및 그와 비슷한 여타의 서구 언어들에 함축된 다양하고 복잡한 의미를 일률적으로 단순화시켰다는 점에서 문제가 있다고 지적한다. 그에 따르면 "räson"이라는 말은 '이성'이기 이전에 원초적으로 '따지고' '계산하고' '판별하는' 정신적 기능을 지칭한다. 그리고 이러한 맥락에서 'Staaträson'은 사상사적 맥락상, 본래 국가 통치자가 통치자로서의 제 '지위나 영지'를 보존키 위한 '계산', '책략'들을 의미했다는 것이다. 따라서 'Staaträson'의 번역어로서는 '국가이성'보다 '국가방략' 내지는 '국가책략'이 타당하다고 주장한다(양승태 2014, 244). 이 글에서는, 비록 서구적 맥락에서의 근대적인 국가이성 차원과는 상이할 지라도, 국가의 보존과 유지상의 조치, 즉 최명길 식으로 표현하자면 "일처리"의 필요성과 그 나름의 정치적 가치에 대한 완결된 사유를 발견할 수 있는 경우를 일러 '국가방략'적 발상이라 명명하였다.

으로 도외시할 수 없다"(『인조실록』 인조6년, 7/3)던 오윤겸吳允謙 (1559~1636)의 발언처럼, 최명길과 궤를 같이 하는 사고의 편린들 은 동 시기의 언설들 곳곳에서 분명 두드러져 보인다.

사실 이와 유사한 발상들은, 국가적 위기란 측면에서 보자면 오 히려 호란 때보다도 더 한층 비상한 상황이던 임진전쟁의 와중에서 이미 드러나던 바였다. "촉한의 소열황제(유비)는 오나라에 패하고 선 분해하다 영안궁에서 승하하니, 후주後主(유선)의 처지에서 보자 면 오나라는 깊은 원수라 이를 만합니다. 하지만 제갈공명은 국정 을 담당하자 즉시 오나라에 사신을 보내 화친하였으니, 이는 진실 로 오나라와 촉한이 합세한 뒤에야 촉한의 적인 위나라를 토벌할 수 있었기 때문입니다"(成渾,「答黃思叔論奏本事 第一書」). 앞서, 바로 오윤겸이 강조했던 사사로운 의리 차원과 국익 간의 구별에 다름 아니었던 것이다.

이런 측면에서 최명길은, 그에 이르러서 새로이 국가방략적 지경 을 발견했다기보다, (조정 내에서) 평소 주조를 이루던 '신념 윤리'적 정치관에 파묻혀 있던 '국정'國政의 함의와 정치 영역의 고유성을, 당대 사유의 틀에 맞게 수미일관 정식화해 냈다고 하는 편이 더 적 절해 보인다(이동수 2018, 59). 실제로 그는 임진년간이 갖는 특별한 함의를 강조하면서, 성혼에서 유성룡으로, 그로부터 다시 이덕형으 로 이어지는, 국가방략 차원에서 권도를 견지한 이들을 계보화 시 켜 내놓았던 것이다. 그리고 이렇게 덧붙인다. '우리나라'는 그저 "명이 건져준 은혜"뿐만이 아니라, 저들 선진들이 국가방략적 견지 에서 "일을 담당하였던 힘" 덕분에 명운을 이어갈 수 있게 되었다,

고(崔鳴吉, '丙子封事 第三').

　　과연 이 같은 시각視座은 최명길 이후엔 어찌 전개되었을까. 이후 200여 년이 지난 뒤에도, "만약 중국에 참된 한족 황제義主가 나온다면 우리나라는 마땅히 정몽주가 순절하면서까지 의리를 지켰듯圃隱之義 쫓아야 하리"(이항로, 『華西集 附錄』5「語錄」'柳重教錄')라는 발언이 나오고 있듯, '천하' 위주의 세계관은 조선에서 여전히 확고하게 자리 잡고 있던 바였다. 그렇다면, 이런 와중에서 '나라' 쪽의 정치적 시각은 어찌 전개되었으며, 이후 조선의 정치 세계에는 어떤 영향을 미치게 되었을까. 이에 후속 연구 과제로서, 인조 정권 시기 이래의 '국가재조再造'의 사상적 흐름을 중심으로, 비상한 상황 뒤의 국가방략적 사고의 계승과 전개, 그리고 무엇보다도 우리 나름에서의 국가 이성적 사유로의 변용 문제에 대해 분석하고자 한다.

제2부

전통 사상의 새로운 지평

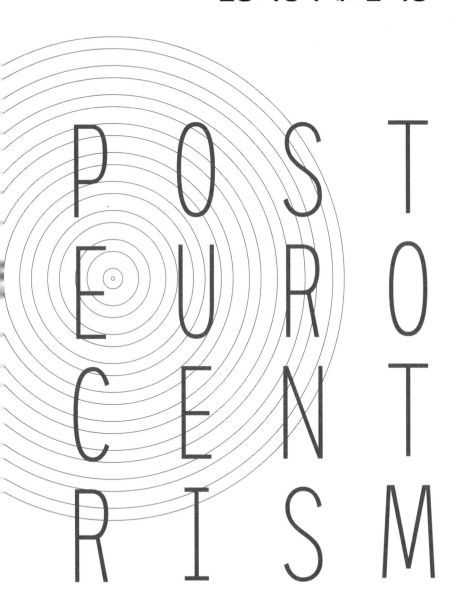

POST
EURO
CENT
RISM

TOTOTM

| 4장 |

소수자 담론으로서
유학의 가능성

캉유웨이 『대동서』를 중심으로

정종모

1. 들어가는 말

본 논문에서는 유학 전통이 '소수자 담론'에 어떻게 참여할 수 있을 것인가를 논의하고자 한다. 주지하듯이 소수자 담론은 현대사회가 직면하고 있는 중요한 윤리적 과제 가운데 하나이다. 예컨대 나치즘과 유대인 문제는 지난 세기 소수자 문제 담론에서 가장 중요한 사례로 거론될 수 있을 것이다. 그러나 그런 역사적 과오에 대한 반성과 성찰에도 불구하고 소수자 문제는 현대사상에서 여전히 뜨거운 철학적 담론 가운데 하나이다. 오히려 이제는 소수자에 대한 차별과 억압이 전쟁과 같은 특수한 상황 속에서의 예외적 일탈을 넘어서, 인종적, 문화적, 신체적, 사회적, 종교적 영역 전반을 아우르며 침투하고 있으며, 때로는 우리의 일상성 속에 고착화된 폭력 양상을 띠고 있기도 하다. 예컨대 인종차별 문제, 성 소수자 문제, 난민 문제, 외국인 노동자 문제, 비정규직 문제 등 오늘날 우리는 일상적으로 소수자 문제와 관련된 각종 국내외적 사안과 논쟁을 접하고 있다.

이런 상황과 맥락을 감안할 때, 소수자 문제에 대한 철학적, 사상적 고민은 서양철학의 전유물이라 할 수 없다. 다시 말해, 동아시아 전통이나 동양 사상의 자원을 통한 이해와 접근도 함께 고민해 볼 필요가 있다. 유학 전통의 경우에도 그것이 과거의 유물이 아니라 현재의 살아 있는 사상으로서 역할을 감당하기 위해서는 소수자 담론을 외면할 수 없으며, 적극적으로 관련 담론에 참여해야만 한다. 또한 소수자 담론이 다원주의 사회에서 논의되는 인권 및 민주주의에 대한 성찰과 밀접히 연관된다는 점에서도 이런 작업은 유학의 현대적 의미를 재고하는 데 필수적이라 할 수 있다.[1] 그렇다면 유학은 구체적으로 어떻게 소수자 담론에 참여할 수 있을 것인가? 유학의 관점에서 소수자 담론을 논의할 때, 우리는 우선 특정한 담론과

1_소수자 윤리로서 유학의 가능성을 논구한 연구로 김세서리아와 김선희의 논의가 주목할 만하다. 김세서리아는 '동일자 철학'을 넘어 '차이의 철학', '타자 윤리학'으로서 유학의 사상적 가능성에 주목하였는데, 주로 『논어』와 『주역』에 의거하여 논의를 전개하였다. 한편 김선희는 타자의 고통에 대한 민감성을 강조하는 '보살핌의 윤리'로서 유학의 특징을 논구했다는 점에서 역시 소수자 윤리에 대한 해석으로 읽힐 수 있다. 이상의 논의는 김세서리아(2016, 235-260) 및 김선희(2011, 45-82) 참고.

쟁점을 대상으로 유학의 원리와 연계시키는 방식을 생각해 볼 수 있을 것이다. 이런 방식이 선호되는 까닭은 소수자 담론이 다양한 연원과 맥락, 형태를 갖기 때문에 단일한 윤리적 관점을 가지고 문제 전반에 대한 포괄적 입장이나 일관된 기준을 이끌어 내기 어렵기 때문이다. 그럼에도 특정한 케이스를 다루기에 앞서 유학에 과연 소수자 담론에 참여할 수 있는 이론적 토대나 방법론이 있는가 하는 질문은 여전히 유효하다. 이는 말하자면 각론에 앞서 총론으로서의 논의 근거를 마련하는 작업이라 할 수 있다. 본 논문은 후자의 입장에서 접근하고자 한다. 다시 말해, 유학의 사상 자원 가운데 어떤 요소를 통해 소수자 담론에 참여할 수 있을 것인가를 시론적 차원에서 전망, 검토해 보고자 한다. 그리고 그 가능성의 한 예로서 근현대 유학의 중요 사상가 가운데 한 명인 캉유웨이康有爲(1858~1927)의『대동서』大同書에 주목하고자 한다.

필자가 캉유웨이에 주목하는 이유는『대동서』가 20세기 소수자 담론의 중요한 기원이라고 보기 때문이다. 무엇보다 캉유웨이는『대동서』에서 여성 차별, 계급 차별, 인종차별 등에서 야기되는 다양한 고통에 주목했고, 그런 고통이 만연하는 한 유학의 궁극적 이상인 인정仁政의 실현과 대동大同 사회의 도래는 불가능하다고 보았다. 다시 말해, 캉유웨이는 유가적 이상과 인정의 실천이 소수자 문제와 직결된다는 점을 깊이 자각했으며, 대동의 이상 사회론에 이를 적극적으로 투영시켰다. 예컨대 캉유웨이는『대동서』에서 어떠한 유학 경전에서보다 깊고 치밀하게 고통 받는 소수자에 대한 연민과 사상적 관심을 드러냈다. 소수자 담론을 보다 직접적으로 유학 담론에 끌어들였다는 점에서, 캉유웨이는 기존의 '친민'親民, '애민'愛民, '위민'爲民의 관점을 계승하면서도 그것을 뛰어넘는 통찰을 보여 준다. 필자는 그런 강유의의 관점에 주목하면서, 동시에 그것이 유가 인학仁學 전통의 창조적 계승이자 확장이라는 점을 밝히고자 한다. 그리고 한 걸음 나아가 캉유웨이 사상의 현대적 의미와 미래적 전망과 관련해, 칸트의 용어인 '구성적 이념'과 '규제적 이념'을 차용해『대동서』에서 말하는 인정仁政의 이상이 소수자 담론에 어떻게 적용, 참여할 수 있는가를 고민하고자 한다(이 개념에 관해서는 후술). 간단히 말해, 만약『대동서』에서 말하는 인정의 기획을 급진적 사회공학에 불과한 것으로 간주할 경우, 이는 캉유웨이가 말하는 인정의 이상을 '구성적 이념'의 사용에만 국한시키는 것이며, 그 경우 캉유웨이가 제기한 소수자 담론은 전체주의적 기획의 아류에 불과한 것이 되고 만다. 이에 대해 필자는 '규제적 이념'의 차원에서 유가 이상론으로서 대동 이념이 갖는 실천적 의미를 보이고자 한다. 이를 통해 캉유웨이 사상이 소수자 담론에 이론적 계발을 줄 수 있으며, 유학 전통의 현대적 재해석과 실천적 응용을 위한 자원을 제공할 수 있다는 점을 보이고자 한다.

2. 소수자 담론의 이론적 토대로서 유가 인학仁學

자유와 평등의 이념은 20세기 전후로 중국 지식인들이 봉건적 요소를 지양하고 근대적 사회를 구상하는 데 적지 않은 계발을 주었다. 그러나 그들, 특히 유가 지식인들의 경우 단지 서구의 계발과 충격 속에서 전통의 부정에만 골몰했다고 할 수는 없다. 오히려 많은 이들이 전통적 자원을 계승, 재해석하면서 서구의 계발과 충격에 대응해 나갔다. 예컨대 탄쓰퉁譚嗣同(1864~1898)의 『인학』仁學, 캉유웨이의 『대동서』, 쑨원孫文(1866~1925)의 『삼민주의』三民主義, 슝스리熊十力(1885-1968)의 『논육경』論六經, 『원유』原儒 등은 19, 20세기 서구 문명의 충격과 서구 정치사상의 자극 속에서 유학의 박애 및 평등주의에 주목하고 인정仁政의 이상을 적극적으로 개진했다. 그들은 자유와 평등이란 이념에 호응하여 공화주의나 민주주의 제도를 긍정하면서도, 이를 다시 유학의 인본주의 전통과 결부시켰다.[2] 그리고 그 지점에서 유가 인학仁學과 인정仁政의 현대적 계승, 발전 가능성을 모색했다. 본 논문에서 논의하는 소수자 담론과 유학의 관련성 역시 이 같은 기존의 성과에 대한 긍정과 성찰을 토대로 한다.

2_비슷한 맥락에서 샤오궁취안(蕭公權)은 캉유웨이를 복고주의자나 반전통주의자가 아닌 '유가수정주의자'(儒家修正主義者)로 규정했다. "캉유웨이는 유가수정주의자라 할 수 있다. 그는 유가 사상을 수정하고 보충함으로써 유학에 공헌했다고 할 수 있다. 유학은 본래 창시자의 죽음 이후 이천 년 동안 여러 차례 이론적 발전 단계를 거쳤다. (……) 캉유웨이는 19세기 공양학자(公羊學者)로부터 실마리를 얻고, 동시에 서양 사상과 불교 사상을 활용하여 유학에 보편적 의미를 부여함으로써 유가의 윤리, 정치 학설을 확대했다"(蕭公權 1988, 116-117). 한편 샤오궁취안의 제자인 황쥔지에(黃俊傑)는 캉유웨이의 『맹자미』(孟子微)를 해독하면서 동서양 사상의 회통이라는 측면에 방점을 두어 캉유웨이의 유가수정주의자로서의 면모를 잘 드러냈다(황쥔지에 2016 참고).

물론 소수자 담론이 현대적 주제라는 점에서, 동아시아 사상 특히 유학적 전통과 소수자 담론 사이의 접점을 찾는 작업은 생소한 과제일 수도 있다. 그러나 시야를 넓혀 소수자 담론을 사회나 공동체에서 야기되는 불평등 혹은 차별을 극복하기 위한 담론의 하나로 본다면 유학 전통에도 그러한 문제에 대한 고민이 부단히 존재해왔다.[3] 그런 맥락에서 인간의 다양한 고통과 소수자에 대한『대동서』의 구조적 이해와 관심, 치밀한 묘사는 전통과의 단절 속에서 일어난 우연적 사태가 아니라 유가 인학仁學 또는 인정仁政 이념의 계승과 발전으로 간주되어야 한다. 일례로『예기』禮記「예운」禮運에서는 공자의 목소리를 빌어 대동 사회를 다음과 같이 묘사하고 있다.

큰 도가 행해지면 천하에 공의公義가 구현될 것이다. 현자를 뽑고 능력 있는 사람에게 맡겨서 믿음을 가르치고 화목을 닦을 것이다. 때문

3_중국철학에서 유학보다는 도가(道家) 전통, 특히 장자 철학이 소수자 문제나 타자 윤리와 친근성을 지닌다는 견해는 설득력이 있다. 예컨대 강신주는 타자와의 소통이라는 주제 하에서 장차 철학을 해명하고, 또 '동일자' 중심의 유가 철학을 비판하고 있다. 필자는 그러한 비판이 부당하다고 생각하지 않지만, 그렇다고 유학이 동일자 중심의 윤리에만 편향되었다고 보는 데에는 반대하며, 본 논문이 나름의 응답이 되기를 기대한다. 한편 시라카와 시즈카(白川靜)는 출생 배경에 있어서 공자를 은인(殷人)의 후예이자 무녀의 사생아로 간주한다. 그리고 '체제 밖의 인간', '불평분자의 무리' 등의 표현을 쓰면서 일종의 '비주류 의식'이나 '경계인 의식'이 공자나 공자 학단(孔門)의 정체성을 형성하는 데 '집요저음'(執拗低音)으로 작용했다는 점을 설득력 있게 보이고 있다. 그의 통찰을 수용한다면 우리는 유가의 기원과 성격을 해명하는 단서의 하나로 '소수자 의식'에 주목할 수 있을 것이다. 다만 본 논문은 시라카와 시즈카처럼 '발생론적 기원'에 주목하여 공자 사상의 특징을 해명하지는 않는다. 이상의 논의는 강신주(2003) 및 시라카와 시즈카(2004) 참고.

에 사람들은 자신의 부모만을 부모로 여기지 않고, 자신의 자식만을 자식으로 여기지 않을 것이다. 늙은이는 여생을 잘 마치게 하고, 젊은 이는 자신의 능력을 발휘하게 하며, 어린 사람은 잘 자라게 할 것이다. 홀아비와 홀어미, 의지할 곳 없는 사람, 불구자 등이 모두 안정을 얻을 것이다. 남자는 직분이 있고, 여자는 돌아갈 곳이 있을 것이다(『禮記』 「禮運」).[4]

주지하듯이 『예기』에서 묘사하는 이러한 '대동'大同의 이상은 유학의 이상사회론(유토피아론)이라 할 수 있다. 또한 『주례』周禮 「지관」地官에서도 보식육법保息六法을 논하면서 어린이를 사랑하고慈幼 노인을 봉양하는 것養老, 불쌍한 이들을 돌보고振窮 가난한 이를 구제하는 것恤貧, 불구자를 돌보고寬疾 부유한 이들을 안정시키는 것安富을 대사도大司徒의 임무로 보았다.[5] 또한 유가, 도가, 법가의 정치사상을 종합한 『회남자』淮南子 「수무훈」修務訓에서는 "성인이 제위에 오른 것은 그 몸을 편안하게 하려고 함이 아니다. 천하에는 강자가 약자를 괴롭히고, 다수가 소수를 폭압하며, 사기꾼이 우매한 자를 기만하고, 용감한 자가 나약한 자를 침탈하고, 지혜를 품고서도 가르치지 않고, 재물을 쌓아 두고서도 베풀지 않기 때문에 천

4_"大道之行也, 天下爲公, 選賢與能, 講信, 修睦. 故人不獨親其親, 不獨子其子, 使老有所終, 壯有所用, 幼有所長, 矜寡孤獨廢疾者皆有所養. 男有分, 女有歸."

5_『周禮』 「地官」, "以保息六養萬民, 一曰慈幼, 二曰養老, 三曰振窮, 四曰恤貧, 五曰寬疾, 六曰安富."

자를 세워 이를 다스리게 했던 것이다"[6]고 했는데, 이는 「예운」의 이상과 다르지 않다. 혹자는 「예운」 등에서 말한 천하위공天下爲公의 이념이 도가나 묵가에서 유래했다고 보면서, 그것이 공맹의 인학 이념을 훼손한다고 우려했다. 그리고 그 연장선에서 금문학파에 속하는 캉유웨이 등이 『예기』나 『주례』를 토대로 유토피아론을 제기하는 것에 반발했다. 예컨대 량수밍梁漱溟(1893~1988)은 「예운」의 연원을 둘러싼 송대宋代의 논쟁을 소개하면서 이것이 공가孔家의 입장과 맞지 않다고 비판하며, 『대동서』 역시 함께 폄하했다.[7] 실제로 「예운」이 과연 공맹 사상과 상응하는지에 관해서는 역사적으로 많은 논란이 있었다.[8] 그러나 일단 논의를 좁혀 「예운」에서 강조한 경제적, 사회적 약자에 대한 배려를 놓고 본다면 그것은 공맹의 이상과 결코 배치되지 않는다. 예컨대 맹자는 다음과 같이 말했다.

6_ "聖人踐位者, 非以逸樂其身也. 爲天下強掩弱, 眾暴寡, 詐欺愚, 勇侵怯, 懷知而不以相教, 積財而不以相分, 故立天子以齊一之."

7_ "「예운」의 분위기는 공가(孔家)와 너무 맞지 않아서 거의 설명이 필요 없다. 근래 캉유웨이의 부류 같은 이른바 금문학자들은 그 사상이 순전히 여기에 근거한다. 그가 지은 『대동서』에서는 미래의 세계를 갖가지로 계산하여 하나의 아름다운 경지를 상상한다. 그들은 대동을 지극히 보배로운 것으로 받들고 아무리 칭송해도 모자란다고 생각하지만, 나는 그것이 천박하다고 여길 뿐이다. 그들은 근본적으로 공가의 뜻을 이해하지 못한 채 희구하는 마음만 가득하니, 그 견해가 묵자, 서양과 마찬가지로 천박하다"(량수밍 2005, 226).

8_ 예컨대 송대의 논쟁에 대해서는 다음 언급을 참조할 수 있다. "禮運, 致堂胡氏云子游作. 呂成公謂'蠟賓之嘆, 前輩疑之, 以爲非孔子語. "不獨親其親, 子其子", 以爲堯舜禹湯爲小康, 是老聃墨氏之論.' 朱文公謂'程子論 "堯舜事業, 非聖人不能, 三王之事, 大賢可爲", 恭亦微有此意. 但其中分裂太甚, 幾以帝王爲二道, 則有病'"(王應麟 2009, 623).

옛날에 문왕이 기岐 땅을 다스릴 때, 경작자는 9분의 1의 세금을 내었고, 벼슬하는 자는 대대로 녹을 받았으며, 관문과 시장은 기찰하였지만 세금을 매기지는 않았으며, 저수지에서 고기 잡는 것과 어량 설치를 금지하지 않았으며, 죄인을 처벌하되 처자식까지 처벌하지는 않았습니다. 늙어서 아내가 없는 것을 환이라 하고, 늙어서 남편이 없는 것을 과라고 하며, 늙어서 자식이 없는 것을 독이라 하고, 어려서 부모가 없는 것을 고라고 합니다. 이 넷은 세상에서 제일 가련한 사람으로 하소연할 곳이 없는 이들입니다. 문왕이 정치를 펴서 인을 베풀 때 반드시 이 네 부류의 사람을 먼저 배려하였습니다. 『시경』에 "아름답도다, 부유한 이들이여! 이 가련한 사람들을 애처롭게 여기는구나"라고 하였습니다(『孟子』「梁惠王上」).[9]

이처럼 『맹자』에서는 홀아비鰥, 과부寡, 의지할 곳 없는 이獨, 고아孤를 돌보는 것을 왕도정치나 인정仁政의 급선무로 삼았다. 사실 이러한 맹자의 논의는 '박시제중'博施濟衆 혹은 "늙은이는 편안하게 해 주고, 친구들에게 미더움을 주며, 젊은 사람들을 품어 준다"老者安之, 朋友信之, 少者懷之고 말한 공자의 이상과 맥락을 함께 한다. 이렇게 볼 때 공맹 유학에서 말하는 인정의 이상은 사회적, 경제적 약자나 소수자에 대한 연민과 배려를 포함한다. 물론 이런 공맹 유학

9_"昔者文王之治岐也, 耕者九一, 仕者世祿, 關市譏而不征, 澤梁無禁, 罪人不孥. 老而無妻曰鰥. 老而無夫曰寡. 老而無子曰獨. 幼而無父曰孤. 此四者, 天下之窮民而無告者. 文王發政施仁, 必先斯四者. 詩云: '哿矣富人, 哀此煢獨.'"

의 관점과 이상이 곧바로 현대의 소수자 담론과 연계된다고 말할 수는 없다. 현대사회에서 소수자의 범위가 단순히 경제적, 사회적 약자에만 국한되는 것도 아니고, 또한 정치적 배려 차원에서만 문제가 해결되는 것도 아니기 때문이다. 다만 여기에서 우선 확인하고자 하는 점은, 공맹 유학에서 말하는 인정의 이상, 혹은 정의正義가 사회적, 경제적 약자나 소수자에 대한 연민과 배려를 반드시 포함하며, 그러한 전통이 『예기』, 『주례』를 거쳐 20세기 『대동서』에 이르기까지 면면히 이어졌다는 사실이다. 그렇다면 그러한 내재적 연속성을 가능케 한 원동력은 무엇인가?

주지하듯이, 인학 또는 인정 개념은 공맹으로부터 시작되었다. 그리고 유학의 유구한 발전 속에서, 그 개념은 단일하고 고정되어 있지 않고 '열린 개념'으로 기능했다. 예컨대 『논어』에서는 '애인'愛人이나 '극기복례'克己復禮 등으로, 한대漢代의 정현鄭玄은 '상인우'相人偶로, 북송北宋의 정호程顥는 타자의 고통에 무감각하지 않은 것手足痿痺爲不仁으로, 남송南宋의 주자朱子는 '마음의 덕, 사랑의 리'心之德, 愛之理로, 조선의 정약용丁若鏞은 '사람과 사람 사이에서 도를 다하는 것'仁者, 二人爲仁. 凡人與人盡其分斯謂之仁으로 인仁을 규정했다. 이처럼 유학 전통에서 인仁 개념은 끊임없이 재해석되었고, 그 윤리적 함축도 지속적으로 확장, 변화되었다. 필자는 유학의 현대적 해석을 가능케 하는 열쇠가 이런 인仁 개념의 연속성, 개방성, 다양성에 있다고 생각한다. 캉유웨이의 인학도 기존 전통의 '조술' 述이면서 '창조'作라는 데 그것의 현대적 의의와 재해석의 가능성이 놓여 있다. 무엇보다 캉유웨이는 인仁을 불변의 본질로서가 아니라 인간 사이의 관계나 사회적 소통에 기초하는 살아 있는 정감으로 보는 해석 전통을 계승했다. 그리고 이런 해석을 토대로 고통 받는 인간 및 소수자에 대한 연민과 박애를 인仁의 핵심 가치로 상정했다.

한편, 이 글의 주제와 관련해 주목할 점은, 유가 인학의 계승과 재해석 과정에서 논의되는 소수자의 범위도 점차 경제적, 사회적 약자를 넘어섰다는 사실이다. 캉유웨이의 경우『대동서』에서 인간의 고통 가운데 소수자의 고통을 비중 있게 다루었으며, 남녀 차별은 물론 민족적, 인종적, 계급적, 종교적 차별에 따른 고통을 없애는 것이 대동의 이념에 부합한다고 강조했다. 말하자면 인정 혹은 인학의 확장 속에서 소수자의 개념과 범위가 확대되었던 것이다. 예컨대『대동서』에서는 일체의 차별과 불평등이 제거된 사회를 인정이 실현된 대동 사회로 보면서 '아홉 경계境界', 즉 아홉 가지 차별을 없애야 한다고 주장하였다.

살아 있는 생물의 슬픔을 보면 모든 괴로움의 근원은 다음 구계九界 때문이다. 그러면 구계란 무엇인가? …… ② 급계級界: 신분의 귀천과 청탁을 나눔, ③ 종계種界: 피부색으로 황인종, 백인종, 갈색인종, 흑인종으로 나눔, ④ 형계刑界: 남자와 여자를 나눔, …… ⑦ 난계亂界: 불평不平, 불통不通, 부동不同, 불공不公한 법을 둠 …… 심하구나, 인간의 불행이여! 나면서부터 구계가 존재하는 세상의 그물에 던져져 질고疾苦가 극심하다. …… 굽어 내려다보면 슬프고 아픈 일들뿐이니, 근심을 떨쳐 버릴 수가 없다. 어찌 해야만 고통을 구원해 줄 수 있겠는가? 병을 알면 약을 쓸 수 있는 것이니, 이 구계를 없애고 속박을 풀어야 한다. 초연히 허공을 날아 하늘을 어루만지고 유유히 자유로우며 지극히 즐겁고 평안한 태평 대동세, 그곳에는 영원한 삶과 영원히 변치 않는 깨달음이 있다(캉유웨이 1991, 146-147).

캉유웨이는 다른 부분에서 인간이 겪는 다양한 고통을 상세하게 나열하고, 이를 극복할 수 있는 이상 사회를 구상한다. 예컨대 그는 삶의 고통을 '홀아비와 과부', '부모나 자식이 없는 것', '의료 혜택을 받지 못하는 것', '빈궁함', '비천함' 등으로 구분했다. 뿐만 아니라 소수민족이 겪는 고통, 부녀자가 겪는 고통, 민족 차별이나 계급 차별에 따른 고통 등 인간이 겪는 갖가지 고통을 분류했다(캉유웨이 1991, 46-47). 이때 그가 제시하는 고통 가운데 상당수는 오늘날로 말하자면 소수자가 겪는 고통에 상응한다.[10] 필자는 이런 이유에서 『대동서』를 근대 유학에서 소수자 담론의 기원으로 삼을 수 있다고 생각하며, 그것이 현대 유학의 미래와 과제를 논하는 데 있어서도

10_진태원의 설명에 따르면, 영어의 '마이너리티'(minority)나 프랑스어의 '미노리테'(minorité)라는 용어에 비해 우리말의 '소수자'란 용어는 그 범위가 제한적인데, 예컨대 앞의 두 용어는 '미성년'이나 '약소자' 개념을 함께 포함하고 있다(진태원 2017 435-437). 필자의 생각에 『대동서』에서 논의되는 소수자 범위는 우리말에서의 소수자 개념보다 광범위한 함축을 지니며, 약소자, 비주류 등의 의미도 포함하고 있다. 덧붙이면, 『서경』과 『회남자』에는 천하무도(天下無道)의 상황을 "강자가 약자를 괴롭히고, 다수가 소수를 폭압한다"(强凌弱, 衆暴寡)고 기술했다. 또한 본문에서 언급했듯 『회남자』에서는 "사기꾼이 우매한 자를 기만하고, 용감한 자가 나약한 자를 침탈한다"(詐欺愚 , 勇侵怯)고도 하였다. 필자는 이때의 '약과우겁'(弱寡愚怯)을 '환과독고'(鰥寡獨孤)과 더불어 선진(先秦) 문헌에 등장하는 소수자 용례의 기원으로 볼 수 있다고 생각한다.

유용한 시발점으로 작용할 수 있다고 생각한다. 예컨대 다음과 같은 천라이陳來의 논의를 감안할 때, 필자는 '사랑의 철학'으로서의 유학의 가능성과 인학의 의의를 『대동서』가 선취했다고 생각한다. 천라이는 말한다.

레비나스Emmanuel Levinas는 철학이 희랍어의 '지혜에 대한 사랑'이 아니라 '사랑의 지혜'가 되어야 한다고 주장한다. 청중잉成中英 역시 중국 철학자의 출발점은 인간의 자각을 토대로 세계와의 관계를 건립하는 것으로서, 바꾸어 말하면 '사랑의 지혜로서의 학문'이 되어야 한다고 지적한다. 희랍철학은 '지혜에 대한 사랑으로서의 학문'을, 중국철학은 '사랑의 지혜로서의 학문'을 추구한다. '사랑의 지혜'는 어떻게 타인을 보듬을 것인가? 어떻게 관계를 정립하고, 자기를 실현하며, 어떻게 남을 위해 선을 행할 것인가? 어떻게 백성과 함께 고락을 나눌 것인가? 등을 묻는다. 이것이 중국철학의 핵심 주제이다. 이러한 깊고 넓은 사랑을 바로 인애仁愛라고 부르는데, 이것이 바로 인간 고유의 방식이자, 인간 존재의 방식이다. 비록 '사랑의 철학'을 전체 중국철학의 토대라고 할 수는 없겠지만, '인애의 지혜'는 분명 유학의 핵심이다. 소크라테스 철학이 'love of wisdom'을 말한다면, 유학은 'wisdom of love'를 말한다. 유가 철학은 인애라는 생명 가치에 대한 체인이자 추구이다. …… 사랑의 지혜는 바로 인학仁學이며, 그것은 인학본체론仁學本體論이다. 인학본체론이 없다면 인애가 있다고 해도 아직 '사랑의 지혜'도 '인仁의 철학'도 아니다(陳來 2014, 10-11).

천라이는『인학본체론』仁學本體論이라는 최근 저서에서 현대 유학이 기존의 형이상학(우주론)이나 유심론적 해석을 넘어서 유학 고유의 '인학본체론' 또는 '인체본체론'仁體本體論을 건립해야 한다고 강조했다. 그리고 그런 해석의 중요한 전거로 근현대 유학의 전통 가운데 슝스리熊十力, 리쩌허우李澤厚의 논의에 주목했는데, 필자의 생각에는 그런 천라이의 취지는 더 나아가 캉유웨이의 논의와도 맞닿는 부분이 많다. 특히 유학의 정신을 '사랑의 철학'으로 이해하는 관점이나 인학仁學, 인체仁體 개념에 대한 천착은 캉유웨이의 사상과 호응한다. 이런 맥락을 감안할 때, 캉유웨이의『대동서』는 '사랑의 철학'으로서 인학을 규정하고, 이를 다시 소수자 담론에 연결시켰다는 데 그 창조적 공헌이 있다. 그럼에도 기존의 연구에서는『대동서』를 너무 '공상적 사회공학'의 아류로 폄하한 경향이 팽배했다. 아래 절에서는 이에 대한 비판적 성찰을 진행하고자 한다.

3. 급진적 사회공학에서 소수자 윤리학으로

앞 절에서는 유가 인학仁學에 근거한 소수자 담론의 연원으로서 『대동서』의 가능성에 대해 논의했다. 그러나 그런 기원은 쉽게 은폐되었다. 그 이유는 무엇인가?『대동서』에 대해 흔히 제기되는 비판은 캉유웨이가 제안하는 방법이 '급진적 사회공학'의 아류에 불과해 현실성을 결여하고 있고, 우생학적 혹은 인종적 편견도 곳곳에서 드러난다는 점 등이다. 예컨대 부녀자에 대한 차별을 없애기 위해 가족이나 사유재산을 없애고자 한 점, 인종적 차별을 없애기 위해 흑인을 점차 도태시키는 방법을 제시했다는 점 등은 단순히 급진성을 넘어서 공상적이며, 심지어 폭력적이기까지 하다. 캉유웨이가 비록 소수자에 대한 차별에 민감하게 반응했다고는 해도, 그런 차별을 극복하기 위해 그가 선택한 방법에는 결국 전체주의적 폭력성의 위험이 도사리고 있다는 것이다. 때문에 위잉스余英時는 쉬푸꽌徐復觀 같은 학자가 「예운」, 『주례』 등에 담긴 사회공학적 기획을 비판한 배경에 20세기 중국 지식인들의 유토피아적 구상에 투영된 전체주의적 사고에 대한 거부감이 작동하고 있다고 분석했다(余英時 2006, 131).[11] 위잉스는 그런 거부감을 플라톤의 『국가』에 대한 칼 포퍼Karl Popper의 비판과 동일한 맥락에 놓고 서술했다.[12] 이렇게 보면 『대동서』 역시 '닫힌 사회'에서 강압적으로 실시되는 사회공학에 대한 공포와 따로 떼어 생각할 수 없다.[13]

11_사실 쉬푸꽌의 해석은 캉유웨이를 겨냥하는 동시에 자신의 스승인 슝스리의 『춘추』나 『주례』 해석에 대한 반발이었다. 예컨대 슝스리는 특히 『주례』를 대동(大同) 개념, 삼세설(三世說) 개념 등과 연계하여 해석하면서 자신의 정치적 이상을 투영시켰다. 그는 사회주의, 정치다원주의, 아래로부터의 정치, 평균주의(平均主義), 대동민주(大同民主) 등의 술어로써 『주례』의 정치적 함의를 적극 옹호했다. 『주례』를 둘러싼 슝스리와 쉬푸꽌 사이의 해석의 충돌에 관해서는 林慶彰(1995, 105-129) 참고.

12_칼 포퍼 논의의 핵심은 칼 포퍼(2016)의 역자 해제 참조. 한편 칼 포퍼나 이사야 벌린의 전체주의 비판을 의식하면서도 캉유웨이의 세계시민주의적 면모와 대동유토피아론의 긍정적 측면을 부각시킨 관점에 대해서는 샤오궁취안의 제자 왕룽주(汪榮祖)의 설명을 참조할 수 있다(汪榮祖 1998, 117-135 참고).

역사적으로 볼 때, 이상과 같은 해석이 전혀 부당하다고 할 수는 없다. 그러나 소수자 차별에 대한 극복 노력까지도 전체주의적 기획의 일부로 치부함으로써 또 다른 편향에 빠질 우려가 있다. 또한 전체주의와 자유주의의 대립이란 담론을 배경으로 삼을 때 자칫 동아시아나 유학의 내재적 맥락을 고려하지 않은 채 서구 중심적인 담론을 캉유웨이의 논의에 소급해 해석하는 오류를 범할 수도 있다. 무엇보다 이런 편향이 고착화될 때,『대동서』에 대한 새로운 해석 가능성이 봉쇄되는 동시에 거기에 담긴 선구적 의미마저 은폐될 수 있다. 이제는 사회공학에 대한 거부감이라는 20세기의 시대적 맥락에서 벗어나서『대동서』가 갖는 현대적 의미를 보다 투명하고 적극적으로 성찰할 필요가 있다. 이를 통해 동아시아 소수자 담론에서『대동서』가 갖는 선구적 의미를 발굴할 수 있다고 생각한다.

기존의 견해에 따르면,『대동서』는 다분히 급진적 사회공학의 외양을 띠고 있다. 혹자는 캉유웨이가 말하는 계급 철폐 주장을 근거로『대동서』를 유교 좌파 노선으로 규정하기도 한다(周予同, 2012, 70).『대동서』의 급진적 유토피아론은 한쪽에서는 현실 투쟁과 유리된 부르주아 자유주의의 낙관에 불과한 것으로 비판받기도 했고,

---

13_참고로 장하오(張灝)는 중국근대의 유토피아론을 분석하면서 캉유웨이를 '연성(軟性) 유토피아주의자'로, 탄쓰퉁을 '경성(硬性)유토피아주의자'로 구분하면서 인(仁)에 대한 해석의 차이와 결부시켜 두 사상가의 특징을 조망하였다(張灝 2004, 169-188 참고). 한편 장하오의 사형(師兄)으로 장하오와 함께 후스(胡適) 이래의 자유주의 노선을 계승한 린위성(林毓生) 역시 캉유웨이, 탄쓰퉁 등의 사상에 투영된 유토피아주의의 한계를 논하였다. 이에 대해서는 林毓生(1998, 144-161) 참고.

한쪽에서는 모택동이 1950년대 후반부터 공상적 공산주의에 빠지게 된 계기의 하나로서 지적되기도 했다.[14] 그러나 그런 비판에도 불구하고 캉유웨이가 애초에 반전통, 반유교 풍조에 휩쓸리지 않고, 유학에 대한 재해석을 바탕으로 정치적 이상과 사회적 정의를 구상했다는 점은 높이 평가할 만하다. 특히 소수자 담론이라는 맥락에서 보면, 그가 인仁의 원리와 이념에 대한 적극적 해석을 통해 『대동서』 곳곳에서 소수자의 권리나 그들에 대한 평등한 대우를 강조했다는 것에 주목할 필요가 있다. 예를 들어 남녀평등의 문제에 관해 캉유웨이는 다음과 같이 자신의 견해를 피력한다.

수천 년을 지나오면서 전 세계 곳곳에서 헤아릴 수 없이 많은 여자들의 경우는 남자들과 똑같은 사람의 모습과 지혜를 지녔고, 남자들에게는 누구나 친애하는 여자가 있으나, 마음을 잔인하게 먹고 공리를 해치면서 여자들을 억압하고 바보 취급하고 가두고 죄인 취급하고 속박하여 여자들이 스스로 자립할 수 없게 했다. 뿐만 아니라 공적인 일을 맡을 수 없게 하였고, 벼슬도 할 수 없게 했으며, 국민도 될 수 없게 했고, 의회에도 참여할 수 없게 했다. 심지어 여성은 학문에도 종사할 수 없었고, 언론의 자유도 없었으며, 유명해질 수도 없었다. 그리고 자유로이 교제할 수도 없었고, 연회에 참여할 수도 없었으며, 여행을 다닐

14_예컨대 위잉스(余英時)는 '우상파괴자', '부정의지(否定意志, negative will)의 화신'으로서의 마오쩌둥(毛澤東)의 면모가 캉유웨이의 『대동서』 범위 안에 속한다고 비판했다(余英時 2004, 71-74 참고).

수도 없었고, 집 밖을 나설 수도 없었다. …… 예나 지금이나 수천 년 동안 인인仁人과 의사義士라고 불리는 사람들도 모두 이것을 앉아서 바라보기만 하고, 당연한 일이라 여겨 이들을 위해 호소하거나 도와주는 사람이 없었다. 이야말로 세상에서 가장 괴이하며 불공평한 일이고, 이해할 수 없는 일이다. 나는 이제부터 하늘에 가득 찬 여자들의 원망을 대신하여 호소하려고 한다. …… 한 가지는 큰 욕망이니, 그것은 미래의 수많은 여자들을 평등과 대동 및 자립의 즐거움에 도달할 수 있도록 하는 일이다(캉유웨이 1991, 289-290).

위의 내용에 이어서 캉유웨이는 여성에 대한 차별의 종류와 양상을 매우 상세하게 묘사하면서 그런 차별의 원인과 해결책을 제시한다. 실제로 여성 평등에 대한 캉유웨이의 관심은 각별했는데, 예컨대 전족에 반대하는 단체不纏足會를 설립하기도 했다. 심지어 캉유웨이는『대동서』에서 남녀평등을 위해 결혼 제도를 없애고 한시적 계약 결혼만을 허용하자고 주장했다. 이 밖에 인종차별, 계급 차별 등에 대한 캉유웨이의 견해도 남녀 차별에 대한 논의 못지않게 급진적이다. 주의할 점은 이런 급진성을 단순히 현실감 결여의 산물로 치부할 수는 없다는 사실이다. 플라톤의『국가』가 그렇듯, 캉유웨이의 유토피아론이나 사회공학에도 현실에 대한 좌절과 비판이 투영되어 있으며, 순수한 철학적 구상을 통한 현실 초월의 지향을 담고 있다. 특히 캉유웨이는 인간의 고통에 대한 감수성, 즉 측은지심을 인仁의 핵심 가치로 봄으로써 대동의 이상이 고통 받는 타자나 소수자와의 관계 및 그들에 대한 적극적 사랑에서 완성된다는

점을 강조했다. 그는 인仁의 의미를 '마음의 덕, 사랑의 리'心之德, 愛
之理와 같은 이론적 규정에서가 아니라, 타자나 소수자에 대한 구체
적 연민과 실천적 사랑에서 찾았던 것이다. 캉유웨이는『맹자미』孟
子微에서 대동의 이상이 결국 '남의 고통을 차마 참지 못하는 마음'
不忍人之心의 확장에 다름 아니라는 점을 다음과 같이 피력했다.

> 불인인지심不忍人之心이 바로 인仁이다. …… 이미 그러한 불인인지심
> 을 갖춘 이상 이것은 바깥으로 드러나고, 이는 (남의 고통을) 참지 못
> 하는 정치[不忍人之政]를 낳는다. …… 일체의 인정仁政은 이러한 불인
> 인지심에서 생겨났으며, 이것이 모든 교화의 바다이고, 뿌리이고, 근
> 거이다. 인도人道 가운데 인애仁愛와 문명, 진화와 태평太平, 대동大同
> 이 모두 여기에서 나왔다(康有爲 1987, 9).

인용에서 알 수 있듯이, 캉유웨이의『대동서』는 표면적으로는 비
록 급진적 사회공학의 방법론을 취하고 있기는 하지만, 그 출발점
은 어디까지나 유학에서 말하는 불인인지심不忍人之心의 실천이다.
따라서 캉유웨이의 취지는 예컨대 서구 근대 사회공학의 출발이라
할 수 있는 홉스의『리바이어던』이 사회계약을 매개로 국가나 공동
체의 통제된 질서를 지향했던 것과는 다르다. 비록 표면적으로 양
쪽 모두 통제된 질서를 지향하고 있지만, 캉유웨이의 애초의 이상
을 감안한다면 우리는『대동서』의 주제나 초점을 '급진적 사회공학'
이 아니라 '인仁의 윤리학'에서 찾을 필요가 있다. 그리고 이렇게 해
석할 경우 전체주의의 합리화로 캉유웨이의 구상을 폄하하는 것은

부당하다. 캉유웨이는 『대동서』 서문에서 다음과 같이 말하였다.

서구의 여러 나라는 대략 승평세升平世에 가깝지만, 아직도 여자들은
남자의 사유물 신세로 공리公理와는 거리가 멀고, 즐거움을 구하는 도
리에는 아직도 이르지 못하였다. 신명한 성왕聖王이신 공자는 일찍이
이것을 근심해서 삼통三統과 삼세三世의 법을 세우셨다. 이는 거란세
據亂世 후에 승평세升平世와 태평세太平世로 바뀌고, 소강小康 후에 대
동大同으로 나아가는 것이다. …… 나는 이미 난세에 태어나 이 세상
의 괴로움을 목격했으며 이것을 구제할 방도를 생각하였다. 어리석은
나의 생각으로는 대동태평의 도를 구하는 것만이 구제의 유일한 방법
이라 여겨진다. …… 대동의 도는 지극히 균등하고 공적이며 어진 것
으로서, 통치의 가장 훌륭한 경지라 할 수 있다(캉유웨이 1991, 45).

여기에서 알 수 있듯이 캉유웨이의 최종 목표는 고통의 구제이
고, 이는 유학의 박시제중博施濟衆 이념을 계승한다. 위잉스는 『대
동서』의 근대적 기획이 서양 근대 유토피아론의 자극과 영향을 받
았으며, 그런 사회공학적 기획이 서양 근대에서 대두된 전체주의의
열망과 무관치 않다고 지적했다. 아쉽게도 그는 유학의 내재적 맥
락에서 『대동서』의 의미를 적극적으로 논의하지 않았다(余英時
2006, 128-133). 우리는 『대동서』를 바깥에서 볼 수도, 내부에서 볼
수도 있을 것이다. 여기에 대해서는 미조구치 유조溝口雄三의 견해
가 더욱 균형감 있는 관점을 제공해 준다.

본래 대동사상은 「예운」편에서도 보이듯, '공'公 사상의 전통적 맥락 안에 있다. 청대에는 그 '공'이 평등, 공동, 전체의 생존 윤리로 면모가 바뀐 것인데 '공'의 공동성은 앞에서 서술한 것처럼 국제성, 인류성을 포함하는 데까지 이른 한편, 그것과 동시에 민중의 일상생활 안에서도 그 공동성은 구체적으로 상호부조나 억강부경抑强扶輕 등 예교의 일상윤리로서, 평명平明한 표현으로 민간의 윤리감정 속에 깊숙하게 스며든 면도 놓쳐서는 안 된다. 사대부의 독서세계에서 '문언'文言으로 존재했던 '인'仁이나 공 관념이 청대에는 서민의 일상세계에 있어서 '억강부경' 등의 평범한 말로 바뀌었고, 소수의 전제專私에 대한 다수 公의 공동생존으로서 일반에 퍼졌다고 바꾸어 말해도 좋다. …… 이리하여 청나라 말의 지식계는, 이제 중국 사회를 광범위하게 덮고 있는 상호부조의 통념을 전체, 공동의 새로운 '공'으로 삼은, 세계적 규모 혹은 인류 규모의 대동사상을 캉유웨이를 통해 산출했다고 생각할 수 있을 것이다. 자유, 평등이 시민사회를 성립시키는 유럽세계에서만 산출되었듯이, 대동의 유토피아 세계는 중국의 '공' 윤리사회에서만 산출되었다고 말할 수는 없는 것일까?(미조구치 유조 2012, 336-337)

미조구치 유조는 『대동서』의 이념을 유학 내부의 인仁과 공公 개념의 확장으로 이해한다. 캉유웨이의 구상은 물론 근대 서구의 자유와 평등의 이념, 공화주의의 전개와 무관하지 않다. 그러나 캉유웨이는 자유와 평등 개념을 근간으로 해서가 아니라, 어디까지나 인仁과 공公의 가치와 이상을 통해 대동의 이상을 설계하고자 했다. 필자는 여기에 『대동서』가 갖는 독자성이 있다고 본다. 그리고 소수자 담론으로서 『대동서』가 갖는 선구적 의미도 사회공학의 일부로서 소수자에 대한 처우를 다루었기 때문이 아니라, 인학仁學의 이념 속에서 그것이 필연적으로 타자나 소수자에 대한 넓은 시야와 다원주의적 태도를 요구한다는 점을 환기시켰다는 데 있다고 본다. 미조구치 유조는 다른 저술에서 루쉰魯迅의 관점과 대비시켜 캉유웨이의 『대동서』가 갖는 의미를 평가한다.

> 루쉰의 반유교反儒教에 관해서 말하자면, 이것은 효제를 주축으로 한 종족적 공동체 윤리 속의 가부장적, 상하적인 공순恭順 윤리에 대한 반대이며, 이 반反은 유교 전반을 뒤덮는 것은 아니라고 여기서는 단순화해서 말해두자. 이 상하적인 공순 윤리는 명明에서 청淸에 이르는 만물일체의 인仁에서 공동체적 윤리성을 오로지 가부장제 내에서의 종적 상호 즉 공순적 상호성으로서 집어넣었던 것이다. 이 인仁의 상호성이 횡적 상호성으로서, 곧 이 인이 내가 말하는 상관윤리적인 인으로서 자립하기 시작한 것은 청대 중엽의 대진戴震 이후이며, 그 뒤 공자진龔自珍의 『평균편』平均篇, 태평천국의 '아버지인 천하의 아래 천하일가는 형제'라고 한 가부장제 내적 평등을 거쳐, 이에 더해 앞에서 본 제자학諸子學, 불교 및 유럽의 평등사상의 유입 등에 의해 공화사상으로 성장했다(미조구치 유조 2016, 236).

미조구치 유조는 『대동서』를 공상적 사회공학의 아류로 단정하지 않고, 명청대明淸代 이래 대두한 유학의 정치론을 계승한 것으로 보았다. 덧붙여 만물일체로서의 인仁 개념을 계승하면서 공동체적 윤리성이나 횡적 상호성으로서의 윤리성을 적극적으로 제기한 데 캉유웨이의 공헌이 있다고 평가했다. 여기서 말하는 '공동체적 윤리성'이나 '횡적 상호성'은 인仁의 가치가 근원적으로 위계보다는 평등을 지향하고 있으며, 타자와의 소통을 전제하고 있다는 사실을 함축한다. 강정인 역시 「원시 유가 사상에 명멸했던 대동 민주주의: 급진적 회상」에서 대동 개념을 원시적 민주주의의 사상적 원형으로 파악했는데(강정인 2013, 205-229), 이 역시 횡적 상호성으로서의 인仁 개념에 대한 발굴로서 이해될 수 있다.[15] 한편, 역사적 일례로 인仁을 인간 사이의 상호성 차원에서 독해한 청대의 대표적인 인물로는 완원阮元을 들 수 있다. 그는 특히 「논어논인론」論語論仁論에서 "인이라는 것은 곧 사람다움이다"仁者, 人也에 대한 정현鄭玄의 해석, 즉 '상인우'相人偶의 관점을 적극적으로 수용했다. 완원은 다

15_특히 강정인은 '대동'의 이상이 추상적인 수사가 아니라, 일종의 '헌정적 규범'으로서 작동한다고 설명하는데, 이 역시 유가적 이상을 '규제적 이념' 혹은 '원형'으로 독해하는 접근으로서 '대동' 개념의 정치적, 실천적 함축에 대한 창조적 독해라 평가할 수 있다. "우리는 기자가 전한 홍범이 무왕이 물은 '천도'의 내용을 구체적으로 천명한 것으로서 유가적 군주들에게 헌정적 규범이자 근본적인 가치로서 대대로 전승되고 따라서 내면화—그 현실적인 실천 여부를 떠나—되었을 것이라는 점을 강조할 필요가 있다. 따라서 필자는 '위대한 조화'(great harmony)로 특징지어지는 「예운」과 달리, 「홍범」에 나오는 대동을 '위대한 합의'(great consensus)를 통해 이루어지는 일종의 정치적 결정 방식으로 풀이하고자 한다. '위대한 합의'로서의 대동은 점괘는 물론 왕과 귀족 및 백성의 합의에 따른 결정을 지칭하기에 강한 민주적 함의를 부여받게 되는바, 이를 '대동 민주주의'로 정의할 것이다. 아울러 이상 사회로서의 대동에 너무 친숙한 일반 독자들이 이 글에 대해 품을 법한 오해를 피하기 위해, 이 글의 주된 관심은 이상 사회로서의 대동이 아니라 정치적 의사 결정 방식으로서의 '대동', 지금까지 소홀히 지나쳐 버린 '대동'이라는 점을 다시 한 번 강조하고자 한다"(강정인 2013, 209-210).

음과 같이 말한다.

인仁이란 글자를 해석할 때, 번잡하게 설명하고 멀리서 인용할 필요가 없다. 다만 『증자』曾子 「제언」制言에서 "사람이 함께 하는 것은, 비유컨대 배나 수레와 같아서 서로 건너고 다다르게 해주는 것이다. 사람은 사람이 아니면 이룰 수 없고, 말馬은 말이 아니면 달릴 수 없으며, 물水은 물이 아니면 흐를 수 없다"거나 『중용』의 "인이라는 것은 곧 사람다움이다"仁者, 人也에 대해 정현이 "남과 짝이 된다相人偶고 할 때의 인人과 같이 읽는다"고 한 설명 등을 통해 의미를 알 수 있다(阮元 2006, 176).

『대동서』에서 캉유웨이는 인仁의 글자적 의미에 관해 특별히 논하지는 않았다. 그러나 미조구치 유조가 지적하듯 캉유웨이가 인仁을 '횡적 상호성'으로 파악했다고 본다면 이러한 논점은 완원의 관점을 계승한다.[16] 다만 양자 사이에 차이도 있는데, 완원의 경우 자

16_청대 대진(戴震)에서 완원을 거쳐 탄쓰퉁, 캉유웨이에 이르는 인(仁)에 관한 해석의 역사에 관해서는 벤자민 엘먼(Benjamin Elman)의 논의가 정치하다. 그는 다음과 같이 분석한다. "1898년 유신운동의 실패로 인해 죽은 탄쓰퉁이 지은 『인학』의 첫머리 요지 역시 정현(鄭玄)의 인(仁)에 대한 해석, 즉 '상우'(相偶)를 수용한다. 다케우치 히로유키(竹內弘行)의 최근 연구에 따르면 정현의 해석에 대한 탄쓰퉁의 긍정은 탄쓰퉁이 '마음의 덕(心之德)'으로 인(仁)을 해석한 주희(朱熹)의 관점에 반대했다는 것을 의미한다. 때문에 탄쓰퉁의 분석에서 우리는 인(仁)에 대한 한학(漢學)의 새로운 논의가 가져온 영향력을 확인하게 된다. …… 한편 다케우치 히로유키의 주장에 의하면, 탄쓰퉁은 인(仁)을 해석하면서 '평등'의 함의를 그 안에 집어넣었으며, 이는 어떻게 보면 완원이 강조한 사회 공공성으로서의 인(仁) 개념을 흡수했다고 할 수 있다. 즉, 완원이 '상인우'(相人偶)를 통해 인(仁)의 사회적 특징을

신의 해석이 인仁을 친애親愛나 박애博愛로 해석하는 기존의 관점과 구별된다고 보았다. 반면에 캉유웨이는 인간 사이의 상호성 및 타자에 대한 사랑이 별개가 아니라고 보았고, 양자를 연속적으로 보면서 인仁의 근거와 실천을 파악했다. 정리하면, 인학의 확장 차원에서 캉유웨이의 공헌을 살필 때 우리는 『대동서』에서 다룬 소수자 담론의 형태가 단순히 번쇄하고 작위적인 사회공학의 부산물이 아니라는 사실을 파악할 수 있다. 필자는 이러한 맥락에서 『대동서』가 20세기 유학의 소수자 담론의 기원으로서 읽힐 수 있다고 생각한다. 그러한 가능성을 설명하기 위해 아래에서는 가라타니 고진柄谷行人이 칸트의 이론에 입각하여 활용한 '구성적 이념'과 '규제적 이념'이라는 구분을 도입하고자 한다. 그리하여 『대동서』에서 제기된 '인정'仁政의 이상을 '규제적 이념'으로 파악할 때, 소수자 담론으로서 『대동서』가 갖는 선구적 의미를 보다 적극적으로 해석할 수 있음을 보이고자 한다.

4. '규제적 이념'으로서의 캉유웨이 인학仁學 개념

여기에서 '구성적 이념'constitutive idea과 '규제적 이념'regulative idea

다룰 때 사회 공공성의 측면을 강조했던 것이다. 또한 탄쓰퉁의 '상우'(相偶) 해석은 분명 그와 캉유웨이의 관계에서 유래한 것인데, 캉유웨이 역시 간접적으로는 완원의 영향을 받았다고 할 수 있다"(Elman 2010, 134-135).

에 주목한 것은 가라타니 고진의 칸트 해석, 특히 『영구평화론』에 대한 독해에 기초한다. 간단히 말해 가라타니 고진은 칸트가 세계 공화국이나 영구 평화의 이상을 현실에서 이룩해야 할 '구성적 이념'으로 본 것이 아니라, 하나의 '초월적 가상'으로서 현실의 점진적 진보를 추동하는 역할을 하는 '규제적 이념'으로 제시했다고 파악했다. 필자가 보기에 여기에서 말하는 '규제적 이념'의 개념과 역할은 캉유웨이가 말하는 '대동 사회'에도 적용할 수 있다. 그리고 이런 접점을 통해 『대동서』에 등장하는 고통을 받는 타자나 소수자가 대동 사회를 이루기 위한 수단에 머물지 않고, 절대적 주체이자 목적으로 고양될 수 있는 길이 열린다.[17]

17_흥미롭게도 캉유웨이는 중국에 칸트를 처음 소개한 학자 가운데 한 명이다. 또한 그의 제자 량치차오(梁啓超)는 「영구평화론」을 본격적으로 소개했다. 량치차오는 「근세 제일의 대철학자 칸트의 학설」(近世第一大哲康德之學說)이란 글을 『신민총보』(新民叢報) 제 25, 26, 28호 및 46-48호(합간호)에 나누어 실었는데(1903년), 이 연재물 마지막 부분에서 『영구평화론』의 주요 강령을 소개했다. 캉유웨이와 량치차오의 칸트 수용에 대해서는 백종현(2014, 63-72) 참고. 한편, 리쩌허우(李澤厚)의 다음 언급도 주목할 만하다. "캉유웨이는 상당히 초기부터 당시의 사회형세와 자연과학 지식의 자극을 받았고, 사회발전과 문화진보 등과 관련된 수많은 각종 문제를 공상했으며, 그리하여 주관적으로 미래의 아름다운 세계에 대한 공상을 세웠음을 알 수 있다. 이에 대해 그는 『자편년보』(自編年譜)에서 이렇게 공언했다. '마침내 대동의 제도, 제목은 『인류공리』(人類公理)였다. 나는 이미 도를 들었고, 이미 대동을 확정했으므로 죽어도 좋다고 생각했다.' 여기서 대동은 『대동서』와 마찬가지로 탕(湯) 선생이 생각하는 '입헌군주'를 가리키는 것이 아니라, 바로 1100년 이후 인류의 원경(遠景)인 공리(公理)를 가리킨다. 캉유웨이 스스로 자랑스럽게 생각하고 우리를 자랑스럽게 만드는 것은 그가 발견하고 '직접 제정'한 '입헌군주'의 이치가 아니라, 바로 '국가 통합과 지구통합'의 세계대동의 원대한 포부였다"(리쩌허우 2005, 270). 덧붙이면, 1902년 무렵에 쓰인 량치차오의 미완의 정치소설 『신중국미래기』(新中國未來記)는 당시로부터 60년 후에 개최되는 세계평화회의에서 콩훙따오(孔弘道) 선생이 강연하는 장면을 소재로 삼

캉유웨이는 『대동서』에서 '순수한 유학의 원리', '인의 본질'仁體 차원에서 유토피아를 구상했다. 다시 말해 그는 역사적이고 현실적인 제약을 초월하여 인仁의 본질적 의미와 그 윤리적 가능성에 입각하여 유토피아를 설계했던 것이다. 그리고 이러한 이론적 입장, 보편적 입장으로의 비약 속에서 유학에 내재된 공화주의적 요소나 평등관에 천착할 수 있었다. 이런 지점에서 우리는 『대동서』의 의의를 칸트의 『영구평화론』과 연계해서 살필 수 있다. 왜냐하면 캉유웨이가 말하는 인정仁政의 이상이든, 칸트가 말하는 세계 공화국이든 모두 인간이 수단이 아닌 오로지 목적으로 대우받는 이상적인 미래를 상정함으로써 가치의 표준을 정립하고 실천적 지향을 이끌어 내기 때문이다. 칸트는 일찍이 순수한 정의의 원리에 의해 세워진 세계 공화국의 이념은 불필요한 공상이 아니며, 오히려 점진적 진보를 위한 표준이자 지침으로서 필요하다고 보았다. 우리는 『대동서』의 이상주의에서도 그에 상응하는 취지를 모색할 수 있다. 칸트는 『영구평화론』에서 다음과 같이 말하였다.

국가들이 전쟁을 포함하는 무법천지 속에서 벗어날 수 있는 유일하게

왔다. 강연 내용은 중국이 입헌국가가 되어 세계평화를 구현하는 중심국가로 변모한 약 60년 동안의 과정에 대한 회고이다. 그 책이 쓰인 시점에 주목한다면, 이 소설이 『영구평화론』에 영향을 받았다는 사실을 어렵지 않게 추론할 수 있다. 한편, 캉유웨이의 『대동서』 역시 1901, 1902년 무렵에 대부분 집필되었다. 따라서 1901년을 기점으로 캉유웨이와 량치차오가 『영구평화론』에 깊은 영감을 받았다는 점을 예상할 수 있다. 『영구평화론』, 『대동서』, 『신중국미래기』 간의 관계에 대해서는 향후 더 구체적인 연구가 필요하다고 생각한다. 참고로 근래 번역되어 나온 『신중국미래기』(2016) 해제에는 이 부분에 대한 언급이 없다.

이성적인 출구는 다음의 길밖에 없다. 그들 국가는 개인의 경우처럼 야만적인 (무법의) 자유를 포기하고 그들 스스로 공법의 규제에 내맡기는 한편, 궁극적으로 전 세계 모든 국가를 포함할 (물론 지속적으로 성장하는) 국제 국가civitas gentium를 형성하는 것이다. 그러나 국제법의 이념에 의해서는 이들 국가는 이것을 결코 원하지 않을 것이다. 따라서 이론적으로 옳은 것이 실천에서는 거부된다. 그러므로 (만일 모든 것을 잃지 않으려면) 세계 공화국이라는 적극적인 이념 대신에 소극적 대안으로서 연맹을 구성하는 것이다. 물론 그러한 연맹도 적대감이 표출되는 부단한 위협 속에 있기는 하겠지만, 전쟁을 싫어하는 연맹이 점차 확산됨으로써 법을 혐오하는 호전적인 흐름을 차단하게 될 것이다(칸트 2010, 37-38).

지구상의 국민들의 공동체가 (크든지 작든지 간에) 이만큼이나 발전되어 한 곳에서의 권리의 침해가 다른 곳으로 전달되기 때문에, 세계 시민법의 이념은 더 이상 공상적이거나 과장된 법의 표상 방식이 아니다. 그것은 아직 쓰이지 않은, 시민법과 국제법의 발전을 보충해 주고 있으며 공적인 인간의 권리와 영원한 평화의 유지를 위해 필수 불가결한 것이다. 우리가 영원한 평화에 끊임없이 가까워지고 있다고 자랑할 수 있는 것도, 다만 지금까지 개괄한 조건 아래에서만 허용될 수 있다(칸트 2010, 42).

칸트가 보기에 세계 공화국의 이상은 이론적으로는 옳지만 현실에서 당장 실현될 수는 없다. 그러나 그러한 진보의 궁극에서 만나는 이상 사회라는 적극적인 이념이 없다면, 시민법과 국제법이 지향해야 할 가치의 표준 역시 찾을 수 없다.[18] 가라타니 고진은 이 지점에서 칸트가 말한 이성의 '구성적 사용'과 '규제적 사용' 혹은 '구성적 이념'과 '규제적 이념'의 구별에 주목한다. 간단히 말해 '구성적 이념'은 현실화되어야 하는 이념이다. 반면에 '규제적 이념'은 비록 당장 실현될 수는 없지만 지표로서 존재하고, 또 이상으로서 점진적으로 추구해야 하는 이념이다.

이성을 구성적으로 사용한다는 것은 자코뱅주의자(로베스피에르)가 전형적인 것처럼 이성에 기초하여 사회를 폭력적으로 바꾸는 경우를 의미합니다. 그에 반해 이성을 규제적으로 사용한다는 것은 한없이 멀더라도 사람들이 그것에 가까워지려고 노력하는 경우를 의미하는 것입니다. 예를 들어 칸트가 말하는 '세계 공화국'은 그것을 향해 사람들이 점진적으로 나아가는 규제적 이념입니다. 칸트에 따르면, 규제적 이념은 가상(환상)입니다. 그러나 이와 같은 가상이 없으면 사람들이 살아갈 수 없다는 의미에서 그것은 '초월론적 가상'입니다. 칸트가 『순

18_칸트의 『세계시민적 견지에서 본 보편사의 이념』, 『영구평화론』 등에서 제기되는 실천적 이념으로서 역사의 목적이 갖는 의미에 대해 마키노 에이지(牧野英二)는 다음과 같이 설명한다. "역사의 목적이란 법적 질서의 완성이며, 그것은 실천 이성의 요청이라고 간주된다. 따라서 역사의 목적도 역시 이론 이성에 의한 객관적 인식의 대상은 아니다. 실천 이성의 실천적 이념으로 머무를 뿐이다. 그러나 이념이라고 해도 인류의 역사적인 활동을 인도하는 통제적 이념이며, 그 의미로 인류가 지향해야 할 실천적인 필연성을 가진 역사적 과제가 되는 것이다. 영구평화의 이념도 이러한 문맥에서 제기된다"(마키노 에이지 2009, 271).

수이성비판』에서 서술한 것은 그와 같은 가상 비판입니다. 그중 하나로서 '자아'가 있습니다. 동일한 자아란 가상입니다. 흄이 말하는 것처럼 동일한 자아는 존재하지 않습니다. 예를 들어 어제의 나는 지금의 나가 아닙니다. 그것들이 같은 하나의 나인 것처럼 간주하는 것은 가상입니다. 그러나 그와 같은 가상은 살아가기 위해서 필요합니다. 지금의 나는 어제의 나와 관계가 없다면 타인과의 관계가 성립하지 않을 뿐만 아니라, 자기 자신도 붕괴하고 맙니다. 그렇기 때문에 동일한 자기가 가상이라고 해도, 그것은 제거할 수 없는 가상입니다. 역사의 목적이라는 것도 마찬가지입니다. 물론 그것은 가상입니다. 다만 우리가 살아가기 위해서는 불가결한 초월론적 가상입니다. 칸트가 말하는 역사의 이념이란 그와 같은 것입니다(고진 2012, 187-188).

칸트에게 세계 공화국이 규제적 이념으로서 '초월론적 가상'이었다고 한다면, 마찬가지로 캉유웨이에게도 '대동사회'는 인정仁政의 궁극적 이상으로서 '초월론적 가상'이라 할 수 있지 않을까? 여기에서 우리는 『논어』에서 장저長沮와 걸익桀溺의 조롱에 대하여 공자가 "천하에 도가 있다면 내가 굳이 바꾸려 들겠는가?"天下有道, 丘不與易也라고 응수한 것, 혹은 혹자가 공자를 "안 되는 줄 알면서도 행하려 하는 사람"知其不可爲而爲之者라고 표현한 것을 상기해 볼 수 있다. 공자에게 박시제중博施濟衆은 궁극적 이상으로서의 성聖에 해당하며, 그것은 끊임없는 인仁의 추구를 통해 다가서야 할 '초월론적 가상'에 해당한다.[19] 그리고 그러한 이상주의의 표현이자 이념은 미래에 도래할 타자들에게 가치의 지표를 제시하는 역할을 한다. 또한 맹자는 난신적자亂臣賊子에게 포폄褒貶의 심판을 가하기 위해 공자가 『춘추』를 지었다고 보았다. 그렇다면 공자의 춘추필법春秋筆法 역시 미래에 도래할 타자와의 대화로서 성립하는 것이자, 그들에게 건네는 '초월론적 가상'으로 볼 수 있을 것이다. 또한 관중管仲에 대해 공자나 맹자가 인색한 언사를 내뱉는 것도, 현실 정치가 인의 공효仁之功(정이程頤의 표현)의 지향에 머물 경우, 거기에는 이상주의나 '초월론적 가상'이 들어설 자리가 없기 때문이 아닐까? 따라서 유학에서도 규제적 이념으로 성립하는 '초월론적 가상'은 결코 생소한 장치가 아니다. 『논어』에서 말한 박시제중의 이상이나 『춘추』에 투영된 춘추필법의 정의관 등도 순수한 정의의 이념을 제시한다는 점에서 유학의 역사에서 '초월론적 가상'으로서 기능했다고 할 수 있다. 그렇다면 인仁의 횡적 상호성을 토대로 건립된 캉유웨이의 대동사회 역시 '규제적 이념'과 '초월론적 가상' 차원에서 접근할 수 있다.[20]

19_ 예컨대 정이천은 '박시제중'(博施濟衆) 장절을 해석하면서 '성'(聖)을 '끊임없이 지향해야 할 '인(仁)의 이상'으로 보았다. 주자도 '인의 본체'(仁體)에 관한 논의로 이 장절의 의미를 해석했는데, 두 사람 모두 현실적 인(仁)과 이상으로서의 성(聖)을 구분했다는 점에서 '초월론적 가상' 개념과 함께 논의할 여지는 충분하다고 생각한다. 정이천의 논의는 다음을 참조. 『二程遺書』, 卷15, "論語有二處 '堯舜其猶病諸?', '博施濟衆', 豈非聖人之所欲? 然五十乃衣帛, 七十乃食肉, 聖人之心, 非不欲少者亦衣帛食肉, 然所養有所不瞻, 此病其施之不博也. 聖人所治, 不過九州四海, 然九州四海之外, 聖人亦非不欲兼濟, 然所治有所不及, 此病不能濟衆也. 推此以求, '修己以安百姓', 則爲病可知. 苟以爲吾治已足, 則便不是聖人."

20_ 짧은 언급이지만, 가라타니 고진은 '주권국가(헤게모니 국가)'의 이념과 '제국(세계 공화국)'의 이념을 대비시키면서 칸트의 '영구 평화'나 '세계 공화국'의 이상과 캉유웨이의 『대동서』와 같은 지평에서 논의될 수 있다고 보았다. "미국의 네오콘 신보수주의자들은

혹자는 『대동서』를 공상적 사회공학으로 보고, 역사의 목적을 강압하는 독단적, 폐쇄적 체계로 본다. 칼 포퍼나 하이에크의 전체주의 비판의 연장선에서 『대동서』를 독해하는 것이다. 물론 그러한 비판이 전혀 부당한 것은 아니다. 문제는 그러한 일방적 독해에서 본다면 캉유웨이의 구상에는 진정한 의미에서 소수자가 등장할 여지가 없게 된다는 점이다. 다시 말해, 남녀 차별, 계급 차별, 민족 차별, 인종차별을 극복하고자 하는 그의 의지에 투영된 소수자 담론의 적극적 의미가 퇴색되는 것이다. 왜냐하면 인정仁政의 이상을 단지 '구성적 이념'에만 가두고, 결국 강압된 역사의 목적과 사회공학의 연장선에서 그 한계를 파악한다면, 캉유웨이가 『대동서』에서 소환한 현재와 미래의 일체의 소수자들이 기껏해야 수동적인 동정과 배려의 대상에만 머물고 말 뿐이며, 결국 그들이 진정한 주체로 서는 것이 불가능하기 때문이다.

그러나 이상의 논의에서 보았듯이 한 가지 활로는 있다. 우리가 대동 사회를 '규제적 이념'으로 해석할 경우, 『대동서』에 등장하는

칸트적인 이상주의를 버리라고 말합니다. 유엔 같은 기구도 미국의 군사력 없이는 불가능한 것이니, 따라서 유럽의 칸트주의적 이상주의를 버리라고 말하는 것입니다. 하지만 저는 그들이 무시한 칸트의 이상주의가 굉장히 중요하다고 생각합니다. …… 같은 얘기를 중국 청대의 사상가를 예로 들어 이야기할 수 있을 것입니다. 청일전쟁 때 일본에게 패한 이후 캉유웨이라는 사상가가 등장합니다. 그의 사상은 대동 사회에 대해 이야기하고 있습니다. 즉 대동 사회란 유교에서 유래한 것인데, 중국에서는 이를 많이 무시했지요. 하지만 앞으로는 캉유웨이의 이러한 사상이 큰 의미를 갖게 될 것이라고 생각합니다. 그의 사상 역시 제국의 경험에서 나오는 것입니다. 물론 지금 중국에게는 그런 발상이 없으며, 거의 제국주의화되었습니다. 그렇기에 저는 '제국'에 조금 더 중요한 의미를 부여해야 한다고 생각합니다"(고진 2015, 119-120).

소수자는 단순히 역사의 목적에 봉사하는 수단으로서가 아니라, '목적의 왕국' 자체를 구성하는 진정한 주체로서 상정될 수 있다. 캉유웨이는 고도의 물질문명의 발전, 재산의 공유, 정치 민주와 개인의 평등과 자유를 사회구조로 삼는 조건 등이 충족될 때 대동의 이상이 실현될 수 있다고 보았다. 먼 미래에야 소수자가 겪는 일체의 차별이 온전히 철폐될 수 있다고 본 것이다. 그러나 그 미래가 반드시 역사의 한 시점일 필요는 없다. 왜냐하면 세부적 조건의 실현 여부를 떠나서 우리는 『대동서』를 인정의 순수한 이념이 현재의 이성적 존재와 미래에 도래할 타자에게 건네는 대화로서 읽을 수 있기 때문이다. 그리고 그러한 이념 덕분에 구체적 현실이나 역사의 특정한 시점에서는 오히려 보이지 않았던 미래의 타자나 소수자가 우리 앞에 출현하고, 그들과의 대화가 가능할 수 있는 것이다. 다시 말해 현실의 소수자를 보지 않고 순수한 이념의 공간으로 도약함으로써 오히려 보다 적극적으로 현재의 공동체 바깥에 있는 소수자와의 만남을 가능케 할 수 있는 것이다. 여기에 바로 '규제적 이념'의 전도성과 실천적 의미가 놓여 있다. 앞선 인용에서 캉유웨이가 '미래의 수많은 여자들'을 언급한 것 역시 대동의 이상과 인정 仁政의 원리가 원칙적으로 여성을 비롯한 타자의 고통, 혹은 소수자의 고통에 무한하게 열려 있어야 한다는 점을 강조한 것으로 볼 수 있다. 인정의 이상에서 보면, 캉유웨이에게는 심지어 동물 역시 해방의 대상이다. 예컨대 그는 "사람들이 육식을 위해서 살생을 하는 것은 난세에 행해지며, 전기로써 고통 없이 짐승을 죽이는 것은 승평세의 일이며, 살생을 금하고 욕망을 끊는 것은 대동의 마지막 단계인 태평세이다"(캉유웨이 1991, 600)고 하면서, 인정의 이념에 동물 해방을 포함시켰다. 어렵지 않게 알 수 있듯이, 여성해방과 마찬가지로 여기에서 말하는 동물해방의 이상은 현실에서 무한히 보류되거나 방기되어야 할 공허한 목표가 아니라, 현실에 대한 반성적 계기와 실질적 비판으로서 기능한다. 다시 말해 '규제적 원리'로서의 인정仁政과 대동大同의 이상은 끊임없이 현실로 다시 회귀하면서 소수자 담론을 이끌어 내고 현재를 압박하는 것이다. 그렇다면 캉유웨이의 체계 안에서 대동大同과 소강小康의 구별은 단순히 직선적 역사관 속의 단선적, 동질적 발전이 아니다. 그것은 질적 차이와 긴장감을 생성하면서 소강에서 대동으로의 점진적 비약을 추동한다. 따라서 캉유웨이의 삼세설三世說이나 역사관 역시 실천적 맥락에서 입체적으로 독해될 필요가 있다. 그리고 그 연장선에서 우리는 20세기 소수자 담론의 선구로서 『대동서』가 갖는 적극적 의미를 성찰해 볼 수 있을 것이다.

5. 나가는 말

최근 중국의 대륙신유가大陸新儒家 진영에서는 '강당'康黨이란 표현이 회자될 정도로 캉유웨이 사상에 대한 재조명이 활발하다. 그 핵심적 이유는 캉유웨이의 변법유신變法維新, 탁고개제託古改制의 이상이 21세기 대륙신유학의 주요 흐름인 '제도유학'의 부흥이나

'유교헌정'儒教憲政 담론에 많은 시사점을 제공하기 때문이다.[21] 그러나 자칫 전제주의 옹호로 비칠 수 있다는 점, 중화민족주의에 대한 편향으로 흐를 우려가 있다는 점 등 때문에 캉유웨이 부흥에 대한 비판적 시선도 만만치 않다.[22] 무엇보다 필자의 생각에는 캉유웨이 사상을 제도유학, 정치유학 맥락에서 접근하는 것 외에도 다른 한 가지 유효한 이해의 가능성이 존재한다. 그것은 박애博愛 사상, '사랑의 철학' 차원에서 캉유웨이 사상의 윤리적 의미를 해명하는 것이다. 이를 통해 캉유웨이의 사상을 '타자 윤리학'이나 '소수자 윤리학' 담론의 중요한 자원으로 활용할 수 있을 것이다. 현재의 대륙신유가 진영의 논의에서는 아직 이러한 시각이 선명하게 부각되고 있지 못하다. 한편, 캉유웨이 사상에 대한 또 다른 편향의 예로 홍콩대만신유가의 관점을 거론할 수 있다. 20세기 쉬푸꽌徐復觀, 모우쫑산牟宗三, 탕쥔이唐君毅를 위시한 홍콩대만신유가 노선에서는 칸트 철학 등을 원용하여 유학을 현대적으로 재해석 하는 데 많은 공헌을 하였다. 그러나 그들은 이른바 심성유학心性儒學을 '주체 철학'이나 '자율 윤리학'의 체계로 규정하는 데 집중하여, '공동체

21_ 이 노선의 대표적인 학자로는 캉유웨이 사상을 이론적 자원으로 활용하여 제도유학 (制度儒學)을 제창하는 간춘송(干春松)을 들 수 있다. 캉유웨이 사상에 대한 그의 천착 속에는 제도주의뿐 아니라, 중화민족주의 부흥 및 유가사회주의의 가능성에 대한 전망까지도 포함되어 있다. 그의 입장에 관한 간략한 기술은 干春松(2016, 41-53) 참고.

22_ 예컨대 이른바 '강당'(康黨)의 '캉유웨이로 돌아가자'(回到康有爲) 구호에 대한 비판적 논의로는 거자오광(2017, 241-284) 참고. 또한 대륙신유학의 '정치유학' 편향 움직임에 대한 우려의 목소리는 이연도(2010, 507-522) 참고.

윤리'나 '타자 윤리학'의 맥락에서 유학의 의미를 조명하는 데까지는 나아가지 못했다. 그밖에 청대淸代 유학에 대한 지나친 폄하 역시 그들의 한계 가운데 하나로 볼 수 있다.

이 글은 이상과 같은 기존의 유학 연구가 갖는 한계에 대한 반성에서 출발했다. 그리고 그 대안의 예로 소수자 담론으로서 캉유웨이의 『대동서』가 갖는 의미를 논하였다. 주지하듯이 적지 않은 유토피아론이 역사나 사회의 목적을 설정하고 거기에 이르는 방법을 제시한다는 점에서 급진적, 인공적 사회공학의 협의를 지닌다. 인정仁政의 이상을 구현하여 인간의 고통을 없앤다는 『대동서』의 기획 역시 급진적 사회공학의 한 예로서 읽힐 수 있다. 그러나 우리가 『대동서』의 이상을 '구성적 이념'이 아니라 '규제적 이념'으로 바라본다면, 그것에 담긴 인체仁體 혹은 인학仁學의 실천적 의의를 더욱 적극적으로 해명할 수 있을 것이다. 다시 말해, 남녀차별, 인종차별, 계급차별 등을 반대하는 캉유웨이의 논지를 단순히 사회공학의 강압에 따른 부산물이 아니라, 미래에 도래할 타자의 입장을 이상적 공동체에 투영하여 현실 속에서 보다 원만한 '공공적 합의'를 이끌어내기 위한 전략으로 이해할 수 있는 것이다. 대동大同이나 인정仁政 이념의 규제적 사용 하에서, 우리는 소수자를 포함한 미래의 타자를 소환하여 '보이지 않는 존재, 들리지 않는 삶'에 대한 응시 속에서 공동체의 이상을 함께 구상할 수 있다. 그리고 이러한 이론적 구상을 통해 공동체 바깥에 있는 소외된 타자의 권리와 자유에 대해 보다 세심하게 성찰할 수 있다. 이렇게 바라볼 때, 우리는 비로소 『대동서』의 초점을 '급진적 사회공학'이 아니라, 오히려 유학의 전통을 잇는 '인仁의 윤리학' 차원에 놓을 수 있을 것이다. 나아가 인학을 소수자 담론의 중요한 자원으로 삼아, 유학이 소수자 담론의 장에 참여할 수 있는 토대를 마련할 수 있을 것이다.

| 5장 |

최시형의 생태학적
사유와 평화

황종원

1. 들어가며

오늘날 사람들은 평화 하면 흔히 집단이나 개인 사이에 살상이나 갈등이 없는 상태를 떠올리곤 한다. 인명의 살상이 자행되고 극심한 갈등이 일어나면 사람들은 극도의 공포, 불안, 분노, 슬픔 등의 고통을 느끼므로, 극소수의 악인을 제외하고 대다수의 사람들은 결코 그런 상황에 맞닥뜨리고 싶어 하지 않는다. 평화를 갈구한다. 그러나 대다수의 그런 염원에도 불구하고 참 평화로 가는 길은 요원해 보인다. 국가 간 전쟁과 같은 대량 살상은 그래도 드물게 발생하지만, 우리의 일상 삶은 문자 그대로 '전쟁' 같은 극도의 갈등상태가 지속되기 때문이다. 국가, 민족, 계층, 남녀 간에 강자가 약자를 압박하고 멸시하며 군림하고 조롱하는 일들은 오늘날도 삶의 현장 구석구석에서 끊이지 않는다. 오랫동안 절대다수의 사람들이 바랐지만 한 번도 전면적으로 실현된 적이 없는 이 평화의 이념은 한낱 몽상에 불과한 것일까?

염세적인 인생관을 갖고 있는 사람은 이 물음에 긍정적으로 대답하겠지만, 적어도 이 글에서 논할 동학의 경우, 그 답변은 부정적이다. 한편으로 이는 역설적이다. 참 평화를 꿈꾸는 많은 위대한 사상들이 그러하듯, 후천개벽이라는 참으로 평화로운 세상을 꿈꾼 동학은 평화와는 거리가 한참 멀었던 시대의 산물이기 때문이다. 동학 사상가들은 조선에 대한 서구 및 일본 제국주의의 침략이 본격화되고 양반의 백성에 대한 학정이 극에 달했으며, 남성과 여성, 윗사람과 아랫사람 사이의 가부장적 지배 질서가 엄존하던 시대를 살았다. 이렇게 사회적 갈등이 전방위적으로 극에 달했던 시대를 동학 사상가들은 매우 불안한 시대로 묘사한다. 동학의 창시자인 최제우(1824~1864)는 서양 제국주의자들의 거대한 무력 앞에서 망국을 우려해 "서양은 싸워 이기고 공격해 취하니 이루지 못하는 일이 없다. 천하가 다 소멸하면 순망지탄이 없지 않으리니, 보국안민의 계책은 장차 어디에서 나올 것인가?"(『東經大全』 「布德文」)[1]라고 했다. 그러면서도 많은 나라가 치유 불가능한 운명에 봉착하겠지만, 그

1_"西洋戰勝攻取, 無事不成, 而天下盡滅, 亦不無脣亡之歎. 輔國安民, 計將安出?"

고통을 겪고 나면 세상은 후천개벽의 참 평화에 이를 것이라는 생각에서 "12제국諸國 괴질 운수, 다시 개벽 아닐런가?"(『龍潭遺詞』「安心歌」)라고도 했다.

동학의 2대 교조인 최시형(1827~1898)도 그런 시대적 격변기의 사회적 혼란과 인간의 도덕적 타락을 말한다. "새로운 것과 낡은 것이 서로 교체되는 시대는 낡은 정치는 이미 물러갔으나 새로운 정치는 아직 펼쳐지지 않아 이치와 기운이 조화롭지 못할 즈음이니 천하가 혼란해진다. 이 시대를 당하면 윤리와 도덕이 자연히 무너지고 사람은 모두 금수의 무리에 가까워지니 어찌 어지럽지 않겠는가?"(『海月神師法說』, 「開闢運數」)[2] 흥미로운 점은 그가 극심한 사회의 혼란과 인간의 불안감을 자연의 싸움 및 불안과 연결 짓고 있다는 것이다.

이 세상의 운은 개벽의 운이다. 천지가 불안하고 산천초목도 불안하며, 강의 물고기와 자라도 불안하고 날짐승과 들짐승도 불안하니, 유독 사람만 따스하게 입고 배부르게 먹으며 안일하게 도를 구하겠는가? 선천과 후천의 운이 서로 교체되며, 이기理氣가 서로 싸운다. 만물이 다 싸우니 어찌 사람의 싸움이 없겠는가?(『海月神師法說』「開闢運數」)[3]

2_ "新舊相替之時, 舊政旣退, 新政未佈, 理氣不和之際, 天下混亂矣. 當此時, 倫理道德自壞, 人皆至於禽獸之群, 豈非亂乎?"

3_ "斯世之運, 開闢之運矣. 天地不安, 山川草木不安, 江河魚鼈不安, 飛禽走獸皆不安. 唯獨人暖衣飽食安逸求道乎? 先天後天之運相交相替, 理氣相戰, 萬物皆戰, 豈無人戰乎?"

최시형은 투쟁과 그로 인한 불안이 사람들 사이에만 일어나지 않음을 자각하고 있다. 그런 사회적 갈등과 불안은 천지와 그 사이에서 살아가는 생명체들 사이에서도 일어남을 지적하며, 당시에 그런 극단적 투쟁과 극도의 불안감이 생겨난 근본 원인을 "선천과 후천의 운이 서로 교체되며, 이기理氣가 서로 싸우는"데서 기인한다고 진단한다. 본문의 서술을 통해 보다 분명해지겠지만, 통치 계층이 민중과 자연을 지배함으로써 해방된 삶을 누리던 것이 선천의 역사적 운명이었다면, 그렇게 일방적으로 희생당해 오던 민중과 자연이 존귀한 주체로 대우받는 것이 후천의 역사적 운명이라는 것이 최시형의 생각이다. 그렇다면 선천과 후천의 운명이 역사적으로 교체되는 과도기에 자연과 인간이 겪는 불안이란 폭력적 지배의 원리理에 따라 기운氣을 사용하는 세력과 평화의 원리理에 따라 기운氣을 사용하고자 하는 세력 사이의 갈등이 첨예화되면서 빚어지는 것임을 뜻한다.

최시형은 그 두 세력 사이의 갈등이 평화적인 방법으로 해소되어야 한다고 생각했다. 통치 계층과 민중, 남성과 여성, 윗사람과 아랫사람 등 인간 사이의 사회적 모순이 투쟁이 아니라, 압박받아 온 존재들을 하늘님처럼 섬기는 사인여천事人如天의 실천에 의해 해결되어야 한다고 생각했던 근거는 바로 인간과 자연의 관계에 대한 생태학적 사유에 있었다. 민중이 통치 계층에 의해 희생을 당해 온 것과 마찬가지로 자연 또한 인간을 먹여 살리는 자기희생적인 일을 해왔는데, 그런 자연과 인간 사이의 모순은 희생당해 온 자연이 인간에게 복수를 함으로써 종결될 수 없고 그래서도 안 된다. 적어도 역사시대에 자연은 인간보다 대체로 약한 존재였고, 혹여 미래에 자연이 인간에게 피의 복수를 한다면 그것은 인류에게는 종말을 뜻하기 때문이다. 인간과 자연 사이의 모순은 자연이 희생당해 온 존재임을 자연 스스로 부단히 드러내고 인간 또한 그것을 자각함으로써 자연을 하늘님처럼 대우함에 의해서만 비로소 평화적으로 해결될 수 있다.

갈등 혹은 모순을 투쟁이 아닌 평화적 방법으로 해결하려 했고 그 근거를 자연과 인간의 관계에서 찾은 바로 이 점이 필자가 평화라는 주제와 관련해 최시형의 생태학적 사유에 주목하는 이유이다. 이 글은 최시형의 생태학적 사유가 평화로운 삶의 실현이라는 인류의 과제 실현에서 어떤 의미를 지니는지 밝히기 위해 작성되었다. 주지하다시피 동학은 하늘님의 내재성을 강조하는 종교이다. 그런데 그 하늘님의 내재적 성격이라는 것은 최제우 자신이 내유신령內有神靈, 외유기화外有氣化라고 천명했듯이 하늘님이 안으로는 신령의 형태로 밖으로는 기화의 형태로 존재함을 뜻한다. 하늘님의 인간 내재성과 자연 내재성을 모두 인정하는 주장인 것이고, 이로부터 모든 사람과 자연이 하늘님을 모신 존귀한 존재라는 관념이 도출된다.

이런 최제우의 사상에서 한걸음 더 나아가 최시형은 역사적으로 줄곧 압박받고 희생당해 온 민중, 여성, 자연 등이 하늘님처럼 존귀한 존재임을 발견하고 그들을 하늘님처럼 존귀한 존재로 대우할 것을 요구한다. 특히 가장 역사적으로 가장 낮은 자리에 있었던 자연을 그렇게 대우할 것을 역설한다. 이 점에 주목해 이 글은 우선 최시형이 그의 '하늘로써 하늘을 먹임'이라는 명제를 해설하면서 희생하는 자연이라는 관념을 어떻게 이끌어 냈는지 규명할 것이다. 그다음으로는 그렇게 일방적으로 희생당해 온 자연을 인간이 존귀한 존재로 대우할 때 요구되는 태도와 실천의 원칙을 성경신誠敬信 및 무위無爲의 개념을 중심으로 어떻게 제시했는지 살펴볼 것이다. 그리고 결론에서는 이 두 서술 내용을 바탕으로 최시형의 생태학적 사유가 평화로운 삶의 실현이라는 측면에서 지니는 의의는 무엇인지 필자의 견해를 간략히 밝힐 것이다.

2. 이천사천以天食天설과 희생하는 자연

최시형은 자연이 하늘님처럼 존귀한 존재로 대우를 받아야 하는 종교학적 근거를 만물 안에 하늘님의 기운이 깃들어 있다는 점에서 찾는다.

하늘은 만물을 지으시고 만물 안에 계시므로 만물의 정기는 하늘이다. 만물 중에 가장 영민한 자는 사람이므로 사람은 만물의 주인이다. 사람은 태어남으로만은 사람이 되지 못하고 오곡백과의 영양분을 받아서 사는 것이다. 오곡은 천지의 젖이니 사람이 이 천지의 젖을 먹고 영력을 발휘케 하는 것이다(『海月神師法說』「其他」).[4]

장인이 책상을 만드는 전 과정에는 장인의 노동력이 그 책상에 투여된다. 그 점에서 우리는 완성된 책상에는 장인의 노동력, 즉 기운이 서려 있다고 말한다. 이런 노동의 체험은 신에 대한 사유에도 반영되어 있다. 하늘님이 만든 만물에는 하늘님의 기운이 내재되어 있다. 따라서 만물의 기운은 곧 하늘님의 기운인 것이다. 인간은 이 하늘님의 기운이 내재된 자연을 이용해야 살아갈 수 있다. 예컨대 밥, 즉 하늘님의 기운이 응결된 자연물은 사람의 몸속에서 생명력으로 화하고 그것에 힘입어 인간은 자신만의 영민한 능력을 발휘한다. 흔히 인간은 월등한 지적 능력과 도구 사용의 능력에 힘입어 자연에서 해방되어 문화를 형성하고 발전시킬 수 있었다고 말하곤 한다. 최시형 또한 그런 점에서 인간을 만물의 주인이라고 하는 것 같다. 그러나 그는 인간이 만물의 영장일 수 있는 것은 전적으로 오곡백과를 비롯한 천지가 어머니가 자식에게 젖을 물리듯 자연력과 생명력을 부단히 인간에게 공급하는 일을 한 덕분임을 강조한다. 자연이 인간을 위해 희생하지 않았다면 인간의 물질적 해방은 결코 가능하지 않았음을 나타내는 대목이다.

인간의 자연 이용은 곧 자연이 인간에게 이용당함이다. 그러나 최시형은 이 현상을 다음과 같이 표현한다. "사람이 공기를 마시고 자연물을 먹는 것은 하늘로서 하늘을 기르는 것이다"(『海月神師法說』

4_"天은 萬物을 造하시고 萬物의 內에 居하시나니, 故로 萬物의 精은 天이니라. 萬物中 最靈한 者 人이니, 故로 人은 萬物의 主니라. 人은 生함으로만 人이 되지 못하고 五穀百果의 滋養을 受하여 活하는 것이라. 五穀은 天地의 腴니 人이 此天地의 腴를 食하고 靈力을 發揮케 하는 것이라."

「其他」).[5] '하늘로서 하늘을 기른다'고 할 때의 첫 번째 하늘은 자연이고 두 번째 하늘은 인간을 가리킨다. 따라서 이 구절은 자연이 자신의 기운으로 인간을 기르기 위해 공기와 먹거리 등을 내어 준다는 뜻이다. 자연이 인간에게 이용당함을 자연이 인간에게 자신의 기운을 내어 줌, 기꺼이 이용당해 줌으로 뒤집어 설명하는 것이다.

이렇게 최시형이 자연의 희생당함을 자기희생으로 그 의미를 재조명할 수 있었던 것은 전체 자연의 시야에서 볼 때 자연의 자기희생이라는 의미가 더욱 명백하게 드러나기 때문이다.

나는 늘 자연물마다 하늘이고, 자연물들이 하는 일마다 다 하늘이 하는 일이라고 했다. 만약 이 이치를 시인한다면 자연물들이 다 하늘로써 하늘을 먹이는 것以天食天이 아닌 것이 없을 것이다. 하늘로써 하늘을 먹인다以天食天고 하는 것은 어찌 생각해보면 이치에 합치되지 않는 것 같다. 그러나 이것은 사람 마음의 편견으로 인해 하는 말이다. 만일 하늘 전체로 보면 하늘이 하늘 전체를 키우기 위해서 동종인 자는 상호 부조로 서로 기화를 이루게 하고 이종인 자는 하늘로써 하늘을 먹임以天食天으로써 기화를 통하게 하는 것이다. 그러므로 하늘은 한편으로는 동종 간의 기화로 종을 기르게 하고 다른 한편으로는 이종 간의 기화로 종과 종의 연대적인 성장 발전을 도모한다. 결론적으로 말하면 하늘로써 하늘을 먹임以天食天은 곧 하늘의 기화 작용으로 볼 수 있다(『海月神師法說』「以天食天」).[6]

5_"人이 氣를 吸하고 物을 食함은 是 天으로써 天을 養하는 所以니라."

위 인용문을 이해하는 데 관건이 되는 것은 '하늘로써 하늘을 먹임'이라는 명제이다. 이 명제는 종래에 주로 '이천식천'以天食天, 즉 '하늘로서 하늘을 먹음'이라고 풀이되었다. 예컨대 하늘처럼 존귀한 사람이 마찬가지로 존귀한 포도를 먹고, 존귀한 소는 마찬가지로 존귀한 풀을 뜯는다고 말이다. 꼭 틀렸다고 할 수는 없지만 그와 같은 해석으로는 강자가 약자를 지배하는 현상만을 평면적으로 서술한 것으로 여겨질 뿐, 앞서 서술했던 것처럼 약자의 지배당함을 지배당해 줌이라는 의미로 뒤집어 해석함으로써 약자가 자기희생을 한다는 의미는 부각되지 못한다. 그런데 이 명제는 사실 '이천사천'以天食天이라 읽을 수도 있고,[7] 그러면 그것은 '하늘로써 하늘을 먹임'이라는 뜻이 된다. 그리고 이런 독법이 훨씬 더 타당함은 다음 문장들을 보면 더욱 분명해진다. "기운으로 기운을 먹이고以氣食氣 하늘로써 하늘을 먹이며以天食天, 하늘로써 하늘을 받든다"(『海月神

___

6_ "내 恒常 말할 때에 物物天이요 事事天이라 하였나니, 萬若 이 理致를 是認한다면 物物이 다 以天食天 아님이 없을지니, 以天食天은 어찌 생각하면 理에 相合치 않음과 같으나, 그러나 이것은 人心의 偏見으로 보는 말이요, 萬一 한울 全體로 본다 하면 한울이 한울 全體를 키우기 爲하여 同質이 된 자는 相互扶助로써 서로 氣化를 이루게 하고, 異質이 된 者는 以天食天으로써 서로 氣化를 通하게 하는 것이니, 그러므로 한울은 一面에서 同質의 氣化로 種屬을 養케 하고 一面에서 異質의 氣化로써 種屬과 種屬의 連帶的 成長發展을 圖謀하는 것이니, 總히 말하면 以天食天은 곧 한울의 氣化作用으로 볼 수 있다."

7_ 『孟子』「滕文公上」에서도 "타인에 의해 다스려지는 사람이 타인을 먹이고 타인을 다스리는 사람이 타인에 의해 먹게 되는 것은 천하에 통용되는 이치다(治於人者食人 治人者食於人 天下之通義也)"라고 하여 민중이 자신의 기운으로 통치계층을 먹인다고 한 바 있는데, 그런 용례를 볼 때 '이천사천'도 자연이 자신의 기운으로 인간을 먹인다는 뜻으로 해석될 수 있는 것이다.

師法說』「靈符呪文」).[8] 또 이렇게도 말한다. "우리 도의 뜻은 하늘로써 하늘을 먹이고 하늘로써 하늘을 화하는 것이다"(『海月神師法說』「靈符呪文」).[9] 이 두 구절의 '사'食 자를 '먹음'으로 읽어보자. 예컨대 하늘-인간이 하늘-포도를 먹는 것은 하늘-포도가 하늘-인간을 받들거나 변화시킨다는 말과 논리적으로 연결이 되지 않는다. 이와는 달리 '먹임'으로 읽어 위 두 구절을 종합해 풀이하면, 예컨대 하늘-포도가 그 기운을 내어 주어 하늘-인간을 먹이는 것은 곧 하늘-포도가 그 기운으로 하늘-인간을 받들고奉天 하늘-인간을 화생하는化天 일이 된다는 것이다.

'以天食天'이 '이천사천'으로 풀이되는 것이 더 낫다는 판단에 기반을 두고 위 인용문을 생태학적인 관점에서 해설해 보면 다음과 같다. 각각의 자연물마다 무수히 많은 자연력이 응집되어 있다. 쌀 한 톨에는 햇빛, 공기, 비, 바람, 흙, 흙속의 지렁이, 농부 등 무수히 많은 자연력이 그 속에 투여되어 있다. 또 그렇게 투여된 흙과 지렁이와 농부의 기운 각각 또한 무수히 많은 자연력이 응집된 것이다. 그렇게 보면 쌀 한 톨에는 자연 혹은 우주 전체의 기운이 깃들어 있다고까지 할 수 있다. 그런 의미에서 '자연물마다 하늘이다.' 또 각 자연물마다 일을 하는데 그 일하는 동력은 각 개체가 내적으로 지닌 우주 혹은 자연의 총체적 기운에서 주어진다는 점에서 '자연물이 하는 일마다 다 하늘의 일'이라고 할 수 있는 것이다.

8_ "以氣食氣。以天食天, 以天奉天."

9_ "吾道義: 以天食天, 以天化天."

농부는 농작물을 기르고, 꿀벌을 꿀을 제조하며, 까치는 까치집을 짓고, 나무는 광합성 작용을 한다. 이렇게 저마다 하는 일들은 모두 다른 자연물들을 이용하고 개조해야, 즉 '먹어야' 가능하다. 인간뿐만 아니라 만물이 다 자연을 이용하는 것이다. 자연은 일견 약육강식의 정글처럼 보인다. 그러나 최시형은 이를 편견으로 간주한다. 인간을 비롯한 만물이 다 다른 자연을 이용할 수 있는 것은 약자가 강자에게 이용당해 주기 때문이다. 강자가 약자를 먹을 수 있는 것은 약자가 강자를 먹여 주어야 가능하다. 쌀이 자기 생명을 내어 주지 않으면 농부는 밥을 먹을 수 없고, 까치집의 재료가 될 나뭇가지를 나무가 내어 주지 않으면 까치는 집을 지을 수 없으며, 햇빛이 나무의 요구에 응해 햇빛을 내어 주지 않으면 광합성 작용은 일어나지 않는 이치이다. 이렇게 하늘인 강자가 하늘인 약자를 '먹음'은 하늘인 약자가 하늘-기운으로 하늘인 강자를 먹여 주기 때문에 가능한 것이다.

이렇게 인간과 자연, 자연과 자연 사이에 자기희생적 사랑의 일이 행해지고 있음을 최시형은 '하늘 전체', 즉 전체 자연이라는 거시적 시야에서 논증한다. 하늘님, 즉 우주 자연은 자신의 기운을 두 가지 방식으로 사용해 일을 함으로써 자신의 진화를 이루어 간다. 하나는 동종 간에 이루어지는 협동적인 기화이다. 예를 들어, 꿀벌이 꿀을 제조하거나 개미가 개미집을 지을 때 그들은 협동 노동을 한다. 동종끼리의 무한경쟁과 살육은 거의 일어나지 않는다. 다른 한 가지는 이종 간에 이루어지는 약자가 강자에게 자신의 기운을 내어 줌으로써 그 기운이 일종의 생태적 순환이 이루어지도록 하는 기화이다. 예컨대 사과가 자신의 살을 내어 줌으로써 사람은 사과를 먹는다. 하늘로써 하늘을 먹임인 것이다. 그런데 바로 이 사과를 먹음이 있어야 사과의 기운은 몸의 기운과 소통해 그 사람의 생명력이 되고, 그 기운 가운데 일부는 다시 배설물의 기운으로 화하고 먹고 남은 씨앗은 새로운 사과나무로 자라날 생명의 정보를 간직한다. 이렇게 이종 간의 이용하고 이용되어 줌, 먹음과 먹여 줌을 통해 기운, 즉 자연력과 생명력의 생태 순환적 소통이 이루어지고 따라서 '연대적 성장 발전하는' 공진화가 가능하다.

끝으로 인용문 말미에서 최시형이 부각시키고 있는 것은 하늘님, 같은 말이지만 전체로서의 자연이 행하는 일은 자신의 기운을 내어 주어 모든 개별적 하늘, 즉 만물을 먹여 살리는 자기희생적 성격을 띤다는 점이다. 앞서 예를 든 이용하는 혹은 먹는 존재자인 농부, 까치, 꿀벌 등이든 아니면 이용당해 주는 혹은 먹여 주는 존재자인 농작물, 나무, 꿀 등이든 모두 하늘님, 혹은 대자연이 자기희생적인 사랑의 일을 한 덕분에 존재할 수 있다는 것이다.

이렇게 대자연이 자기희생적인 일을 한다는 점을 자각한 것은 동학사상사 혹은 동아시아 철학사에서 어떤 의의를 지니는가? 가까이로 이는 최제우가 제시한 외유기화外有氣化를 창조적으로 재해석한 것이라 할 수 있다. 최제우는 일찍이 시천주侍天主의 모심侍이라는 말이 갖는 존재론적 함의를 내유신령內有神靈과 외유기화라는 말로 설명했다. 모든 존재자들이 몸 안에 신령의 양태로 하늘님을 모시고 있고, 몸 밖에는 기화하는, 즉 기운으로 일하는 하늘님을 모시고 있다는 뜻이다. 그런데 앞서 인용한 '이천사천' 장의 말미에서 최시형은 이 두 구절을 이렇게 재해석한다. "최제우 스승님께서 모실 시 자의 의미를 해설하실 때 '안에 신령이 있다'고 한 것은 하늘을 가리키고, '밖으로는 기화가 있다'고 한 것은 하늘로써 하늘을 먹임을 말한 것이니, 지극히 오묘한 대자연의 오묘한 방법은 모두 기화에 있다"(『海月神師法說』「以天食天」).[10] 신령을 하늘로, 기화를 하늘로써 하늘을 먹임으로 재해석하고 보면 신령과 기화는 하나로 연결된다. 만물이 존재론적으로 자신의 몸 안에 모신 신령, 즉 하늘님의 기운을 밖으로 외화시켜 다른 자연 존재를 먹여 살리는 것이 곧 기화로 이해되기 때문이다. 이렇게 최제우에게 기화가 단순히 하늘님이 자신의 기운으로 만물을 변화시키는 일을 함을 뜻했다면 최시형에 이르러 그 하늘님의 일함은 그것이 자신의 기운을 만물에게 내어 주는 자기희생적 성격을 띠고 있다는 점이 분명해진 것이다.

한편 시야를 더 확장해 보면 대자연이 자기희생적인 일을 한다는 최시형의 관념은 전통 유학의 천지 관념을 비판적으로 계승한 것이라고도 할 수 있다. 최시형은 천지를 부모에 빗댄다.

천지는 곧 부모이고 부모는 곧 천지이니 천지와 부모는 한 몸이다. 부모의 포태가 곧 천지의 포태인데, 지금 사람들은 단지 부모 포태의 이치만 알고 천지 포태의 이치와 기운은 알지 못한다(『海月神師法說』「天地父母」).[11]

10_"大神師께서 侍字를 解義할 때에 內有神靈이라 함은 한울을 이름이요, 外有氣化라 함은 以天食天을 말한 것이니 至妙한 天地의 妙法이 도무지 氣化에 있느니라."

사실 전통 유학에서는 줄곧 천지를 부모와 같은 존재로 여겨 왔다. 유학의 가장 오래된 전적인『상서』尙書에 이미 "천지는 만물의 부모다"[12]라는 말이 나오고, 「역전」易傳에서는 더욱 명확하게 "건은 하늘이므로 아버지라 칭하고 곤은 땅이므로 어머니라 칭한다"[13]고 했다. 장구한 세월이 흐른 뒤에도, 예컨대 송명 유학자들 또한 신유학의 형이상학적 기초를 닦은 장재張載의 「서명」西銘 첫 구절인 "하늘을 아버지라 칭하고 땅을 어머니라 칭하니, 보잘 것 없는 나는 혼연히 그 가운데에 처한다"[14]는 말을 금과옥조처럼 여겼다. 이 점을 생각할 때 천지가 부모이고 천지와 부모는 한 몸이라는 최시형의 발언은 유학의 천지 관념을 고스란히 계승한 것처럼 보인다.

그러나 '천지의 포태', '부모의 포태'라는 말에 주목해 그 함의를 생각해 본다면 그의 계승은 일종의 비판적 계승임을 알게 된다. 포태란 산모의 자궁 속 태아를 감싸고 있는 얇은 막을 뜻하는 바, 부모의 포태, 천지의 포태란 어머니가 뱃속에서부터 아기를 감싸 안아 기르듯이 부모는 자식을 감싸 안아 기르고 대자연 역시 만물을 감싸 안아 기르는 일을 상징화한 표현이다. 최시형은 유학이 천지

11_"天地卽父母, 父母卽天地, 天地父母一體也. 父母之胞胎, 卽天地之胞胎. 今人但知父母胞胎之理, 不知天地之胞胎之理氣也."

12_『尙書』「泰誓上」, "惟天地, 萬物父母."

13_『周易』「說卦傳」, "乾, 天也. 故稱乎父. 坤, 地也, 故稱乎母."

14_『正蒙』「乾稱篇」, "乾稱父, 坤稱母, 予玆藐焉, 乃混然中處."

를 부모로 생각하면서도 그 차별애別愛적인 관념으로 인해 결국은 부모의 사랑만을 부각시켜 왔음을 비판하면서 천지가 만물을 감싸 안아 기르는 천지 포태의 이치와 기운을 자각할 것을 역설한다. 그런데 여기서 말하는 '천지 포태의 이치와 기운'이란 무엇인가? 그의 다음과 같은 발언을 통해 그 의미를 짐작할 수 있다.

> 부모의 포태가 곧 천지의 포태이다. 사람이 어렸을 때 그 어머니 젖을 빠는 것은 곧 천지의 젖이고, 자라서 오곡을 먹는데, 그것 또한 천지의 젖이다. 어려서 빠는 것이 어머니의 젖이 아니고 무엇인가? 자라서 먹는 것이 천지의 곡식이 아니고 무엇인가? 젖과 곡식이라는 것은 천지의 녹이다(『海月神師法說』「天地父母」).[15]

포태란 개별 생명체의 생존을 보장해 주는 일종의 보호막이다. 예컨대 사람은 어렸을 때 그 부모의 보호막 안에서 먹고 자란다. 부모는 어머니가 젖을 물리듯이 생명의 일부를 기운으로 내어 주어 자식을 먹여 살린다. 그렇게 해서 독립적인 생존 능력을 갖춘 인간은 노동의 대가로 밥을 먹는다. 그런데 어려서 빠는 젖이든 커서 먹는 밥이든 그 기운은 궁극적으로 대자연에서 온 것이다. 대자연이 자기 생명의 일부를 자연력으로 전환시켜 그 기운을 내어 준 덕분에 인간은 생존하고 성장할 수 있는 것이다. 이렇게 보면 포태의 이

15_ "父母之胞胎, 卽天地之胞胎. 人之幼孩時, 啜其母乳, 卽天地之乳也. 長而食五穀, 亦是天地之乳也. 幼而哺者, 非母之乳而何也? 長而食者, 非天地之穀而何也? 乳與穀者, 是天地之祿也."

치와 기운이란 대자연이 자기희생의 원리 혹은 원칙理에 따라 자기 생명의 일부를 기운氣으로 전환시켜 내어 줌을 뜻함을 알 수 있다.

그 밖에 최시형은 이런 대자연의 자기희생이 인류 진화의 밑거름이 되었다는 듯이 말하기도 한다. "사람은 오행의 빼어난 기운이고 곡식은 오행의 으뜸가는 기운이다. 젖이라는 것은 사람의 몸에서 나는 곡식이고 곡식이라는 것은 천지의 젖이다"(『海月神師法說』「天地父母」).[16] 전통적으로 오행五行이란 대자연의 서로 대립하면서도 협력하는 두 기운, 즉 음양과 결합해 갖가지 형태를 지닌 만물이 화생하도록 돕는 특정 속성을 지닌 사물들을 가리킨다. 따라서 '사람이 오행의 빼어난 기운'이라는 말을 조금은 현대적으로 해석해 보면 무형의 대립하면서 협력하는 자연력과 특정한 속성을 지닌 유형의 사물들이 결합하는 방식으로 진화해 온 대자연이 인간에 이르러 그 자연 진화의 최종적 완성을 보게 되었다는 뜻이 된다. 그렇게 인간은 자연 안에서 가장 강한 힘을 지닌 존재이고, 때문에 자연의 가장 으뜸가는 기운들을 먹고 이용할 줄 아는 존재이다. 그러나 그렇게 강한 인간이 잊지 말아야 할 것은 인류 자신이 강할 수 있는 것은 천지의 젖, 곡식, 즉 대자연이 자신의 생명 일부를 내어 주는 자기희생의 일을 한 덕분이라는 점이다.

최시형은 무엇보다 사람들이 바로 이 자연이 자기희생적인 일을 한 덕분에 생존하고 발전해 올 수 있었다는 진리를 자각할 것을 요

16_ "人是五行之秀氣也, 穀是五行之元氣也. 乳也者, 人身之穀也. 穀也者, 天地之乳也."

구했다. 그는 이렇게 말했다. "사람이 천지의 녹인 줄로 알면, 반드시 식고食告의 이치를 알 것이고 어머님의 젖으로 자란 줄 알면 반드시 효도로 봉양할 마음이 생길 것이다. 식고는 반포反哺의 이치요 은덕을 갚는 도리이니, 음식을 대면하면 반드시 천지에 고하여 그 은덕을 잊지 않는 것이 근본이 된다"(『海月神師法說』 「天地父母」).[17] 사람이 먹는 밥, 더 나아가 이용하는 자연이 곧 대자연이 내어 주는 생명의 일부라는 점을 자각하면, 그렇게 희생하는 자연에 대해 감사하는 마음을 갖고 그 마음을 기도의 종교 의례로 표현하라는 것이다. 그런 이유에서 그는 부모에 대한 효도라는 유교 윤리를 대자연으로까지 확대해 적용했다. 대자연에게 효도하라는 것, 그것이 바로 최시형이 말하는 생태 윤리의 가장 포괄적인 규범이다.

3. 생태 윤리와 생태적으로 일하는 원칙

최시형은 이천사천以天食天설을 통해 대자연이 자기희생적인 일을 하는 존재임을 부각시켰다. 이 점이 앞 절에서 밝힌 중심 내용이다. 그런데 그렇게 부각시킨 것은 자연이 희생당한다는 사실을 당연시하고 영속화하려는 의도를 지닌 것이었을까? 물론 그것은 아

17_ "人知天地之祿, 則必知食告之理也. 知母之乳而長之, 則必生孝養之心也. 食告, 反哺之理也, 報恩之道也. 對食, 必告于天地, 不忘其恩爲本也."

니었다. 앞 절 말미에서 이미 약간 언급했듯이 그는 인간이 자신을 희생해 온 자연에게 효도할 것을 요구했다. 자식을 키우기 위해 희생해 온 부모에게 효자는 미안해하고 감사해하며 조금이나마 그 은덕에 보답하려고 애를 쓴다. 최시형은 그런 효자처럼 인간이 대자연의 희생에 마찬가지의 감정을 느끼며 실제 행동을 통해 자연이 다소라도 덜 희생되도록 노력해야 한다고 생각했다. 그런 노력을 하는 자가 갖추어야 할 태도로 그는 성경신誠敬信의 윤리를 제시했고 일을 할 때 지켜야 할 원칙으로 무위無爲를 강조했다. 이 절에서는 성경신의 윤리와 무위의 행동 원칙이 어떤 특징을 지니며 그것은 생태학적으로 어떤 의의를 지니는지 밝히고자 한다.

최시형의 성경신에 대한 생각도 기본적으로는 최제우의 사상에 뿌리를 두고 있다. 예컨대 최제우도 동학도가 힘써야 할 중심 윤리를 다음과 같이 성경신이라고 말하고 있다. "우리의 도는 넓고도 간략하니 그 교의에 대해 많이 말할 필요가 없다. 다른 이치가 따로 있는 것이 아니니, 성경신 세 글자, 그것에서 공부를 하여 투철해지면 비로소 알게 될 것이다"(『東經大全』「座箴」).[18] 최제우가 힘쓰라고 한 성경신 가운데 신信은 주로 하늘님에 대한 믿음을 가리킨다. "나는 전혀 믿지 말고 하늘님을 믿어라. 네 몸에 모셨으니 사근취원舍近取遠한단 말이냐?"(『龍潭遺詞』「教訓歌」)[19] 성誠과 경敬 역시 우선은 하늘님에 대한 정성과 공경을 뜻한다. "이에 이르러 병에 써보니

18_"吾道博而約, 不用多言義, 別無他道理, 誠敬信三字, 這裏做工夫, 透後方可知."

19_"나는 都是 믿지 말고, 흐늘님을 믿었어라. 네 몸에 모셨으니, 舍近取远 하단 말가."

혹은 낫기도 하고 낫지 않기도 하므로 그 까닭을 알 수 없었다. 그러한 까닭을 살펴보니 정성스럽고 또 정성스러워 지극히 천주를 위하는 자는 매번 들어맞았으나, 도덕을 따르지 않는 자는 하나도 효험이 없었으니, 이는 사람의 정성과 공경을 받는 것이 아니겠는가?"(『東經大全』「布德文」)[20] 이렇게 최제우에게 성경신은 주로 천주를 향한 정성, 공경, 믿음을 뜻한다.

그러나 『용담유사』의 아래 두 단락에 쓰인 성경誠敬 개념은 자연에 대한 정성, 공경을 뜻한다. 그 첫 단락에서는 "『중용』에서는 하늘이 명한 것을 성이라 하고, 성을 닦는 것을 도라고 하며 도를 닦는 것을 교육이라고 하여 성경誠敬 두 글자를 밝혀 두고, 우리 동방의 현자들과 학식 있는 선비들은 도덕군자라고 칭하지만, 무지한 세상 사람들은 아는 것이 천지라도 경외하는 마음이 없었으니, 아는 것이 무엇이며……"(『龍潭遺詞』「道德歌」)[21]라고 했다. 『중용』에서는 하늘의 성誠을 인간이 따를 것을 강조하고 신독과 같은 경敬의 수양에 대해 말하지만, 정작 유학자들은 우주 자연을 공경하는 마음은 없었다는 비판이다. 또 이런 말도 했다. "하루하루 먹는 음식, 정성 공경의 두 글자를 지켜 내어 하늘님을 공경하면 어릴 때부터 있던 병, 약을 안 써도 낫지 않겠는가?"(『龍潭遺詞』「勸學歌」)[22] 음식

20_"到此用病, 則或有差不差, 故莫知其端. 察其所然, 則誠之又誠至爲天主者, 每每有中. 不順道德者, 一一無驗, 此非受人之誠敬耶."

21_"中庸에 이른 말은 天命之謂性이오, 率性之謂道요, 修道之謂教라 하여, 誠敬二字 밝혀두고, 我 東方 賢人達士 道德君子 이름하나, 無知한 世上 사람, 아는 바 天地라도, 敬畏之心 없었으니, 아는 것이 무엇이며…"

에 대해 정성과 공경을 다하는 태도를 하늘님을 공경하는 것과 일치시키는 것이 주목되는 대목이다.

최시형은 기본적으로 위와 같은 최제우의 성경신 사상을 계승했다. 그러나 최제우에게서는 간혹 언급될 뿐이었던 자연에 대한 정성과 공경의 태도가 최시형에게서는 오히려 성경誠敬의 중요한 함의가 된다. 최시형 역시 성경신을 동학의 핵심적인 실천윤리로 보았다. "우리의 도는 다만 성경신 세 글자에 있다. 만일 큰 덕이 아니면 실로 실천하고 행하기 어려우니, 과연 성경신을 행할 수 있다면 성인되기는 손바닥 뒤집기 같아진다"(『海月神師法說』「誠敬信」).[23] 이렇게 동학을 대표하는 두 사상가 모두 성경신을 중시한 까닭은 무엇보다 그것이 동학의 중심 교의인 '하늘님 모심'侍天主의 구체적인 실천 방법이었기 때문이다. 즉 존재론적으로 인간을 비롯한 만물이 하늘님을 자기 몸 안에 모신 존재라는 차원을 넘어, 실천적으로도 하늘님을 모시려 할 때 요구되는 덕목이 바로 성경신인 것이다.

성, 경, 신 가운데 우선 신부터 살펴보자. 그는 믿음信이 정성誠과 공경敬을 실천할 수 있는 토대가 된다는 점을 강조한다. "사람이 혹 정성은 있으나 믿음이 없고, 믿음은 있으나 정성이 없으니 가히 탄식할 일이다. 사람이 닦고 행할 것은 먼저 믿고 그 다음에 정성 드리는 것이다. 만약 실제의 믿음이 없으면 헛된 정성을 면치 못하는

22_ "日日時時 먹는 飮食, 誠敬 二字 지켜내어, ᄒᆞᄂᆞᆯ님을 恭敬하면, 自兒時 있던 身病, 勿藥自效 아닐런가?"

23_ "吾道只在誠敬信三字. 若非大德, 實難踐行. 果能誠敬信, 入聖如反掌."

것이다. 마음으로 믿으면 정성, 공경은 자연히 그 가운데 있다"(『海月神師法說』「誠敬信」).[24] 하늘님에 대한 종교적 믿음이라고 하든 아니면 진리에 대한 확신이라고 하든, 확신이 없이 열심히 행동하는 것이 헛된 정성인 까닭은 그것이 맹목적인 행동이기 때문이다. 반대로 믿음이 확고하다면 그것 자체가 정성과 공경을 실천하는 강력한 동력이 된다. 그런 점에서 그는 "사람에게 믿음이 없음은 수레에 바퀴 없는 것과 같다"(『海月神師法說』「誠敬信」)[25]고도 했다.

한편 최시형에게 확고하게 믿어야 할 대상은 물론 최제우와 마찬가지로 하늘님, 특히 내 몸에 모신 하늘님이다. 최시형은 그와 같은 하늘님을 더욱 내면화하여 아예 마음이라고 했다. "마음을 믿는 것이 곧 하늘을 믿는 것이요, 하늘을 믿는 것이 곧 마음을 믿는 것이니, 사람이 믿는 마음이 없으면 일등신이요, 한 밥주머니일 뿐이다"(『海月神師法說』「誠敬信」).[26] 여기서 말하는 마음이란 하늘님 마음, 다시 말해 타자를 위해 자기 생명의 일부를 내어 주는 마음이니, 마음을 믿음이란 곧 자기희생적인 사랑을 실천할 수 있는 성향이 내재되어 있음을 확신하는 것이다.

이런 마음을 믿음信心은 세 가지 공경 가운데 첫째인 하늘에 대한

24_"人或有誠而無信, 有信而無誠, 可嘆矣. 人之修行, 先信後誠. 若無實信, 則未免虛誠也. 心信, 誠敬自在其中也."

25_"人之無信如車之無轍也."

26_"信心卽信天. 信天卽信心. 人無信心, 一等身, 一飯囊而已."

공경敬天과 그 함의가 거의 같다. 최시형은 경천의 함의를 아래와 같이 설명했다.

> 하늘을 공경하는 원리를 모르는 사람은 진리를 사랑할 줄 모르는 사람이다. 왜 그러냐 하면 하늘은 진리의 중심을 잡은 자이기 때문이다. 그러나 하늘을 공경함은 결단코 허공을 향하여 상제를 공경한다는 것이 아니다. 내 마음을 공경함이 곧 하늘을 공경하는 방법을 바르게 아는 길이니, "내 마음을 공경하지 않는 것이 곧 천지를 공경하지 않는 것이다"라고 함은 이를 말한다. 사람은 하늘을 공경함으로써 자기의 영생을 알게 될 것이요, 하늘을 공경함으로써 타인과 내가 동포이고, 자연물과 내가 동포라는 전체의 진리를 깨달을 것이요, 하늘을 공경함으로써 남을 위하여 희생하는 마음과 세상을 위하여 의무를 다할 마음이 생길 수 있다. 그러므로 하늘을 공경함은 모든 진리의 중심이 되는 부분을 움켜잡는 것이다(『海月神師法說』「三敬」).[27]

하늘이 붙잡고 있는 핵심 진리란 바로 앞에서 말한 하늘, 즉 천지가 자신의 기운을 내어 주어 만물을 먹여 살리는 사랑의 일을 해왔

---

[27]_"敬天의 原理를 모르는 사람은 眞理를 사랑할 줄 모르는 사람이니, 왜 그러냐 하면 한울은 眞理의 衷을 잡은 것이므로써이다. 그러나 敬天은 결단코 虛空을 向하여 上帝를 恭敬한다는 것이 아니요, 내 마음을 恭敬함이 곧 敬天의 道를 바르게 하는 길이니, 「吾心不敬이 卽 天地不敬이라」 함은 이를 이름이었다. 사람은 敬天함으로써 自己의 永生을 알게 될 것이요, 敬天함으로써 人吾同胞 物吾同胞의 全의 理論을 깨달을 것이요, 敬天함으로써 남을 爲하여 犧牲하는 마음, 世上을 爲하여 義務를 다할 마음이 생길 수 있나니, 그러므로 敬天은 모든 眞理의 中樞를 把持함이니라."

다는 사실이다. 따라서 하늘을 공경한다는 것은 하늘이 그와 같이 자기희생적인 사랑의 일을 해왔다는 진리에 대한 자각을 시발점으로 한다. 그런 자각을 계기로 한 하늘 공경의 올바른 방법을 최시형은 초월적 상제를 경외하고 찬양하는 것이라기보다는 '내' 마음에도 자기희생적인 사랑을 실천할 수 있는 성향, 즉 '내' 마음 안의 하늘이 있으므로 바로 이 마음을 공경하는 데 있다고 보았다. 공경의 중심이 '내' 마음의 하늘님이 되면, 사람들은 비로소 '나' 자신 안의 하늘님만큼은 영생함을 알아 정신적 귀의처가 생긴다. 나아가 그런 '나' 자신 안의 하늘님, 즉 자기희생적인 사랑을 실천하는 마음을 귀히 여기면 타인과 자연물이 모두 '나'와 지극히 가까운 존재라는 점이 자각되고, 그리하여 타인과 자연물을 위해 자기희생적인 일을 함으로써 자신에게 주어진 삶의 소명을 다하겠다는 의지가 생긴다. 바로 이 점들이 공경의 중심을 '내 마음의 하늘님'으로 삼아야 하는 이유이다. 초월적인 상제만 찬양하는 것으로는 '나' 자신이 하늘님 내지 대자연을 닮아 가는 삶을 살겠다는 강한 내적 동력이 생겨나기는 어렵다는 판단이다.

타자를 위하는 '내' 마음 안의 하늘님, 즉 자기희생적인 사랑의 마음을 귀히 여기는 경천의 성찰은 사람들을 타인과 자연물을 공경하는 직접적인 행동으로 이끈다. 물론 성찰을 통해 마음으로 아는 것과 몸으로 실천하는 것 사이에는 간극이 있게 마련이다. 그래서 그는 이렇게 말한다. "하늘만 공경하고 사람을 공경함이 없으면 이는 농사의 이치는 알되 실지로 종자를 땅에 뿌리지 않는 행위와 같으니, 도 닦는 사람이 사람을 섬기되 하늘과 같이 한 후에야 비로소 바르게 도를 실행하는 사람이다"(『海月神師法說』「三敬」).[28] 사인여천事人如天의 실천을 하지 않으면 경천敬天의 성찰은 공허한 관념에 불과할 뿐, 현실 사회를 변화시킬 수는 없다는 것이다. 한 가지 유의해야 할 것은 그가 하늘님처럼 섬기고 공경해야 할 사람들로 특별히 지목한 이들은 거의 다 이제까지 압박받고 소홀히 여겨졌던 어린이, 민중, 여성 등이었다는 점이다. 예컨대 그는 "아이를 때리는 것은 곧 하늘을 때리는 것"(『海月神師法說』「待人接物」)[29]이라고 하여 함부로 아이를 때리지 말라고 했고, 천민에게 동학의 중책을 맡김에 동학도들이 불만을 갖자 "적서의 구별은 집안을 망치는 근본이고 반상의 구별은 나라를 망치는 근본"(『海月神師法說』「布德」)[30]이라 하여 신분 차별의 관념에서 벗어나 천민 또한 하늘님처럼 공경하라고 했다. 또 동학도 집안의 며느리가 베 짜는 소리를 듣고 며느리가 베를 짜는 것은 하늘님이 베를 짜는 것이기도 하다는 것을 암시하며 "동학을 믿는 집에 사람이 오면 사람이 왔다고 하지 말고 천주가 강림하셨다고 말하라"(『海月神師法說』「待人接物」)[31]고도 했다.

최시형이 며느리가 베를 짜는 것과 하늘님이 베를 짜는 것을 동

28_"敬天만 있고 敬人이 없으면 이는 農事의 理致는 알되 實地로 種子를 땅에 뿌리지 않는 行爲와 같으니, 道닦는 자 사람을 섬기되 한울과 같이 한 후에야 처음으로 바르게 道를 實行하는 者니라."

29_"道家婦人輕勿打兒, 打兒卽打天矣."

30_"嫡庶之別, 亡家之本. 班常之別, 亡國之本."

31_"道家人來, 勿人來言, 天主降臨言."

일시한 대목은 깊이 음미해 볼 만하다. 일반적으로 이 구절은 모든 사람이 하늘님을 모시고 있으니 당연히 며느리도 하늘님을 모시고 있고, 그래서 며느리가 베 짜는 것은 하늘님이 베를 짜는 것이기도 하다고 이해된다. 그러나 이런 이해는 왜 하필 며느리의 베 짜는 노동을 두고 그것을 하늘님의 일과 일치시켰는지는 제대로 설명하지 못한 것이다. 이 물음을 푸는 열쇠를 필자는 양자가 행하는 일이 공통적으로 지니는 자기희생적인 사랑의 성격에서 찾는다. 며느리와 하늘님은 각기 한 집안과 대자연이라는 공간의 가장 낮은 자리에서 식구들과 만물을 먹여 살리는, 삶의 가장 토대가 되는 일을 하면서도 귀한 일을 하는 주체로 대우받지 못해 왔다. 그들은 모두 일방적으로 희생되어 온 존재들인 바, 최시형은 며느리의 노동을 하늘님의 일과 일치시킴으로써 그녀들을 존귀한 존재로 대우하고 그 일을 소중한 일로 취급하라고 한 것이다.

최시형이 경인敬人 외에 경물敬物을 언급하며 사람들의 도덕 실천이 경물에까지 이르러야 비로소 최고의 도덕적 경지에 이른 것이라고 한 이유 또한 사람이 행하는 노동과 대자연이 행하는 일 사이의 관계 속에서 이해해야 그 의미를 분명히 이해할 수 있다. 그는 이렇게 말한다. "사람은 사람을 공경함으로는 도덕의 극치가 되지 못하고, 나아가 자연물을 공경함에까지 이르러야 천지의 기화하는 덕에 합일될 수 있다"(『海月神師法說』「三敬」).[32] 자연물을 공경하는

32_"사람은 사람을 恭敬함으로써 道德의 極致가 되지 못하고, 나아가 物을 恭敬함에까지 이르러야 天地氣化의 德에 合一될 수 있나니라."

생태적 윤리의 확립이 최고 수준의 도덕을 세우는 일인 까닭은 생각건대 자연물은 인류 전체에 의해 줄곧 이용되고 개조되는 방식으로 지배당해 온, 민중, 여성, 어린이보다도 더 약한 존재이기 때문이다. 이 가장 약한 존재들을 윤리적으로 최대한도로 배려하는 경물의 실천이 이루어져야 인간은 비로소 대자연이 자신의 기운을 내어주어 만물을 먹여 살리는 그 위대한 일과 참다운 조화와 통일을 이룰 수 있는 것이다.

그런데 자연물을 공경해 대자연이 행하는 기화氣化와 참된 통일을 이룰 수 있는 실천은 도대체 어떻게 이루어질 수 있단 말인가? 이에 대한 해답의 단초를 우리는 우선 성誠에 대한 논의에서 발견할 수 있다.

사계절에 순서가 있으니 만물이 성행하고, 주야가 반복되니 일월이 분명하며, 고금이 장구하니 이치와 기운은 변치 않는다. 이것이 천지의 지극히 정성스러워 쉼이 없는 도이다. 나라의 군주가 법을 제정하자 만민이 화평하고 즐거우며, 대부가 법으로 다스리자 조정이 정돈되고 엄숙하다. 서민이 집을 다스리니 집안의 도가 조화롭고 순조로우며, 선비가 열심히 공부하니 국운이 흥한다. 농부가 힘써 농사를 지으니 의복과 음식이 풍족하고, 상인이 열심히 노고를 하니 재물의 쓰임이 끝이 없다. 노동자가 열심히 일하니 기계가 다 갖추어진다. 이것이 인민들이 지극한 정성을 잃지 않는 길이다(『海月神師法說』「誠敬信」).[33]

33_ "四時有序, 萬物盛焉. 晝夜飜覆, 日月分明. 古今長遠, 理氣不變. 此天地至誠無息之道也. 國君

천지와 그 사이에서 사는 만물이 자기동일성을 유지하며 지속 가능한 까닭은 천지, 즉 대자연이 정성스럽게 일하기 때문이다. 이렇게 대자연이 지극히 정성스럽게 일하는 도를 본받아 인간 사회도 지극히 정성스럽게 일하는 원칙을 지켜야 한다. 인간 사회에서의 일은 그 효율성을 고려하여 분업화되어 이루어지니 지성至誠은 거대한 노동조직으로서의 사회를 관리하는 계층이 법을 제정하고 집행하는 일, 가정의 질서를 잡는 일, 지식인이 공부를 하는 일, 농부, 상인, 노동자가 행하는 육체노동 등이 모두 일관되게 지켜야 하는 행동의 원칙이다.

동학의 이런 지성至誠 개념은 물론 유학, 특히 『중용』의 그것에 뿌리를 두고 있다. "성실함誠은 하늘의 도요, 성실하고자 노력하는 것誠之者은 사람의 도이다"(『中庸』 20장)[34] 대자연이 만물을 생육하는 일을 할 때 성실함의 원칙을 따르므로, 인간 또한 그 원칙에 따라 행동하도록 노력해야 한다는 뜻이다. 대자연과 인간의 행동 원칙이 일치해야 함을 말한다는 점에서 동학과 『중용』의 사유는 일치한다. 또 『중용』에서는 그렇게 성실하고자 노력하여 마침내 최고 수준의 성실함, 즉 지성至誠에 이른 이상적 인간을 언급하며, 그런 인간은 대자연과 합일된다고 말한다.

制法, 萬民和樂. 大夫治法, 朝廷整肅. 庶民治家, 家道和順. 士人勤學, 國運興焉. 農夫力穡, 衣食豊足. 商者勤苦, 財用不竭. 工者勤業, 機械俱足. 此人民至誠不失之道也."

34_"誠者, 天之道也. 誠之者, 人之道也."

오직 천하에 지극히 성실한 자만이 자신의 본성을 다 드러낼 수 있다. 자신의 본성을 다 드러낼 수 있으면 타인의 본성을 다 드러낼 수 있다. 타인의 본성을 다 드러낼 수 있으면 물物의 본성을 다 드러낼 수 있다. 물의 본성을 다 드러낼 수 있으면, 천지의 화육을 도울 수 있다. 천지의 화육을 도울 수 있으면, 천지와 더불어 셋이 될 수 있다(『中庸』 26장).[35]

지극히 성실한 자는 타자를 위하는 본성을 다 드러내 타인을 감화시킴으로써 그들 또한 타자를 위하게 할 수 있다. 나아가 자연물의 자연 본성을 최대한 배려하여 돌봄으로써 대자연의 만물을 화육하는 일을 도울 수도 있다. 그런 행동을 통해 지극히 성실한 자는 대자연과 나란히 서는 주체가 된다. 이것이 『중용』에서 말하는 지성至誠론의 결론이다. 그러나 『중용』의 지성론에는 백성이 빠져 있다. 백성이 행하는 육체노동은 숨겨져 있고, 대신 통치 계층의 도덕 실천만이 대자연의 지극히 성실한 일과 조화를 이루는 것으로 묘사되고 있다. 이 점을 감안할 때 최시형의 성론이 지니는 의의는 분명해진다. 민중이야말로 노동을 통해 자연과 직접 대면하는 존재인데, 최시형은 바로 대자연의 일과 상응하는 인간 사회의 일 가운데 하나로 민중의 노동을 들고 있기 때문이다.

민중의 노동을 포함한 사람의 일이 어떠해야 대자연이 하는 일과 참다운 조화를 이룬다고 할 수 있을까? 다음 구절은 이에 관한 최시

35_"惟天下至誠, 爲能盡其性. 能盡其性, 則能盡人之性. 能盡人之性, 則能盡物之性. 能盡物之性, 則可以贊天地之化育. 可以贊天地之化育, 則可以與天地參矣."

형의 생각을 잘 나타낸다. "순수하고 한결 같은 것을 성실이라 하고 쉼이 없는 것을 성실이라 한다. 이 순수하고 한결 같으며 쉼이 없는 성실함으로 천지와 법칙을 같이하고 운명을 같이하면 비로소 큰 성인, 큰 사람이라고 할 수 있다"(『海月神師法說』「誠敬信」).[36] 이 구절을 보면 인간의 성실함이란 순수하고 한결 같은 마음으로 쉼 없이 일하는 태도를 가리킨다. 이를 인간의 자연에 대한 태도와 관련 지어 보면, 그런 인간은 순수하고 한결 같기 때문에 자연을 지배하겠다는 불순한 마음이나 특정 자연물의 자연 본성을 해치려는 변덕스러움이 없이 대자연과 공동의 법칙을 따르고[同度] 운명을 함께하겠다[同運]는 자세를 고수한다.

인간과 대자연이 행하는 일이 공동의 법칙을 따르는 것이 되기 위해 인간이 일을 할 때 지켜야 할 가장 중요한 것은 무위無爲의 원칙이다. 무위는 우선 대자연이 자신의 기운으로 일할 때 지키는 원칙이다. "기운은 강건하여 쉬지 않는다. 조화는 현묘하고 무위無爲이다. 그 근본을 궁구하면 하나의 기운일 따름이다"(『海月神師法說』「天地理氣」).[37] 대자연은 쉬지 않고 굳세게 일하는 성실한 존재로 생각되지만 그것은 만물을 생성하고 기르는 일을 하는 과정에서 줄곧 무위의 원칙을 따른다. 즉 자연물의 자연성을 따라가기만 할 뿐 거기에 어떤 작위적인 조작도 가하지 않는다. 예컨대 사과나무 한 그루가 자랄 때 대자연은 사과나무가 본래 자신이 지닌 생장의 능력

36_"純一之謂誠. 無息之謂誠. 使此純一無息之誠與天地同度同運, 則方可謂之大聖大人也."

37_"氣運, 剛健不息. 造化, 玄妙無爲. 究其根本 一氣而已."

을 최대한 발휘되도록 어떤 인위적 개입도 하지 않는다. 다만 햇빛, 공기, 물, 바람, 흙, 흙 속의 미생물 등이 자연스럽게 사과나무의 생장을 돕도록 한다. 인류 최초 조상들의 노동은 이런 대자연의 일하는 방식과 흡사했을 것이다. 최시형의 "천황씨의 무위無爲로 화化는 기氣의 근본을 누가 알 수 있겠는가?"(『海月神師法說』「其他」)[38]라는 말은 바로 그가 최초 인류의 노동은 대자연의 일하는 양식을 그대로 본떠 무위의 원칙을 철저히 지켰다고 생각했음을 보여 준다.

그렇다고 해서 최시형이 사람들에게 원시적인 노동 양식으로 회귀하자고 한 것은 물론 아니었다. 다만 그는 이 글의 서두에서 언급했듯이 천지가 불안하고 그 사이에 사는 생명체가 모두 불안에 떨 시대가 본격화될 것을 예민하게 감지했던 것이며, 이에 자연의 자연성이 최대한 그대로 발휘되도록 보장하는 무위의 원칙을 내세워 근대의 문턱에서 사람들의 기운 사용 원칙을 바로잡고자 했던 것이다.

4. 나오며

본문에서의 고찰을 통해 우리는 최시형이 만물을 생성하고 길러 온 하늘님 혹은 대자연이 실은 자기희생적인 성격을 띤 일을 해왔

38_"天皇氏無爲化氣之根本, 孰能知之? 知者鮮矣."

다고 생각했으며, 따라서 그렇게 희생당해 온 자연을 인간은 자연을 위하는 마음을 바탕으로 공경의 태도로 대하고 자연과 관계를 맺어 일할 때에는 무위의 원칙을 최대한 지키는 지성至誠의 일을 해야 한다고 주장했음을 알 수 있었다. 이제 마지막으로 최제우의 13자 주문, 수심정기, 무위이화의 명제를 최시형이 어떻게 생태학적 지평에서 재해석하는지 살펴봄으로써 이상의 논의를 다시 한 번 요약, 정리하겠다. 아울러 최시형의 생태학적 사유가 평화로운 삶의 실현과 관련하여 어떤 의의를 지니는지 간단히 밝힘으로써 결론을 대신하고자 한다.

대신사大神師의 주문 13자는 곧 천지만물이 화생化生하는 근본을 밝힌 것이고, 수심정기守心正氣 네 글자는 다시 천지의 멸절되는 기운을 보충한 것이며, 무위이화無爲而化는 사람과 만물이 도를 따르고 이치를 따르는 법체法諦이다. 그러므로 도는 따로 높고 먼 곳에 있는 것이 아니라 너의 몸에 있으며 너의 세계에 있다. 13자로 만물 화생의 근본을 알고, 무위이화로 사람과 만물이 이치를 따르고 도를 따를 것을 안 후에, 수심정기로 천지가 크게 조화를 이루는 원기元氣를 회복하면 거의 다 될 것이다(『海月神師法說』「其他」).[39]

39_"大神師의 呪文 十三字는 卽 天地萬物 化生의 根本을 發明한 것이요, 守心正氣 四字는 更히 天地隔絶의 氣를 補한 것이며, 無爲而化는 人與萬物의 順道順理의 法諦라. 故로 道는 別로 高遠한 處에 在한 것이 아니라, 汝의 身에 在하며 汝의 世界에 在하니라. 十三字로써 萬物化生의 根本을 知하고 無爲而化로써 人與萬物의 順理順道를 知한 後에, 守心正氣로써 天地泰和의 元氣를 復하면 能히 庶幾인저."

'대신사의 주문 13자'는 "시천주, 조화정, 영세불망, 만사지"(『東經大全』「呪文」)[40]를 가리키는데, 이 단락의 전체적인 문맥으로 보아 그는 이 13자 주문을 자신의 사상에 따라 다음과 같이 나름대로 재해석한 것 같다. 즉 천주는 우주 너머 어딘가에 계신 분이 아니고 사람들의 몸과 자연 안에 기운으로 모셔진 존재侍天主이다. 그것은 천주가 자신의 기운을 만물에 내어 주는 자기희생적 사랑의 성격을 지닌 조화造化, 즉 일을 함으로써 정해진定 천주의 존재 양태이다. 따라서 사람들이 만물 화생의 이와 같은 존재론적 근원을 알아 영원토록 잊지 않는 것永世不忘이 곧 만사를 아는萬事知 기초가 된다.

이와 같은 존재론적 진리를 인식한 사람들에게 최시형이 요구한 것은 수심정기守心正氣이다. 수심정기 역시 최제우가 제시한 것으로서, 그는 그 명제가 지니는 위상을 이렇게 설명했다. "인의예지는 옛 성인의 가르친 것이고, 수심정기는 내가 고쳐 정한 것이다"(『東經大全』「修德文」).[41] 수심정기가 인의예지를 계승했으면서도 그 미진함을 수정, 보완한 것이라는 뜻이다. 동학 또한 천지의 만물 생육을 말하고 자기중심적으로만 생각하고 행동하는各自爲心 삶을 비판하며 타자에 대한 공경을 역설하며 만사에 대한 앎을 추구한다는 점에서 그것은 유학의 인의예지를 확실히 계승한 것이라 할 수 있다. 그런데 최제우가 인의예지를 대신해 수심정기를 내세운 까닭은 하늘님의 인간 내재성과 자연 내재성을 강조하기 위해서이다.

40_ "侍天主, 造化定, 永世不忘, 萬事知."

41_ "仁義禮智, 先聖之所敎. 修心正氣, 惟我之更定."

수심守心과 정기正氣는 인간 내면의 하늘님 마음을 지키고 자연 내재적인 하늘님의 기운을 바로잡는다는 뜻이다. 그리고 최시형에 이르러 그 명제는 위 인용문이 보여 주듯 생태학적 함의를 짙게 풍긴다. 천지는 애초부터 자신의 기운을 내어 주어 온 지극히 은혜로운 존재이다. 그런데 근대에 이르러 인간은 가공할 만한 기술로 천지의 생존 자체를 위협하고 있다. 최시형이 예민하게 천지의 기운이 멸절될 것 같은 위기감을 느끼는 이유이다. 그래서 그는 최제우가 말한 수심정기를 대자연의 원기를 회복시킬 수 있는 방법으로 재해석했다. 그에게 수심정기守心正氣는 생태적 마음을 지킴으로써 생태 파괴적인 지식, 기술, 노동 양식을 바로잡음을 뜻한다. 이런 의미의 수심정기를 최시형은 "마음으로 마음을 다스리고, 기운으로 기운을 다스린다"(『海月神師法說』 「靈符呪文」)[42]라고도 표현했는데, 이 말은 천지가 자기 생명의 일부를 내어 주어 만물을 살리듯이, 사람들 또한 타인과 자연을 위하는 마음으로 자기를 위하려는 마음을 적절히 제어하고, 그런 마음을 바탕으로 무위의 원칙을 따라 자연의 원초적 자연성을 회복하는 지식, 기술 및 노동 양식을 고안해 자연을 극도로 불안하게 하는 기술과 노동 양식을 지양해야 함을 뜻한다.

이런 최시형의 사상은 생태적인 마음을 가진 새로운 유형의 사람들이 생태적인 지식, 기술, 노동 양식을 사회적으로 확산시킬 수 있

42_"以心治心, 以氣治氣."

어야 이제까지 일방적으로 희생되어 온 자연이 주체로 충분히 대우를 받고 그리하여 자연의 원초적 자연성이 충분히 회복되어 인간과 자연 사이에, 나아가 생태적 삶을 영위하는 사람들 사이에 참다운 조화, 참다운 평화가 실현될 수 있음을 시사한다. 그래야만 끝 모를 자기중심적인 욕망 충족, 반생태적인 과학기술의 남용, 그리고 가공할 규모로 자연과 민중을 소외시키는 노동 양식으로 일로매진해 온 현대인의 '전쟁' 같은 삶이 평화로워질 수 있음을 알려주고 있다.

6장

유길준의 문명사회 구상과
스코틀랜드 계몽사상

유길준, 후쿠자와 유키치, 존 힐 버튼의 사상연쇄

장인성

1. 머리말: 동아시아 계몽사상과 사상연쇄

19세기 개항 이후 개방 개혁과 자주독립이 요구되는 상황에서 동아시아에서는 계몽사상이 성립했다. 동아시아 계몽사상은 서구의 근대 문명과 근대사상을 매개로 촉발되었고, '사상연쇄'를 통해 동아시아 역내에 수용되었으며, 역내 국가들의 정치적, 사회적, 문화적 상황에 부응하여 변용했다.[1] 스코틀랜드의 문필가 존 힐 버튼

1_'사상연쇄'는 야마무로 신이치(山室信一)가 사용한 개념이다. 야마무로는 근대 동아시아

John Hill Burton(1809~1881)의 『경제학 교본』[2]은 동아시아 계몽사상의 사상연쇄를 보여 주는 좋은 사례다. 이 책은 스코틀랜드 계몽사상을 정리한 교과서인데, 메이지 일본의 계몽사상가 후쿠자와 유키치福澤諭吉(1835~1901)와 영국인 중국학자 존 프라이어John Fryer(중국명 傅蘭雅, 1839~1928)의 번역을 통해 동아시아에 유통되었고 근대 동아시아 계몽의 사상연쇄를 촉발했다.

후쿠자와 유키치는 『경제학 교본』의 일부를 번역해 『서양사정 외편』西洋事情外編 3책(1868. 이하 『外編』)으로 출간했다. 후쿠자와는 1862년 막부 파견 유럽 사절단의 통역으로 런던을 방문했을 때 『경제학 교본』을 입수했는데, 『서양사정 초편』西洋事情初編 3책(1866)을 출간한 뒤 서양의 문명사회와 정치·경제를 상세히 소개할 필요성을 느껴 속편 출간을 뒤로 미룬 채 버튼의 『경제학 교본』을 번역 출간한 것이다. 『외편』은 메이지 초기 베스트셀러의 하나로서 서양 문명의 사회, 정치, 경제, 역사에 관한 정보의 대중화에 기여했다.

버튼의 『경제학 교본』은 프라이어가 번역한 『좌치추언』佐治芻言

에 전개된 근대사상의 확산 과정을 '사상연쇄'로 파악하였다(山室信一 2001). 야마무로의 '사상연쇄' 개념은 사상의 전파와 공명의 양상을 보여 주지만, 장소적 특수성과 권력 작용의 실태를 해명하는 데에는 한계가 있다. 본고에서는 사상연쇄의 장소적 특수성과 변용에 주목한다.

2_John Hill Burton. 1852. *Political Economy, for Use in Schools and for Private Instruction*. London; Edinburgh: William and Robert Chambers. 버튼의 이 저작은 *PE*로, 후쿠자와 유기치의 『서양사정외편』(西洋事情外編, 1868)은 『外編』으로, 유길준의 『西遊見聞』(1895)은 『견문』으로 약칭한다. 『外編』은 『福沢諭吉全集』 第1卷(東京: 岩波書店, 1958)을 저본으로 했다. 『서유견문』을 인용할 때 되도록 원문의 한자어 개념을 살리면서 현대어로 번역하였다.

(1885)[3]을 통해 청말 중국에도 영향을 주었다. 청말 사상가 캉유웨이康有爲는 간행되자마자 『좌치추언』을 읽고 정치론을 저술한 바 있다. 『좌치추언』은 청일전쟁 이후 개혁서로서 주목받아 복수의 출판사에서 여러 차례 복간되었다.[4] 청말 개혁 사상가 량치차오梁啓超도 이 책의 영향을 받아 버튼의 자유무역론에 동조하기도 했다. 버튼의 저서는 청말 자유주의의 형성에도 기여하였다.

유길준(1856~1914)은 일본 유학 시절 후쿠자와를 통해 버튼의 계몽사상을 접했다. 유길준은 『서유견문』西遊見聞(1895)을 집필하면서 다수의 서적을 참조했는데 『외편』이 무엇보다 중요한 참고서였다.[5] 유길준이 프라이어의 『좌치추언』을 읽었을 가능성을 배제할 수는 없지만, 개념이나 말의 용례 등을 보건대 『외편』에 의거했음이 분명하다. 유길준은 『외편』을 매개로 간접적인 형태로 버튼의 『경제학 교본』에 접속했다. 1870~80년대 근대 동아시아에 전개된

3_ 傅蘭雅(John Fryer) 訳, 『佐治芻言』(上海: 江南製造總局, 1885).

4_ 청일전쟁 때까지는 강남제조총국(江南製造總局)본(1885)이 유포되었고, 청일전쟁 패배 뒤 관심이 높아져 상해홍문서국(上海鴻文書局)본(1896), 신기서장본(愼記書莊)본(1897), 호남실학서국(湖南實學書局)본(1898)이 속간되었다. 1907년에는 10종이 넘었다(森時彦 2013, 265).

5_ 유길준은 1881년 4월 조사시찰단의 수행원으로 도일했고, 일본에 남아 1년 반 동안 후쿠자와 유키치의 지도하에 게이오의숙에서 수학했다. 1883년 1월 후쿠자와의 제자 이노우에 가쿠고로(井上角五郎), 우시바 다쿠조(牛場卓造) 등과 함께 귀국하여 신문 창간을 추진하기도 했다. 『서유견문』의 발행처는 후쿠자와가 창립한 교순사(交詢社)였다. 유길준은 일본 유학 중 많은 계몽서를 접했지만, 『서양사정』(1866-1868) 전3편(초편 3책, 외편 3책, 2편 4책), 특히 『서양사정 외편』을 많이 참조하여 『서유견문』을 집필하였다. 유길준에게 영향을 준 서적에 관해서는 유길준·장인성(2017, 22-26) 참고.

계몽사상의 사상연쇄를 통해 스코틀랜드 계몽사상에 접했던 것이다.

버튼을 매개로 한 동아시아 계몽사상의 스코틀랜드 계몽사상과의 관련성은 대체로 밝혀져 있다. 폴 트레스콧Paul B. Trescott은 일본과 중국에서 『경제학 교본』을 통해 스코틀랜드 경제사상을 수용하고 재해석하는 양상을 밝혔다(Trescott 1989). 후쿠자와 유키치에 관해서는 앨버트 크레이그Albert Craig가 후쿠자와의 초기 사상을 분석하는 과정에서 『외편』과 『경제학 교본』의 연관성을 상세히 밝혔다(Craig 2009; アルバート・M.クレイグ 2009). 이토 마사오伊藤正雄는 후쿠자와에게 『경제학 교본』이 자유주의 경제사상과 민주주의, 입헌주의 정치사상과 사회사상에 관한 지식과 이해를 높여 준 텍스트였고, 여기에서 얻은 계몽 지식이 후쿠자와의 자유주의, 민주주의 사상의 형성에 큰 영향을 주었음을 논증했다(伊藤正雄 1969).

양태근梁台根과 모리 도키히코森時彦도 『좌치추언』과 『경제학 교본』의 상호 연관성을 해명한 바 있다. 이들은 특히 량치차오의 계몽사상 수용을 집중 분석했다(森時彦 2013). 유길준의 경우는 다르다. 유길준의 문명론과 문명사회 구상을 해명하는 연구는 상당히 축적되어 있지만,[6] 스코틀랜드 계몽사상의 연관성은 밝혀져 있지 않다. 양태근은 버튼이 동아시아(한·중·일)에 수용되는 양상에 주목하면서 『외편』, 『서유견문』, 『좌치추언』의 목차를 비교하고 몇몇 번역어

6_유길준 연구의 현황에 관해서는 최덕수(2013) 참조.

문제를 다루었지만 개괄적인 서술에 그쳤을 뿐이다(梁台根 2006).[7] 유길준이 후쿠자와를 매개로 스코틀랜드 계몽사상을 수용한 양상은 해명되어 있지 않다.

이 글에서는 『서유견문』(1895)을 중심으로 1880년대 유길준의 문명사회 구상[8]에 나타난 근대 계몽사상의 수용과 변용의 양상을 규명한다. 특히 후쿠자와 유키치와 스코틀랜드 계몽사상과의 관련성에 주목한다. 『서유견문』은 1880년대 개방 개혁의 맥락에서 개인, 사회, 국가의 존재 양태를 모색한 유길준의 고민이 담긴 문명사회 구상이었다. 유길준은 개인, 사회, 국가의 현상과 개념이 동시적이면서 상관적으로 출현함을 선구적으로 인지했고, '인민'(혹은 '국인', '각인'), '인세', '방국'(혹은 '국가') 개념을 동원해 개인, 사회, 국가의 바람직한 모습을 그려냈다. 이 글에서는 개인, 사회, 국가와 연관된 개념을 면밀히 살펴봄으로써 유길준이 후쿠자와를 매개로 스코틀랜드 계몽사상을 수용하고 변용하는 양상을 탐색한다. 유학의 에토스와 관념에 의해 간섭받는 모습에 주목한다.

7_『경제학교본』,『외편』,『좌치추언』,『서유견문』의 목차 비교는 梁台根(2006, 332-332)가 상세하다. 『경제학교본』,『외편』,『서유견문』의 목차 비교는 유길준·장인성(2017, 26-28)을 볼 것.

8_『서유견문』은 1895년 출판되었지만 원고는 1889년 봄에 완성되었다. 따라서 1880년대 유길준의 문명사회 구상을 반영한 텍스트이다.

2. 스코틀랜드 계몽의 수용과 변용

스코틀랜드 계몽사상은 데이비드 흄David Hume이 『인간본성론』 *A Treatise of Human Nature*(1740)을 출판한 이래 애덤 스미스Adam Smith 의 『도덕감정론』*The Theory of Moral Sentiments*(제6판, 1790) 발행을 전후한 시기까지 50여 년간 에든버러를 중심으로 데이비드 흄, 토머스 리드Thomas Reid, 애덤 퍼거슨Adam Fergurson, 윌리엄 로버트슨 William Robertson, 애덤 스미스 등이 만들어 낸 지적 활기를 가리킨다(Berry 1998, 327; 이종흡 2003, 180; 이영석 2014).[9] 스코틀랜드 계몽사상가들은 경험을 중시했고 인간 본성이 시공간을 불문하고 단일하고 항상적이라 믿었다. 인간은 이성적 존재이긴 하지만 이에 앞서 사회적 존재라 생각했다. 때문에 가정과 추론에 기초한 루소나 홉스의 사회계약론적 발상에 비판적이었다(Berry 1998, 23-30). 스코틀랜드 계몽사상가들은 인간은 사회 속에서 진보하는 기질과 능력을 갖고 태어나며, 무지를 벗어나 지식을 갖추면서 자연스럽게 야만에서 문명으로 진보한다고 보았다.

존 힐 버튼도 인간은 사회 상태를 구성하는 사회적 존재이므로 사회 이전의 자연 상태는 있을 수 없고 사회가 계약으로 결합할 필요도 없다고 생각했다. 사회는 경쟁적이며 문명 단계에 따라 행동 패턴이 다르다고 했다. 사회는 자연 상태에서 문명사회로 단계적으

9_보다 상세한 논의는 佐々木武·田中秀夫 編(2001) 참고.

로 진보하며 퇴보하지 않는다고 생각했다(Craig 2009, 67). 버튼이 18세기에 활동한 초기 스코틀랜드 사상가들보다 리버럴했던 건 아니다. 하지만 19세기 중반 자유방임주의가 사회주의자의 공격을 받는 상황에서 버튼은 리버럴리즘을 적극 옹호했다(Craig 2009, 76). 유럽을 휩쓴 혁명과 사회불안을 설명하는 경제 원리의 오류를 비판하는 한편, 사회관계와 사회제도의 형성과 운용에 관해 저술했다(Trescott 1989, 482). 『경제학 교본』은 이런 취지로 스코틀랜드 계몽사상을 요령 있게 정리한 교과서였다. 버튼은 「사회경제」Social Economy 편 14개 장에서 사회제도의 진화를 개설하면서 가족의 양태, 개인의 권리와 의무, 국가의 기원과 기능, 정부의 형태와 직무 등을 다루었다. 고전 경제학을 개설한 「정치경제」Political Economy 편 22개 장에서는 사적 소유권과 자유경쟁을 적극 옹호했다. 다만 인구론, 수확체감, 임금기금설과 같은 고전 경제학의 주제들은 다루지 않았다.

근대 동아시아 계몽사상을 대표하는 후쿠자와 유키치, 유길준, 량치차오는 각각 1868년, 1880년대, 1890년대 후반의 문맥에서 버튼의 정치경제사상과 조우했다. 『경제학 교본』은 스코틀랜드 계몽사상사에서 손꼽힐 만한 저작은 아니었지만, 사회경제와 정치경제 전반을 소개하는 데에는 최적의 텍스트였다. 또한 개방 개혁과 새로운 정치사회질서의 형성을 요구받는 상황에서 버튼의 보수적 리버럴리즘과 자유주의적 사회 경제론은 동아시아 국가들의 개혁에 중요한 의미를 갖는다고 생각되었다. 이런 상황에서 『경제학 교본』은 경제론보다는 문명사회론으로 읽혔다.

『경제학 교본』의 번역서들은 완역이 아니었다. 프라이어는『경제학 교본』36개 장 가운데 노동가치설을 포함한 5개 장을 빼고 번역했다. 후쿠자와는「사회경제」편 제1~18장을 번역하면서 자유경쟁 반대론을 비판한 제7장을 제외했다.「정치경제」편은 총론과 사적 소유권을 다룬 장만을 취했다. 번역의 취지나 방향도 같지는 않았다. 후쿠자와는 서양의 신God과 유교의 천天의 유사성을 드러내는 식으로 번역함으로써 버튼을 이해할 여지를 높였다. 스코틀랜드 자연철학에서는 자연을 신의 피조물로 상정했고, 유교 철학에서도 자연은 천이 형성하고 천은 자연에 내재한 것이라 생각했다. 양쪽 모두 인간은 교육과 도덕적 훈련을 통해 진보한다고 보았다(Craig 2009, 91-92). 프라이어는 정치제도, 법제도의 진화에 관한 버튼의 확신을 약화시키는 쪽으로 번역했다. 프라이어는 경제 영역에서도 자연법이 작동한다는 생각에 동의하지 않았다. 사익private self-interest과 공익public benefit의 조화를 이루는 시장의 자발성을 강조한 버튼의 논조를 완화시켰다(Trescott 1989, 488-489).

청말 지식인들은 프라이어의 번역서를 읽고 버튼의 견해에 동조하기도 했지만 생각의 편차도 보였다. 캉유웨이는 버튼의 경쟁 개념을 받아들여 민간 기업을 양성하고 국내, 국제 통상을 늘려야 한다는 주장을 폈지만, 가족과 사적 소유권을 예찬한 버튼의 견해를 받아들이지 않았다. 사회주의적 세계를 구상하는 한편, 국가를 강화해 인민 복지를 위한 부국책을 시행해야 한다는 모순된 주장을 폈다(Trescott 1989, 489-491). 량치차오는 자유무역이 세계 평화를 촉진한다는 버튼의 신념에 동조했고 지역 분업과 국제분업을 옹호했다. 이런 생각이 『대학』에서 말하는 '평천하'를 위한 '이재理財의 도'와, 또한 공양학과 춘추삼세설의 세계관과 부합한다고 부회했다 (森時彦 2013, 266-267). 캉유웨이와 량치차오는 독자로서 버튼의 계몽사상을 수용했고 자신의 관점에서 버튼을 변용시켰다. 유학 사상은 이런 수용과 변용을 매개했다.

　유길준은 『외편』의 각 장을 읽고 작성한 자신의 글을 주로 『서유 견문』 제3~6편에 배치했는데, 『외편』의 해당 장과 일치하지 않는 대목도 많고 내용도 적잖게 다르다. 유길준은 「인간」, 「가족」, 「세 상의 문명개화」, 「빈부귀천의 구별」의 장을 다루지 않았다. 사적 소 유권을 다룬 장도 취하지 않았다. 개인의 자유와 권리를 옹호하면 서도 자유권의 핵심인 사적 소유권에는 유보적이었음을 엿볼 수 있 다. 유길준은 일본 유학 시절 접한 『문명론의 개략』(1875)보다는 후쿠자와의 오래된 저작인 『외편』을 주로 참조했다. 『외편』의 내용 과 관점이 1880년대 한국의 지식 상황과 본인의 생각에 더 부합한 다고 생각해서였을 것이다.[10]

　유길준은 후쿠자와의 역서를 읽고 스코틀랜드 계몽사상을 수용 했고 자신의 생각을 넣어 변용했다. 변용을 초래한 것은 유학 정신 을 보전하려는 심리였다. 일례를 통해 그 양상을 엿보기로 하자. 버 튼은 사회의 경쟁을 설명하는 대목에서 적당한 경쟁emulation과 야 망ambition은 억압해서는 안 되지만, 남에게 해를 끼치지 않게끔 진

10_다만 주체적 문명개화를 모색하는 문제의식에서 『서유견문』은 『문명론의 개략』과 상 통하는 면이 있다.

보의 열정은 규제해야 한다면서 다음과 같이 서술했다.

Vanity and selfishness may sometimes mislead at the com-
mencement. It is not impossible, indeed, to follow out profit-
ably a career of injustice and wrong; but independently of all
higher motives of religion or morality, It is not wise to do so.
The tendency of high civilisation is always to make the interest
of every man identical with the public good; and he who tries
to serve his own ends by doing harm to his fellow-beings,
will generally find the public too strong for him(*PE*, 12이하. 강
조는 필자).

이 대목을 후쿠자와 유키치와 유길준은 각각 다음과 같이 번역하
고 번안했다.

대저 천하 중인衆人 중에는 불의不義이면서 부귀한 자도 있지만, 원래
천도인리天道人理의 대의大義에 반하는 것이므로, 이것을 지智라 할 수
없다. 또한 문명이 왕성해지면서 세간 일반을 위해 중인의 이익을 평균하
는 풍속이 되기 때문에 그 사이를 살면서 타인의 해가 되고, 오로지 자
신의 이체를 탐하고자 한다면 반드시 나의 힘이 미치지 못할 것이다
(『外編』, 401).

천하 중인 중에 배우지 못하고 의롭지 않고서도 부귀한 자가 없지 않

지만, 천도 인리의 본연한 대경大經에 어긋나므로 지智라 할 수 없고 복福이라 할 수도 없다. 기화氣化가 아직 정해지지 않은 것이다. …… 또한 정치가 차츰 나아가는 추이를 따라 법률과 권리가 인세의 보동普同[보편]한 이익을 위해 고르고 치우치지 않는平均不頗 큰 기강을 세우니, 그 사이에서 타인에게 해를 끼치고 자기의 이익을 독점하는 악습은 사력私力이 미치지 못하는 것이다(『견문』, 133).

후쿠자와는 "종교적, 도덕적 동기"(버튼)를 "천도인리의 대의"로 치환하고, "모든 높은 종교적, 도덕적 동기와 무관하게 그렇게 하는 건 현명하지 않다"라는 버튼의 말을 "천도인리의 대의에 어긋나는 것이므로"라고 번역함으로써 유교적 함의를 더했다. 천도인리의 절대적 준거를 강조한 셈이다. 유길준이 "천도인리의 대의"를 "천도인리의 본연한 대경"으로 고쳐 쓴 것은 미세한 차이다. 유길준은 법률과 권리가 "인세의 보동한 이익"을 위한 "고르고 치우치지 않는 큰 기강"을 세운다는 대목을 일부러 추가함으로써 문명사회의 법적, 윤리적 측면을 강조했다. 유길준이 자연철학적 관점에서 '신'과 '천'의 상동성을 설정하는 방식이 아니라 사회적 질서와 윤리의 차원에서 스코틀랜드 계몽사상을 이해했을 개연성을 보여 준다.

후쿠자와는 취사선택한 대목도 있고 정치한 번역어 사용을 통해 얼마간 자신의 사상을 담기도 했지만, 대체로 『외편』 전체를 통해 버튼의 논지를 충실히 전달했다. 유길준도 위에서 인용한 사례의 경우 성실히 원용한 편이지만, 대부분 후쿠자와의 번역문과 개념을 재량껏 취사선택했을뿐더러 자신의 사상을 투사시켜 자유롭게 고쳐 썼다. 번안을 통해 스코틀랜드 계몽사상을 주체적으로 수용했다.『서유견문』은 단순한 서양 사상의 소개가 아니라 유길준의 주체적 관점과 독자적 해석이 들어간 문명론이자 사상론이었다.

유길준의 후쿠자와, 버튼과의 사상적 연관은 수용과 변용의 방식을 탐구함으로써 파악할 수 있다. 또한 수용과 변용의 양상은 번안의 방식과 번역어, 개념의 의미를 탐색함으로써 포착할 수 있다. 이를 통해 유길준의 사상적 영위의 보편성과 특수성, 나아가 1880년대 질서변동기 한국의 장소성을 드러낼 수 있다. 이를 위해서는 유길준의 글을 버튼의 원문, 후쿠자와의 번역문과 면밀히 대조하는 작업이 필수적이다. 유길준 계몽사상의 실체는 '개화', '인민', '인세', '방국' 개념을 중심으로 파악할 수 있다.

3. '개화'와 '문명'

유길준은 자유주의와 상업에 기초한 문명사회를 꿈꾸었다. '공평한 법률'과 '정직한 도리'가 작동하는 사회, 사익을 추구하면서도 공익을 모색하는 인민들이 살아가는 질서 있는 사회를 구상했다. 그는 문명사회를 "지선극미한 경역境域"(또는 "극진의 경역", "극진의 지경至境")이라 불렀다. 더 이상 나아갈 곳이 없는, 어떤 나라도 도달한 적이 없는 문명의 최종 상태를 가리키는 말이다. '개화'는 "인간의 천사만물의 지선극미한 경역에 이르는 것"(『견문』, 375)이었다. 문명사회의 "지선극미한 경역"에 이르는 과정이었다. 유길준은 후쿠자와의 표현을 빌려 "개화의 큰 목적은 사람을 권하여 사邪를 버리고 정正으로 돌아간다는 취의趣意."(『견문』, 159)라 했다. 유길준은 『서유견문』 「개화의 등급」 편에서 사회발전 단계를 '미개화-반개화-개화'로 구분했다. 후쿠자와는 『장중만국일람』掌中萬國一覽(1869)에서 '야만'과 '문명'을 언급했고, 『세계국진』世界國盡(1869)에서 '야만-미개-반개-문명'의 4단계설을 제시했다. 후쿠자와는 문명과 야만에 관한 지식을 당시 미국에서 널리 사용된 지리 교과서였던 세라 코넬Sarah S. Cornell와 새뮤얼 미첼Samuel Mitchell의 고교 지리 교과서에서 얻었다.[11]

코넬은 사회 상태를 5단계(야만-미개-반개-개화-문명)로 설명했고, 미첼은 '문명'과 '개화'를 하나로 묶어 4단계로 수정했다. 후쿠자와는 미첼의 4단계설을 채용하였고 단계별 사회 상태를 묘사한 미첼의 판화도판을 전재하기도 했다(Craig 2009, Chapter 2). 후쿠자와는 훗날 『문명론의 개략』에서는 '야만-반개-문명'의 3단계로 구분했다. 유길준은 『외편』 「세상의 문명개화」 편의 분류법을 따르지 않고 『문명론의 개략』의 3단계 분류법을 받아들이되 주체적으로 재해석했다.

미첼과 코넬의 문명사회 단계설은 스코틀랜드 문명사회론에서

11_Sarah S. Cornell, *Cornell's High School Geography* (new ed.) (New York: D. Appleton & Co, 1861); Samuel Mitchell, *Mitchell's New School Geography* (new and rev. ed.) (Philadelphia: E.H. Butler & Company, 1866).

차용한 이론이었다. 앞에서 언급했듯이 스코틀랜드 계몽사상가들은 인간은 진보하는 기질과 능력이 있으며, 사회는 야만에서 문명으로 단계적으로 진보하고 자연 상태로 퇴보하는 일은 없다고 생각했다. 애덤 스미스와 후계자들은 미개인, 야만인, 반문명인, 문명인의 사회에서는 단계별로 도덕적, 문화적 특징이 있다고 보았다. 산업뿐만 아니라 사회질서, 정의, 풍습, 예술, 예법도 진보한다고 생각했다. 이런 생각은 18세기 후반 유럽의 교양인들 사이에서 널리 공유되었고 19세기에 들어서는 교과서를 통해 일반 시민에게도 확산되었다. 버튼의 『경제학 교본』, 미쳴과 코넬의 지리학 교본은 대표적인 교과서였다. 후쿠자와는 이 교본들을 읽고 스코틀랜드 문명사회론와 만났고, 유길준은 후쿠자와를 읽고 문명사회 단계설을 수용했다.

유길준은 스코틀랜드 문명사회론을 변용된 형태로 받아들였다. 원래 'civilisation'은 국내 수준에서 문명사회를 지향하는 말이었다.[12] 스코틀랜드 문명사회론에서 '클래스'class는 단선적인 시간적 진보를 상정하며 시간적 비동시성을 함축한다. 이러한 문명사회론이 비서구(비문명) 사회에 수용되었을 때, '문명-야만'은 문명국가(서구 사회)와 비문명국가(비서구 사회)를 차별화하는 준거 개념으로 변모한다. '클래스'는 공간적 동시성의 차원을 더하게 된다. 시간 개념에다 공간 개념을 덧붙인 셈이다. 후쿠자와는 '클래스'를 '층

12_유럽의 상류계급은 '문명' 개념을 사용함으로써 미개인과 이들보다 우월한 문명인을 구별하였다(엘리아스 1999, 154).

급'層級으로 번역했고, 유길준은 '층급'을 '등급'等級으로 치환했다. '층급', '등급'은 사회 발전의 단계class를 나타낼뿐더러 문명, 반개화, 미개화(야만)를 구별하는 분류classification의 의미를 함축한다. 여기에서 문명사회론은 특정 국가의 국제적 위상과 연관된 문명국가론으로서의 성격을 띤다. '층급', '등급'은 자국의 국제적 위상뿐만 아니라 문명화의 책무를 의식하게 만드는 말이었다. 시간적 비동시성과 공간적 동시성을 겸비한 말이었다.[13]

유길준은 '문명' 개념을 꺼렸다. 후쿠자와가 사용한 '야만', '반개', '문명'을 '미개화', '반개화', '개화'로 고쳐 썼다. 왜였을까. 1880년대 조선의 지식인들이 '개화'를 선호한 것과 관련된다. 일본에서는 1870년대 이후 'civilisation'의 번역어로 '문명', '개화'도 함께 썼지만 '문명개화' 용례가 많았다. 후쿠자와도 『서양사정 초편』 권1의 초고(1864)에서는 '문명'을 썼고, 『외편』에서는 'civilisation'을 '세상의 문명개화'로 옮겼다. '문명개화'는 'civilisa-tion'의 두 의미, 즉 '문명'(명사)과 '개화 = 문명화'(동명사)의 뜻을 반영한 복합어였다. 그런데 1880년대 한국에서 '문명개화' 용례는 예외적이었고 '개화' 용례가 훨씬 많았다.

원래 '문명'은 문치에 의한 교화를 뜻하는 한자말이다. 유교 사회 조선의 사대부는 개항 이후에도 중화 문명을 여전히 '문명'으로 여겼다. 1890년대 초반에 김윤식은 "대저 개화란 야만인의 풍속을 고

13_근대일본의 문명 개념 형성에 관해서는 박양신(2008), 근대한국의 문명개념 수용에 관해서는 노대환(2010) 참고.

치는 것인데, 유럽의 풍문을 듣고 자기의 풍속을 고치는 것을 개화 라고들 한다. 동토東土는 문명의 땅이니 어찌 다시 이를 열어 고칠 것이 있겠는가. 갑신의 역적들이 유럽을 숭상하고 요순을 낮추고 공맹을 폄하하여 이륜彝倫의 도를 야만이라 부르고 저들의 도로써 이를 바꾸고자 걸핏하면 개화라 불렀다. …… 이들이 말하는 개발 변화는 문식文飾의 말이다. 개화는 시무를 말한다"(金允植 1891/1955, 156-157)고 주장하였다. 청일전쟁 이후 조선의 유학자 들은 부회론을 동원하여 '개화'를 옹호하였다. 『황성신문』의 한 논 설은 '개화'의 어원이 『주역』 「계사전」繫辭傳과 『예기』 「학기」學記 에 나오는 '개물성무'開物成務와 '화민성속'化民成俗에 있다면서 '개 화'를 배척하는 자는 복희, 황제, 당요, 주공, 공자의 죄인이라 비판 했다(『皇城新聞』1889/09/23 논설). '개화' 개념이 유학 문명관에 포섭 되었음을 엿볼 수 있다.

유길준도 '문명개화', '문명' 용어를 거의 사용하지 않았다. '개 화' 개념에 집착했다. 유학 문명관이 여전히 작용했음을 엿볼 수 있 다. 만일 '문명-야만' 내지 '야만-반개-문명'의 틀을 차용한다면, 자국 조선을 반개나 야만에 자리매김할 수밖에 없고, 이 경우 근대 적 문명 개념에 의탁해 자국의 위상을 규정하는 비주체적 상황에 빠질 수도 있다. 유길준은 '개화' 개념을 보지함으로써 이를 회피하 려 했던 것이 아닐까. 유길준은 '개화'를 영역별 개화의 총체로 보 았고 행실, 학술, 정치, 법률, 기계, 물품 등 각 영역에 필요한 덕목 의 실현으로 파악했다. 행실, 언어, 예법, 귀천의 지위와 강약의 형 세에 따라, 무엇보다 "인생의 도리"를 지키는 정도와 "사물의 이치"

를 궁구하는 양상에 따라, 인간사회를 '미개화-반개화-개화'의 세 등급으로 나누었다.

대개 반개화한 자의 나라에도 개화하는 자가 있고, 미개화한 자의 나라에도 개화하는 자가 있다. 개화하는 자의 나라에도 반개화한 자도 있고 미개화한 자도 있다. 국인이 일제히 개화하기란 극히 어려운 일이다. 인생의 도리를 지키고 사물의 이치를 궁구하면 만이蠻夷의 나라에 있어도 개화하는 자이고, 인생의 도리를 닦지 않고 사물의 이치를 따지지 않는다면 개화한 나라에 있어도 미개화한 자다. 이와 같이 말한 것은 각기 한 사람의 몸을 들어 말한 것이다. 하지만 한 나라의 경황을 의론한다면 인민에 개화하는 자가 많으면 개화하는 나라이고, 반개화한 자가 많으면 반개화한 나라이며, 미개화한 자가 많으면 미개화한 나라이다(『견문』, 377-378).

'미개화-반개화-개화'는 문명화 과정에 초점을 맞춘 분류법이다. 유길준은 개화하는 나라(서양)에도 미개화, 반개화한 자가 있고, 반개화한 나라(조선)에도 개화한 자가 있다고 말한다. 이 같은 상대화 논리에 의거했을 때, 미개화국, 반개화국은 '지선극미한 경역'을 지향할 자격과 기회를 얻게 된다. 자국의 존재 가치를 확인받고 문명사회로 나아갈 전망을 가질 수 있다. 유길준은 "인생의 도리"(윤리)와 "사물의 이치"(지식)를 준거로 제시하면서 '미개화-반개화-개화'를 공간적 동시성의 차원에서 파악했다. 시간적 진보를 상정하는 스코틀랜드 문명사회 발전단계론과는 관점이 다르다.

미개화, 반개화의 나라는 어떻게 해야 '지선극미한 경역'에 이를 수 있을까. 유길준은 주체적 개화를 주장한다. 유길준은 '실상實狀 개화-허명虛名개화'와 '개화의 주인-개화의 손님-개화의 병신'이라는 분류법을 제시하면서 주체적 개화를 주장했다. 실상개화는 "사물의 이치와 근본을 궁구하고 고량考諒하여 나라의 처지와 시세에 합당하게 하는 것"이며, 허명개화는 "사물에 대한 지식이 부족한데 타인의 경황을 보고 부러워서 그러하든 두려워서 그러하든, 앞뒤를 추량推量하는 지식이 없고, 시행할 것을 주장하여 재물 쓰는 것이 적지 않은데, 실용은 그 분수에 미치지 못하는 것"을 말한다 (『견문』, 380-381). '실상'과 '허명'은 '사물의 이치'를 따지는 지식을 가지고 구별할 수 있다. 유길준은 지식이 있어야만 악행을 피하고 양생과 절용, 예의와 염치를 알게 되며, '원려'와 '분발하는 의지'를 갖게 된다고 했다.[14] 영역별 개화에서 핵심은 '행실의 개화'였다. 개화는 시대에 따라 변개하기도 하고 지방에 따라 다르지만, '행실의 개화'만은 천만 년 지나도 변치 않는다고 했다. '인생의 도리'는 아무리 개화하더라도 지켜야 할 불변의 윤리였다.

개화는 인간의 본성일까 후천적 노력일까. 버튼은 선을 행하는 인간의 본성과 결부시켜 문명화를 파악했다. 인간은 본성이 선량하

14_유길준이 지식을 중시했다는 사실은 법의 성립과 관련하여 "사람이 있으면 반드시 법이 없을 수 없는 이치이므로, 인간 교제가 시작할 때부터 동시에 그 법도 정해지고, 두 가지가 서로 더불어 진보하는 것이다"(『外編』, 416)를 "사람의 삶이 있으면 법이 없을 수 없으므로 반드시 사람의 지식에 따라 차츰 법의 명칭이 생겨난 것이라 할 수 있다"(『견문』, 135)로 수정한 대목에서도 확인된다.

며 선량한 본성을 선용善用할 수단을 갖추고 있다고 보았다. 문명은 인간의 본성을 선용하는 것으로, 문명화가 실패한다면 그 책임은 인간에 있다고 생각했다.[15] 유학적 사유와 통하는 발상이다. 후쿠자와는 버튼의 이 대목을 "필경 문명개화가 목적으로 삼는 바는 기사귀정棄邪帰正의 취의로, 사람에게도 스스로 선을 행해야 하는 성질이 있다. 만일 그렇지 않고 악에 빠지는 것은 스스로 행하는 죄다"(『外編』, 435)라고 번역했다. '기사귀정'이라는 말을 사용해 문명이 천성적인 것임을 강조했다.

유길준은 이 문장을 "개화의 큰 목적은 사람을 권하여 사邪를 버리고 정正으로 돌아간다는 뜻이다. 사치와 검약의 분별 또한 개화의 등급에 따라 이루어진다"(『견문』, 159)라고 고쳐 썼다. '기사귀정'을 사치와 검약의 문제와 연결시킨 것이다. 유길준은 사치와 검약을 인간 본성이나 윤리 문제가 아니라 개화 수준의 문제로 여겼다. 선악은 인간의 본성이 아니라 개화(문명화) 정도에 의존한다고 생각했다. 상업에 기반을 둔 문명사회 구상과 연관된다. 유길준은 사치를 악으로, 검약(절검)을 미덕으로 간주하는 유교적 경제 윤리를 비판하는 한편, 정미精美한 제조품을 뜻하는 '미물'美物은 사치품이 아니라고 보았다. 사치는 인민의 편리도 되고 장인匠人을 권면하는, 개화의 경역으로 이끄는 미덕이라 주장하였다(『견문』, 제6편 「정부의 직분」).[16]

15_"In the end, civilisation almost always turns its gifts to good account. Man is, at all events, gifted with the means of doing so, and if he fail, the blame is his own"(PE, 36).

천성에 관한 생각은 '천품'天稟과 '인품'人稟의 용례에서도 엿볼 수 있다. 후쿠자와의 경우 '천품'은 인간의 본성과 타고난 신체적, 정신적 재질이라는 두 가지 의미로 쓰였다. 후쿠자와가 "사람이 행하는 바를 살피건대, 그 천품은 군거群居를 좋아하고 피차 서로 사귀고 피차 서로 도와 서로 세상의 편리를 통달하는 성질이 있다" (『外編』, 391), "사람의 천품에 있어 스스로 몸을 소중히 여기고 몸을 사랑하는 성性이 없는 자 없다"(『外編』, 392), "세상의 개화를 추진하고 법칙을 마련하면 법이 관대해도 범하는 자 없고 사람들이 힘에 통제되지 않고 마음에 통제되는 것은 문명의 모습으로, 즉 인생천품의 지성至性이다"(『外編』, 395)라고 했을 때 '천품'은 인간의 본성을 가리킨다. 한편 "여기에 두 사람이 있어 그 천품에 조금도 우열이 없다고 하더라도 한 사람을 가르치고 한 사람을 버린다면 그 인물은 금세 변해서 운양雲壤이 현격해질 것이다"(『外編』, 397-398), "인생의 천품은 서로 다름이 심하다. 근골이 강장한 자도 있고, 신체가 허약한 자도 있다"(『外編』, 414), "천품 불구不具의 사람이 있으면 단지 그 생명을 보호할 뿐만 아니라 또한 이를 가르치고 그 불구를 고쳐 평인平人과 가지런하게 할 것을 힘쓴다"(『外編』, 415)라고 말했을 때, '천품'은 타고난 재질을 뜻한다.

유길준은 후쿠자와나 버튼과는 다르게 사용했다. 이 점은 정부가 출현하는 문명화 과정을 서술한 대목에서 확인된다. 후쿠자와는 버

16_사치와 검약에 관한 유길준의 정치경제학적 해석과 그 의의에 관해서는 유길준·장인성(2017, 391-396) 참조.

튼의 서술을 살려 이렇게 말했다.

인생의 천품은 상이함이 심하다. 혹은 근골筋骨이 강장强壯한 자 있고, 혹은 신체가 허약한 자 있다. 혹은 재력才力이 강의剛毅한 자 있고, 혹은 정심精心이 나태한 자 있다. 혹은 남보다 앞서 남을 제제하기를 좋아하는 자 있고, 혹은 남을 좇아 남에 기대어 일을 이루기를 좋아하는 자 있다. 초매이속草昧夷俗의 민간에서는 이 천품의 이동異同이 매우 두드러져서 인생의 해가 됨이 가장 심하지만, 문명이 진보함에 따라 점차 이 불평균을 일치하고, 혹은 완전히 이것을 일치시킬 수는 없어도 그 불평균으로 해서 세상의 해를 생기게 하지 않고 도리어 전화위복의 처치處置를 행하는 일이 있다(『外編』, 414-415).

유길준은 이 대목을 다음과 같이 고쳐 썼다.

사람의 천품이 일정하지 못해 근골이 강건한 자도 있고 형체가 허약한 자도 있으며, 또한 재질이 총명한 자와 심지가 유약한 자의 차이가 있다. 또한 이 이치로 인해 남보다 앞서 남을 제어하는 것을 즐겨하는 자도 있고, 남보다 뒤져 그의 제어를 감수하는 자도 있다. 초매한 세계에서는 인품의 차등 때문에 생민의 화해禍害가 더욱 심하지만, 풍기가 차츰 열리게 되면 고르지 못한 인품을 귀일歸一하는 도를 세운다. 하지만 천품한 재주와 기력은 사람의 지력으로 어찌할 수 없다. 그러므로 비록 천품이 귀일하는 길은 없을지라도 학문으로써 사람의 도리를 교회敎誨하고 법률로써 사람의 권리를 수호하여 인생의 정리正理로 신명과 재산을 보전하고, 이 일로 국가의 대업을 만들고 정부의 법도規度를 세운다. 이러한 법도의 창설은 사람의 강약과 현우를 따지지 않고 각기 사람의 사람되는 도리와 권리를 귀일하기 위해서이다(『견문』, 136-137).

유길준은 '천품'과 '인품'을 구별했다. 어찌할 수 없는 "천품한 재주와 기력"과 어찌할 수 있는 "사람의 지력"을 구별했다. "사람의 지력"은 인품에 해당한다. 후쿠자와 3부작에는 '인품'이라는 용어는 전무하다. 유길준은 '인품'을 상정함으로써 "학문으로 사람의 도리를 교회하고 법률로써 사람의 권리를 수호"할 가능성을 열어 놓았다. 후쿠자와 달리 '천품'과 '인품'을 구별함으로써 문명의 고정성을 부정하고, 지식 교육을 통해 개화할 여지를 보여 준 것이다. 유길준은 다음 대목을 덧붙여 이 점을 좀 더 분명히 했다.

사람의 천품이 본래 야만은 아니다. 야만은 교육을 받지 못해 지식이 미개하여 사람의 도리를 행하지 못한 것을 가리킨다. 오늘 야만의 이름이 있어도 내일 사람의 도리를 닦는다면 이들도 개화의 영역에 있는 인민이다. 이 이치를 상세히 따지면 오늘날 어리석고 어두운 야만은 먼 옛날의 미개한 사람과 같은 것이다. 세계에 야만의 종자種落가 따로 있는 것이 아니다. 개화 인민이 변하여 야만이 되는 자도 있고, 야만이 변해 개화인이 되는 자도 있다. 도를 어떻게 수행하는지 살펴보는 것이 옳다. 그 근본을 힐문하는 것은 옳지 않다(『견문』, 136).

상등인은 법을 사랑하고, 중등인은 법을 두려워하며, 하등인은 법을 싫어한다. …… 법을 범하지 않는 것은 사세가 감히 그럴 수 없고 처지가 그럴 수 없기 때문이지, 심술이 바르기 때문이 아니다. 그러나 법률상 인품을 의론하여 세 등급으로 구별한 것은 생후 학식의 범위圈限와 지각의 수준層節에 따른 것이다. 교화가 널리 미치는 정도에 따라 죄를 범하는 수가 줄고 있다. 이로써 보건대 인세의 풍속俗趨을 바로잡는 것은 법률을 엄히 정하는 것보다 교화를 힘쓰는 데 있다. 범죄는 대소를 막론하고 반드시 벌하고 용서치 말아야 하는 것이 요체[要道]다(『견문』, 265).

유길준은 인간의 '천품'은 본래 야만이 아니며, 야만은 개화 정도에 따라 달라지는 '인품'의 문제임을 분명히 하고 있다. 인품과 관련된 '사람의 도리'를 행하는지, '사람의 권리'를 수호하는지 여부가 개화, 미개화의 기준이 될 따름이다. 개화는 인품의 문제이며, 여기에서는 인민의 계몽, 즉 지식 교육이 필요하다. 또한 인품은 법률에 의해 규율되는데, 법률의 작용도 지식의 수준과 교화의 정도에 따라 달라진다. 유길준은 '천품'과 '인품'을 구별함으로써 문명사회를 향한 개화의 가능성을 열어 놓았다. 개화의 방법은 "고금의 형세를 짐작하고 피차의 사정을 비교하여 좋은 것을 취하고 나쁜 것을 버리는 것"(『견문』, 378)이었다. 개화의 윤리는 '면려'勉勵, '경려'競勵였다(『견문』, 제4편 「인세의 경려」).

4. '인민'과 '각인'

　문명사회에서는 법률의 규율을 받으면서 사회생활을 영위하는, 덕성을 갖춘 자주적 개인이 요구된다. 유길준도 개체적 인간으로서의 '인민', 국가를 지탱하는 '국인'國人에 관해 서술했다. 근대사회를 살아가는 주체로서 '인민'을 상정하는 한편, 전통적 '민' 관념과 결부시켜 '인민'을 이해했다. 『서유견문』에는 네이션으로서의 '국민'의 용례는 보이지 않는다. 유길준은 압도적으로 '인민'을 선호하였다. 후쿠자와는 『외편』에서 'nation'뿐만 아니라 'people', 'men'을 번역할 때, 간혹 '인민'을 사용했지만 대체로 '국민'을 역어로 사용했다. 네이션 형성의 의지가 엿보인다. 유길준은 후쿠자와의 '국민'을 대부분 '인민'으로 치환했다. 종종 '국인'을 쓰기도 했는데, '나라 안의 인민'을 뜻하는 말이었다. 서너 군데 '국민'의 용례도 보이지만, '국인'의 뜻으로 쓰였다.

　유길준은 인민을 개체적 주체로 보았을까. 『서유견문』에는 '개인' 용례는 안 보인다. 당시 일본에서는 'individual'의 번역어로서 이미 '개인'이 유통되었는데, 유길준은 이를 차용하지 않았다. 독자에게 익숙지 않은 말이었기 때문이 아닐까. 그렇지만 개인의식은 있었다. 인민 한 사람 한 사람을 주체로 보는 개체 의식이 있었다. '각인'各人, '한 몸'一己, '한 사람'一人, '일신'一身은 개인을 표상하는 말이었다. 인민의 권리에 관한 서술에서 개체 의식을 확인할 수 있다.

방국을 고수하고 그 권리를 보유하려면 그 국인의 각인이 권리를 잘 지켜야 한다. …… 만일 국중의 인민이 상여相與하는 때에 강한 자가 약한 자를 모욕하고 귀한 자가 천한 자를 업신여긴다면, 강국과 약국이 상대가 안 된다는 것을 자연스러운 이세理勢라 여겨서 강국이 약국의 권리를 침월해도 인민이 당연한 도라 생각하고 사소한 분노도 일으키지 않을 것이다. 그러므로 인민은 저마다 자기 권리의 귀중함을 사랑한 연후에 자기 나라 권리의 귀중함도 알아 죽음으로 지킬 것을 맹서한다(『견문』, 129).

유길준은 인민이 지식을 갖추어야 권리 의식을 갖게 되며, 권리를 가져야만 서로 업신여기지 않고 방국의 권리가 침해당할 때 분개하여 충성할 수 있다고 말한다. 다른 대목에서는 "인민의 지식이 고명하고 나라의 법령이 균평하여 각인 일인의 권리를 보호한 후에야 만민이 저마다 지키는 의기義氣를 다하여 일국의 권리를 지킨다"(『견문』, 98-99)라고 했다. '각인'은 권리의 주체로서의 개인을 가리킨다. "방국을 고수하고 그 권리를 보유하려면 국인 각인의 권리를 잘 지켜야 한다"는 발언은 "일신 독립하여 일국 독립한다"는 후쿠자와의 발언을 연상시키지만, 방향성은 반대였다.

인민은 어떤 권리를 가진 주체일까. 『서유견문』의 「인민의 권리」 편은 『외편』의 「인민의 통의 및 그 직분」Individual Rights and Duties (버튼)에 조응하는 장인데, 유길준은 『서양사정 초편』과 『서양사정 2편』의 글도 함께 참조하면서 자유와 권리에 관한 견해를 피력했다. 먼저 『외편』의 자유관을 보자.

전 세계에 어떤 나라임을 막론하고 어떤 인종임을 불문하고 사람들이 스스로 신체를 자유롭게 함은 천도의 법칙a law of nature(버튼)이다. 즉 사람은 그 사람의 사람이니 천하는 천하의 천하라고 말하는 것과 같다. 그 태어남에 속박 받는 것이 없고, 천God(버튼)으로부터 부여받은 자주 자유의 통의通義는 팔 수도 없고 또 살 수도 없다. 사람으로서 행함을 올바르게 하고 타인의 방해가 되지 않는다면, 국법으로도 그 몸의 자유를 탈취할 수 없다(『外編』, 392).

후쿠자와(버튼)는 자유는 "천도의 법칙"으로서 자유의 '통의'는 양도할 수 없다고 했다. 여기에는 "사람의 천품에 있어서 스스로 몸을 중히 하고 몸을 사랑하는 성性이 없는 자는 없다"(『外編』, 392)라는 인식이 깔려 있었다. 후쿠자와는 "God"을 "천"으로, "a law of nature"를 "천도의 법칙"으로 번역함으로써 버튼의 천부인권적 자유 관념을 전달했다. 한편 후쿠자와(버튼)는 "자유의 통의(권리)"를 멋대로 행사하여 천성을 속박하는 걸 막기 위해서는 직분에 힘써야 한다고 말한다. 법률은 인간의 신체를 보전하고 권리를 보장해 주므로 법률을 존경하는 것이 사람의 '직분'(의무)이라고도 했다(『外編』, 393). 자유는 천부의 권리인 동시에 법률의 규율을 받고 의무를 수행할 때 보장된다는 말이다. 잘 알려져 있듯이 '통의'는 'right'의, '직분'은 'duty'의 번역어였다.

후쿠자와는 『서양사정 2편』과 『서양사정 초편』에서도 자유를 언급하였다. 자유를 "일신이 좋아하는 대로 일을 하여 궁굴窮屈한 생각이 없는 것"이라 정의했다. 또한 자유는 결코 멋대로 방탕한 것도, 타인을 해쳐 나를 이롭게 한다는 뜻도 아니라 심신의 작용을 활발히 하여 서로 방해하지 않고 일신의 행복을 이루는 것이라 했다.[17] "자주임의, 자유의 글자는 방자我儘 방탕으로 국법을 두려워하지 않는다는 뜻이 아니다. 그 나라에 살고 사람과 사귀어 스스럼없고 거리낌 없이 자력으로 생각한 바를 한다는 뜻이다"[18]라고도 했다. '자유'와 '방자'를 확연히 구별했던 것이다. 『서양사정 2편』 권1 「인간의 통의」에서는 윌리엄 블랙스톤William Blackstone의 견해를 빌려 '천도'를 상정한 자연법적 이해보다는 '국법'을 상정한 사회적 이해를 강조하기도 했다. 후쿠자와는 천부적 성격과 사회적 성격의 양면에서 자유를 파악했다.

유길준은 후쿠자와의 '자유' 개념을 받아들이면서도 독자적인 자유론을 전개했다. 후쿠자와가 자유의 '통의(권리)'와 '직분(의무)'를 논한 것과 달리, 유길준은 권리의 '자유'와 '통의(당연한 정리)'에 관해 서술했다. 유길준은 자유론을 권리론으로 바꾸었다. '통의'도 전혀 다른 뜻으로 썼다.

인민의 권리는 그 자유와 통의를 말한다. …… 자유는 마음이 좋아하는 대로 어떤 일이든지 좇아 궁굴구애窮屈拘碍하는 사려가 없음을 말한다. 하지만 결코 마음대로 방탕하는 의사도 아니고 법을 어기고 제멋대로 하는 행동도 아니다. 타인의 사체事體는 돌아보지 않고 자기의

17_『西洋事情 二編』「例言」, 『福澤諭吉全集』 第1卷, 486-487쪽.

18_『西洋事情 初編』 卷1「備考」, 『福澤諭吉全集』 第1卷, 290쪽.

이욕利慾을 멋대로 하는 의사도 아니다. 국가의 법률을 경봉敬奉하고 정직한 도리로 스스로 보전하여 자기가 행해야 할 인세의 직분으로써 타인을 방해하지 않고 타인의 방해도 받지 않으며 하고 싶은 바를 자유하는 권리다. 통의는 한마디로 말하면 당연한 정리正理다. …… 온갖 만물에 그 당연한 도를 지켜 고유한 상경常經을 잃지 않고 상칭相稱한 직분을 스스로 지키는 것이 곧 통의의 권리다(『견문』, 109).

유길준은 후쿠자와에게서 '자유' 개념은 받아들지만, '통의' 개념은 취하지 않았다. 유길준은 '통의'를 '당연한 정리'라 정의했다. "타인을 방해하지 않고 타인의 방해도 받지 않"는 "자유하는 권리"를 행사하기 위한 조건은 "국가의 법률을 경봉敬奉하고 정직한 도리로 스스로 보전하여 자기가 행해야 할 인세의 직분"을 행하는 것이다. '통의'는 "당연한 도를 지켜 고유한 상경을 잃지 않고 상칭한 직분을 스스로 지키는 것"을 말한다. '직분'과 결부된 개념이었다.[19] 유길준은 'right'를 '권리'로 번역했다. '통의', '직분'은 후쿠자와는 각각 'right', 'duty'의 번역어로 차용했지만, 유길준은 전통(유학)적인 의미를 담아 사용했다.[20]

19_유길준은 도쿄 유학 시절(1881-1882)에 후쿠자와를 읽고 'right' 개념을 받아들였을 때 후쿠자와가 사용한 '통의' 개념도 당연히 인지했을 터다. 일본에서 널리 통용된 '權理', '權利'도 접하였다. 「세계대세론」(1883)의 초고에는 權理를 썼다가 나중에 權利로 수정한 대목이 보인다.

20_후쿠자와는 'right'에 네 가지 뜻이 있다고 보았다. ① 정직, ② 구해야 할 이치(理), ③ 일을 해야 하는 권리(權), ④ 마땅히 소지해야 할 것(소유권)이다. 후쿠자와는 '정직함', '당연

유길준은 후쿠자와(혹은 버튼)의 천부자유권 사상을 수용해 "자유와 통의의 권리는 보천솔토普天率土 억조인민億兆人民이 같이 갖고 함께 누리는 것이다. 각인 각각 일신의 권리는 태어남과 더불어 생기며 불기독립不羈獨立하는 정신으로 무리한 속박을 입지 않고 공정치 않은 장애窒碍를 받지 않는다"(『견문』, 109-110)라고 했다. '각인', '일신'의 개체적 권리와 자주적 정신을 모색하는 의식을 엿볼 수 있다. 그런데 유길준은 개체적 권리를 규율하는 법률과 도리의 작용을 중시했다.

자유와 통의는 빼앗을 수도 없고 흔들 수도 없고 구부릴 수도 없는 인생의 권리이지만, 법률을 준수해 정직한 도리로 몸을 삼간 연후에 하

한 도리'라는 뜻을 살리고자 'right'를 '通義'로 번역하였다. 후쿠자와는 번역어 '權利'가 성립한 뒤에도 당분간 '通義'에 집착하였다. 『학문의 권장』(1871)에서 'right'의 번역어로서 '權理'(6회)나 '權利'(1회)를 썼지만, '權義'를 훨씬 많이 사용하였다. '通義'는 주로 복합명사 '權理通義'의 형태로 사용되었는데, '權義'는 이 '權理通義'의 축약어로 보인다. 후쿠자와는 번역어 '權理'와 '權利'가 경합하는 상황에서 '權理'를 선호하였고 '權義(權理通義)'도 즐겨 썼다. 『문명론의 개략』(1875)에서는 '權義'의 용례가 확립된다. '權理', '通義', '權理通義'는 사라졌고 '權利'는 두 군데 정도 쓰였을 뿐이다. '權義'를 고집한 것은 '通義'에 애착을 가졌기 때문이었을 것이다. '通義'는 경서에 나온다. 맹자는 보편적 원리, 공통된 이치라는 의미로 사용하였다. 맹자는 "옛말에 이르기를 '어떤 이는 마음을 수고롭게 하고 어떤 이는 힘을 수고롭게 한다. 마음을 수고롭게 하는 자는 남을 다스리고, 힘을 수고롭게 하는 자는 남의 다스림을 받는다'고 하였다. 남의 다스림을 받는 자는 남을 먹여 살리고 남을 다스리는 자는 남에게 얻어먹는 것이 천하의 통의다(故曰 或勞心 或勞力 勞心者治人 勞力者治於人 治於人者食人 治人者食於人 天下之通義也)"(『孟子』滕文公·上)라고 말했다. 노심자와 노력자의 이야기인데, 보편적 원리나 이치로서의 '통의'는 직분의식과 관련해서 사용되고 있다. 유길준의 '통의'는 후쿠자와보다는 맹자와 통한다.

늘이 내려준 권리를 보유하여 인세의 낙을 누려야 할 것이다. 자기의 권리를 아끼는 자는 타인의 권리를 보호하여 감히 침범하지 못한다. 만약 타인의 권리를 침범한다면 법률의 공평한 도가 반드시 이를 불허하여 침범한 정도分數만큼 범한 자의 권리를 박탈할 것이다. …… 스스로 훼손한 자의 권리를 제한勦屈하는 도는 법률만이 그 당연한 의義를 갖는다. 법률의 공도가 아니고서 권리의 여탈與奪을 행하는 것은 권리의 도적竊盜이라 할 수 있고 원수讎敵라 할 수 있다. 자유를 과용하면 방탕에 가까우므로 통의로써 조종하여 그 정도를 알맞게均適 해야 한다. 자유는 좋은 말에 비유할 수 있다. 만일 말을 부리는 도를 잃는다면 굴레와 고삐를 벗어버리고 방종斥弛하는 버릇氣習이 자꾸 생긴다. 때문에 통의로 굴레와 고삐를 삼는 것이다. 말을 부리는 도는 법률에 있다. 그러므로 통의는 사물의 정황에 따라 각인의 분한分限이 스스로 있는 것이다(『견문』, 113-114).

'자유'와 '통의'의 천부적 권리는 '법률의 공도'와 '정직한 도리'에 의해 스스로를 규제했을 때, 즉 '각인의 분한'을 정했을 때 향유된다. 자유와 통의는 별개가 아니다. 통의는 '각인의 분한'을 전제로 한다. 통의는 자유의 방종을 규율하는 '당연한 정리'다. 통의는 자유가 방종에 흐르는 것을 제어하며, 법률은 자유와 통의의 전체적 방향을 이끈다.[21] 천부의 권리인 자유와 통의는 '법률의 공도'와

21_'법률의 공도'와 '법률의 위령'은 구분된다. '법률의 공도'는 타인의 권리를 침해하는 행위를 막아주지만, 사람이 스스로 권리를 손상시켰을 때 '법률의 위령'이 작동한다. '법률의

'정직한 도리'의 작용을 통해 구현된다. 법률이 기능하지 않으면 통의도 작동할 수 없다. 유길준은 '각인의 분한'(인세의 직분)에 한정된 '처세의 자유'를 규율하는 법률과 도리를 통해 통의가 구현된다고 생각했다. 개인은 법률과 도리의 규율을 받으면서 각인의 분한에 맞는 권리를 행사하는 사회적 존재였다.

'각인의 분한'에 작용하는 통의는 '유계有係의 통의'와 연관된다. '무계無係의 통의'는 한 사람의 몸에 속하여 다른 관계는 없는 것이다. 사람의 천부에 속하기에 "세속 안에서 사귀어 교제를 행하는 자"와 "세속 밖에 있어 독립무반獨立無伴한 자"라도 통달할 수 있는 정리다. 한편 '유계의 통의'는 "세속에 살면서 세인과 사귀어 서로 관계하는 것", 세속의 교제 안에서 법률에 의해 각인 일신의 직분과는 관계없이 "세속교도世俗交道의 직분"을 간섭하는 정리다(『견문』, 110). '유계의 통의'는 '처세하는 자유'와 관련되며, 각인이 '상여'相與하는 권리를 행사하는 '인세'人世를 상정한 개념이다.

『서유견문』에는 간혹 '여중'輿衆, '공중', '대중'이라는 말도 보인다. 법률과 도리에 의해 규율되는 사회적 관계를 영위하는 인민의 집합체를 가리키는 말이다. 얼마간 공적 영역의 출현을 암시하는 말일 수도 있다. 유길준은 계몽 = 지식 교육을 통해 인민이 개체적 존재일 뿐만 아니라 사회적 존재로서 '인민의 분한'을 실천하는 '자

위령'은 사람이 자초할 때 작동하는 사회적 자유를 규율한다. '법률의 공도'는 '통의'의 작용과 관련된다. 사회생활에서 요구되는 처세의 자유가 법률에 의해 규율될 때, '통의'는 정황에 따라 '각인의 분한'을 규정하게 된다.

주하는 생계'를 갖기를 바랐다. 경제적 자립 능력을 갖춘 자주적 인간의 출현을 기대했다. 인민의 자주적 생계와 이를 위한 교육은 문명사회로 나아가는 개화의 요체였다.

그런데 유길준은 자주적 인민에게 정치적 주체로 성장할 여지를 부여하지는 않았다. 인민을 정치적 주체로 보지도 않았고 인민의 정치적 참가를 용인하지도 않았다. 마땅히 인민의 선거권을 인정하는 대통령제를 부정했다(『견문』, 139-140). 또한 인민에 납세의 의무를 부과했지만 납세에 따른 인민의 권리는 생각하지 않았다. 인민은 정치적 시혜의 대상이었기 때문이다. 인민은 군주에 충성해야 하며, 군주를 대신해 위민의 정치를 행하는 정부에 충순해야만 할 존재로 여겨졌다(『견문』, 제12편 「애국하는 충성」). 유길준은 '인민'에게 문명사회에 상응하는 근대적 개체로서의 자유와 권리를 향유할 가능성을 부여했지만, 동시에 '인민'을 유교적 '민'에 연속하는 통치 대상으로 파악했다. 유길준의 '인민' 개념은 후술하듯이 전통적 의미를 가진 '국가' 개념과 결부된 것이었다.

5. '인세'와 '교제'

유길준은 1880년대 개방 개혁의 문맥에서 사회의 출현을 선구적으로 감지했다. 법과 규칙으로 규율되는 사회, 교역의 원리가 작동하는 상업 사회를 상정하는 한편, 군주제와 유교 윤리로 지탱되는 사회를 지향했다. 유길준은 '인세'라는 말로 인민이 교제하는 사회를 표현했다. '인세'는 어떤 의미를 가졌을까. 우선 사회에 관한 버튼의 서술과 후쿠자와의 번역을 보기로 하자.

In all societies of human beings there are common peculiarities of character, and of habits of thought and feeling, by which their association is rendered more agreeable. There are, however, diversities of disposition, and inclinations to peculiar convictions, which have a tendency to separate mankind. It is everywhere admitted, that society only can exist if individuals will consent to exercise a certain forbearance and liberality towards their fellow-creatures, and to make certain sacrifices of their own peculiar inclinations. Thus only can the requisite degree of harmony be attained(*PE*, 3).

억조의 인민은 성정이 서로 같기 때문에 교제의 도가 세상에 행해져도 방해되지는 않지만, 사람들의 의견은 각자 생각하는 자기 몫이 있어 꼭 일치하기는 어렵다. 그러므로 인간의 교제交를 온전히 하려면 서로 자유를 허용하고 서로 감인堪忍 하고, 때로는 나의 소견을 구부려서 남을 따르고, 피차가 서로 평균해야 비로소 호합조화好合調和의 친밀함이 생겨난다(『外編』, 391).

후쿠자와 유키치는 『외편』 전편을 통해 'society'를 '인간의 교제'로 번역했는데, 이 번역어에서 사회를 보는 후쿠자와의 관점을 엿볼 수 있다. 후쿠자와는 'society'에서 공통된 특성, 공통된 사고와 감정의 습관을 가진 영역보다는 인간 성정(즉 인간 본성)의 보편성과 개별성이 공존한 가운데 조화를 이루는 '인간의 도', '인간의 교(제)'를 상상했다.[22] 후쿠자와는 인간의 교제가 이루어지는 세상을 뜻하는 '세간'世間이라는 말도 종종 사용했다. '세간'은 'the world'의 번역어로 사용되기도 했다. 꼭 'society'를 가리킨 말은 아니었다.[23] 후쿠자와의 경우 '인간 교제', '교제의 도'를 성립시키는 조건은 자주적 생계를 영위하는 독립적인 인간이었다. 자급하지 못하는 인간은 '교제의 도'society를 가질 수 없다. '인간 교제의 대본'은 "자유불기自由不羈의 인민이 서로 모여서 힘을 부리고 마음을 쓰고, 각각 그 공功에 따라 그 보상을 얻고, 세간 일반을 위해 마련한 제도를 지키는 것"이었다(『外編』, 393). 후쿠자와는 버튼이 말한 사회를 구성하는 주체적 개인individual을 '자유불기의 인민'으로 번역했다. 또한 버튼의 상호부조의 사회 관념을 받아 "본래 인간의 대의를 논한다면, 사람들이 서로 그 편리를 꾀하여 일반을 위해 근로

22_후쿠자와는 외국과의 교섭, 외교를 '외국 교제'나 '각국 교제'로 표현하였다. 『만국공법』(윌리엄 마틴)의 「방국교제」 항목과 연관될 것이다.

23_유길준은 1881-1882년 일본에 유학했을 때 번역어 '사회'를 인지했을 터다. 1870년대 일본에서는 'society'의 번역어로 '인간교제', '동료집단' 등이 쓰였고, 1880년대 들어 번역어 '사회'가 성립하였다. 일본의 '사회' 개념 성립에 관해서는 아키라(2003) 참고. 유길준은 '인세'를 사용하였다. 근대사회에 익숙지 않은 독자에게는 '인세'나 '교제'라는 말이 사회를 연상시키는 데 더 유용했을 것이다.

하고, 의기를 지키고 염절을 알고, 수고하면 따라서 그 보상을 얻고, 불기독립으로써 처세하고 교제의 도를 다해야 한다"라고 말했다. 또한 "교제의 도"를 이루려면 각자 "덕행을 닦고 법령을 지키지 않으면 안 된다"라고 했다(『外編』, 393-394). '인간의 교제'는 자주적 개인이 편리함을 추구하면서 덕행과 법령에 기초한 관계를 보전한다는 측면을 지녔다. '인간의 교제'는 상호부조의 사회를 상상할 여지를 제공하지만, 사회 영역보다는 인간관계에 초점을 맞춘 말이었다.

'인간의 교제'는 가족생활의 교제에서 유추된 말이다. 후쿠자와(버튼)는 "인간의 교제social economy(버튼)는 가족으로써 본本을 삼는다"(『外編』, 390; *PE*, 2)라고 했다. 유길준도 이 발상을 받아들여 "인생이 저마다의 취의를 따라 일신의 이익을 혼자 꾀하는 듯하지만, 그것이 이루어지는 데에는 한 사람의 힘이 아니라 타인과 사귀어 일을 이루는 것이 많다", "세인의 결교結交하는 도는 가족 간의 친애자정親愛慈情에 비해 원래 피차의 차별은 있지만 느림과 급함을 서로 구하고 걱정과 즐거움을 함께하여 현세의 광경을 꾸미고 대중의 복록福祿을 지키는 것"이라 했다(『견문』, 133). '일신'이 타인과의 관계에서 존재하고 '일신의 이익'이 타인과의 교제에서 영위되는 사회를 상정한 것이다. '친애자정'의 가족과는 달리 '피차의 구별'은 있지만, 가족생활과 유사한 상호부조의 관계가 영위되는 '인세'를 상상했다. "대중의 상여하는 도로 그 부족함을 서로 돕고 편리를 서로 교환하는" '인세'(『견문』, 357)를 상정한 것이다.

그런데 유길준의 사회 인식은 국제사회를 묘사하는 장면에서는 후쿠자와(버튼)와 차이를 보였다. 후쿠자와는 「각국 교제」Intercourse of Nations with Each Other(버튼) 편에서 국제사회가 권력정치의 세계임을 보여 주었다. 유럽 국제사회는 "유력자는 비非를 이理로 바꾸고, 무력자는 언제나 그 해를 입는" 권력정치의 세계라고 했다. 후쿠자와(버튼)는 "문명개화의 가르침, 점차 세상에 행해지고 제도, 법률이 차례로 밝아지게 되어서 이 폐해도 따라서 그친다 할지라도 각국 교제의 모습은 금일에 이르기까지 아직 옛날에 이민夷民이 서로 필부의 용맹을 다툰 것과 다르지 않다. 그러므로 오늘날 지극한 문명[至文至明]이라 칭하는 나라에서도 걸핏하면 크게 전쟁을 시작하여 사람을 죽이고 재물을 소모하여 그 해를 다 말할 수 없다. 실로 크게 탄식해야 할 일이다"(『外編』, 411)라고 했다. 문명사회가 되어도 유럽 국제사회는 야만의 투쟁 상태임을 지적한 것이다.

문명국에서는 두 사람 사이에 쟁론이 일어나 싸우고자 하는 자가 있어도 정부의 법으로 이것을 멈추고 쟁론을 누를 수 있다. 대체로 문명의 가르침을 입은 자는 전쟁이 흉사임을 알고, 힘써서 이것을 피한다 할지라도 외국과의 교제에서는 그렇지 않다. 혹은 일을 좋아하는 자가 있어 인심을 선동하고, 혹은 군주가 공명을 탐하고 야심을 멋대로 해서 싸움을 좋아하는 자가 아주 많다. 그러므로 오늘날 유럽의 나라들은 예의문물을 가지고 스스로 자랑하지만, 쟁단爭端이 일찍이 그친 적이 없다. 오늘은 문명개화의 낙국樂国을 칭하는 나라도 내일은 폭골유혈曝骨流血의 전장이 된다(『外編』, 413).

여기에서는 국내사회와 국제사회를 이원적으로 파악하는 근대 정치관이 작동한다. 후쿠자와는 버튼의 견해를 제대로 전달하였다. 후쿠자와는 『문명론의 개략』에서 홉스적 이미지의 국제사회관을 표명하기도 했다.

유길준은 「각국 교제」의 견해를 취하지 않았다. 전혀 다른 내용으로 「방국의 권리」편을 저술했다. 유길준은 "(마을의 집들이 서로 울타리를 접하는) 이웃比隣하는 경황은 우목友睦하는 신의를 맺고 자익資益하는 편리를 통해 인세의 광경을 조성한다. 사물이 같지 않으므로 사람들의 강약과 빈부는 반드시 차이가 있지만 각기 일가의 문호를 세워 평균한 지위를 보수하는 것은 국법의 공도로써 사람의 권리를 보호하기 때문이다"(『견문』, 88)라고 했다. 유길준은 '신의'와 '편리'에 의해 '인세의 광경' 즉 인간 교제의 사회가 영위되듯이 만국공법의 규율을 받으면서 이웃하는 방국들이 '방국의 교제'를 행하는 국제사회를 상정했다.

방국의 교제도 공법으로 제어하여 천지의 무편無偏한 정리正理로 일시一視하는 도를 행하므로 대국도 일국이고 소국도 일국이다. 나라 위에 나라가 다시 없고 나라 아래에 나라가 또한 없다. 일국의 나라國되는 권리가 피차가 동일同然한 지위로서 터럭만큼의 차이가 생기지 않는다. 그러므로 나라들이 우화友和한 뜻으로 평균한 예를 써서 약관을 교환하고 사절을 파견하여 강약의 분별을 세우지 않고 권리를 서로 지켜 감히 침범하지 못한다. 다른 나라邦의 권리를 공경치 아니하면 이는 자기의 권리를 스스로 훼손하는 것이다. 자수하는 도에서 근신하는 자가 타인의 주권을 훼손하지 않는 까닭이다(『견문』, 88-89).

'우애하는 신의'와 '자익하는 편리'가 만들어 내는 '인세의 광경'과, '우화한 뜻'과 '평균한 예'가 만들어 내는 '방국의 교제'는 상통한다. 청국의 종주권 강화로 한국의 주권이 침해받는 상황에서 보편주의적 만국평등관과 자연법적 만국공법관을 표방한 셈이다. 유길준은 데니O. N. Denny의 『청한론』淸韓論(1888)을 끌어들여 이 논의를 전개하였다. '공도'와 '정리'는 소국이 힘으로 대국에 대적할 수 없을 때 의탁하는 명분이었다. '국법의 공도'와 '천지의 무편한 정리'는 국내, 국제의 교제를 규율하는 보편적 원리로 상정되었다.[24]

유길준의 만국평등론은 한국이 조공 체제와 주권국가 체제가 중첩된 가운데 중국의 속방화 정책에 대항하는 담론이었다. 「방국의 권리」편은 만국평등의 원리와 계약의 논리를 내세워 한국이 주권국가임을 논변한 글이다. 유길준은 국제사회의 '공도'와 보편적 '정리'를 표방한 만국평등의 논리를 내세우는 한편, 계약의 발상을 동원하여 조공 체제를 주권국가 체제에 포섭하는 논리를 폈다. 유길

24_유길준은 모든 집이 강약빈부의 차이를 넘어 평등한 지위를 갖는 '인간의 교제'와, 만국이 강약의 분별을 넘어 나라되는 권리를 갖고 평등한 지위를 갖는 '방국의 교제'를 연속적으로 파악하였다. 다만 유길준도 「세계대세론」(1883)에서 "인권은 일신의 권리이며, 국권은 일국의 권리"라 말하면서 "인권을 확장하려면 정치를 수량(修良)하고 행실을 정제(整齊)해야 하며, 국권을 확장하려면 병력을 양성해야 한다"고 주장한 바 있다. 일본 유학에서 귀국한 직후 서술한 글로 일본의 국권론에 영향을 받은 것으로 보인다.

준의 주권 평등론은 대국에 대항하는 소국의 명분이자 소국 조선의 주권을 옹호하는 정치적 수사였다.[25]

유길준은 인민이 '교도'交道를 유지하면서 신의를 맺고 국법을 준수하면서 편리를 도모하는 인세, 즉 사회를 구상했다. 인세는 "인세의 공공한 큰 비익裨益", "인세의 보동普同[보편]한 이익"이라는 표현에서 보듯이 후쿠자와가 말한 '세간'을 지칭하는 말일 수도 있다. 하지만 "필부의 사력私力으로 할 수 없는 것이고 반드시 공중公衆이 다 같이 높이는 것이어야 한다"(『견문』, 263), "국법의 공도로 사람의 권리를 보호한다"(『견문』, 88)라는 발언에서 보듯이, 인세는 공중이 구성하고 국법의 규율을 받는 사회라는 이미지가 있었다. 유길준은 '인간의 교제'가 법률과 도리에 의해 규율되는 인세를 상정하였다. "높이 날고 멀리 달아나 독처獨處할 수 없고 수많은 군생群生이 빈번히 오가는 가운데 무성하게 잡거하니, 온갖 사물이 영축營逐하고 교접交接함이 실이 얽히고 고슴도치가 모인 것과 같은" 인세에서 법률은 "경쟁을 조종하고 습속을 제어하여 서로 범하지 않는 계역界域을 분명히 정하고 서로 빼앗을 수 없는 조목을 엄격히 세워 윤리倫紀를 바르게 하고 풍속俗趣을 바로잡는 일"을 행하는, 즉 "대중의 질서를 유지하는 큰 도구"였다(『견문』, 262-263).

유길준이 생각한 바람직한 문명사회는 법과 규칙에 의해 규율되

25_「방국의 권리」편의 초고인 「국권」에서는 현실주의적 국제정치관을 피력하고 있다. 후쿠자와의 영향이 엿보인다. 하지만 『서유견문』「방국의 권리」편에서는 보편적 사유에 기초한 사회 관념이 표방되어 있다.

는 사회였다. 유길준은 '합당한 규칙', '엄격한 규칙', '상세한 법규'
와 같은 말을 되풀이했다.

세계의 어느 나라邦건 지혜智愚의 등급이 높고 낮음을 막론하고 저마
다 상칭相稱한 법률이 있어 인민의 상여하는 권리를 보수한다. 하지만
그 도의 좋고 나쁨은 지혜의 등급에 따른다. 자연한 도리에 기초하여
인세의 기강을 세우는 것은 마찬가지지만, 고금의 변천한 시대와 피차
의 상이한 풍속에 따른 형도衡度가 저마다 편한 관계를 만들게 되니,
나라國마다 같지 않고 지방마다 차이가 나는 일이 저절로 생겨난다.
법률의 본의는 미루어 따져 보면 정직한 도를 권하고 억울한 일을 바
로잡는 데 있다. 여중興衆이 각기 상등相等한 지위에 서서 상사相司한
직職이 없다면 시비의 분별과 선악의 상벌은 한 사람이 관련된 때는
자기의 주견을 따르는 것이 옳을 수도 있다(『견문』, 262-263).

유길준은 '인민의 상여하는 권리', '인민의 상여하는 사이', '대중
의 상여하는 도' 등 '상여'相與라는 말로 인민이 평등하게 교제하는
사회를 상정했다. 인민의 집합인 여중은 "상등한" 지위를 가지고
"상사한" 직을 행한다. '상등', '상사', '상여'는 교제의 상호성과 평
등성을 나타낸다. 이러한 평등 사회는 "상칭한 법률"이 인민의 사
회적 관계를 규율할 때 성립한다. 그것은 교역의 원리에 기초한 사
회였다. 유길준은 개인-사회 관계를 일신의 자유의 일부를 양도하
고 사회의 규칙을 준수함으로써 비익裨益을 얻는 교역 관계로 파악
했다. "대중의 상여하는 도는 부족한 것을 서로 돕고 편리한 것을

서로 바꾸는 것"이었다.

6. '방국'과 '국가'

개인과 사회의 양태는 국가의 존재 방식과 결부된다. 유길준은 1880년대 동아시아 국제 질서의 변동에 대응해 주권국가를 형성하고 국내 질서 변동에 부응해 정치체제를 새롭게 구축해야 하는 과제와 대면했다. 유길준의 국가론은 두 과제에 조응한 것이었다. 문명사회론이 스코틀랜드 계몽사상에 연원을 갖는 근대적 보편성을 지향한 것이었다면, 국가론은 한국적 특수성을 반영한 것이었다. 유길준 국가론의 성격은 '방국'邦國 과 '국가'國家, '방'邦과 '국'國의 용례에서 파악할 수 있다.

방국은 일족一族의 인민이 한 곳一方의 산천에 할거하여 정부를 건설하고 다른 나라邦의 관할을 받지 않는 것이다. 그러므로 그 나라國의 최상위를 차지한 자는 군주이고 최대권을 가진 자도 군주다. 인민은 군주를 섬기고 정부에 승순承順하여 한 나라國의 체모를 지키고 온 백성의 안녕을 유지한다. 한 나라一國는 비유한다면 한 집一家과 같아서 그 집의 사무는 그 집이 자주自主하여 다른 집이 간섭하는 것을 허락하지 않는다. 또 한 사람一人과 같아서 그 사람의 행동거지는 그 사람이 자유自由하여 타인의 지휘를 받지 않는 것과 한 가지다. 방국의 권리도 그러하다(『견문』, 85).

'방국'은 "일족의 인민이 한 곳의 산천에 할거하여 정부를 건설하고 다른 나라의 관할을 받지 않는 것"을 가리킨다. '인민', '산천', '관할'은 국가 구성의 3요소(국민, 영토, 주권)를 떠올리게 한다. 방국의 권리는 타방의 관할, 지휘를 받지 않는 권리, 즉 주권이다. 방국의 권리는 "국중의 일체 정치 및 법령이 정부의 입헌에 스스로 따르는" "내용內用하는 주권"과 "독립과 평등의 원리로 외국의 교섭을 보수하는" "외행外行하는 주권"으로 나뉜다(『견문』, 85). '방국'은 외행하는 대외적 주권과 내용하는 대내적 주권을 가졌을 때 성립한다.

방국은 '방'과 '국'의 합체이다. 유길준은 '방'과 '국'을 구별했다. '방'은 다른 나라와의 관계에서 상정되는, 대외적 주권과 관련된 주권체다. '국'은 "일족 인민이 한 폭의 대지를 점유하여 언어와 법률과 정치와 습속과 역사가 같고, 또한 동일한 제왕과 정부에 복사服事하여 이해와 치란을 공유하는 것"(『견문』, 303)으로 정의된다. 방국의 대내적 측면에 한정된 정의다. '국'의 정의에서는 타방의 관할을 받지 않는다는 주권의 문제가 반영되어 있지 않다. '방국'은 대외적 주권체로서의 '방'과 그 토대를 이루는 정치체로서의 '국'을 합친 말이다.

일국의 주권은 형세의 강약과 기원의 선악善否과 토지의 대소와 인민의 다과를 논하지 않고, 단지 내외 관계의 진정한 형상形像에 의거하여 단정하나니, 천하의 어떤 나라邦도 타방의 동유同有하는 권리를 범하지 않을 때는 그 독립자수하는 기초로 그 주권의 권리를 스스로 행한즉, 각방의 권리는 호계互係하는 직분의 동일한 경상景像에 의해서 그 덕행 및 습관의 한도限制를 세우는 것이다. 이와 같이 방국에 귀속하는 권리는 나라國의 나라國인 도리를 위해 그 현체現軆의 긴요한 실요實要이다(『견문』, 85-86).

'방'은 국제 관계에서 국가주권을 보전하는 주체이며, '방'의 주권은 인민을 위해 "국이 국되는 도리"를 실천하는 정치체를 상정한다. 유길준은 '국'이 '국'일 수 있는 도리를 갖추어야 국제사회에서 '방'이 주권체로서 동등한 대접을 받는다고 보았다.

유길준은 '국가' 개념도 사용했다. '국가'는 '국'과 관련된 말로, '방국'과는 용법이 좀 달랐다. '국가'는 '방국'의 국내적 양태, 즉 군주와 정부와 인민의 직분과 역할을 말할 때 등장한다. '국가의 권리'는 '방국의 권리'와 구별해 사용되는데, 여기에서도 '국가'는 '방국'과 의미가 다름을 확인할 수 있다.

국가의 권리는 적당한 품례와 명확한 조리가 스스로 있으므로 가혹한 대우를 받아도 손상되지 않고 강요된 복종을 행하여도 거리낄 바 없다. 고수固守하여 잃지 않는 것과 극신克愼하여 스스로 지키는 것이 국인의 공통共同된 도리이고 정부의 가장 큰 직책이다. 권리를 한번 잃으면 비록 방국의 이름이 있어도 속이 텅 빈 껍질로 자유自由하는 행동을 할 수 없어 나라國의 나라되는 체모를 손상하고 만방의 교섭을 스스로 끊는다. 완루한 기습氣習을 아직 벗어나지 못해 허망한 의론을 멋대로 하는 자는 엄청난 욕을 인군君과 나라國에 끼쳐 면하기 어려운 죄를 범하는 것이다(『견문』, 91-92).

'방국의 권리'가 대외적 주권과 대내적 주권의 합체인 것과 달리, '국가의 권리'는 '나라가 나라인 도리'를 행하는 권리에 한정된다. 유길준은 '방국의 이름'이 성립하려면 '국가'가 제대로 서야 한다고 말한다. '국가'는 인민이 스스로 나라를 고수하고 스스로 지키는 도리를 실천할 때, 또한 군주를 섬기고 정부에 순응하여 "나라國의 나라되는 체모"를 지키고 인민이 안녕을 유지했을 때 존립한다. '국'이 다른 나라의 지휘를 받지 않고 주권을 갖는다는 말은 최상위, 최대권을 가진 군주가 모멸을 받지 않는다는 말과 같다. '국가'는 종묘사직을 뜻한다. 이는 "때機를 보아 세勢에 응한 뒤에 국가를 보수할 수 있다. 만일 그렇지 않고 선왕의 제도를 변경하는 일이 불가하다고 하면서 때의 이미 고칠 것을 고치지 않고 마땅히 바꿀 일을 바꾸지 않는다면, 여간한 화해禍害는 고사하고 종묘와 사직의 위태함이 눈앞에 있어도 깨닫지 못할 것이다. 국가를 보수하는 일은 사람의 가장 큰 직분이다"(『견문』, 142)라고 말한 대목에서도 확인된다. '국가'는 군주를 중심으로 한 정치 집단을 가리키는 전통적 의미로 쓰였다. 요컨대 '방'이 대외적 주권체로서 국가와 국가의 관계에서 설정되었다면, '국'은 사직 왕조로서 군주와 인민, 정부와 인민의 관계에서 상정되었다. '방국'은 국제사회의 주체로 상정될 때 사용되었고, '국가'는 인민을 위한 정치를 얘기하거나 정부-인민 관계

나 민본 정치를 위한 정부의 역할과 직무를 논하는 문맥에서 등장하였다.[26]

'방국'과 '국가', '방'과 '국'의 용례는 전통적 용법과 무관하지 않다. 원래 고대 중국에서 '방국'은 천자국에 대응하는 제후국을 가리키는 말이었다. 방국은 '방'과 '국'을 합친 말이다. '국'은 금문에서는 무장한 성읍인 '或'을 'ㅁ'으로 에워싼 형태로 되어 있다. 씨족적 결합에 기초한 읍제邑制 국가는 대읍을 중심으로 형성되었는데, 이 대읍이 '국'이었다. '국'은 봉건국가의 국내적 측면에서 왕조, 사직을 가리키는 말이었다. 한편 '방'은 봉건국가의 국제적 측면, 즉 천자국에 대해 제후국을 나타낸 말이다. '방'은 '봉'封과 통했다. '방국'은 '방'의 뜻이 담긴 말이었다. '국가'는 '국'을 통치하는 왕조나 사직의 뜻을 가졌다. '대명국'大明國, '대청국'大淸國에서 '국'은 왕조를 지칭한다. 조선의 '개국'은 왕조의 개창을 뜻했다.

그런데 '방국', '국가'는 새로운 근대적 의미에도 대응해야 했다. '방국'은 개항기의 중국, 한국, 일본에서 'state'의 번역어로 사용된 말이다. 윌리엄 마틴William Martin은 한역서 『만국공법』(1864)(원저 *Henry Wheaton, Elements of International Law*)과 『부국책』(1880)(원저 *Henry Fawcett, Manual of Political Economy*)에서 'state'의 번역어로 '방국'을 채용했다. 일본에서는 도쿠가와 막부 말기에 'state'의 번

26_'방국'이 국가를 포괄하거나 중첩적 의미를 갖는 용례가 전혀 없지는 않다. 『서유견문』에 대략 '방국'은 40여 회, '국가'는 130회 정도 쓰였다. 전통적 국가 관념이 여전히 강했음을 시사한다.

역어로서 '국', '국가', '방국', '정부' 등이 혼용되다가 1870, 1880년대의 메이지 초기에는 '방국'이 통용되었다. 나카무라 마사나오中村正直의 『자유지리』自由之理(1872), 우치다 마사오内田正雄의 『여지지략』輿地誌略(1870~1877)에서도 '방국'을 사용했다. 후쿠자와는 3부작에서 '방국'을 전혀 쓰지 않았을뿐더러 '국가'라는 말도 기피하였다.[27] 막부를 가리켰던 '국가'가 '권력의 편중'을 초래했다고 생각해서였다. 후쿠자와는 '국'을 즐겨 썼다. '방국'의 유통은 '국가' 개념에 여전히 전통적 의미가 강했음을 시사한다. '방국'은 기존의 '국가'를 대체하여 성립했다기보다 새로 출현한 주권국가 체제에 부응해 'state'의 번역어로 소환된 것으로 보인다. 천황제 국가를 형성하는 과정에서 'state'의 번역어로 '국가'가 '방국'을 대체하게 된다.

왕조 국가가 근대국가 체제에 편입되는 1880년대 조선의 문맥에서 유길준은 '방국'과 '국가'의 두 개념을 병용하면서 근대적 국가 관념과 전통적 국가 관념을 복합적으로 드러냈다. 방국의 대내적 기반인 국가와 그 주체인 군주에 관한 독자적인 견해를 피력하였다. 유길준은 『외편』 권1 「정부의 본을 논함」을 저본으로 군주제가 출현하는 역사적 과정을 서술했다. 현자를 군주로 추대하고 혈통에 의한 왕위 계승과 군주제 세습이 출현하는 내력을 묘사하였다. 후

27_'국가'는 『서양사정』 전편을 통해 6회밖에 안 보이고, 『학문의 권장』에서는 '천하국가'라는 용례로만 2회 등장한다. 『문명론의 개략』에는 전혀 보이지 않는다. '방국'은 이 3부작에 전혀 사용되지 않았다.

쿠자와(버튼)는 세습 군주제와 선출 군주제에 관해 이렇게 말했다.

국군国君의 기립起立은 그 사정이 모호하지만, 수백 년간 대대로 전해
져 저절로 문벌의 이름을 취하고, 그리하여 또한 견강부회의 설을 세
워 더욱더 그 위광威光을 빛내고자 하며, 혹은 이것을 하늘이 내린天與
작위라 칭한다. 근세가 되면 그 대를 거침이 더욱 오래됨에 따라 그 지
위도 또한 더욱 굳어져 용이하게 이것을 움직일 수 없다. 만일 억지로
이것을 움직이고자 한다면 나라의 제도도 함께 변동해야 하는 세가 되
었다. 일국 안에서는 인물도 적지 않으므로 문지門地에 관계없이 재덕
있는 자를 골라 군군君으로 삼고 국정을 행해도 지장이 없는 이치이지
만, 입군立君의 제도로써 나라를 다스리고자 한다면, 국내의 인망을
얻은 명가의 자손을 받들고 흡사 이것을 그 가족의 총명대總名代로 삼
아 군상君上의 지위에 세워 인심을 유지하는 것과 같음은 없다. 이는
이른바 이외理外의 편리이다(『外編』, 417).

후쿠자와는 세습군주제가 수백 년간 '문벌의 이름'과 '하늘이 내
린 작위'에 의한 권위를 가지면서 '어찌할 수 없는 세'가 되었지만,
문벌을 떠나 인심을 얻은 명문의 재덕 있는 자를 '총대리인'으로 삼는
선출 군주제가 '이외의 편리'라 주장한 것이다. 유길준은 이 대목을
빼버렸다. 그 대신에 대통령제를 비판하고 군주제를 옹호하는 글을
덧붙였다.

만약 하루아침의 우견愚見으로 만세의 큰 기틀을 뒤흔드는 자가 있다

면, 정부의 법을 문란하게 하는 데 그치지 않고 임금도 모르는 역신逆臣과 어버이도 모르는 패자悖子의 죄를 면치 못할 것이다. 인민이 많으면 재식才識과 덕망이 한 나라를 통어할 수 있는 자가 반드시 있다. 그래서 합중국에 대통령을 선택하는 법이 있다. 서양학자 중에 이 법을 채용해야 한다는 의론을 펴는 자가 있는데, 이는 사세에 통달하지 못하고 풍속에 매우 어두워 어린아이의 우스갯소리에도 미치지 못할 뿐이다. 정부가 시작된 제도는 피차에 차이가 있다. 이 의론을 주창하는 자는 제왕정부의 죄인이라 불러도 책임을 벗어나기 어렵다. 그러므로 제왕정부의 인민은 저같이 어리석은 자의 용렬한 주장을 변박辨駁하고, 정부의 대대로 전하는 법規模을 고수하고, 나라 안의 현능한 자를 천거하여 정부 관리에 임용하고, 국인의 생명과 산업을 안보하여 일정한 법률로 태평한 낙을 향유하며, 선왕이 창업한 공덕을 만세에 받들어 지켜야 한다(『견문』, 139-140).

미국의 대통령제는 조선의 '사세'와 '풍속'에 맞지 않으며 대통령제 옹호론은 "하루아침의 우견", "어리석은 자의 용렬한 주장"에 지나지 않는다. 유길준은 "일국 내에는 인물도 적지 않으므로 문벌에 관계없이 재덕 있는 자를 뽑아 군으로 삼"아야 한다는 후쿠자와의 서술에 공감하지 않았음이 틀림없다. 유길준은 후쿠자와(버튼)의 선출 군주제를 용인하지 않았고 세습군주제를 옹호했다. "만세의 큰 기틀"인 세습군주제를 흔드는 자를 국가 질서를 어지럽히는 '역신', '패자', '제왕정부의 죄인'이라 비난했다.

유길준은 국가를 통치하는 군주의 권위의 정당성이나 권력의 연원을 따지지 않았다. 군주의 위임을 받아 국가를 운영하는 정부의 역할과 기능, 정부-인민 관계를 소상히 논했다. 문명사회 구상과 관련하여 보았을 때 유길준의 정치론은 정부론이 핵심이다. 유길준은 후쿠자와(버튼)의 정부론을 대폭 수정했다.

정부의 체재體裁는 각기 상이하지만, 그 큰 취의는 앞에서도 말했듯이 오직 인심을 모아 꼭 일체를 이루고, 중민을 위해 편리를 꾀하는 것 이외는 없다. 국정의 방향을 나타내고 순서를 바르게 하는 일은 한둘의 군상君相 또는 의정관議政官의 손이 아니면 행해지기 어렵기 때문에, 인심을 모아 일체를 이루지 않으면 안 된다. 중민의 편리를 꾀할 때도 인심이 일치하지 않으면 다수衆를 해치고 소수寡를 이롭게 할 우려가 있기 때문에 이 또한 정부에서 처치하지 않으면 안 된다. 본래 나라에 정부를 세우고 국민이 이것을 우러러 이것을 지지하는 까닭은 오로지 국내 일반에 그 덕택을 받을 것을 바라는 취의이므로, 정부라는 것도 만일 국민을 위해 이利를 꾀하는 것이 없다면, 이것을 유해무익의 불필요한 것長物이라 할 수 있다. 특히 그 직분에서 가장 긴요한 큰일은 법法을 평평하게 하고 율律을 바르게 하는 데 있다. 이는 곧 인민이 삶을 편안히 하고 자유를 얻고 사유물을 보전할 수 있는 까닭이다. 그러므로 정치를 행함에 성실을 주로 하고 공평을 잃지 않으면 가령 일시의 과실이 있을지라도 정부를 준봉遵奉하지 않을 수 없다(『外編』, 417-418).

대개 정부가 시작된 제도는 제왕으로 전하든 대통령으로 전하든 가장 큰 관건關係은 인민의 마음을 합하여 일체를 이루고 그 권세로 사람의 도리를 보수하는 데 있다. 따라서 중대한 사업과 심원한 직책은 인민을 위해 태평한 복기福基를 도모하고 보전하는 데 지나지 않는다. 국정의 방향을 지시하고 순서를 준정遵定하는 자는 인군과 대신이다. 이들의 보필輔弼과 참좌參佐의 수중에 있지 않으면 행하기 어려운 일이 많다. 인민은 그 권한을 갖고 있지 않다. 그러므로 위에 있는 자가 중심衆心을 일체로 만들지 않으면 안 된다. …… 중인衆人의 의론이 공평하다 하여 대수롭지 않은 인민을 혼동渾同하여 정부의 권한을 함께 갖는 것이 어찌 옳겠는가. 국가가 정부를 설치하는 본뜻은 인민을 위한 것이고, 인군이 정부를 명령하는 큰 뜻도 인민을 위한 것이다. 인민이 정부를 경봉敬奉하는 일과 앙망仰望하는 바람은 그 덕화와 은택의 공평함을 일체 두루 받고 싶어 하기 때문이다. 정부가 인민의 이 같은 성의와 이 같은 바람을 저버리고 발행하는 정령政令과 시행하는 법률이 대공지정大公至正한 원리를 잃는다면 세간의 일개 유해무익한 무용지물長物이다. 그러므로 정부의 시작된 본뜻을 명심하여 인민으로 하여금 생업을 편안히 하고 신명을 보전하도록 하여 온갖 사물을 성실함으로 주장하고 공평한 의사를 굳게 간직한다면, 일시의 잘못이 있어도 인민이 정부를 원망하지는 않을 것이다(『견문』, 140-141).

후쿠자와(버튼)는 정부를 세운 목적을 '인심일체'a concentration of the national will를 이루고 '중민의 편리'public benefit를 높이는 데에서 찾았다. 유길준은 인민의 '합심일체', 즉 '중심의 일체'를 이루고 이를 토대로 정부의 권세로 '사람의 도리'를 보수하는 데 있다고 보았다. '중민의 편리'를 꾀한다는 말을 '사람의 도리'를 보수한다는 말로 고쳐 썼다. 후쿠자와는 정부의 '덕택'을 '국민의 이익'이라는 관점에서 말했지만, 유길준은 정부의 '덕화와 은택의 공평함'을 '인민의 성의와 바람'이라는 관점에서 설명했다. 후쿠자와는 '인심일치'를 다수와 소수의 이해관계로 보았지만, 유길준은 강자와 약자의 이해관계로 생각했다. 유길준은 질서 유지를 위한 인심일치에는 동의했지만, 인민의 정치 참여는 용인하지 않았다. 그래서 "중인의 의론이 공평하다 하여 대수롭지 않은 인민을 혼동渾同하여 정부의 권한을 함께 갖는 것이 어찌 옳겠는가"라는 대목을 일부러 덧붙였다. 정부는 인민에게 '덕화와 은택'을 베풀고, 인민은 '성의와 바람'으로 정부를 '경봉'하고 '앙망'하는 정부-인민 관계를 상정했다. 정령과 법률의 공정성은 이런 관계를 전제로 한다. 변형된 유학적 민본주의를 엿볼 수 있다.

7. 맺음말: 주체적 개화와 '변통'

『서유견문』은 문명사회의 실현과 사회질서의 보전을 모색한 기획이었다. 1880년대 유길준은 후쿠자와 유키치를 매개로 스코틀랜드 계몽사상을 접했다. 유길준은 후쿠자와를 조술하는 데 그치지 않았다. 후쿠자와의 텍스트와 개념을 취사선택하고 자신의 견해를 넣어 자유롭게 가공했다. 스코틀랜드 계몽사상은 이런 서술을 통해 주체적으로 수용되었다. 유길준은 스코틀랜드 계몽사상의 보편적 표준을 받아들여 문명사회의 바람직한 양태를 모색했다. '인생의 편리'와 '공공의 비익'이 구현되는, 법과 규칙에 따라 질서가 유지되는 문명사회를 구상했다. 동시에 사회질서의 변동을 우려하면서 세습군주제와 유교적 덕목을 토대로 사회질서를 보전하고자 했다.

유길준은 근대 문명의 단순한 수용('허명개화')이 아니라 한국의 현실에 입각한 변용('실상개화'), 즉 주체적 개화를 역설했다. 주체적 개화의 핵심은 군주제의 보전이었다. 유길준은 법률과 규칙이 규율하는 질서 있는 사회를 구상했는데, 법률의 권원은 최상위와 최대권을 가진 군주였다. 군주는 사회질서의 궁극적인 연원이었다. 유길준에게 인군이 민 위에 서서 정부를 설치하는 제도와 태평을 도모하는 대권, 그리고 인민이 인군을 위해 충성을 다하고 정부의 명령에 복종하는 것은 "인생의 큰 기강大紀"이었다. "해와 달같이 광명하고, 천지와 함께 장구하고, 인력으로 천동遷動할 수 없는 것"이었다. 군주제는 변혁할 수 없는 제도였다. 개화는 타인의 장기를 취하여 자기의 선미善美한 것을 보수하고 보완하는 것을 뜻했다(『견문』, 381). 정부의 시무를 시세에 따라 '변역'變易, '변통'變通하는 것을 의미했다.

'변역', '변통'의 방법은 '개정'改正, '윤색'潤色, '득중'得中이었다. 유길준에 따르면 법률은 '국민의 습관', 즉 '고풍구례'古風舊例에 입각하여 신중히 '개정'해야 하고(『견문』, 270), 인민의 무계無係한 자유는 금수의 자유가 되지 않도록 법률로 '윤색'해야 한다(『견문』, 118). 개화는 '과불급'의 '득중'으로 행해야 하는 것이었다. 유길준은 경험을 고려하지 않은 이론을 경계했다. "지상紙上의 공론을 맹신하고 신기함을 기뻐하며 오래된 것을 버리면 이는 경홀輕忽하는 극도에 이를 것"(『견문』, 269)이라 주장했다. 1880년대 개방 개혁의 문맥에 대응한 유길준의 개화사상에서 실학과 보수주의의 정신을 엿볼 수 있다.

| 7장 |

박정희 시대의 국가주의

국가주의의 세 차원

강정인

1. 서론

국가는 그 개념과 속성에 따라 다양한 서술이 가능하다. 하지만 역사적으로 광의의 국가는 대외적으로 외국의 침략으로부터 자국의 영토와 구성원을 방어하고 대내적으로 평화를 유지함으로써, 개별 구성원에게 생명과 신체 및 재산의 안전을 보장해 왔다. 이를 위해 국가는 물리적 힘의 사용을 (정도의 차이는 있겠지만) 우선적으로 또는 배타적으로 확보하고 행사할 필요가 있었다. 이 점에서 근대 유럽 국가를 염두에 두고 막스 베버Max Weber는 국가를 "일정한 영토에서 물리적 힘의 정당한 사용에 대한 독점을 주장하는 인간 공동체"(Weber 1958, 78)라고 정의했는데, 이는 근대국가의 일반적 정의로 널리 통용되고 있다.

베버의 정의를 염두에 두고 필자는 이 글에서 박정희 시대의 국가주의를 논하고자 한다. 그간 국내 학계에서 박정희 시대까지 포함해 '국가주의'를 정치철학적 관점에서 본격적으로 다른 연구는 거의 없었다.[1] 그렇다고 박정희 시대의 국가주의에 대한 연구가 없는 것은 아니다. 주로 한국사학계에서 박정희 시대의 국가주의를 한국사 교육과 관련해 다룬 연구는 비교적 풍부하게 존재한다.[2] 또한 현대 한국인의 일상적 삶 속에 국가주의가 어떻게 침투해 있는가를 밝히고 이를 비판하는 중요한 연구들이 존재한다.[3] 이런 두 유형의 연구는 국가주의를 전제하고 국가주의가 한국사 교과서 편찬이나 한국사 교육 또는 한국인의 일상적 삶 속에 어떻게 침투하고 반영되었는가에 초점을 맞추고 있고, 따라서 한국의 국가주의를 이해하는 데 커다란 도움이 된다. 그러나 이 연구들은 최고 통치자인

1_김기봉(2004), 이종은(2004), 박상섭(2008) 등과 같은 연구 성과는 주목할 만하다. 그러나 이러한 연구들은 서구에서 국가, 민족(주의), 주권, 국민(주의)의 출현과정에 주목하면서 그것이 한국에 수용된 과정을 일반적으로 다루고 있기 때문에 한국의 국가주의를 이해하는 데에는 일정한 한계가 있다. 한국의 국가주의를 본격적으로 다룬 논문으로는 19세기 말부터 이승만정권까지 근대한국에서 국가주의의 탄생과 전개과정을 검토한 박찬승(2002)가 가장 주목할 만하다. 그러나 박찬승의 연구는 이승만 정권까지로 초점을 맞추고 있어서 박정희시대 국가주의의 본격적인 전개는 다루지 않고 있다.

2_대표적인 최근의 연구로는 구경남(2014), 김한종(2014), 김육훈(2015) 등을 들 수 있다.

3_예를 들어 임지현·권혁범·김기중 외(2000), 권혁범(2004), 공제욱 편(2008) 등은 주목할 만하다.

박정희를 포함해 박정희 정권이 어떻게 국가주의 담론을 직접적으로 생산하고 강화했는지를 직접적으로 밝히지 않는 한계가 있다. 따라서 이 연구는 박정희 시대의 국가주의에 대한 기존의 연구 성과를 긍정적으로 수용하면서 미진한 부분을 보완하는 차원에서 박정희 정권의 통치에 초점을 맞추어 박정희 시대의 국가주의를 정치학적 관점에서 연구하고자 한다.

이런 문제의식에 기초해 이 글은 박정희 시대의 국가주의를 박정희 대통령과 정권에 초점을 두고 세 차원으로 나누어 고찰한다. 세 차원이란 '정치철학으로서의 국가주의'(이하 '정치적 국가주의'), 박정희 정권에서 추진된 국가 주도의 경제발전에서 드러난 '정치경제적 국가주의'(이하 '경제적 국가주의'), 1960년대 말부터 유신 체제에 걸쳐 박정희 자신이 적극적으로 추진한 자주국방에 투영된 '국제 관계(특히 미국에 대한 관계)에서의 국가주의'(이하 '대외적 국가주의')를 지칭한다. 필자는 이런 분류의 적실성을 음미하기 위해 2절에서 국가주의의 세 차원을 정치철학, 정치경제학 이론 및 국제정치 이론에 비추어 일반적으로 검토할 것이다. 3절에서는 박정희 시대 국가주의를 세 차원의 국가주의를 적용해 구체적으로 분석할 것이다. 마지막으로 4절 결론에서는 세 차원의 국가주의를 각각 자유주의와 대비해 정리하고, 세 차원 상호간의 관계를 고찰하며, 박정희 시대의 국가주의를 현재의 관점에서 재조명할 것이다.

2. 국가주의의 세 차원: 일반적 고찰

1) 정치적 국가주의: 개인에 대한 국가의 우월성과 초월성

국가주의란 무엇인가? 국가주의는 정치철학 분야에서 먼저 이론화되었는바, 국가가 그것을 구성하는 개인·집단·(시민)사회보다 우월하며 그 구성 요소를 초월하는 실재성과 가치를 갖는다는 사고를 지칭한다. 이런 사고에 따르면 개인이 국가를 위해 희생하는 것은 당연시되며, 이 점에서 국가주의는 자유주의와 정면으로 대립한다. 우리는 헤겔 철학에서 국가주의의 가장 전형적인 모습을 발견할 수 있다. 다소 난삽한 표현이지만, 헤겔에게 국가는 "부동의 절대적 자기 목적"으로 규정되며, 이 "궁극목적은 개인에 대해 최고의 권리"를 갖는다. 따라서 개인에게 "지고의 의무는 국가의 구성원이 되는 것"이다. 자유주의 국가관에 따르면 국가는 개인의 생명·자유·재산을 보존하기 위한 도구나 장치에 불과하다. 그러나 헤겔과 같은 국가주의적 국가관에 따르면 "국가 자체가 자기 목적"이 된다. 따라서 국가는 자신의 목적을 실현하기 위해 필요하다면 개별 구성원의 희생을 요구할 수 있고, 또 개인은 국가의 이런 부름에 기꺼이 응해야 한다. 요컨대 국가주의에 따르면, 국가는 "개인에 대해 최고의 권리를 갖기 때문에 임의적·자의적恣意的으로 인권을 침해할 수 있다"(황태연 2000, 203-204).

이런 국가주의적 사상은 우리가 익히 아는 '파시즘'(이나 나치즘)

은 물론 국가 유기체설, 일본의 초국가주의, 좌파 전체주의 등에서도 공통적으로 발견된다. 예를 들어, 파시스트들에게 자유는 개인적 자유가 아니라 "민족의 자유", "전지전능한 국가의 자유", "유기적 전체의 자유"를 의미했다. "진정한 자유는 국가에 봉사하는 데 있다"(테렌스 볼·리처드 대거 2006, 366). 파시즘에 내재한 국가주의를 테렌스 볼과 리처드 대거는 다음과 같이 간명하게 요약한다.

> …… 이탈리아 파시스트는 국가의 가치를 강조했는데, 민족의 힘, 통일성, 장엄함을 법적·제도적으로 구현한 것을 국가로 보았다. 민족에 봉사하기 위해 헌신하는 것은 국가, 그리고 위대하고 영광스러운 지도자 '두체'에 헌신하는 것이었다. 국가는 모든 것을 통제할 수 있으며 모든 사람은 국가에 봉사해야 한다. 이탈리아인들은 '모든 것은 국가 안에서 존재하고, 어떠한 것도 국가 밖에서는 존재하지 않으며, 그 어느 것도 국가에 반대할 수 없다'는 것을 반복해서 상기했다(테렌스 볼·리처드 대거 2006, 366).

근대 서구에서 먼저 체계적으로 출현한 국가주의는 19세기 말부터 동북아시아에서도 본격적으로 수용되기 시작했다. 박찬승은 "20세기 한국 국가주의의 기원"이라는 논문을 통해 한국 사회에서 국가주의의 전개 과정을 19세기 말부터 이승만 정권에 이르기까지 주로 정치철학적 관점에서 면밀하게 고찰한다. 박찬승은 "개인의 자유와 국가의 권력 간의 관계"에 대한 근대 지식인의 입장을 "자유주의"와 "국가주의"로 나누어 정리하면서 국가주의를 정의한다.

자유주의는 "국가는 개인의 자유를 침범할 수 없고 개인의 자유를 보장하기 위해 존재한다"는 입장이고, 국가주의는 "국가권력이 개인의 자유나 권리보다 우월한 지위에 있다고 주장"하는 입장이다. 전자가 "천부인권설"·"사회계약설"·"개인주의"에 기초하고 있다면, 후자는 사회와 국가는 구성원인 개인을 초월해서 존재하는 독립적 실재라는 "사회유기체론"과 "국가유기체론"에 근거를 두고 있다(박찬승 2002, 201). 그는 한국 사회에서 국가주의의 연원을 전통적인 "가부장적인 유교적 국가관"에서 찾기도 하지만, 근대적 국가주의는 19세기 말 이후 "일본·중국 등을 통해 한국에 들어온 (서양의) 국가주의 사상과 결합함으로써…… 굳건히 뿌리를 내렸다"고 지적한다. 이에 따라 1890년대에 수용된 블룬칠리J. K. Bluntschli의 국가유기체론의 영향을 추적한다(박찬승 2002, 202-205). 박찬승은 국가주의의 극단적 형태로 '국가 지상주의' 혹은 '초국가주의'를 제시하면서, 그것을 "개인의 권리는 거의 무시하고, 개인의 존재는 국가 안에서만 인정하며 개인은 국가를 위해 헌신하고 희생해야 하는 존재로서만 파악"하는 사상이라고 규정한다. 그는 중일전쟁 이후 일본에서 그리고 한국에서는 박정희 시대에 그런 초국가주의가 출현했다고 지적한다(박찬승 2002, 201). 박정희는 이처럼 19세기 말 이래 일제 식민지 시기를 거치면서 지속적으로 강화되어 온 국가주의를 시대적 상황과 개인적 체험을 통해 깊숙이 내면화했고, 이런 국가주의적 사고를 자신의 통치에 철저히 적용했다.

2) 경제적 국가주의: 경제발전과 국가주의

경제적 국가주의는 (자본주의적) 산업화 또는 경제발전에서 자유시장의 역할보다 국가의 적극적 또는 주도적 역할을 강조하는 입장이다. 이런 국가주의는 시장 중심의 경제발전 모델과 대립한다. 국가 주도의 경제계획을 통해 산업화를 시도한 소련 등 공산주의 국가에서의 사회주의 실험 역시 경제적 국가주의를 극단적인 차원에서 시도한 것이라 볼 수 있다.[4] 한국에서 경제적 국가주의는 박정희 정권이 추진한 국가 주도의 경제발전을 통해 철저히 관철되었다. 박정희의 국가주의는 정치경제학에서 흔히 개발독재, 발전 국가론, 동아시아 경제발전 모델, 또는 (신식민지) 국가 독점 자본주의 등 다양한 개념을 통해 이론화되었다. 경제적 국가주의는 정치경제학이나 비교정치학 등 정치학의 다른 분과 또는 발전 경제학에서 별도의 이론 구성을 통해 접근된 까닭에 박정희 시대의 국가주의를 논할 때 소홀히 처리되거나 분리되어 다루어진 연구 관행이 있다. 그러나 정치적 국가주의와 경제적 국가주의의 이론적·실천적 친화성을 고려한다면, 국가주의를 논할 때 양자는 함께 검토되어야 할 것이다.

러시아 출신 경제사가인 알렉산더 거센크론Alexander Gerschenkron은 역사적으로 후발 산업국가일수록 경제발전에서 국가의 역할과

4_그러나 이 글에서는 자본주의를 전제로 한 국가주의에 초점을 맞추어 고찰하기 때문에 사회주의적 국가주의 또는 국가사회주의는 본격적으로 다루지 않는다.

개입이 증대된다는 점을 일찍이 밝힌 바 있다(Gerschenkron 1962). 이런 통찰은 그 후 '개발독재'developmental dictatorship 또는 '발전 국가'developmental state의 사례와 이론을 통해 재차 확인되었다. 후발적으로 산업화를 추진한 국가로서 산업화 또는 경제발전에 성공한 국가는 대부분 강한 국가주의를 적극 활용했다. 그렇다고 강한 국가주의로 무장한 국가가 모두 급속한 산업화에 성공하는 것은 아니다. 세계사적 상황, 적절하고 일관된 산업 정책의 채택, 유능한 관료제나 테크노크라트의 존재, 산업화를 일관되게 추진할 수 있는 엘리트의 현명한 리더십 등이 긴요하기 때문이다.

19세기 후반 이후 후발적으로 산업화를 추진한 독일, 이탈리아, 일본 등은 정치적 국가주의에 기초한 강한 국가를 활용해 급속한 산업화에 성공했다. 1933년 독일 총통에 취임한 히틀러는 "자유 시장경제와 달리 정부가 주도하는 생산 계획, 원자재의 배분, 가격 규제, 무역 통제를 통해 국가 주도 경제체제를 수립"했고, 이를 통해 높은 인플레이션을 안정시키고 고용을 증대시키는 것은 물론 국민 총생산과 산업 생산성을 비약적으로 증가시키는 데 성공했다(김윤태 2012, 9).

그레고어A. James Gregor 역시 1979년에 펴낸 『이탈리아 파시즘과 개발독재』Italian Fascism and Developmental Dictatorship에서 파시즘을 우리에게 친숙한 용어인 '개발독재'로 새롭게 개념화하면서, "주어진 역사적 공동체의 인적·물적 자원의 총체를 국가의 발전에 투입하고자 했던 대중 동원적인 발전주의 체제"로 정의했다(Gregor 1979, ix). 그는 파시즘을 일당 체제하에서 또는 카리스마적 지도자의 주도하에 근대화와 발전을 수행하는 발전주의 체제로 규정하면서 파시즘에 담겨 있던 "근대화와 산업화의 의도"가 제대로 인정·평가받지 못하고 있다고 불평했다(Gregor 1979, xi-xii). 그의 해석에 따르면, 파시즘은 "지체된 이탈리아반도의 산업적·경제적 잠재력을 개발하는 것"을 "역사적 사명"으로 삼고, "권위주의적이고 위계적인 정치체제의 주도에 의한 기율, 희생 및 헌신"을 통해 저발전을 극복하고 "자본축적, 산업 발전 및 경제적 합리화"를 달성하고자 했으며, 그 결과 눈부신 경제성장을 달성했다(Gregor 1979, 111, 144, 149).

이처럼 파시즘에 의한 개발독재 또는 발전주의 체제는 민족국가로의 지체된 통일, 산업화의 후발성 등의 이유로 역사적 후진성을 자각한 국가의 엘리트에 의해 추진된 국가주의의 발현과 산물로 해석할 수 있다. 이런 맥락에서 1982년 미국의 정치학자 차머스 존슨 Chalmers Johnson은 전후 일본이 거둔 놀라운 경제성장과 국가의 역할을 검토하면서 '자본주의 발전 국가'라는 개념을 최초로 제시했다(Johnson 1982). 발전 국가는 "일종의 계획 또는 전략적 목표에 따른 경제와 사회제도를 만들어 경제발전을 추진하는 국가"로 개념화된다(김윤태 2012, 11). 20세기 후반 일본을 비롯한 한국·타이완·싱가포르 등 동아시아 국가들이 성취한 급속한 경제성장은 물론 덩샤오핑이 주도한 중국의 산업화 정책을 설명하기 위해 발전 국가라는 개념이 널리 통용되고 있다.

박정희 시대의 한국도 당연히 전후의 일본형 발전 국가를 모델로 경제적 성공을 거둔 대표적 사례로 흔히 인식되어 왔다. 그러나 박정희 시대의 개발독재형 발전 모델의 기원을 전후 일본의 경제발전 모델이 아니라 계획경제에 기초한 국가적 통제를 통해 산업 개발을 추진한 만주국에서 찾는 연구 성과들이 최근 속속 출현하고 있고, 또 주목을 받고 있다.[5] 1936년 만주국을 건국한 이후 사실상 일본 육군본부의 통제를 벗어난 관동군은 1937년부터 '만주국 산업 개발 5개년 계획' 등 엄격한 통제경제를 실시하면서 급속한 산업화를 추진했다(강상중·현무암 2012, 13). 이처럼 만주국에서 실행한 국가주의적 산업화가 각각 기시 노부스케와 박정희를 통해 전후 일본의 경제 부흥과 박정희 시대 개발독재에 계승된 것으로 해석된다.

5_김웅기(2006), 한석정(2010, 2012), 강상중·현무암(2012) 등을 들 수 있다. 김웅기는 한국의 발전 모델을 일본 대신 만주국에서 기원을 찾는 근거로 다섯 가지 논점을 제시한다. ① 박정희가 추진한 중화학공업화의 이면에 군수 산업화라는 목적이 동시에 존재했다는 점, ② 군수 산업화를 지향하게 된 동기인 군사적 위협이 만주국에는 소련, 남한에는 북한으로 존재했다는 점, ③ 만주국이든 한국이든 절대 권력에 대한 견제 세력이 국내에 부재했다는 점, ④ 두 국가가 모두 독재 체제로서 권력자의 필요에 따라 민중을 억압할 수 있었다는 점, ⑤ 만주국과 한국은 공통적으로 권력자의 의향에 따라 기업가의 활동을 좌지우지할 수 있었다는 점을 든다(김웅기 2006, 3). 이러한 김웅기의 해석이 강한 설득력을 갖는다는 점을 인정할 수 있지만, 동시에 박정희 시대 경제발전 모델이 자급자족을 지향한 만주국의 발전 모델이 아니라 개방적인 세계시장에 초점을 맞춘 수출 지향적 발전 모델이었다는 점, 1973년에 박정희 정권이 추진한 중화학공업화 정책이 1957년부터 시작된 일본의 중화학공업화 정책을 모델로 하고 있었다는 점 등을 고려한다면, 전후 일본의 경제발전 모델역시 상당한 영향을 미친 점을 부정할 수 없다. 이에 대한 명확한 규명은 학문적으로 흥미로운 논점임이 분명하지만, 이 글의 주제를 벗어나기에 여기에서는 다루지 않겠다. 어느 경우나 강한 국가주의를 배경으로 한 점은 마찬가지이기 때문이다.

3) 대외적 국가주의

국가주의는 본래 대내적으로 국가와 그 구성원 사이의 수직적·유기체적·권위주의적 관계를 지칭하기 위해 사용되는 개념으로, 보통 국가의 대외적 활동을 지칭하기 위해 사용되는 개념이 아니다. 그러나 국가주의는 대내적으로 국가의 최고성은 물론 대외적으로 국가의 자주성을 명실상부하게 확보할 때 비로소 완성된다고 할 수 있다. 후자를 위해서는 국제 관계에서의 국가주의가 필요하다. 국가가 대내적으로 최고의 위상을 확보하고 있다 할지라도 경제적으로 또는 군사적으로 타국에 의존하거나 종속되어 있다면, 국제 관계에서의 열악한 지위는 필연적으로 국가의 대내적 최고성마저 위협하기 때문이다. 『군주론』에서 마키아벨리가 신생국의 군주나 지도자에게 용병이나 원군에 의존하지 말고 자신(자국)의 군대를 양성하고 확보할 것을 반복해서 역설한 이유도, 그의 조국 피렌체가 경제적으로는 부유하지만 군사적으로 취약해서 대외적으로 자주성을 확보하지 못했기 때문이다.

대외적 측면에서 파악된 이런 국가주의는 현대 국제정치에서 사실상 현실주의 이론과 긴밀한 관계를 맺으면서 그 기본적 전제를 구성한다. 제2차 세계대전 이후 미국을 중심으로 발전한 국제정치 이론에서 자유주의 이론이 국제기구·초국적기업·가톨릭교회·초국적 비정부기구NGO 등 초국가적 행위자들의 활동이 국가 못지않게 국제정치(경제)에 미치는 역할을 강조하는 것과 대조적으로, 현실주의 이론은 국제정치의 기본적이고 중요한 행위자는 오직 '국가'

라는 점을 강조한다. 현실주의에 따르면, 국제정치는 국가 간의 분쟁과 갈등을 중재하고 해결할 수 있는 상위의 공통된 심판자가 없는 무정부적 상태를 가정한다. 이런 무정부적 상태에서 국가는 항상적으로 안보 딜레마에 직면하기 때문에, 자신의 안전을 확보하고 분쟁을 해결하는 궁극적 수단으로 오직 폭력의 사용을 수반하는 자력구제에 의존할 수밖에 없다. 그리고 "만인에 대한 만인의 전쟁 상태"인 자연 상태와 인간의 본성에 대한 홉스의 통찰이 보여 주듯이, 인간은 물론 국가 역시 공격과 침략을 통한 힘(권력)의 증대를 꾀하지 않으면 현재의 생존이나 존립도 보장하기 어렵기 때문에 "힘에 대한 끊임없는 욕망"을 보유하게 된다(홉스 2008, 170-171). 따라서 "최고의 권력자인 군왕들은 국내에서는 법으로, 국외에서는 전쟁으로 권력을 확보하기 위해 노력한다"(홉스 2008, 138)는 『리바이어던』의 구절이 보여 주듯이 무정부 상태인 국제 질서에서 국가는 생존을 위해서도 강력한 대외 팽창적 지향성을 갖는다. 비록 자유주의 이론의 도전을 받아 왔지만, 현실주의 이론은 냉전의 종언 이전에 핵무기에 의한 공포의 균형으로 특징지어지는 미소 양극 체제하에서 적어도 안보 분야에서 주류 이론으로 군림해 왔다. 현실주의 이론에서 국가는 자신의 국력을 극대화하고자 부단히 노력하며, 이 과정에서 다른 국가들과 안보와 시장 및 영향력을 놓고 경쟁한다. 이런 상황은 종종 상대적 우위를 놓고 경합하는 영합적零合的, zero-sum 상태이기 때문에, 한 국가의 이득은 자동적으로 다른 국가의 손해로 간주된다.

이처럼 대외적 국가주의는 국가가 안보 딜레마의 상황에서 자국의 힘과 이익을 일방적으로 또는 우선적으로 추구하는 국제정치적 현상을 지칭한다. 한국인을 포함한 비서구 세계의 대다수 인민은 국가를 상실하고 식민주의·제국주의의 굴레에서 신음하다가 제2차 세계대전 종전 이후에야 비로소 독립을 성취했다. 따라서 국가야말로 외부의 침략과 정복으로부터 보호할 수 있는 유일한 기제라는 체험과 자각으로 인해 그들은 대외적 국가주의를 쉽사리 수용할 처지에 놓여 있었다. 박정희가 유신 체제에 들어와 중화학공업화 정책을 돌진적으로 추진하게 된 배경으로는 경공업 중심으로 발전한 경제구조의 한계를 타개할 필요성 외에도 1960년대 말부터 제기된 북한의 빈번한 무력 도발과 (주한 미군 철수 논의로 불거진) 미국과 동맹 관계의 불안정이 야기한 안보 위기, 그리고 그것이 초래한 자주국방에 대한 박정희의 집념이 지적된다. 이 점에서 박정희는 급속한 산업화에 기초한 강력한 국가 건설을 통해 북한의 안보 위협에 자력으로 맞설 수 있는 자주국방을 지향하고 추구했다. 따라서 이러한 자주성의 추구를 박정희 시대 국가주의의 대외적 측면으로 이론화하여 다룰 필요가 있다.

3. 박정희 시대의 국가주의: 구체적 검토[6]

1) 정치적 국가주의: 국가 민족주의의 신성화[7]

박정희의 국가주의는 국가와 정치의 관계에 대한 그 자신의 사고에서 잘 드러난다. 유신 시절인 1978년 4월에 행한 다음의 언설은 박정희 자신의 정치관을 총체적이고 압축적으로 잘 보여 준다.

한마디로 정치의 목적과 제도의 참다운 가치는 그 나라의 당면 과제를 효율적으로 해결하고 원대한 국가 목표를 착실히 실현해 나가기 위해 국민의 슬기와 역량을 한데 모아 생산적인 힘을 최대한으로 발휘할 수 있도록 뒷받침하는 데 있다고 나는 믿습니다. 어떤 명분과 이유에서든, …… 국민총화와 사회 안정을 저해하고 국론의 분열과 국력의 낭비를 조장하는 그러한 형태의 정치 방식은 우리가 당면한 냉엄한 현실

6_이 글에서 박정희의 연설문, 담화문 등을 인용할 때에는 각주에서 '대통령비서실'에서 발간한 『박정희대통령연설문집』의 출처를 일일이 밝히는 대신, 편의상 본문 주를 사용해 인용문 뒤에 『박정희대통령연설문집』의 '권'의 번호와 쪽수를 괄호 속에 기재하고(예를 들어 제5권 278쪽은 '5 : 278'로 표기), 필요한 경우에는 연설문(또는 담화문)의 제목이나 일자를 병기했다. 필자가 참고한 『연설문집』은 제1, 3, 5~6권으로 참고문헌에 정확한 출처를 밝혀 두었다

7_이 절의 상당한 부분은 필자가 출간한 강정인(2014)에 수록된 박정희의 국가주의와 관련된 서술을 선별적으로 옮겨 오면서 필요한 부분을 수정·축약하거나 추가한 것이다. 박정희 연설문 등을 다시 인용한 경우를 제외하고는 본문의 출처를 각주를 통해 밝혔다.

이 도저히 그것을 용납하지 않을 것입니다(6 : 304).[8]

이 언설에서 흥미로운 것은 정치의 목적과 제도가 국가의 목표에 봉사하는 것이라는 언급이다. 따라서 박정희는 이미 이전의 언설에서 "국가 의식"이 "정치 이전에 요구되는 것"이라고 주장한 바 있었다(1963/02/22, 1 : 378). 국가가 정치에 선행하고 우위에 있는 이런 사고는, 앞에서 정치적 국가주의를 논할 때 이미 지적한 것처럼 서구의 자유주의와 정면으로 충돌하는 국가주의적인 것이다. 또한 박정희에게 국가의 "당면 과제"와 "원대한 국가 목표"는 민주적 합의에 의해 설정되는 것이 아니라, 위기를 수반하는 "냉엄한 현실"이 우리에게 선택의 여지없이 부과하는 무언가 '긴급하고 자명한 것'으로 상정된다. 이처럼 '긴급한 위기'를 명분으로 그런 과제와 목표 설정이 정치의 영역에서 배제될 때, 곧 최고 통치자의 결단과 예지의 산물로 귀결될 때, 정치는 유신헌법에서 구체화되고 당시 박정희의 통치가 전형적으로 보여 준 것처럼 초월적 영도자에 의한 '주권적 독재'의 모습을 띠게 된다(강정인 2014, 234-235).[9]

박정희의 국가주의는 민족주의와 강고하게 결합된 국가 민족주의라 할 수 있다. 그것은 "한편으로 단군의 혈통을 이어받은 단일민

8_이처럼 "우리가 당면한 냉엄한 현실"을 끊임없이 강조하는 박정희 사상은 또한 '위기의 정치사상'이라 할 수 있다.

9_주권적 독재의 개념은 칼 슈미트에 의해 고안된 것이다. 이에 대한 상세한 논의로는 최형익(2008)과 강정인(2014, 285-287)을 참조할 것.

족임을 강조하는 종족적 민족주의의 자부심에 자주적인 근대화의 실패와 뒤이은 국권 강탈, 식민지 경험, 분단과 6·25전쟁의 체험 등이 덧씌워짐으로써" 형성된 상처 받은 '민족주의'가, 다른 한편으로 19세기 말에 수용된 서구의 국가주의, "식민지 시기에 박탈당한 국가에 대한 강렬한 집착, 일제 강점기에 부과되고 내면화된 파시즘적 국가관, 남북한에서 각각의 분단국가가 민족을 온전히 대표한다고 고집하는 분단 국가주의 등이 한데 응축된 '국가주의'"와 복합적으로 결합해 출현한 것이다. 이런 역사적인 요인 외에도 박정희는 그 자신의 개인적인 성장 배경으로 말미암아 국가 민족주의를 더욱더 강렬하게 내면화하지 않을 수 없었다. 박정희 역시 "일제강점기부터 국가를 잃은 민족의 애환을 체험하고 분단과 6·25 전쟁이라는 유례없는 민족의 수난 시대"를 살아왔을 뿐만 아니라, 나아가 일제강점기에는 만주군관학교와 일본육사, 해방 후에는 조선경비사관학교에서 받은 군사교육을 포함해 "오랫동안 군인으로서 국가주의적 사고와 기율"을 철저히 내면화해 왔다. 이 점에서 그는 한국 민족주의의 국가 민족주의로서의 특성을 극단적으로 체현한 인물로 자리매김할 수 있다. 박정희의 이런 국가 민족주의는 "그 구성요소인 개인과 시민사회의 자율성을 철저히 부정하고 동시에 그것들을 초월하는 엄청난 무게와 신성성을 획득"하게 되었다(강정인 2014, 272-273).

박찬승은 다이쇼·쇼와 시대에 걸쳐 극우 사상가로 활동한 오카와 슈메이大川周明의 일본주의에 담긴 국가주의를 논하면서, 오카와 슈메이는 "국가는 최고의 도덕이고, 최고선의 실현"으로서 "인간이 인간으로 존재하는 의의와 가치는 바로 국가의 이상에 헌신함으로써 확립"되며, 따라서 "국가의 존립과 발전을 위해 국가를 구성하고 있는 개인의 희생"을 당연한 것으로 인식했다고 기술한다(박찬승 2002, 213). 1940년에 박정희는 만주군관학교에 입학하기 위해 "진충보국 멸사봉공"盡忠報國 滅私奉公이라는 구절이 들어간 유명한 혈서를 보낸 적이 있다. '충성을 다해 국가에 보답하고 자기를 희생하여 공공에 봉사할 것'을 다짐한 문구에서 박정희가 일제 강점기에 내면화한 국가주의를 가감 없이 엿볼 수 있다. 1963년 8월 민정에 참여하기 위해 행한 전역식에서 행한 연설에서도 박정희는 "'생'과 '사'의 극한에서 감히 사를 초극하는 군인의 '죽음'은 정의와 진리를 위해 소아를 초개같이 버리는 희생정신의 극치로서 군인만이 가지는 영광되고 신성한 길"이라고 군인의 사명을 정의했다. 이어서 "이 거룩한 '죽음' 위에 존립할 수 있는 국가란, 오직 정의와 진리 속에 인간의 제 권리가 보장될 때에만 가치로서 긍정되는 것"이며, "국가가 가치 구현이라는 문제 이전으로 돌아가 그 자체가 파멸에 직면했을 경우"에는 혁명이 불가피하다고 하면서 자신의 쿠데타를 정당화했다(「전역식에서의 연설」, 1 : 489). 이 연설은 국가주의적 사고로 무장한 군인이 어떻게 해서 (예외적으로 어떤 상황에서) 정부(국가)를 전복하는 쿠데타를 할 수 있는지 정당화한 것이지만, 동시에 군인을 '정의와 진리'의 신성한 구현체인 국가를 위해 자신의 목숨('소아')을 '초개같이 버리는' 존재로 규정함으로써 군인으로서 지닌 국가주의적 사고의 진수를 극명하게 보여 주었다(강정인 2014, 277). 유신 시대에 국민의례의 일환으로 시행된 '국기에 대한 맹세' 역시 그런 국가주의가 면면히 지속되고 있음을 보여 주었다. "나는 자랑스런 태극기 앞에 조국과 민족의 무궁한 영광을 위하여 몸과 마음을 바쳐 충성을 다할 것을 굳게 다짐합니다."

박정희가 자주 사용한 용어들, 예를 들어 '민족적 양심', '정신적 근대화', '이기주의' 개념들, 역시 국가 민족주의적 관점에서 재규정된 것이었다. 먼저 박정희가 흔히 사용하던 "민족적 양심"은 다분히 국가 민족주의적 관점에서 개념화되었다. "전체의 이익과 개인의 이익이 상반·대립할 때는 개인의 희생과 통제로써 합치점을 발견하지 않으면 안 될 것이다. 개인과 전체의 이익이 상반·대립할 때, 거기에서 자기를 통제하고 억제하면서 전체와 개인의 합치점을 모색하고 발견하는 것이 소위 '양식'이요, 이것을 민족적 견지에서 본다면 '민족적 양심'이라 할 수 있다"(박정희 1962, 29). 나중에 논할 것처럼 박정희에게 민족과 국가가 거의 동일시된다는 점을 고려해 이 구절에서 '전체'에 '민족'이 아닌 '국가'를 대입한다면, 박정희에게 '민족적 양심'은 다른 말로 '국가적 양심'이 될 것이다.

1970년 1월 행한 연두 기자회견에서도 "물량의 근대화"와 구분되는 "정신적 근대화"를 언급했을 때, 박정희는 "건전한 국민 도의"와 "사회윤리"의 확립을 강조하면서, 그것의 핵심이 국가주의를 내면화하는 것으로 귀결됨을 밝혔다. "우리들은 인간의 모든 행동 중에서도 국가에 대해서 충성을 하고 봉사를 하며, 특히 자기 개인을 희생하면서 국가를 위해서 일한다 하는 것을 인간 사회의 가장 훌륭한 미행이요 본보기라고 하며, 이런 것을 대의명분에 산다고 말합니다"(3 : 686). 박정희의 이런 사고에서 '이기주의'가 "국가와 민족을 도외시하는 이기주의"로 규정되는 것은 당연했다(1976/01/15, 6 : 29). 이런 국가주의적 사고에 따라 박정희는 이기적 동기로 부정부패를 저지른 공무원을 심지어 '국가의 반역자'로 규정하는 것도 서슴지 않았다(1969/01/10, 3 : 430). 이 점에서 '정신적 근대화'는 박정희 자신이 작성한 혈서에 따라 사는 것, 민족적 양심에 따라 사는 것을 달리 표현한 것에 불과했다. 이처럼 박정희가 사용하는 많은 개념은 국가주의에 의해 강력하게 각인·주조되었다.

지금까지 논의에서 시사된 것처럼 박정희에게 민족과 국가는 동일시되고, 박정희를 포함한 개별 국민 역시 민족 및 국가와 동일시되었다. 민족과 국가가 대우주라면, 개별 국민은 이에 상응하는 소우주였다. 그렇기 때문에 박정희는 " '나'라는 우리 개인을 …… '소아' ", " '나'를 확대하고 연장한 …… 국가"를 "대아"라 하는데, "우리 민족" 역시 국가와 마찬가지로 "나를 확대한 '대아' "라고 규정함으로써 '대아'인 민족과 국가가 사실상 불가분적이고 호환적임을 재확인했다(1970/01/19, 3 : 686 ; 강정인 2014, 278). 나아가 유신 체제 수립 직후인 1973년 1월에 행한 연두 기자회견에서 박정희는 "민족과 국가"는 "영생하는 것"이고, " '국가 없는 민족의 영광과 발전이라는 것'은 있을 수 없는 것"이라며 " '국가는 민족의 후견인'"이라고 강조했다. 나아가 이 회견에서는 '나라'와 '나'의 구분, 이전에 구분한 '소아'와 '대아'의 형식적 구분마저 폐기하면서, " '나라'와 '나'라는 것은 별개의 것이 아니라 하나인 것"이라며 "투철한 국가관"을 강조했다(1973/01/12, 5 : 20).

지금까지 분석한 박정희의 국가주의에서 우리는 '국가주의의 신성화'를 발견할 수 있다. 필자는 다른 글에서 한국 현대 정치사상사의 특징으로 '민족주의의 신성화'를 논하면서 그것이 민족의 영구성, 민족주의의 무오류성, 민족(주의)의 비도구성으로 구성되어 있다는 점을 밝힌 바 있다(강정인 2016). 그런데 위에서 논한 것처럼 박정희의 국가주의 역시 "민족과 국가"를 "영생하는 것"으로 규정함으로써, "정의와 진리"의 화신인 국가를 위한 개인의 무조건적 희생을 요구함으로써, 그리고 국가권력을 남용해 부정부패를 저지른 공무원을 "국가의 반역자"로 규탄함으로써 국가의 영구성, 국가의 무오류성, 국가의 비도구성으로 구성된 국가주의의 신성화를 정식화했다고 할 수 있다.[10]

또한 개인과 국가 및 민족을 동일시하는 박정희의 언술이 대통령을 국가와 민족의 불가분적 결합(동일성)을 매개하고 구현하는 초월적 지도자로 격상시키는 일은 자연스러운 귀결이었다. 다시 말해 국가와 민족의 불가분적 결합은 이를 매개하고 체현하는 인격화된 권력을 요구하는바, 이는 최종적으로 유신헌법의 제정을 통해 대통령이 영도자의 지위에 오름으로써 명실상부하게 제도화되었다. 요컨대 국가 민족주의를 극단적으로 구현한 유신 체제는 "국가 = 민족 = 나(박정희)"라는 삼위일체적 결합을 공식화한 것이었으며, 이는 박정희 개인이 권력의 최정상에서 민족과 국가의 화신이자 영도자로서 군림하게 된다는 것을 의미했다(강정인 2014, 285-289).[11]

10_사실 민족주의나 국가주의의 신성화에서 '신성화'라는 개념은 기독교의 하나님과 같은 절대자에게 전형적으로 부여된 속성인 것처럼 보인다.

2) 경제적 국가주의: 국가 주도적 경제발전

이념상 초월적으로 군림하는 국가주의가 명실상부하게 실효성을 확보하기 위해서는 (국가의 물리적·이념적 기제가 완비됨은 물론) 경제적으로 부유하고 군사적으로 강력한 국가를 건설해야 할 것이다. 국가주의 이념이 강력하다 할지라도 빈곤하고 힘이 약한 국가는 사실상 종이호랑이에 불과하거나 단순히 소수 엘리트의 의한 '약탈국가'로 전락하기 십상이기 때문이다. 쿠데타 이후 정권을 장악한 박정희는 당시 국가의 실상에 관해 "마치 도둑맞은 폐가를 인수한 것 같았다"라는 소감을 실토한 바 있다(박정희 1963, 84). 박정희는 1962년에 펴낸 『우리 민족의 나갈 길』에서 안으로는 "국내의 경제 사정 즉 빈곤, 기아, 실업 등"이, 밖으로는 공산주의자의 침략 위험이 민족의 자유에 중대한 위협을 제기한다고 주장했다(박정희 1962, 41). 따라서 박정희는 집권 기간 내내 자립 경제의 건설과 자주국방의 확보를 국가의 목표로 정하고 이를 달성하는 데 온 힘을 쏟았다. 구체적으로 그 목표는 경제적으로는 물론 정치적(군사적)으로 미국에 대한 의존을 줄이면서 경제와 국방에서 북한을 능가하는 국력을

11_유신체제의 출범 이전인 1970년 12월 말경 당시 중앙정보부장으로 취임한 이후락은 취임식에서 "중앙정보부는 국가 안보의 보루다. 국가 안보는 대통령의 안보다. 대통령을 보위하는 것은 바로 국가를 보위하는 것이다. 우리는 박 대통령을 보위하는 전위대다"라고 선언했다고 한다(중앙일보 특별취재팀 1998, 28). 여기에서 유신시대에 많은 국민이 체험한 다음과 같은 등식을 논리적으로 확인할 수 있다. "국가 안보 = (정권안보) = 박정희 개인안보."

쌓는 것이었다. 따라서 그가 제3공화국 초기에 내세운 민족적 민주주의는 자주와 자립에 기초하여 조국 근대화와 민족중흥의 과업을 성취함으로써 궁극적으로 '민족(= 국가)의 자유와 번영'을 추구하는 이념으로 해석할 수 있다. 이 절에서는 경제적 번영을 추구한 박정희의 경제적 국가주의를 다루고, 이어지는 절에서 군사력 강화를 통해 자주국방을 추구한 대외적 국가주의를 다루도록 하겠다.

집권 초기 박정희는 민주당 정권이 내세운 경제 제일주의를 수용하고 실천에 옮겼다. 박정희는 『국가와 혁명과 나』에서 "민족 제일주의와 경제 우선주의"(박정희 1963, 255)를 내세웠는데, 제3공화국에서는 경제 제일주의를 더욱 응축하여 "수출 제일주의"라는 말을 애용하고는 했다.[12] 박정희는 수출 1억 달러를 달성한 1963년을 '수출의 해'로 지정하고 11월 30일을 '수출의 날'로 제정하면서, 수출에 공이 큰 기업인들을 표창하기 시작했다. 강준만은 박정희 정권에서 '수출 제일주의'는 "일종의 신앙"(강준만 2004a, 277)이었으며, 박정희는 "강력하고 유능한 수출 총사령관"(강준만 2004b, 13)이었다고 평가한 바 있다.

경제발전의 목적은 '5·16 혁명 공약'에서 밝힌 것처럼 무엇보다 "절망과 기아선상에서 허덕이는 민생고를 시급히 해결"하는 것이었으나, 이는 또한 "국토 통일을 위하여 공산주의와 대결할 수 있는

12_그러나 박정희는 유신체제 이후 국가 안보가 위기에 처함에 따라 "국가 안보 제일주의"를 강조하기 시작했다(예를 들어 「연두기자회견」, 6 : 8 ; 「1977년도 예산안 제출에 즈음한 <시정연설>」, 1976/10/04, 6 : 94 등). 물론 경제제일주의와 안보제일주의는 상호 대체관계라기보다는 병용관계였다고 보아야 할 것이다.

실력의 배양"을 추구한다는 점에서 반공·승공 통일과도 맞닿아 있었다(김삼웅 편 1997, 256). 박정희는 군정기인 1962년 1월 1일 「국민에게 보내는 '연두사」에서도 "당면한 우리의 지상 목표는 경제 재건을 위한 산업 개발"이라고 강조했다(1 : 157). 빈곤에 시달리던 당시 한국 민중에게 '잘살아 보세'를 외치며 매진하는 박정희 정권의 경제 제일주의는 강한 공감대를 형성했고, 군사 쿠데타에 대한 광범위한 지지를 이끈 가장 중요한 명분으로 작용했다.

20세기 후반에 일본은 물론 한국, 타이완, 홍콩, 싱가포르 등 동아시아 국가들이 거둔 성공적인 경제발전을 놓고 종래 국가 중심적 해석과 시장 중심적 해석 사이에 격렬한 논쟁이 전개된 바 있다. 예를 들어, 국제통화기금이나 세계은행 등 국제 경제 기구나 서구의 주류 자유주의 경제학자들은 한국 경제의 성장을 "수출 지향적 산업화"와 "시장 원리의 작동"에 기반을 둔 성과로 규정하면서 국가의 역할을 시장이 제대로 작동할 수 있게 도와주는 보조적인 것으로 해석했다. 이와 달리 암스덴Alice Amsden과 웨이드Robert Wade로 대표되는 국가 중심적 접근론자들은 한국과 타이완의 눈부신 경제발전에 대한 구체적 분석을 통해 그 성공이 "적극적인 산업 정책, 금융 통제, 무역 보호 그리고 자본 통제 등 국가의 효과적인 시장 개입에 기초한 것"이라고 주장하면서 시장주의자들을 통렬하게 논박했다. 이들의 주장에 영향을 받아 세계은행의 보고서 역시 본래의 입장을 수정해 동아시아의 경제적 성공이 높은 수준으로 이루어진 국가의 경제 개입에 의한 것임을 시인했다(이강국 2005, 303-304; 김형아 2005, 27-28). 그러나 복지 선진국인 서구에서도 경제적 성패를 놓고 '국가의 실패냐 시장의 실패냐'를 논쟁하는 것으로 비추어 볼 때, 이른바 시장주의자(또는 자유주의자)와 국가주의자의 이론적 대립은 단순히 신흥공업국의 사례에만 국한되는 것은 아니다.

　오늘날 대부분의 국내 학자들은 박정희 정권이 이룩한 경제발전을 국가 주도에 의한 것으로 해석한다. 다시 말해 박정희 시대에 한국의 국가는 수차례에 걸쳐 경제개발 5개년 계획을 입안하는 등 경제에 체계적으로 개입함으로써 경제발전을 견인했다는 것이다. 박정희는 쿠데타 직후 1961년 7월에 경제기획원을 창설했다. 같은 해 11월 케네디 대통령과 정상회담을 마치고 샌프란시스코에 들렀을 때 행한 연설에서, "특히 우리 한국과 같은 저개발 국가에서는 모든 가용 자원을 최대한으로 이용하도록 선견 있고 합리적이며 잘 조화된 그리고 모든 요소를 세심히 고려한 총괄적인 경제계획이 필요"하다고 일찍부터 역설한 바 있다(1961/11/20, 1 : 129). 박정희는 민정 이양을 위한 선거를 앞두고 출간한 『국가와 혁명과 나』에서 군정 2년간의 성과를 보고하면서 그 내용의 거의 대부분을 1962년부터 추진된 제1차 경제개발 5개년 계획을 상세하게 설명하는 것으로 채웠다. 제1차 5개년 계획은 전력·석탄 등의 에너지 공급원 확충, 농업 생산력 증대, 기간산업의 확장과 사회 간접 자본의 형성, 국토 개발을 골자로 한 유휴 자원 활용, 수출 증대를 통한 국제수지의 개선, 기술 진흥 등을 골자로 했다. 특히 정유·비료·화학·전기 기계 등의 기간산업과 사회 간접 자본의 확충에 집중적인 투자를 했다. 박정희는 대통령에 취임한 이후에도 매월 상공부의 '수출 확대회의'와 경제기획원의 '월간 경제 동향 보고회의'에 참석해 회의를 직접 주재했다.

　박정희 정권은 정부가 직접 은행을 통제하고 정책 금융과 세제 지원을 통해 전략적 산업과 수출 기업에 투자를 집중시킴으로써 수출 진흥을 위한 불균형 성장을 추진했다. 차관이나 직접투자 등 해외 자본의 유입을 국가가 면밀히 감시하고 통제하는 것은 물론 사실상 정부가 독점하고 있는 금융 자원을 산업 정책과 개발계획에 맞추어 배분했다. 환율 정책과 경상수지 관리 정책, 높은 무역 장벽의 설치와 수입 금지 및 허가제를 통해 수출의 촉진, 수입의 억제 및 국내 산업의 보호를 위해서도 노력했다(이강국 2005, 305, 309). 또한 박정희 정권은 외자도입의 긴요성을 고려해 민간 기업의 차관에서도 정부가 지급을 보증하는 유례없는 조치를 취했다. 심지어 "박정희 정부는 매년 철강 몇 만 톤의 필요분을 예측해 그에 따라 제철소 건립 및 이에 필요한 국내와 자금의 조달 방안과 기술자 양성을 위한 공업고등학교의 설립까지도 구체적으로 계획하고 정책"으로 밀어붙일 정도로 주도면밀하게 경제에 관여했다(이강국 2005, 308). 이런 사례들을 고려한다면 박정희 정권기의 경제발전을 단순히 시장에 대한 국가 개입을 넘어, 시장에 대한 국가의 주도 또는 통제에 의한 성장으로 설명하는 것이 합당하다고 생각된다.

　유신 정권에서 경제수석비서관이자 중화학공업기획단 단장이었던 오원철은 국가 주도에 의한 경제발전을 정책 담당자의 입장에서 "엔지니어링 어프로치(공학적 접근법)"라는 개념을 통해 설명한다. 먼저 그는 "경제가 아무것도 없으니, 새로 집家屋을 건축하듯 경제를 새로 건설했다"는 의미에서 국가가 "경제발전을 시킨 것이 아니라 경제 건설economic construction을 했다"고 주장한다(오원철 2006, 261-262). 그는 엔지니어링 어프로치를 간명하게 "세계시장을 기초로 한 효율·이윤 극대화의 국가적 계획경제 체제"(오원철 2006, 277)라고 정의한다. 이러한 엔지니어링 어프로치에 따라 박정희 시대에 국가는 경제에 적극 관여해 공업단지를 건설하고, 정책 금융 등을 통해 새로운 사업을 위한 투자 자금 조달을 지원했다. 그리고 관세·내국세 등 세제상의 혜택을 제공하고, 수입 금지 정책이나 국내시장에서의 독점 보장을 통해 전략산업을 육성했다. 또한 사회 간접 자본의 적극적 투자를 통해 기업의 생산비를 절감해 주며, 대대적인 기능공 양성 정책을 통해 필요한 숙련 노동력을 적기에 공급하고, 마지막으로 경제 건설에 참여하는 기업가와 노동자의 사기를 진작시키기 위해 노력했다(오원철 2006, 267). 특히 국가 주도의 경제발전에 대한 대중의 지지와 동원을 극대화하기 위해 박정희 정권은 민족주의적 열정에 호소하면서 정권 초창기부터 1970년대에 이르기까지 국가 재건 운동, 국민교육헌장, 제2 경제 운동, 새마을운동 등 각종 대중운동을 전국적으로 조직·전개했다.

유신 정권에서 1973년 이후 본격적으로 추진된 중화학공업화 정책은 미군 철수 논의로 인해 초래된 안보적 위기 상황을 타개하기 위해 그리고 전후방 연관 효과가 큰 산업의 성장을 통해 한국 경제를 자본집약적인 고도 산업국가로 전환시키기 위해 추진되었다. 중화학공업화 정책의 추진과 더불어 정부는 국내의 대기업들에게 철강, 전자, 화학, 선박, 기계와 비철금속 등 목표 산업에 새로운 투자를 하도록 강력한 압박을 가했다. 중화학공업화 정책에 엔지니어링 어프로치가 적용된 것은 물론이다.

오원철은 "중화학공업화의 전제 조건이 권위주의"이며 중화학공업화가 결론적으로 성공한 것은 "테크노크라트들이 합의된 계획을 정치적 간섭이나 반대 없이 자유롭게 실행할 수 있었기 때문"이라고 주장한다(김형아 2005, 294). 나아가 중화학공업화의 추진과 10월 유신의 관계에 대해 오원철은 이렇게 언급했다.

요사이 많은 사람들이 박 대통령은 경제에는 성공했지만 민주주의에서는 실패했다고들 말한다. 심지어는 박 대통령 아래서 장관을 지냈던 이들조차 공개적으로 중화학공업화와 유신 개혁을 별개의 문제처럼 이야기한다. 나는 이렇게 말한다. 중화학공업화가 유신이고 유신이 중화학공업화라는 것이 쓰라린 진실이라고. 하나 없이는 다른 하나도 존재할 수 없었다. 한국이 중화학공업화에 성공한 것은 박 대통령이 중화학공업이 계획한 대로 정확하게 시행되도록 **국가를 훈련시켰기** 때문이다. 유신이 없었다면, 대통령은 그런 식으로 국가를 훈련시킬 수 없었을 것이다(김형아 2005, 294. 강조는 인용자).

오원철의 이런 언명은 중화학공업화의 추진이 유신 시대에 최고조에 달한 경제적 국가주의의 소산임을 밝힌 것이다. 김형아의 표현에 따르면, "중화학공업을 추진하는 과정에서 박정희는 '대통령 지시'라는 명분하에 최고 권력을 행사했고, 이를 국가기관뿐만 아니라 주요 재벌, 고위직 관료, 군 장성들을 통제하는 수단으로 사용했다. 유신 체제하에서 박정희는 국가 자체였고, 어느 누구도 그의 감시망에서 벗어나지 못했다"(김형아 2005, 33).

앞에서도 잠시 언급한 것처럼, 최근의 연구들은 박정희 시대 국가 주도 경제발전에 관해 그 모델을 계획경제에 기초하여 산업 개발을 추진한 만주국에서 찾는다. 한석정은 만주국에서 "관동군이 밀어붙인 경제개발, 중공업, 도시, 철도 건설, 위생 개선 등 발전에 대한 강박적 신념"을 박정희가 물려받았다고 지적한다(한석정 2010, 130). 한석정에 따르면, 박정희는 관동군이 점령지에서 군사작전을 수행하듯이 밀어붙인 경제정책을 한국 경제에 도입했다. 또한 경제개발의 모토이던 '증산·수출·건설'에서 건설에 관한 논의는 종종 간과되는데 박정희 정권하에서 1960년대 한국은 "전국이 건설의 현장"으로 화한, "만주국을 능가하는 건설 국가"였다(한석정 2010, 164).

만주국에서 일본군은 국도건설국國都建設局을 창설해 대도시 신징, 다롄, 하얼빈 등에서 새 관공서와 주택단지를 지으면서 철로 건설과 도시계획 등을 일사천리로 진행했다(한석정 2012, 163).[13] 박정희의 군사정부 역시 쿠데타 1주일 뒤 '국토건설본부'를 만들었다가 열흘 뒤 건설부로 승격시켰다(한석정 2012, 165). 한석정은 이런 발상이 만주국의 경험을 계승한 것임을 밝히기 위해 군사정부의 초대 건설부장관이 "박정희 국가재건최고회의장과 만주국군 동기생인 박임항"이었으며, "1969년에서 1971년까지의 건설부장관도 박정

13_박정희정권은 울산공업단지를 건설하기 위해 '울산특별건설국'을 설립했는데, 그 명칭은 '국도건설국'과 유사하다(한석정 2012, 164).

희의 만주국군 동기생(이한림)이 맡았다"고 지적한다(한석정 2012, 166). 1963년에는 국가의 최상위 국토개발계획을 위해 국토건설종합계획법이 제정되었다.[14] 이 법을 토대로 박정희 정권은 집권 기간 내내 전국 곳곳에서 고속도로와 철도 건설, 공업단지 건설, 대규모 공장 건설, 도시 계획 사업, 토지 구획 사업, 공유 수면의 매립과 점용 등 대규모 건설 사업을 벌였다(한석정 2012, 167). 한석정에 따르면, "60년대는 국토 전 지형을 파헤치는 '착공'과 '준공'의 시대였다"(한석정 2012, 165).

이렇게 보면 박정희의 경제적 국가주의는 국가가 경제를 단순히 '발전'시킨 것이 아니라 오원철의 말처럼, 경제를 '건설'한 것으로, 국토를 단순히 '개발'한 것이 아니라 국토를 '건설'한 것으로 해석하는 것이 합당할 법도 하다.

3) 대외적 국가주의:
방위산업 육성과 국군 현대화를 통한 자주국방

박정희는 5·16 군사 쿠데타는 물론 자신의 권위주의 체제를 정당화하기 위해 무엇보다도 반공과 국가 안보를 적극적으로 활용하고 강조했다. 물론 국가 안보를 위협하는 세력은 바로 북한이었다.

14_초대 건설부장관이었던 박임항은 박 의장이 "63년 7월 말까지 전국국토계획을 완성하라"고 독촉했다고 증언했다(한석정 2012, 166).

"북한은 6·25전쟁을 일으켰을 뿐 아니라 그 후에도 빈번히 무력 도발을 감행했기 때문에, 국가 안보는 대내외적으로 북한을 주 대상으로 한 반공·반북주의로 자연스럽게 응축되었다"(강정인 2014, 237). 북한의 위협이 상존하는 상황이었기 때문에 박정희 정권이 반공과 국가 안보를 강조한 것은 원칙적으로 타당한 논리적 근거를 확보했다. 강한 경제적 동기는 물론 안보상의 이유로도, 박정희는 베트남 파병을 적극적으로 추진했다. 미국의 베트남전 참전으로 인해 주한 미군이 철수하거나 군사적·경제적 원조가 삭감되는 것을 방지하고 한국군 현대화에 대한 미국의 지원을 확보하기 위해 대규모 병력을 파병했던 것이다. 그러나 박정희 정권은 반공과 국가 안보를 수시로 동원·남용해 정권에 비판적인 국내의 정치적 반대자들을 무자비하게 탄압했다.[15]

권혁범은 국내 신문에 흔히 나오는 "안보 및 힘 담론과 평화" 관련 기사나 칼럼을 분석하면서 국제정치에서 현실주의적 세계관이 국가주의를 강화시킨다고 논한다. 그는 이런 담론이 형성하는 일종의 "조건반사적 회로"를 이렇게 표현한다. "국제정치 현실 → 냉혹한 정글 → 약육강식 → 자구적 힘의 필요성 → 국력 증강 및 국익 강화 ↔ 안보 태세 강화 ↔ 국가 강화"(권혁범 2004, 84). 앞에서 필자가 박정희의 사상에서 국가와 정치의 관계를 논하면서 보여 준 것처럼, 권혁범 역시 이런 논리가 "국가적인 것을 초월적인 것으로

15_최근 심각한 북핵 위기에도 불구하고 다수 국민 사이에서 만연된 안보불감증은 역대 독재정권이 이처럼 국가 안보와 반공을 남용함으로써 초래된 역효과라 할 수 있을 것이다.

전환시킴으로써 국가를 정치로부터 분리"시키고 나아가 "국가 및 안보(가) 정치에 대해 우위를 점"하게 되는 국가주의를 형성·강화한다고 주장한다(권혁범 2004, 84-85).

이런 안보관에 따라 박정희는 북한의 위협에 맞서고 강대국의 희생양이 되는 약소국가의 처지를 벗어나기 위해 방위산업을 육성하여 무기 개발을 — 심지어 핵무기 개발까지 — 추진하면서 국군 현대화와 자주국방을 추진했다. 박정희 국가주의의 대외적 측면은 부국강병에 기반을 둔 자주 국가였다. 박정희의 국가주의는 미국에 의존하지 않고 능히 북한에 대적할 수 있는 자주적인 국방 능력을 갖추는 것을 목표로 했다. 자주국방에 대한 박정희의 집념은 1960년대 후반 북한의 도발이 빈번해지고, 국제 정세의 변화와 함께 미국이 주한 미군 철수를 추진하면서 더욱 강화되었다. 그리고 자주국방의 추구는 1973년부터 추진된 중화학공업화와 함께 더욱더 강화되었다.

1960년대 말부터 1970년대 중반에 이르기까지 한국의 안보 위기 상황이 고조되자 박정희는 자주국방에 대해 심각하게 고민하기 시작했다. 북한은 1968년 1월에 무장 공비들을 보내 청와대를 습격했고, 며칠 후 동해상에서 미국의 푸에블로호를 납치했다. 또한 같은 해 10월 말부터 11월 초에 걸쳐 울진·삼척 지역에 무장 공비를 침투시켰다. 1969년 4월에는 미국의 첩보기를 동해에서 격추시켰다. 이런 상황에서 1969년 7월 미국의 닉슨 대통령은 아시아의 안보 문제에 손을 떼기 위해 다시는 아시아 대륙에 지상군을 투입하지 않을 것이라는 닉슨독트린을 발표했다. 박정희는 같은 해 9월

대구에서 "미군의 주둔이 언제인가 종결될 때에 대비해 장기 대책으로 국군의 정예화를 위해 노력해야 한다"고 언급했다(김정렴 2006, 383). 이런 일련의 상황에 대처하기 위해 박정희는 1968년부터 1970년까지 3년 연속 국정 지표를 '싸우면서 건설한다'는 "일면 건설, 일면 국방"으로 정했다(김정렴 2006, 382).

박정희는 1968년 1월 북한 무장 공비의 침투 사건에 즉각적인 보복을 계획하고 미국의 지원과 승인을 요청했다. 그러나 미국은 이 계획에 상대적인 무관심과 함께 반대했고, 박정희는 이에 격분했다. 이로 인해 박정희는 북한의 무력 도발 시에 미국의 한국 방어 의지에 관해 강한 우려를 품게 되었다. 그리고 1969년 북한의 미국 첩보기 격추 사건에 대해 닉슨 행정부가 보여 준 "무력하고 우유부단하고 지리멸렬한"(키신저의 표현) 대처는 박정희의 우려를 더욱 강화했다. 박정희는 1968년 4월경 미군의 베트남 철수를 이미 예상했던 것으로 알려져 있다(김형아 2005, 184-186). 1970년 7월 닉슨 행정부에서 로저스 국무장관은 주한 미군 제7사단의 철수를 한국에 정식으로 통보했다(김정렴 2006, 384). 비무장지대의 서부 해안 전선에 배치된 미군 7사단이 철수한다는 사실은 곧바로 한국군이 북한군에 맞서 비무장지대 전역을 방어해야 한다는 것을 의미했다. 또한 이는 남한과 북한 사이에 전쟁이 발발했을 때, 미국의 즉각적이고 자동적인 개입을 기대할 수 없다는 점을 시사했다(김형아 2005, 189). 당시 박정희는 주한 미군의 감축이나 궁극적인 철수를 어느 정도 예상하고 있었지만, 그 속도나 시기가 너무 빠르다고 판단했다. 남한에 비해 북한이 월등한 군사력을 보유하고 있는 상황에서 전쟁이 발발하면 낙후된 기존의 무기와 군장비로는 남한 군대가 북한 군대를 대적할 능력이 부족하다고 보았기 때문이다. 그러나 1970년 8월 박정희는 "자주국방만이 우리가 살 길이다. 미 측 방침에 일희일비하는 처지를 빨리 벗어나야 한다"(김정렴 2006, 387)고 말하면서 경제성장의 필요성과 무기의 현대화와 국산화를 강조했다.

박정희는 북한 공비 침투 사건 이후 창설한 향토예비군을 무장시키기 위해 이미 무기 공장 건설의 필요성을 느꼈고, 1970년 6월 방위산업 건설을 지시했다. 이어서 극비리에 '무기개발위원회'와 '국방과학연구소'를 창설했고 M-16 소총 공장의 건설을 지시했다(김형아 2005, 280). 1973년부터 본격적으로 추진된 중화학공업화는 방위산업의 건설과 맞물려 진행되었다. 또한 주한 미군의 철수에 대비해 고성능 무기와 군장비의 자체적인 생산을 계획하고 추진하기 시작했다. 이런 계획은 핵무기와 유도탄 개발도 포함하고 있었다. 이 점에서 중화학공업화는 자주국방과 직접적으로 연결되었다. 중화학공업화의 추진은 미국에 대한 의존도를 줄이고 한국의 경제적·군사적 능력을 동시에 신장시킴으로써 북한을 경제와 국방 모두에서 능가하는 힘을 키우는 것을 목표로 했다(김형아 2005, 222).

1974년 3월 최신 무기와 장비를 도입함으로써 군을 현대화하는 극비 방위 프로젝트였던 '율곡사업'을 승인했다. 또한 미국 핵우산을 통한 한국의 안전보장이 철회될지도 모른다는 우려에 따라 박정희는 중수연료봉 공장과 유도탄 개발을 포함한 종합적 핵 프로그램을 가동하기 시작했다. 이에 필요한 재원을 조달하기 위해 방위성

금을 모금하고 방위세를 도입했다. 1980년까지 총 2조 6천억 원에 해당하는 액수가 방위세로 징수되었다(김형아 2005, 316). 한국의 핵 개발 프로그램 추진을 저지하기 위해 미국이 엄청난 압력을 행사한 것은 물론이었다. 1975년 한국 정부는 핵 재처리 시설과 원자력발전소 두 군데를 건설하기 위한 차관 교섭을 프랑스와 성공적으로 체결했는데, 미국의 끈질긴 압박에 의해 한국과 프랑스 정부는 최종 단계에서 이를 취소하지 않을 수 없었다(김형아 2005, 324-326).

그럼에도 불구하고 박정희는 핵미사일 프로그램을 지속적으로 추진했고, '대전 기계창'으로 위장한 중수연료봉 생산 공장을 건설했다. 이어서 1976년 12월 한국 정부는 '한국핵연료개발공단'이라는 이 시설을 공식적으로 공개했고, 급기야 1978년 9월에는 자체적으로 개발한 유도탄을 성공적으로 발사함으로써 세계에서 일곱 번째로 자국산 유도탄을 생산한 국가가 되었다. 이로 인해 한국의 핵무기 개발에 적극 반대하던 미국 정부의 불안은 가일층 고조되었으며, 이를 막기 위해 미국 고위 관료들이 한국을 방문했다. 마침내 1979년 6월 한·미 정상회담에서 박정희와 카터는 주한 미군 철수와 한국의 인권 문제를 놓고 격렬한 언쟁을 벌였다. 이처럼 주한 미군 철수 논의에 따른 안보 위기의 심화로 인해 박정희 정권은 한국의 존립 자체가 위기에 처해 있다고 믿었고, 어떤 희생을 치르더라도 국가 안보를 확보하고자 했다(김형아 2005, 330-336). 바로 이런 이유로 박정희 정권은 방위산업의 개발을 겸한 중화학공업화를 필사적으로 밀어붙였던 것이다.

중화학공업화와 방위산업에 관련된 정책 추진에 긴밀하게 관여한 핵심 고위 관료들은 한국판 국가주의의 절정인 유신 체제가 "국가의 근본적 목표, 즉 부강하고 공업화된 국가 건설을 달성하고 대미 의존도를 줄이기 위한 획기적인 공업 구조 개혁을 시행"하는 데 필수적이었다고 믿었다(김형아 2005, 313). 김형아는 "그들의 국가 개발 방식[이] 철저히 국가주의적, 권위주의적이었고 경제 민족주의에 상당히 의존했다"고 평한다(김형아 2005, 313-314). 이 점에서 1960년대 말부터 조성되고 가중된 안보 위기 상황은 박정희와 유신 체제로 하여금 국가주의의 대외적 표현인 자주국방에 필사적으로 매달리게 만들었고, 박정희의 핵무기 개발 프로그램은 박정희 정권의 몰락을 재촉한 하나의 요인으로 추정된다. 박정희가 추진한 국가주의에 그 자신이 희생된 셈이었다.

4. 글을 맺으며

지금까지의 검토에서 드러난 것처럼, 국가주의의 세 차원은 각각 (같은 용어를 사용하지만 내용상 상이한 색조를 지닌) 자유주의와 대립하는 것처럼 보인다. 먼저 개인과 사회에 대한 국가의 우월성과 초월성을 주장하는 정치철학적 국가주의는 개인주의에 기초한 정치적 자유주의와 정면으로 충돌한다. 국가 주도에 의한 경제발전을 추진하는 정치경제적 국가주의는 시장 중심의 경제 운영을 강조하는 자유방임주의, 신고전 자유주의 또는 최근의 신자유주의 등 경제적 자유주의와 대치한다. 마지막으로 현실주의 이론에 기초해서 국가를 유일한 행위자라고 강조하는 국제 관계에서의 국가주의는 국가는 물론 국제기구와 초국적 기업 및 초국적 비정부기구 등 다양한 행위자의 중요성을 주장하는 자유주의나 다원주의에 대응한다. 이런 사실은 국가주의와 자유주의의 다양한 차원이 각각 가족 유사성과 선택적 친화성을 가지면서 상호 대조된다는 점을 잘 보여 준다.

지금까지의 논의가 시사한 것처럼 국가주의의 세 차원인 정치적 국가주의, 경제적 국가주의, 대외적 국가주의는 분석적으로는 각각 구분되지만 현실에서는 상호 중첩적이고 상호 보완적이다. 기본적인 층위를 구성하는 정치적 국가주의에 따라 국가가 구성원이나 시민사회로부터 그 우월성이나 초월성을 인정받기 위해서는 경제적으로 부유하고 군사적으로 강력해야 한다. 이와 달리 국가가 경제적으로 빈곤하고 군사적으로 허약하다면, 국가는 그런 우월성이나 초월성을 누릴 수 없기 때문이다. 또한 국가가 국가 주도적 경제발전을 추진하기 위해서 또는 군사력을 강화시켜 대외적 자주성을 확보하기 위해서는 구성원 혹은 시민사회의 순응성을 확보할 수 있는 정치적 국가주의에 호소하고 의존해야 한다. 또한 경제적 국가주의와 대외적 국가주의를 성공적으로 추진해 경제적 부와 강한 군사력에 기초한 대외적 자주성을 확보하면 그런 성공은 정치적 국가주의의 강화로 연결될 개연성이 높다. 유감스럽게도 이런 논의는 지금까지 제시된 본문에서의 분석과 더불어 박정희 시대 정치적 국가주의에 기초한 유례없는 독재가 경제적 국가주의에 따른 급속한 경제발전과 동전의 양면을 구성한다는 점을 보여 준다. 다시 말해 한국이 후발 국가로서 산업화를 추진하는 과정에서 독재와 경제발전의 높은 선택적 친화성을 시사한다.

그러나 정치적 국가주의에 대한 개인과 시민사회 본래의 자유주의적 반발에 더하여 경제적 국가주의의 성공에 따른 경제적 풍요의 성취는 자유에 대한 개인의 열망을 고취하고 시민사회의 다원성을 활성화시켜 국가의 억압에 저항하면서 정치적 국가주의를 약화시킬 가능성을 증가시킨다. 나아가 개인과 기업 등 강화된 민간 경제 주체들이 시장과 경제에 대한 국가의 간섭을 배제하고 보다 자유로운 경제활동을 주장하면서 경제적 국가주의를 무력화시키거나 해체하고자 하는 경향을 강화시킨다. 1987년 민주화 이후 지난 30년 동안 한국 정치는 이런 식으로 정치적 국가주의와 경제적 국가주의가 점진적으로 약화되어 온 현상을 목격해 왔다.

먼저 한국의 정치적 국가주의는 박정희의 유신 체제에서 절정에 달했다. 하지만 1980년 광주민주화운동을 유혈 진압한 전두환 정권의 출범은 그 후 격렬한 민주화 투쟁을 촉발시키면서 결과적으로 국가주의를 약화시키는 전환점이 되었고, 민주화 이후 이러한 추세는 지속되어 왔다.[16] 또한 전두환 정권이 시장 중심의 경제정책으로 전환함에 따라 국가 주도에 의한 경제발전, 곧 경제적 국가주의

16_물론 이런 진단이 국가주의의 약화가 현재 만족스러운 수준에 이르렀다는 평가는 결코 아니다. 최근 박근혜 정부는 유신 체제의 적폐인 검찰·경찰 및 국가정보원을 동원하여 부분적이지만 유신 독재의 부활을 시도한 바 있다. 아울러 최근의 연구는 국가주의가 보수 세력은 물론 진보 세력 사이에도 켜켜이 쌓여 있다는 점을 신랄하게 고발한 적이 있다. 대표적으로는 임지현·권혁범·김기중 외(2000), 권혁범(2004)을 참조.

역시 점진적으로 쇠퇴하기 시작했다. 나아가 1997년 금융 위기 이후 신자유주의적 개혁을 전격적으로 도입함에 따라 더욱더 퇴조하게 되었다. 마지막으로 박정희 정권이 핵무기 개발 프로그램을 추진함에 따라 대외적 국가주의는 한때 최고조에 달했지만, 박정희 사후 미국의 압력에 의해 전두환 정권이 그 프로그램을 포기하는 것은 물론 주한 미군의 지속적 주둔이 보장되면서 결정적으로 하강 국면에 접어들었다. 더욱이 민주화 이후에 김대중·노무현 정부가 경제적 우위를 바탕으로 하여 북한에 대한 적대적 태도를 중지하고 대북 화해와 협력 정책을 적극적으로 추진함에 따라 자주국방을 추진하던 남한의 국제 관계에서의 국가주의는 지속적으로 약화되어 왔다. 그러나 박정희 정권의 유산으로 지속적으로 성장하면서 비대해진 재벌 등 대기업 집단이 신자유주의의 득세에 더욱 힘입어 국가가 철수한 빈자리를 메우면서, 많은 사람이 취업난과 비정규직의 일상화로 인해 실업과 고용 불안에 시달리고 있고 사회적 양극화 역시 심화되고 있다. 이로 인해 민주화와 더불어 누리게 된 정치적 자유가 사회적 차원에서 심각하게 위협받고 있다. 또한 북한은 최근 핵무기와 미사일 개발에 성공함으로써 바야흐로 남한의 안보를 전례 없는 위기에 몰아넣고 있다.

8장

2000년대 한국의 '극단적' 민족주의에 관한 비판적 연구

'국수주의 역사학'의 존립 기반을 중심으로

전재호

1. 들어가는 말

2000년대 한국에서는 '주류' 역사학계(이하, 역사학계)의 한국사 인식을 둘러싸고 정반대의 시각에서 비판이 제기되었다. 탈민족주의post-nationalism 연구자는 역사학계가 민족국가를 역사 발전의 주체이자 대상으로 하는 '민족주의적' 역사 서술을 하고 있다고 비판한 데 비해, 국수주의 역사학은 역사학계가 식민사관에 빠져 한국사를 축소, 왜곡시켰다고 비판했다. 전자는 민족주의를 해석하는 시각 가운데 근대론modernism의 입장에서, 후자는 원초론primordial-ism의 입장에서 역사학계를 비판했다.[1] 이에 대해 역사학계는 상반

되게 대응했다. 탈민족주의에 대해서는 학술적 논쟁을 전개하며 적극적으로 대응하면서 문제의식을 수용한 데 비해, 국수주의 역사학에 대해서는 "일일이 대응하지 않고 수동적으로 반응"했다(송호정 2016, 19).

2000년대 후반 탈민족주의의 목소리는 잠잠해진 데 비해, 국수주의 역사학의 목소리는 높아만 갔다. 그들은 자신이 '민족주의 역사학'이고, 역사학계는 '식민 사학' 또는 '매국의 역사학'이라고 비난하면서 대중의 관심을 끄는 데 성공했다. 이에 더해 2010년대에는 정치권과 언론의 지원을 등에 업고 '거짓된' 주장으로 역사학계의 주요 학술 사업을 중단시키고 정부로부터 재정 지원을 받는 등 실질적인 '힘'을 과시했다. 이에 역사학계는 그들을 '사이비 역사학' 또는 '유사 역사학'으로 규정하고, 그들을 비판하는 학술회의와 시민 강좌를 개최하고 학술 서적을 출판하는 등 대중과의 소통에 노력하고 있다. 물론 국수주의 역사학도 강연과 출판물을 통해 계속 역사학계를 비판하고 있다.

그러면 21세기 한국 사회에서 국수주의 역사학이 어떻게 이렇게 큰 힘을 갖게 되었는가? 민족주체성을 부르짖던 유신 체제 시기에 등장했던 국수주의 역사학이 지구화 시대인 21세기에도 여전히 존립할 수 있는 기반은 무엇인가? 이 글은 이런 질문에 답하기 위해 그동안 국수주의 역사학이 전개했던 주장과 활동 및 그것을 가능하

1_근대론은 한민족이 근대에 등장했다고 보는 데 비해, 원초론은 "한민족이 태고시절에 현재와 동일한 형태로 등장하여 현재로 이어졌다"(권오영 2018, 245)고 본다.

게 했던 요인을 고찰한다. 이미 고대사를 전공하는 '젊은' 역사학자들(젊은역사학자모임 2017; 2018)과 조인성(2016a, 2016b, 2017), 송호정(2016), 하일식(2016), 이문영(2018), 윤종영(1999) 등 여러 연구자가 그들의 주장과 활동과 주장 및 문제점, 특히 위서僞書인『환단고기』와『규원사화』의 허구에 대해 상세히 고찰했다.[2] 그 결과 2010년대 중반까지 국수주의 역사학의 주장을 '무비판적'으로 보도했던 언론도 이제는 '비판적 시각'에서 그들을 바라보기 시작했다.

그런데 기존 연구는 주로 국수주의 역사학의 주장과 활동에 관심을 기울였을 뿐, 그들이 어떻게 활동할 수 있었는지, 곧 그들의 존립 기반에 대해서는 '상대적으로' 덜 관심을 기울였다. 그중에서도 일부 연구는 정치권의 비호와 언론의 선정적 보도 및 역사학계의 무대응을 지적했고, 이에 더해 몇몇 연구자는 역사학계 내부 요인을 추가했다.

김헌주는 "'사이비 역사학'은 한국 민족주의 역사학의 태생적 모순을 그대로 보여"주며, 그것이 "특정한 극단주의자들의 퇴행적 역사 인식이 아니라 우리가 '정正'이라고 인식해 온 기존 한국사 연구 및 각 시대 주류 담론과 불가분의 관계"라고 주장했다(김헌주 2017, 281-283). 이는 매우 적절한 지적이지만, "한국사 연구 자체에 대한 성찰"의 필요성만을 언급했을 뿐 아쉽게도 양자의 불가분적 관계에 대한 설명이 너무 간략하다. 이에 비해 신형준은 한국사

2_이미 이렇게 많은 역사학자가 국수주의 역사학의 주장이 가진 문제점을 다루었기 때문에 이 글은 이 부분을 다루지 않는다.

학계의 우리 역사에 대한 과장·미화가 유사 역사학이란 괴물을 키웠다고 지적하면서, 대표적 사례로 한반도 왕들이 중국에 자신을 '신하'로 밝혔던 사실에 대해 침묵하는 점과 신라인의 통일 및 국경 인식이 역사학계의 해석과 다르다는 점을 구체적으로 제시했다(신형준 2018a). 기경량도 지난 수십 년간 한국의 역사교육은 애국심 고취를 목적으로 이루어졌기 때문에 한국인들이 쇼비니즘에 쉽게 설득되었고, 결국 유사 역사학의 득세에는 일정 부분 기존 역사학계, 역사교육계의 책임이 있다고 지적했지만, 구체적인 사례를 제시하지는 않았다(젊은역사학자모임 2018, 6-7).

이 글은 이런 지적에 덧붙여 국수주의 역사학의 존립과 확산에 기여한 요인으로 역사학계의 민족주의 '과잉'을 제시한다. 구체적으로 그것은 '초역사적인' 민족 개념, 현재의 민족주의적 시각에서 과거를 투영하는 역사 해석, 단군 신화와 고조선에 대한 '모호한' 태도, 애국심을 고취하기 위해 국난 극복을 강조하는 서술이다. 이것이 바로 이 글이 기존 연구와의 차별성을 보여 주는 지점이다.

이 글의 순서는 먼저 2절에서 국수주의 역사학의 활동과 주장을 2000년대 이전과 이후로 나누어 살펴보고, 3절에서는 국수주의 역사학이 확산될 수 있었던 여러 요인 중 역사학계 외부의 요인을, 4절에서는 역사학계 내부의 요인을 고찰한다. 마지막으로 5절에서는 국수주의 역사학의 확산을 차단하기 위해 (역사)학계가 고려해야 할 몇 가지 '기준'을 제안한다.

본론으로 들어가기 전에 먼저 이 글에서 사용하는 주요 개념인 극단적 민족주의와 국수주의 역사학의 개념을 설명해야 한다. 일반적으로 민족주의는 민족의 독립과 통일과 자유를 추구하는 정치적 이데올로기이자 강령으로 정의된다(장문석 2011, 58). 그런데 민족주의는 민족의 목표를 위해 구성원에게 다른 이념이나 정체성에 앞서 민족(국가)에 최고의 충성심을 바칠 것을 요구한다. 이런 측면에서 민족주의는 본질적으로 개인보다 민족(국가)을 강조하는 경향이 강하다. 그리고 민족주의는 구성원의 충성심을 끌어내기 위해 민족에 대한 자긍심을 불어넣으려 하는데, 그 대표적인 수단이 바로 역사이다. 19세기 후반 이래 유럽에서는 민족주의를 확산하기 위해 전통을 '대량 생산'(홉스봄 외 2004)하고, 자민족의 역사를 찬란하고 장대한 내용으로 채우기 위해 거짓 역사를 만들거나 신화를 역사적 사실로 포장했다. 그 과정에서 "자국에 대한 과도한 자부심을 느끼고 타국을 경멸하는 과장되고 비이성적인 애국주의"(Snyder 1990, 52)를 의미하는 국수주의, 곧 쇼비니즘chauvinism이 탄생했다. 따라서 국수주의는 민족주의가 극단적 형태로 확장된 형태로 볼 수 있다.

한국에서도 민족주의의 등장 이후 국수주의 역시 등장했고, 그 한 갈래인 국수주의 역사학은 2000년대 정도까지 '재야 사학' 또는 '상고 사학'으로 불리면서 활동했다. 그들이 국수주의 역사학으로 불리는 이유는 한민족의 우수성을 강조하기 위해 역사 속에서 광활한 영토를 지녔던 시기가 있었음을 강조했고, 그것을 정당화하기 위해 사료의 의미를 왜곡하거나 잘못 읽고 부적절한 자료를 인용했으며, 정관계 인사 및 대중 여론을 활용하는 등 학문적 탐구와는 거리가 먼 수단과 방법들을 구사하면서 일방적으로 자기주장만을 전

개했기 때문이다(정요근 2017, 105).[3]

최근 역사학계는 한국의 국수주의 역사학을 영어의 'pseudo history', 곧 '비슷하게 흉내는 내지만 실제로는 역사학이 아닌 존재'라는 의미를 전달하기 위해 '유사 역사학'[4] 또는 '사이비 역사학'으로 규정했다(기경량 2017, 15).[5] 그런데 이 경우 난점이 존재한다. 그것은 역사학계가 기초한 근대 역사학을 사이비 역사의 대립 항인 '정사'正史로 볼 수 있는가의 문제이다. 랑케 이후의 역사철학은 모두 역사학의 현재성과 구성주의적 측면을 강조하는 방향으로 나아가고 있다. 사실 근대 역사학은 국가권력과 같은 결로 짜여 있으며, 근대 역사학이 자부한 과학성과 객관성은 현존 국사의 논리를 정당화한 것이다. 기존의 한국사 연구 역시 이런 성격을 갖고 있기에 탈민족주의로부터 비판받고 있다. 그리고 비록 함량 미달일지라도, 국수주의 역사학은 '민족'을 고대로부터 이어져 내려온 단일한 목적성을 가진 역사적 실체로 인정하고, 웅대한 대륙을 회복하자는

3_정요근(2017)은 그들을 '국수주의 유사 역사학'으로, 기경량(2017)은 '쇼비니즘 역사학자'로 지칭한다.

4_과학 잡지 『스켑틱』(*SKEPTIC*) 발행인 마이클 셔머(Michael Shermer)는 유사역사학을 "뒷받침하는 증거나 개연성이 없는데도 주로 정치적이거나 이념적인 목적으로 제시되는 주장"이라고 정의한다(이문영 2018, 22-37).

5_한국의 국수주의 역사학은 "종교나 이데올로기적 열망에 근거한, 주관적이고 닫혀 있는 사고 체계의 산물이다. 그 목적은 사실에 대한 해명이나 대상에 대한 합리적 이해가 아니라, 자신이 품고 있는 욕망에 대한 정당화다." 따라서 국수주의 역사학자들의 사고는 "끝없이 확증 편향적 형태를 띠고, 사실과 거리가 먼 자신들만의 주관적 세계로 침전하게 된다"(젊은역사학자모임 2018, 5).

'고토회복론'을 방법론적 기반으로 삼고 있으며, 중국 정사 등 1차 사료를 활용한다(김헌주 2017, 278-281). 그런 점에서 국수주의 역사학은 과학성과 객관성이라는 기존 역사학의 특성을 일부 갖고 있다. 더욱이 "이승만·박정희 독재 정권을 거치면서 확립된 국수주의적 한국사 교육의 결과는 상고사 논쟁으로 발현되었고, 1980년대 민주화 운동 시기에 배태된 민중적 민족주의론은 고토회복의 열망을 감추지 않았다" 이는 국수주의 역사학이 "우리가 '정'正이라고 인식해 온 기존 한국사 연구 및 각 시대 주류 담론과 불가분의 관계임"을 보여 준다(김헌주 2017, 283).[6] 그러나 유사나 사이비라는 개념을 사용하면 이런 측면이 드러나지 않는다. 이런 난점을 고려하여 이 글은 그들의 실상을 더 잘 보여 준다고 생각되는 개념인 국수주의 역사학을 사용한다.[7]

한 가지 덧붙이면 이 글이 국수주의 역사학을 다루기 때문에 학문 분과상 정치학, 특히 정치사상과 무관한 역사학 연구로 인식될 수 있다. 그러나 근대 역사학은 국가권력과 같은 결로 짜여 있으며, 국사national history 역시 대부분 현존 민족국가nation-state를 정당화하는 서술 체계이다. 따라서 근대 민족주의 역사학 또는 그에 기초해

---

[6]_김헌주는 이 인용문에서 "'사이비 역사학'이 특정한 극단주의자들의 퇴행적 역사 인식이 아니라"고 주장했다. 그러나 한국 사회의 강한 민족주의 정서에도 불구하고 일부만이 국수주의 역사학을 지지한다는 점을 고려한다면, 국수주의 역사학 지지자를 극단주의자가 아니라고 할 근거는 없다고 보인다.

[7]_역사학계의 '사이비 역사학'이란 개념 사용에 대해 테이 정(2018)이 반론을 제기했고, 이에 대해 안정준(2018)이 논평을 제시했다.

탄생한 국사는 정치와 불가분의 관계이다. 한국에서 민족주의 역사학이 국망國亡의 위기에서 등장해 식민지 상황을 극복하기 위한 수단으로 이용되었고, 국수주의 역사학이 21세기 한국을 식민지 시기와 동일한 상황으로 간주하면서 식민사관 척결을 외치고 정치 세력의 지원을 획득했다는 점을 고려할 때, 국수주의 역사학을 다루는 연구는 단순히 역사학이라는 특정 학문 분과에만 속한 것이 아니라 정치학을 포함하는 여러 학문이 교차하는 '학제적'inter-disciplinary 연구로 볼 수 있다. 또한 이 글이 근대 역사학과 민족주의에 대한 기존 인식의 문제점을 성찰할 것을 요구한다는 점에서 정치사상 분야의 연구라는 점을 밝힌다.

2. 국수주의 역사학의 활동과 주장

국수주의 역사학은 장기간에 걸쳐, 여러 사람과 집단에 의해 제기되었기 때문에 매우 다양하고 복잡한 계보를 갖고 있다. 지면의 한계로, 국수주의 역사학자나 개별 조직에 대해서는 자세히 다루기는 불가능하다. 따라서 이 장은 국사찾기협의회, 민족사바로잡기국민회의, 식민사학해체국민운동본부, 미래로가는바른역사협의회 등 '연대' 조직을 중심으로 그들의 활동을 다룬다.

1) 2000년대 이전

국수주의는 식민지 시기부터 등장했지만, 국수주의 역사학자들이 본격적인 정치적 활동을 전개한 것은 1970년대였다. 당시 박정희 정부는 1972년 국사 교육 강화를 위한 과제와 목표로, 민족 주체성 확립과 식민사관의 극복을 제시했고, 1974년에는 국정 국사 교과서를 발간했다. 국수주의 역사학은 이런 민족주의적 분위기를 이용해 자신들의 주장을 국정 국사 교과서에 실으려 했다.[8]

1974년 7월 25일 국수주의 역사학자의 모임이던 '한국고대사학회'(회장 안호상)는 국정 국사 교과서가 단군을 신화로 규정해 한국사의 범위를 위축시키고, 일제의 식민지 사관을 그대로 답습한 역사교육을 강요하고 있다고 비판하는 성명을 발표했다.[9] 국수주의 역사학자는 1975년 10월 8일 '국사찾기협의회'를 결성하고 기존 역사학계에 대해 전방위적으로 비난 공세를 펼쳤다. 1976년부터는

8_그들의 공세는 한국의 국사 교과서가 국정이었기 때문에 가능했다. 그들은 "검인정이었다면 아마 시장에서 걸러졌을 설익은 주장이라도, 권력층의 동의를 얻고 여론을 조작하면 국정교과서라는 고지를 점령하고 교과서의 권위를 빌려 진리로 등극할 수 있다는 점을 …… 노렸던 것이다"(한홍구 2005, 126).

9_당시 국수주의 역사학자는 '재야사학자'로 불렸는데, "정식으로 학계에서 학문적으로 훈련이 되지 않은 일반 시민 중 역사에 대해 많은 관심을 가지고 활동하며, 특히 웅대한 상고사 복원에 노력하는 아마추어 역사학자들"과 "역사학 이외의 분야를 전공하면서 민족주의적인 시각으로 웅대한 상고 역사를 찾고자 노력하는" 사람들을 포함한다(송호정 2016, 20). 대부분은 "극단적 민족주의와 반공사상을 내세우는 보수적 성향의 사람들"이었다(김한종 2013, 252).

자신들의 기관지 역할을 했던 월간지 『자유』에 글을 실어 국사학계가 식민사관에 물들어 한국사를 왜곡하고 있다고 비난했다. 그들은 당시 학술원 원장인 이병도와 학술원 회원인 신석호 등을 일제하에서 조선사편수회에 참여해 일제의 식민사관을 연구하고 보급하는 데 앞장선 친일파라고 비판하고, 서강대 교수 이기백 등 당시 국사학계의 중견 학자들도 이를 이어받아 왜곡된 한국사를 그대로 전달하는 앞잡이 노릇을 하고 있다고 공격했다(송호정 2016, 21). 일부 언론들은 그들의 주장을 비판 없이 보도함으로써 '실질적으로' 그들을 도와주었다.

1978년 10월 국사찾기협의회는 문교부에 '국정교과서 오류 시정 및 정사 확인 건의서'를 제출했다. 그러나 문교부는 청원을 받아들이지 않았다. 이에 안호상 등은 문교부 장관에게 국사 교과서 내용을 고쳐 달라는 소원을 제기했다. 이 역시 신청 요건을 갖추지 못했다는 이유로 반려되자, 그들은 다시 '국사 교과서의 국정 교재 사용 금지 및 정사 편찬 특별 기구 설치 등의 시행 요구'에 관한 행정 소송과 민사소송을 제기했다. 서울지방법원은 민사소송의 대상이 되지 않는다고, 행정 법원도 학문의 내용은 사법적 심판의 대상이 될 수 없다는 이유로 소송을 각하했다(김한종 2013, 255).

제5공화국이 들어서자 국수주의 역사학은 정치권을 통해 자신들의 뜻을 관철하려 했다. 안호상 등은 1981년 8월 31일 여당 실세인 권정달 외 18인을 소개 의원으로 하는 '국사 교과서 내용 시정 요구에 관한 청원'을 국회에 제출했다. 이에 국회 문공위원회는 11월 26~27일 국사 교과서에 대한 공청회를 개최했다.[10] 공청회에 대해 언론인들은 역사학자들의 주장이 설득력이 있다고 보았지만, 국회 의원을 비롯한 국민 정서는 '재야 학자'들의 주장에 호응과 지지를 보냈고, 역사학자에 대해 시종일관 공격적이며 적대적인 태도를 보였다고 한다(윤종영 1999, 94).

이런 활동의 결과로 국수주의 역사학의 주장 일부가 국사 교과서에 수록되었다. 1982년 간행된 국사 교과서에는 단군 신화가 고조선 건국 과정의 역사적 사실과 홍익인간의 건국이념을 밝혀 준다는 내용이 들어갔고, 한군현漢郡縣의 위치가 생략되었다. 이는 단군 신화를 '신화'로 취급하는 것은 식민사관의 논리이며, 한군현이 한반도에 위치하지 않았다는 국수주의 역사학의 주장을 반영한 것이었다(김한종 2013, 256-257).

한편 1980년대에는 『환단고기』를 비롯해 국수주의 역사학의 주장을 담은 서적들이 대거 출판되었고, 그 결과 국수주의가 대중적으로 확산되었다. 1984년 11월 국수주의에 기초해 한국사를 다룬 김정빈의 소설 『단』(정신세계사)이 베스트셀러가 되었고, 1986년 9월에는 식민 사학을 비판하고 한국 상고사의 실체를 찾는다는 내용을 담은 서희건의 『잃어버린 역사를 찾아서』(고려원)도 베스트셀러가 되었다. 이렇게 '상고사'가 인기를 얻자 1986년에만 관련 서적이 20여 종 출판되었다.

10_청원인 측에서 안호상, 박시인(서울대 영어영문학), 임승국(한국정사학회 회장)이, 역사학계에서는 김원용(서울대 고고미술사학), 김철준(서울대 국사학), 이기백(서강대 사학) 등 대표적인 학자들이 출석하여 양자 토론이 진행되었다(김한종 2013, 256).

국수주의 역사학의 성전이 된 『환단고기』는 1979년 광오이해사에서 출판되었는데, 1982년 일본에서 일역본으로 간행되자 주목받기 시작했고, 1986년에는 임승국의 번역으로 『한단고기』(정신세계사)라는 이름으로 출판되었다. 『환단고기』는 고조선과 부여, 고구려 등의 고대사에 관해 이전과 다른 내용을 수록했고, 고조선 전후의 역사를 광대한 영토를 지니고 중국에 기반을 둔 제국처럼 받아들이게끔 했다(하일식 2016, 5).[11]

1986년 10월 국사찾기협의회는 이런 분위기를 배경으로 '민족사바로잡기국민회의'로 조직을 확대 개편했다. 의장은 윤보선 전 대통령, 부의장은 이종찬 민정당 국회의원이었으며, 위원으로는 저명한 국회의원, 교수 등이 참여했으며, 김대중, 김영삼, 김종필 등 여야의 유명 정치인과 정치, 문화, 사회의 지도급 인사들이 고문으로 참여했다(윤종영 1999, 151). 이는 이제 국수주의 역사학이 정치인이 무시할 수 없을 정도의 큰 세력으로 성장했다는 사실을 보여준다.

1987년 2월 25~26일 정신문화연구원은 "재야 사학자들과 강단 사학자 간의 폭넓은 의견 교환을 통해 …… 앞으로 이 부문의 연구를 심화·수렴하고, 그 결과를 국사 교육에 적극 활용"하자는 취지로 '한국 상고사의 제문제'라는 학술회의를 개최했다(조인성 2016a, 10). 그런데 이는 '민족사바로잡기국민회의'의 세력을 과시하는 장

11_『환단고기』의 실체에 대해서는 이문영(2017)과 장신(2018)을 참고.

이 되었다. 발표에 관한 토론은 시종일관 그들이 주도했고, 종합 토론에서는 일부 청중들이 연단 앞으로 나가 강단 사학자들에게 심한 말을 퍼붓는 등 험악한 분위기가 연출되었다(윤종영 1999, 159; 기경량 2017, 24). 2월 27일 '민족사바로잡기국민회의', 문교부, 국사편찬위원회 3자 간담회에서도, 국수주의 역사학은 "한국 역사학계가 …… 조선사편수회에 참여한 식민주의 사학자 이병도의 제자들이 학맥을 이루어 주도하고 있어 현재까지 모든 국사 교과서가 이들에 의해 만들어졌고 이번에 구성된 국사교육심의위원들도 이들이 대부분을 차지하고 있는데 올바른 국사 교과서를 만들기 위하여 이들을 전원 교체하여야 한다"고 주장했다(조인성 2017, 13-14).

1990년대 국수주의 역사학은 이전만큼 큰 목소리를 내지는 않았지만, 종전과 다른 방식으로 저변을 확대했다(하일식 2016, 3-4). 특히 1980년대 후반 등장한 PC 통신이라는 새로운 커뮤니케이션 수단을 이용했다. 그 결과 한민족의 영광을 노래하는 『환단고기』의 신봉자들이 늘어 갔다(이문영 2018, 151). 게다가 역사학계에서도 단군 민족주의에 입각한 단군 조선사를 주장하는 사람들이 등장했고, '한배달학회', '단학선원', '한문화운동연합', '다물민족연구소', '민족정신회복 시민운동연합' 등 여러 조직들이 등장해 강연회 등을 통해 국수주의 역사학을 확산시켰다(송호정 2016, 23-24). 예를 들어, 다물민족연구소는 기업과 경제인, 군인, 관료들에게 '영광스런 고대사'를 확산시켰고, 기수련, 마음수련, 요가, 단전호흡을 강습하는 곳에서 전통문화의 우수성을 강조하면서 '만들어진 고대사'를 확산시켰다.[12]

그러면 당시 국수주의 역사학은 어떤 주장을 했는가? 1978년 10월 국사찾기협의회가 제출한 '건의서'에 따르면 그들의 주장은 다음과 같다. ① 고조선의 영역은 동북으로 바다까지, 북으로 흑룡강까지, 서남쪽은 북경까지이다. 지금의 국사 교과서는 ② 1200년에 달하는 단군 시대의 역사를 포함하지 않았고, ③ 단군을 신화로 간주하여 단군의 실존을 부정했으며, ④ 단군이 아닌 연나라 사람 위만을 고조선의 창건주로 삼았다. ⑤ 위만조선의 서울인 왕검성은 중국의 산해관 부근에 있었다. ⑥ 낙랑은 중국의 북경 지방에 있었다. ⑦ 백제가 400여 년간 중국의 중남부를 지배했다. ⑧ 삼국 통일 후 68년간 신라의 영토는 길림에서 북경까지였다(윤종영 1999, 13). 곧 기존 국사 교과서가 포함하지 않거나 부정한 이런 내용을 집어넣어야 한다는 것이다. 1981년 11월 국회 문공위 공청회에서도 그들은 동일한 주장을 반복했다. 다만 고구려·백제·신라, 특히 백제 사람들이 일본 문화를 건설했다는 내용을 추가했다(윤종영 1999, 22). 곧 단군을 역사적 인물로 간주하고 고조선을 거대 제국으로 주장했으며, 한사군, 특히 낙랑을 한반도 외부에 배치하는 대신, 백제와 신라의 영토를 중국으로 확장했다.[13] 이는 국수주의 역사학이 지닌

12_하일식은 1990년대 산업계·노동계에서 논란이 되었던 '다물민족주의'가 영광스런 고대사를 주장하며 민족의 자부심을 강조하고, 이를 대중에게 조직적으로 설파함으로써 큰 파문을 일으켰다는 점을 지적했다(하일식 2016, 7-20).

13_윤내현은 단군의 건국 연도인 기원전 2,400년경 요령 지역의 청동기 문화인 하가점하층문화(夏家店下層文化)를 바탕으로 고조선이 국가를 형성했다고 보았다. 고조선의 후신인 기자조선, 위만조선은 고조선과 관계없는 중국과 고조선의 국경인 난하(灤河) 근처에

영토 팽창주의를 잘 보여 준다.

2) 2000년대 이후

2000년대 들어서자마자 국수주의 역사학은 종전과 같이 교육인 적자원부에 국사 교과서의 정정을 요구하는 청원을 제기했다. 2000년 1월 '국사광복회' 회장 최재인은 한나라당 권철현 의원을 통해 보낸 질의서에서 고조선과 한사군의 위치를 문제 삼으면서 현행 국사가 일제 식민사관의 복사판이라고 주장했다(송호정 2016, 27). 또한 그들은 지속적으로 확장되고 있는 사이버 공간을 적극적으로 활용했다. KBS 역사스페셜 홈페이지, 한국상고사학회, 다음 카페 중 '바로잡아야 할 역사들', '우리역사 바로알기 시민연대', '대륙조선사 연구회', '우리 역사의 비밀' 등 회원 규모가 큰 인터넷 사이트를 중심으로 자신들의 주장을 확산시켰다(송호정 2016, 26).

2000년대 이후 국수주의 역사학의 성장을 보여 준 결정적인 사례는 그들의 압력으로 역사학계의 주요 연구 사업이 중단된 사건이었다. 2014년 3월 국수주의 역사학자와 일부 사회 원로 인사는 '식민사학해체국민운동본부'(이하 운동본부)를 결성했다. 운동본부는 2007년부터 동북아역사재단이 미국의 연구자들과 학생들에게 한

있는 나라였고, 그 동쪽 지역에서부터 한반도 서북지역의 땅에 고조선의 영역을 설정했다. 그리하여 고조선은 고대 제국 단계로까지 발전했다고 보았다(송호정 2016, 34-38).

국 고대사를 알릴 목적으로 하버드대학교 한국학연구소와 함께 공동으로 추진하던 '고대 한국 프로젝트'Early Korea Project를 문제 삼았다. 그들은 사업 결과로 편찬된 영문 서적 대부분이 "북한 지역은 고대 중국의 식민지였고, 한반도 남부는 고대 일본의 식민지였다는 매국·매사賣史 논리의 책들"이라고 비난하면서, 2014년 3월 감사원에 동북아역사재단 감사를 청구했다. 감사원은 2015년 2월 "사업 목표가 효과적으로 달성되지 못하고, 사업 지원 연구비도 효율적으로 집행되지 못할 우려가 있다"라고 감사 결과를 발표했다. 이에 동북아역사재단은 2015년 사업에 대한 지원을 중단했고, 결국 프로젝트는 중단되었다(이문영 2018, 159-163).

또한 운동본부는 2014년 말부터 일본의 역사 왜곡과 중국의 동북공정에 대한 대책의 하나로 우리 주도의 역사 지도를 만들기 위해 동북아역사재단이 2008년 시작한 '동북아 역사 지도 편찬 사업'을 문제 삼기 시작했다. 2015년 4월에는 동북아 역사 지도에서 독도가 누락되었고, '한사군 한반도설'과 '임나일본부설'과 같은 고대사 왜곡이 반영되었다고 주장했다. 그 결과 동북아 역사 지도는 '일제 식민사관과 동북공정을 추종하는 지도'라는 누명을 썼고, 국제적으로 인정받을 수 있는 역사 지도를 제작하려던 사업은 폐기되었다(조인성 2017, 10-11).

한편 2016년 6월 26일 한가람역사문화연구소, 한배달, 대한사랑, 유라시안네트워크 등 총 25개의 국수주의 역사학 단체들이 모여 '미래로가는바른역사협의회'(약칭 미사협) 발대식 및 식민 사학 규탄 대회를 개최했다(조인성 2017, 14). 미사협은 '창립 선언문'에서 "모든 문제의 뿌리는 광복 직후 친일 청산이 이루어지지 못하고, 조선총독부 조선사편수회에 부역했던 식민 사학자들이 역사학계의 학문 권력을 장악한 데 있"다고 주장했다(조인성 2017, 13-14). 그런데 이 조직은 2010년대 국수주의 역사학에서 주도적 역할을 하는 이덕일의 명예훼손 사건을 지원하기 위해 설립된 것이었다. 이덕일은 2014년 출간한 『우리 안의 식민사관』에서 평생 임나일본부설을 비판했던 역사학자 김현구를 식민 사학자라고 비난했다. 이에 김현구는 2014년 이덕일을 명예훼손으로 고소했고, 2016년 2월 1심 재판부가 이덕일에게 징역 6개월, 집행유예 2년을 선고했다. 이에 이덕일은 박찬종, 이석연 등 유력 인물들을 변호사로 선임했고, 미사협도 그를 지원하기 위해 결성되었다(이문영 2018, 158-159). 이 역시 국수주의 역사학의 영향력이 여전히 강함을 보여 주는 사례이다.

2000년대 국수주의 역사학은 종전과 마찬가지로 역사학계를 식민사관으로 비난하고 영토 팽창주의를 내세우는 동시에 자신들의 논리를 강화하는 새로운 내용을 추가했다.[14] 첫째, 2000년대 초반 중국이 기원전 4천 년 전의 홍산紅山 문화를 중국 역사와 연결하며 '요하문명론'遼河文明論을 주장하자, 국수주의 역사학자는 홍산 문화가 한민족과 연관되었다고 주장했다. 요하문명론은 요하 일대에

14_이덕일은 "'해방 후에도' '한국인 역사학자들'이 조선총독부 사관을 추종한다"라며 그들의 시각을 '매국사관'으로 부르고, "선조들의 피로 되찾은 나라의 역사를 다시 팔아먹는 것이기 때문"에 "식민사관을 넘어선 매국의 역사학"으로 규정했다(이덕일 2015, 6).

서 발원한 모든 고대 민족을 황제족黃帝族의 후예로 삼아 중국 역사로 편입시키는 주장이다. 이에 따르면 요하 지역과 만주를 포함하여 동북아시아 전체가 상고시대부터 중국사에 편입된다. 이에 대해 우실하는 홍산 문화는 고조선 또는 맥족의 문화인데, 이것을 중국이 빼앗으려는 것이 요하문명론이라고 주장하면서, 식민 사학에 젖은 국사학자들이 제대로 대응하지 못했다고 비판했다(우실하 2007). 이런 주장이 확산되면서 2012년 12월 한국학중앙연구원 한민족공동체연구소는 '한국사 시공간적 범위 정체성 세미나: 요하문명론'을 개최하기도 했다(송호정 2016, 28-30).

둘째, 국수주의 역사학자는 한민족의 북방 영토를 확장하는 새로운 주장을 제시했다. 우선, 고구려의 장수왕이 천도한 평양이 현재 북한의 평양이 아니라 요양(현 중국 랴오닝성의 랴오양시) 일대에 있었다. 다음으로 14세기까지의 사료에 나오는 압록강은 요하(현 중국 랴오허강)를 의미하며, 고려 시대의 서북면(북계) 경계는 현재의 압록강 하구가 아니라 요하이다. 그런데 역사학계는 일제 식민 사학의 영향으로 고려 영토를 압록강 이남으로 축소했다고 주장했다. 결국 요동 지역은 고구려부터 고려까지 계속 한민족의 영토였다는 것으로, 국수주의 역사학의 '영토 팽창주의'가 고려 시대까지 확장되었다. 이에 대해 역사학계는 이런 주장이 사료의 오도와 왜곡으로 점철되었다고 비판했다.[15]

15_이 주장의 오류와 허구성에 대해서는 정요근(2017; 2018)을 참고.

3. 국수주의 역사학의 존립 기반:
   역사학계 외부 요인

1) 주변국과의 민족주의적 갈등

(1) 일본의 역사 왜곡과 독도 영유권 주장

국수주의 역사학이 역사학계를 매국의 역사학 또는 식민사관이라고 공격하는 데서 볼 수 있듯이, 반일反日 민족주의는 국수주의 역사학의 중요한 존립 기반이다. 2000년대 이후 일본의 역사 왜곡과 독도 영유권 주장은 한국의 반일 민족주의를 자극함으로써 대중들이 국수주의 역사학자의 주장에 호응하기 쉽게 만들었다. 한국에서 반일 민족주의는 식민지 시기부터 지속했지만, 일본의 종군 위안부 동원 정부 개입 부정, 독도 영유권 주장, 수상과 관료들의 야스쿠니 신사 참배, 강제징용 피해자 배상 거부 등 일본의 '우경화'로 말미암아 2000년대 이후 더욱 고조되었다. 특히 2013년 4월 23일 일본 아베 총리가 한국과 중국을 상대로 한 침략 전쟁을 부정하는 발언, 곧 '침략에 정해진 정의가 없다'라고 말하자, 국회는 그에 대응하기 위해 '동북아역사왜곡대책특별위원회'(이하 동북아역사특위)를 구성했다. 그런데 동북아역사특위는 일본의 역사 왜곡 문제보다는 국수주의 역사학자의 주장에 경도되어 고대사에 대한 논쟁을 전개하고, 동북아재단이 지원한 하버드대학의 '고대 한국 프로젝트'와 역사학계의 '동북아 역사 지도 사업'을 비판하는 데 집중했다(길윤형 2017).

결국 2000년대 이후 강화된 일본의 역사 왜곡과 독도 영유권 주장은 한국의 반일 민족주의를 자극했고, 이는 국수주의 역사학이 반일 감정을 이용해 자신들의 주장을 확산시키는 데 유리한 환경을 제공했다.

(2) 중국의 동북공정과 정치, 경제적 보복

2000년대 이후 국수주의 역사학은 역사학계가 중국의 동북공정에 제대로 대응하지 못하고 그들의 주장을 뒷받침한다고 비판한다. 이는 반중反中 민족주의가 국수주의 역사학의 중요한 존립 기반임을 말해 준다. 한국에서 반중 민족주의가 확산한 결정적 계기는 2003년 고구려를 동북 지역의 변방 민족으로 간주한 중국의 동북공정이었다. 한국인들은 고구려사, 더 나아가 발해사를 전유하는 중국을 보면서 분노를 느꼈다. 이런 상황에서 2005년 9월 일어난 '김치 분쟁'은 반중 민족주의를 강화했다.[16] 곧 거대 자본과 시장을 무기로 한국의 양보를 요구하는 중국을 보면서 한국인들은 무력감과 함께 자존심에 상처를 입었다. 특히 2016년 한국의 사드 배치에 대한 중국의 반발, 곧 '한한령'限韓令(한류 제한령)은 한국에 피해를 줄 수 있는 중국의 막강한 힘을 보여 줌으로써 한국인들의 반중 민

16_김치 분쟁은 한국 정부가 중국산 김치에 과도한 납 성분 함유, 기생충 알이 발견되었다는 점을 근거로 수입 금지를 발표하자, 중국이 한국산 화장품 금수 조치로 대응한 사건이다(이민자 2018, 122).

족주의를 강화했다.

이런 상황 역시 국수주의 역사학의 확산에 도움이 되었다. 2016년 '식민사학해체국민운동본부'는 "한국 상고사, 고대사는 단순한 고대사가 아니라 현실 강역 문제를 담고 있는 치열한 현대사"이며, "지금은 중국이 한국 고대사를 북한 강역 영유의 논리로 악용하고 있"다고 주장했다. 곧 중국이 낙랑군을 비롯한 한군현이 한반도 북부에 설치되었다는 점을 근거로 북한에 대한 영유권을 주장하므로 이에 대비해야 한다는 것이다. 이는 역사를 이용하는 중국에 대한 불안감을 보여 준다. 국수주의 역사학은 이를 반박하기 위해 고조선이 한반도와 중국의 요동과 요서 지역에 걸친 일대 제국이었고, 한사군의 군현이 한반도 외부에 있었다고 주장했다(조인성 2017, 32-33). 이런 주장은 '역사적 사실'인지 여부와 별개로 현실적 필요성을 강조함으로써 대중들의 공감을 끌었다.

결국 중국의 동북공정과 정치, 경제적 보복은 대중들에게 중국에 대한 반감을 불러일으켰고, 동북공정이 과거사의 문제가 아니라 현재와 미래에 중국의 한반도 침략을 정당화하기 위한 노력이라고 주장하는 국수주의 역사학의 주장에게 동조하도록 만들었다.

2) 정관계의 지원과 언론의 동조

2000년대 이후 국수주의 역사학의 확산에는 정관계의 지원이 큰 역할을 했는데, 그것은 국수주의 역사학의 식민사관 비판에 동조함으로써 자신들을 민족주의자로 포장하여 대중적 지지를 끌어내려는 목적을 지녔던 것으로 보인다.

정관계의 국수주의 역사학 지원은 1980년대부터 시작되었다. 1981년 8월 '국사찾기협의회'는 '국사 교과서 내용 시정 요구에 관한 청원'을 국회에 제출했는데, 당시 실세였던 권정달 의원을 비롯하여 '무려' 18명의 국회의원이 청원서의 소개 의원으로 참여했다.[17] 국회에서 열린 공청회에서는 일부 국회의원들이 국수주의 역사학에 동조하면서 역사학자를 공격했다(윤종영 1999, 21, 94). 더욱이 1982년 출간된 새로운 국사 교과서에는 국수주의 역사학의 주장이 일부 수록되었다.[18] 1986년에도 국수주의 역사학자들이 발족한 '민족사바로잡기 국민회의'에 전 대통령 윤보선(의장), 민정당 국회의원 이종찬(부의장), 3김(고문)은 물론, 여야의 유명 정치인들이 '대거' 참여했다. 게다가 민정당 실력자와 현직 국회의원들이 국수주의 역사학자들의 주장이 국사 교과서에 반영되도록 압력을 가했다(윤종영 1999, 251). 이는 1980년대 정치인들이 국수주의 역사학을 상당히 지원했음을 보여 준다.

2000년대 이후 정관계가 국수주의 역사학을 본격적으로 지원한 대표적 사례는 2013년 출범한 국회의 동북아역사특위였다. 이 특

17_1980년대 신군부 정권에서 국회의원들의 국수주의 역사학에 대한 지원은 1970년대 군과 국수주의 역사학의 밀접한 관계에서 비롯된 것이다. 이에 대해서는 한홍구(2005)를 참고.

18_구체적인 내용은 장미애(2017)를 참고.

위는 '사실상' 국수주의 역사학의 주장을 동북아 역사 지도 사업에 대한 '평가 기준'으로 제시해 사업 폐기를 주도했다. 특위의 도종환 의원은 2015년 3월 20일 제29차 회의에서 재야 사학자들의 주장을 "충분히 귀를 열고 받아들여서 충분히 검토할 수 있는 대상에 넣어 주기를 바란다"고 말했다. 동년 4월 17일 제32차 회의는 이덕일을 참고인으로 출석시켰다. 이덕일은 "신라의 팽창 (시기인) 551~600년에 독도를 안 그려 났다. 대한민국 국민 입장에서 지도를 그리면 당연히 독도를 표기해야 한다"고 주장했다. 그러나 동북아 역사 지도는 시기와 축적, 영역을 달리하여 자유자재로 출력될 수 있었기 때문에 독도가 작은 화면에서는 안보이더라도 그것을 확대하면 볼 수 있다. 그런데 국회의원들은 무조건 그의 발언을 신뢰하여 동북아 역사 지도 사업에서 만든 지도에 독도가 누락되었다고 주장했다(진명선 2017a). 또한 이덕일은 낙랑군의 위치를 요동이 아닌 '평양'에 비정했다는 것을 들어 동북아 역사 지도 사업이 "동북공정을 인정했다"고도 규정했고, 국회의원들은 이를 무조건 받아들였다 (진명선 2017b, 4).

정치인들의 국수주의 역사학에 대한 지원은 2014년 3월 발족한 '식민사학해체 국민운동본부'에 이종찬(전국정원장), 허성관(전행자부장관) 등 정치인들이 공동 의장단으로 참여한 데서도 잘 드러난다.[19] 이 단체는 감사원에 '동북아역사재단 예산 낭비 공익 감사'를

19_ 발대식에서 독립운동가 이회영 선생의 손자 이종찬 전 국가정보원장은 "한수 이북은 중국에서 지배했고, 또 일본 놈은 이 밑에 있는 모든 나라 임나 왕국을 지배했다. 그럼 우리

촉구하여 감사원이 동북아역사재단을 감사하도록 함으로써, 결과적으로 '고대 한국 프로젝트'와 '동북아 역사 지도 사업'의 중단에 결정적인 역할을 했다(정요근 2017, 7).

그동안 전례가 없었던 정부의 국수주의 역사학에 대한 지원이 박근혜 정부에서 시작되었다.[20] 박근혜 정부는 2013년 대통령의 8·15 경축사에서 『환단고기』의 구절을 인용했고,[21] 교육부는 2013년부터 '역사교육지원팀'이라는 기구를 만들어 '한국사 연구 종합 계획'을 수립하는 한편, '식민 사학 극복과 상고사 연구'를 위해 예산을 편성했다(송호정 2016, 29-30).[22] 또한 한국학중앙연구원과 한국연구재단은 국수주의자들이 주도한 '고대 시기 평양의 위치 문제에 대한 연구'와 '조선사편수회 발간 『조선사』 번역 연구 사업'에 많은 연구비를 지원했다.[23] 이 사업은 필요성에 대해 반론이 많았을 뿐

민족은 어디서 정통성을 찾아요? 이번 기회에 이런 식민사학을 완전히 청산하고 국민운동을 하자"고 말했다(길윤형 2017, 1).

20_ 박근혜 정부와 국수주의자들의 관계를 잘 보여 주는 것은 박근혜 정부가 추진하던 국정 국사 교과서 사업이었다. 이에 대해서는 역사학계뿐 아니라 학계 전반이 반대했지만, 국수주의자들은 미적지근하거나 오히려 은근히 찬성했다. 이덕일은 "정통성과 객관성을 담보한 역사책이라면 국정화로 하다가 검인정으로 가도 문제가 없다고 본다"라고 말하기도 했고, 자신이 주도하는 한가람역사문화연구소에서 국정교과서에 참여하자는 의견도 있었다고 말했다(이문영 2018, 157).

21_ 축사에는 "나라는 몸과 같고 역사는 혼과 같다"라는 『환단고기』의 구절이 인용되었다 (정요근 2017, 4).

22_ 역사학계는 박근혜 정부가 국정 국사교과서를 반대하는 역사학자들을 식민사학의 프레임에 가두고 국정 운영의 동력을 확보하고자 국수주의자들에 대한 지원을 확대했다고 해석한다(정요근 2018, 120).

만 아니라 사업 선정 과정에서 공정성·객관성이 결여되었다는 논란이 있었다(『경향신문』 2014/12/30). 이외에도 일부 교육부 관료들은 국수주의에 경도되어 국회 동북아특위에서 국수주의자들을 지원하는 발언을 했고, 심지어는 국수주의를 담은 책을 출간하기도 했다. 이들 역시 국수주의를 지원하는 또 다른 축이었다(진명선 2017a).

한편 대중의 관심을 끌 수 있는 자극적인 소재라면 일단은 관심을 기울이는 언론의 속성상, 그리고 반일 민족주의가 강한 한국 사회의 특성상, 역사학계를 식민 사학으로 비난하는 국수주의 역사학의 주장은 자연스럽게 언론의 주목을 받았다. 2010년대 중반 이전까지 보수나 진보와 무관하게 거의 모든 언론이 국수주의 역사학을 선전했다. 『조선일보』는 1986년 8월 15일부터 29일까지 광복 41주년 특별 기획 기사로 '국사 교과서 새로 써야 한다'라는 기사를 11회에 걸쳐 연재했다. 여기서는 '일본의 역사 왜곡 이길 고대사 교육 회복 시급', '삼국 건국 연대·시조 등 증발'과 같은 표제 아래 국수주의 역사학의 견해를 대변하는 내용이 주를 이루었다. 이는 고대사에 대한 사회의 관심을 불러일으켜 국사 교과서 문제를 다시 촉발했다. 그래서 교육부는 대비책으로 국사편찬심의회를 구성하고 국사 교과서 편찬 준거안을 만들었다(장미애 2017, 67).

2000년대에는 '진보' 언론이라는 『한겨레』, 『경향신문』, 『프레시안』 같은 매체들도 국수주의 역사학에 지면을 제공하여 그들의 선

23_구체적인 내용과 문제점에 대해서는 정요근(2017, 2018)을 참고.

전·선동을 도와주었다(이문영 2018, 52).『한겨레』는 2009년 10여 차례에 걸쳐 낙랑군 요령·하북 지배설,『삼국사기』초기 기록 불신론 등을 담은 '이덕일, 주류 역사학계를 쏘다'를 연재했다. 이는 민족주의적 성향이 강한 한국의 진보 지식인들에게 많은 영향을 미쳤다(진명선 2017a). 2012년 12월 한국학중앙연구원 한민족공동체연구소가 '한국사 시공간적 범위 정체성 세미나: 요하문명론'을 개최했는데,『조선일보』등 언론들이 역사학계의 연구 성과와는 다른 '웅대한 고대사'를 연재해 국수주의 역사학을 선전해 주었다(송호정 2016, 29).

특히 언론이 국수주의 역사학을 비판 없이 선전한 사례는 동북아 역사 지도 사업이었다. 대부분 언론은 2015년 4월 17일 동북아 역사 지도 사업에서 독도가 빠졌다는 이덕일의 주장을 사실 확인 없이 그대로 받아들여 사업이 부실하게 추진되었다는 식으로 보도했다. 이는 여론을 오도했을 뿐만 아니라 사업의 중단에 영향을 미쳤다(진명선 2017b). 또한『한겨레』는 2015년 8월 13일 1면 '광복 70년과 역사 전쟁의 적들'이라는 기사에서 "동북아역사재단 등 이 정권의 역사 기구나 관변 학자들은 중국과 일본의 왜곡된 역사를 그대로 수용하고 있"고 동북아 역사 지도에 중국의 만리장성이 평양까지 이어져 있다는 국수주의 역사학의 '거짓된' 주장을 '확인 없이' 그대로 실었다(진명선 2017a). 이런 언론들의 무분별한 보도는 국수주의 역사학의 확산에 이바지했다. 다만 2016년 젊은역사학자 모임을 필두로 역사학계가 적극적으로 대응하자 국수주의 역사학에 대한 언론의 논조가 바뀌었고, 이로 인해 도리어 국수주의 역사학이 주류 언론을 비판하게 되었다.

3) 한국인들의 '강한' 민족주의: 열등감과 제국에 대한 욕망

국수주의 역사학이 민족주의의 극단적 형태라는 사실에서 알 수 있듯이, 한국인들의 강한 민족주의는 국수주의 역사학의 존립 기반이다. 만일 한국인들의 민족주의가 약했다면, 그 극단적 형태인 국수주의 역사학 역시 존립하기 어려웠을 것이다. 그러나 일본의 식민 지배와 분단의 역사는 민족(국가)을 최고의 가치로 만들었고, 이는 국수주의 역사학의 토양이 되었다. 국수주의 역사학은 식민 지배의 경험에서 유래한 '친일파=절대 악'이라는 반일 민족주의 도식을 이용해 자신들은 '민족 사학' 또는 '애국자'로, 역사학계는 '식민 사학' 또는 '매국노'로 규정했다. 곧 '역사학계=친일파=절대 악' 대 '국수주의 역사학자=민족주의자=절대 선'이라는 프레임을 만들어 반일 민족주의가 강한 한국인들의 공감을 이끌었다.

그러면 한국인이 극단적 민족주의 또는 국수주의 역사학에 이끌리는 이유는 무엇인가? 그것은 열등감과 그에 대한 보상 심리 때문이다. 한국인은 한국의 역사를 배우면서 자신도 모르게 열등감을 느끼는 경향이 강하다. 『환단고기』 역자는 후기에서 "국사 교과서의 내용을 보아도 우리나라 역사는 바로 대륙에 채이고 섬나라에 짓밟힌 꼴과 다른 바가 없으니, 어려서부터 이렇게 배운 사람들이 패배주의적이고 비판적인 국가관·민족관에 빠지지 않는다면 오히려 이상스러울 것"(이문영 2018, 32에서 재인용)이라고 기술했다. 더욱이 일본에 의한 식민지 경험과 해방 이후 20여 년간 지속한 빈곤은 서구와 일본에 대한 열등감을 강화했다. 그런데 『환단고기』는 우리 민족이 고대에 넓은 영토를 소유하고 중국, 일본 등을 모두 지배했다는 망상을 집어넣었다(이문영 2018, 38-39). 국수주의 역사학은 한민족이 만주에 거대한 제국을 이루었다고 주장함으로써 한국인에게 위로를 선사하고 자부심을 불어넣었다. 곧 한국의 역사와 현실에서 유래한 열등감이 도리어 국수주의 역사학에 현혹되는 원인이 되었다. 게다가 국수주의 역사학은 기득권자이자 친일파인 역사학계가 우리 민족의 위대한 역사를 왜곡하고 숨겼다고 주장한다. 한국 사회에서·여전히 친일파가 청산되지 않은 채 기득권을 유지하고 있다는 인식이 일반화된 상황에서 국수주의 역사학의 이런 주장은 한국인들에게 아주 쉽게 수용되었다(이문영 2018, 51-52). 결국 국수주의 역사학이 제시하는 위대한 고대사는 한국인의 열등감과 보상 심리를 자극하여 대중들의 지지를 끌어냈다.

그러나 열등감과 보상 심리만으로는 21세기 국수주의 역사학의 존립과 확산을 설명할 수는 없다. 왜냐하면 20세기 후반 경제발전과 민주화의 성공으로 한국인의 열등감은 상당히 완화되었기 때문이다. 따라서 21세기 국수주의 역사학의 생존과 확산을 설명하기 위해서는 다른 근거가 필요하다. 이와 관련해 안병직은 21세기 "한반도 북방의 고대국가인 고조선, 고구려와 관련하여 한국 사회가 집단적 차원에서 기억하고자 하는 것은 이민족의 지배를 받았던 민족의 불행과 고통이 아니라 오히려 이민족의 침략을 훌륭하게 격퇴

한 민족의 힘과 영광"이고, "한국 사회가 기억하고자 하는 고구려의 모습은 한반도 북방에 광대한 영토를 확보하고 주변 제 세력을 위협하는 강대국"이며 그 배경에는 "산업화와 민주화 등 해방 이후 이룩한 성취감과 자부심, 그리고 이를 토대로 분단을 극복하고 대륙으로 진출하고자 하는 열망이 작용한다"라고 주장했다(안병직 2008, 213-215). 곧 20세기 후반의 정치, 경제적 성공을 배경으로 광대한 제국을 꿈꾸는 '제국주의적' 욕망이 21세기 국수주의 역사학 확산의 토양이 되었다. 물론 이전에도 이런 욕망이 존재했지만, 선진국의 문턱을 넘어서자 욕망 실현의 기대감이 높아진 것이다.[24]

4. 국수주의 역사학의 존립 기반: 역사학계 내부 요인

1) 역사학계의 무대응과 방관

역사학계는 "오랫동안 학계의 성과를 대중화하는 데 소홀했던

24_ 이미 1983년 육군본부에서 펴낸『통일과 웅비를 향한 겨레의 역사』라는 정훈교재에는 통일 이후의 과제로 "잃어버린 만주대륙, 즉 우리의 옛 조상들의 씩씩한 기상이 어리어 있는 드넓은 만주벌판을 수복하는 일"이라고 규정하며 "대륙 수복의 의지가 담긴 진취적인 통일 지향의 민족사관을 정립"할 것을 주장했다(조인성 2017, 26-27).

것이" 국수주의 역사학의 확산과 역사학계의 사업 중단의 "가장 큰 원인"이었다고 진단했다(젊은역사학자모임 2017, 9). 그러나 이외에도 국수주의 역사학의 존립과 확산에서 역사학계가 책임져야 하는 점은 그들의 주장이 교과서에 반영되는 것을 알면서도 강력히 재수정을 요구하지 않았다는 점이다. 그 결과 한국인은 그들의 주장을 '사실'로 인식했고, 국수주의 역사학의 주장에 쉽게 동조하게 되었다.

국수주의 역사학이 국사 교과서에 반영된 것은 1980년대부터였다. 제4차 교육과정기(1981~1987년) 국사 교과서에는 이전의 '단군 신화'라는 소제목이 '단군의 건국과 고조선'으로 바뀌었고, 단군의 고조선 건국이 실재했던 것처럼 서술되었으며, 단군의 고조선 건국 연대도 표기되었다. 이는 국수주의 역사학의 주장을 그대로 수용한 것이었다(장미애 2017, 63). 1990년 제5차 교육과정의 교과서도 단군의 고조선 건국에 관한 서술이 강화되는 등 국수주의 역사학의 주장이 반영되었다. 예를 들어, '단군 이야기'를 민족의 시조 신화라고 언급하면서도 "청동기 문화를 배경으로 한 고조선의 성립이라는 역사적 사실을 반영하고 있다"라고 기술했다. 또한 고조선의 발전을 설명하면서 고조선이 강력한 고대 왕국을 이룬 것 같은 인상을 주도록 기술했다(장미애 2017, 68-71).

2000년대에도 국사 교과서에 국수주의 역사학의 주장이 반영되었다. 대표적으로 2002년 중학교 국사 교과서에는 "청동기 문화가 형성되면서 만주 요령 지방과 한반도 서북 지방에 족장(군장)이 다스리는 많은 부족이 나타났"는데, "단군은 이러한 부족들을 통합하여 고조선을 건국하였다"라고 서술되었다. 이는 학생들이 단군의 고조선 건국을 사실로 인식하도록 하는 서술이었다(김한종 2013, 268). 그러나 역사학계는 이런 서술을 방관함으로써 국수주의 역사학의 존립과 확산에 일정 부분 책임이 있다.

2) 초역사적 민족 인식과 민족주의의 과잉

역사학계가 국수주의 역사학의 존립과 확산에 이바지한 또 다른 요인은 민족주의의 '과잉'이다.[25] 국수주의 역사학은 역사학계를 식민 사학이라고 비판하지만, 역사학계는 1960년대부터 식민 사학을 극복하기 위해 큰 노력을 기울였다. 대표적으로 김철준은 단재의 민족주의 사학 계승을, 김용섭은 민족주의 사학과 마르크스주의 사학의 발전적 계승을, 이기백은 문헌 고증 사학과 신민족주의 사학의 비판적 계승을 강조했다(박찬승 1994, 339). 그 결과 역사학계는 '내재적 발전론' 등 민족주의 사관을 발전시켰으며, '분단 극복 사관' 및 민중 사관과 결합했다.[26]

그런데 역사학계의 민족주의 사관은 1990년대 탈민족주의로부

25_젊은역사학자모임은 이를 '민족주의 역사관의 욕망'이라고 표현했다(젊은역사학자모임 2018, 7).

26_식민사관을 극복하려는 한국사학의 노력과 그 이후 역사관의 발전에 대해서는 박찬승 (1994)을 참고.

터 도전을 받았다. 탈민족주의는 한국사학계가 민족을 초역사적인 자연적 실재로 부당 전제하고, 한반도와 주변의 역사를 현재의 민족국가를 중심으로 서술했다고 비판했다. 또한 과거사를 근대 민족국가를 중심으로 하나의 계보로 서술하는 '국사'national history 패러다임을 고수하는 것도 비판했다.[27] 이런 비판은 민족에 대한 역사학계의 성찰을 가져왔지만, 다수는 분단 및 주변국과의 갈등을 근거로 민족주의 사관의 유효성을 주장했다. 그런데 탈민족주의의 비판은 국수주의 역사학의 존립에 대한 역사학계의 기여를 밝히는 데 도움이 된다.

첫째, 역사학계의 초역사적인 민족 인식과 현재의 민족주의 시각을 과거에 투영한 역사 인식은 고대 한반도와 주변의 주민을 현대의 한민족(또는 국가)과 동일시하게 함으로써 위대한 고대사를 조작하는 국수주의 역사학에 도움이 된다. 곧 역사학계는 고대부터 한민족이 형성되었다는 것을 전제로 한국사를 서술했다. 이는 국사 교과서가 단군 신화를 고조선의 건국 신화가 아니라 '우리 민족'의 건국 신화로, 고조선을 '우리 민족' 최초의 국가로 기술한 데서 볼 수 있다. 또한 국사는 한민족의 계보를 '고조선 → 부여, 동예, 옥저, 삼한 → 고구려, 신라, 백제, 가야 → 통일 신라와 발해 → 고려 → 조선 → 남북한'으로 '구성'했다. 이는 현재의 남북한을 기준으로 과거를 거슬러 올라가 한반도와 주변(요동과 만주)에 존재했던 나라

27_2000년대 한국의 '탈민족주의' 논쟁에 대해서는 전재호(2018)를 참고.

와 주민을 모두 한국사로 편입시킨 서술이다.[28]

그러나 한민족은 고대부터 존재했던 실재가 아니라 오랜 역사적 과정을 거쳐 근대에 형성되었다. 고대에 한반도와 주변에 존재했던 소규모 정치체는 수차례의 융합을 거쳐 성읍 국가, 고대국가 등 더 큰 정치체로 성장했고, 한반도의 많은 지역을 장악했던 통일신라와 고려를 거치면서 근대 민족의 원형prototype이 형성되었다. 따라서 고대부터 한반도와 주변의 역사를 한민족의 역사로 기술하는 것은 근대에 형성된 한민족이 고대부터 존재했음을 전제하는 '본말전도'의 역사 서술이다.

또한 한국사의 계보에 등장한 나라들이 모두 동등하게 한민족의 형성에 이바지한 것은 아니다. 예를 들어, 패망 이후 고구려 유민은 대부분 당과 발해로 편입되었고 소수만 신라로 편입되었다. 더욱이 고구려의 후계자로 자임했던 발해인은 패망(925년) 이후 한국사의 계보에서 완전히 이탈했다. 따라서 일부 고구려와 발해 유민이 유입되었을지라도 한민족을 형성한 주류는 신라와 백제의 후손들이다.

게다가 '삼국시대'라는 범주에서 볼 수 있듯이, 역사학계는 고구려, 백제, 신라를 '하나의 민족', 곧 '동족'同族으로, 당唐과 왜倭는 이민족으로 간주하는 경향이 강하다. 이런 시각에 따르면 신라의

28_"통사로서 국사란 현재의 민족국가를 출발점으로 해서 그 전사를 형성했던 과거로 소급해서 '우리 역사'를 재구성하는 방식으로 성립하는 역사 서술이다. 오늘날 한국의 국사는 한국사이다"(김기봉 2008, 34).

삼국 통일은 최초로 한민족을 '통일'시켰지만, 이는 '외세'를 끌어들여 동족인 고구려와 백제를 패망시키고 그 과정에서 거대한 고구려의 영역을 상실한, 곧 한민족의 영역을 축소한 '외세 의존적'이고 '반민족적' 통일이다.[29] 그러나 이 시각은 한민족이 존재하지 않던 삼국시대를 현재의 민족주의 시각으로 평가한 '시대착오적' 인식이다. 당시 삼국은 서로를 '동족'으로 생각하지 않았고 이해관계에 따라 적도 동지도 될 수 있는 이웃 나라였을 뿐이다. 신라에 고구려나 백제는 당이나 왜와 마찬가지로 외세였고, 이는 고구려나 백제의 경우에서도 마찬가지였다. 그랬기 때문에 다섯 나라는 서로 이합집산하면서 전쟁을 벌였다. 또한 고구려의 멸망으로 한민족의 영토가 축소되었다는 주장도 시대착오적이다. 고구려가 지배했던 시기는 한민족이 형성되기 이전인 데다가, 1천 년도 더 지난 다음 고구려의 영역을 한민족의 영역이라고 주장하는 것은 발해 이후 그 지역을 지배했던 모든 역사적 단위들을 무시한 '반역사적' 인식이다.

결국 고대부터 한민족의 형성을 전제하는 인식은 현재의 민족주의 시각에서 역사를 바라보도록 만듦으로써 시대착오적 역사 인식을 초래하고, 이는 국수주의 역사학의 토양이 된다.

둘째, 역사학계의 단군 신화와 고조선에 대한 '모호한' 태도와 서

29_1991년판 『조선통사』에는 신라에 대해 "저들의 영토야욕을 채우려고 외래 침략세력을 끌어들인 신라 봉건 통치배"를 비판하고 있다(박노자 2010, 96). 또한 고등학교 『국사』에는 "신라의 삼국통일은 외세를 이용하였다는 점과 대동강에서 원산만까지를 경계로 한 이남의 땅을 차지하는 데 그쳤다는 점에서 한계성을 갖고 있다"라고 기술되었다(국사편찬위원회 2002, 60).

술은 국수주의 역사학이 민족의 우월성을 과시하는 데 단군과 고조선을 이용할 수 있게 했다. 국사 교과서는 1980년대부터 국수주의 역사학의 영향 아래 "단군 이야기는 민족의 시조 신화로 알려져" 있고, 기원전 2333년 단군왕검에 의해 최초의 국가인 고조선이 건국되었다고 기술했다(국사편찬위원회 2002, 34). 이를 통해 학생들은 자연스럽게 단군을 민족의 시조로, 고조선은 우리 민족 최초의 국가로 생각하게 된다.

그러나 신화 속의 인물인 단군을 한민족의 시조로, 고조선을 우리 민족 최초의 국가로 보는 것은 사실과 부합되지 않는다. 고조선이 등장하기 이전인 구석기 및 신석기 시대에도 한반도와 주변 지역에는 사람이 살았다. 그러면 그들은 한민족의 조상이 아닌가? 만일 단군 신화를 고조선 건국 신화로 인정한다 할지라도, 단군은 고조선의 시조이지, 한민족의 시조는 아니다. 더욱이 한민족은 고조선 시기부터 존재했던 것이 아니라 오랜 역사를 걸쳐 형성되었기 때문에, 한민족이 형성되기 이전에 우리 민족의 시조나 최초의 국가를 논하는 것 자체가 '어불성설'이다. 특히 고구려가 단군에 대한 기억을 이었다는 주장(이승호 2017, 231)을 제외하고, 신라, 백제, 가야는 모두 박혁거세, 석탈해, 온조, 수로왕 등 독자적인 건국 신화를 갖고 있다. 이는 한민족의 계보에 포함된 대다수 국가가 단군을 시조로 생각하지 않았다는 사실을 보여 준다. 그런데도 국경일인 개천절과 해방 직후 한때 사용되었던 단기檀紀는 한국인들에게 단군을 민족의 시조로 생각하게 만든다. 그러나 교과서에도 기술된 기원전 2333년이라는 고조선의 건국 연도나 개천절(10월 3일) 모두

"어떠한 역사적 사실성도 담겨 있지 않"은 허구일 뿐이다(이승호 2017, 217-218). 곧 기원전 2333년이라는 건국 연대는 신빙성 있는 문헌 증거도, 성곽이나 묘지 등 고고학적으로 입증되는 실체도 없는 것으로, 고조선을 "전 세계 역사상 유례없이 2,000년 이상 존속한 우스꽝스러운 나라"로 만들었다(심재훈 2016, 222-231).[30] 그러나 국수주의 역사학은 증거가 없는 '빈 공간'에 자신들이 원하는 화려하고 장대한 고조선의 모습을 그려 넣었고, 민족주의가 강한 한국인들은 이런 허구에 쉽게 빠져들었다.

한 가지 덧붙여 말하자면, 한 가문家門의 역사로서 한민족의 역사를 바라보는 시각도 민족주의의 과잉을 가져옴으로써 국수주의 역사학의 확산에 이바지했다. 한국인들은 국사 교육을 통해 한민족을 단군 이래 한민족 한 핏줄, 곧 하나의 가문으로 인식하게 된다. 이로 인해 한국인들은 자신과 한민족을 쉽게 동화시키는데, 그것이 가져오는 효과는 아주 오래전에 일어난 외세의 침략도 마치 오늘 내가 당한 침략처럼 받아들이는 '착시 효과'이다. 곧 천 년도 훨씬 더 전에 일어났던 당에 의한 고구려의 패망에 대해 분개하고, 신라에 대해서는 외세를 끌어들였다고 비난하게 만든다(이문영 2018, 33).

결국 한민족의 역사를 가문의 역사로 보는 경향은 한민족 형성 이전의 사건에 대해 현재의 민족주의 시각을 투영하여 평가하게 만

30_"기원전 2세기 말 - 1세기 이전에 조선을 언급한 중국 측 기록은 글자 수로 따지면 아마 100자 남짓 되지 않을까"라고 할 정도로 고조선에 대한 문헌 자료는 아주 적다(심재훈 2016, 222).

듦으로써, 이웃 나라에 대한 적대 의식을 불필요하게 확대하는 경향이 있다.

셋째, 애국심을 고취하기 위해 주변 국가들과의 교류보다 국난 극복을 강조하는 국사 교과서의 내용은 한국인들이 국수주의 역사학에 쉽게 설득되도록 만들었다. 역사에서 국가나 민족 간에는 일정한 질서 속에서 평화가 유지되기도 하고 전쟁이 일어나기도 한다. 전쟁은 지역 정치 질서의 갑작스러운 변화를 가져오지만, 장기적으로 영향을 미치는 것은 지역 국가 간의 교류이다. 한반도의 국가들은 중국 국가들과 수차례 전쟁을 치르기도 했지만, 교류를 통해 많은 영향을 받았다. 근대 직전까지 한반도의 국가들은 중국으로부터 세계관(유교), 종교(불교), 문자(한자), 정치·사회제도(율령, 과거제도 등), 관혼상제, 심지어는 성명姓名까지도 받아들였다. 이 가운데 상당수는 한반도를 통해 일본으로 전달되었다. 이는 한반도와 주변국 간 교류의 역사가 전쟁의 역사 이상으로 중요한 의미를 지닌다는 사실을 말해 준다. 그러나 국사 교과서는 애국심을 고취하기 위해 국난 극복, 곧 외세와의 전쟁에 큰 비중을 두었다. 게다가 우리 민족은 "다른 나라를 침략한 적이 없고 외적이 침입할 때만 끈질기게 저항한 끈기의 나라"라고 서술했다(이문영 2018, 51). 이를 통해 학생들은 자연스럽게 우리 민족을 침략한 주변국에 대한 적대감 및 피해 의식과 함께, 우리 민족의 무기력함에 대한 실망과 공허감을 느끼게 된다.

그리고 이로 인한 주변국에 대한 적대감과 피해 의식은 일본의 역사 왜곡이나 중국의 동북공정 등 주변국과의 갈등에 대해 이성적으로 판단하기보다 적대적인 민족주의적 감정에 쉽게 휘말리도록 만든다. 예를 들어, 중국의 동북공정은 북한의 급변 사태 시 중국의 북한 지배를 정당화하는 데 이용될 수 있기에 이에 대비하기 위해 고대에 우리가 요동과 만주를 지배했다는 주장이 필요하다는 국수주의 역사학의 주장에 쉽게 동조하도록 만든다. 또한, 한민족의 무기력함에 대한 실망과 공허감은 과거 한민족이 광대한 영토를 지닌 강력한 국가를 형성했는데 이를 친일파 식민 사학자들이 숨겼다는 국수주의 역사학의 주장에 쉽게 빠져들게 만든다. 곧 자국사에서 채워지지 않는 욕망을 과거의 위대한 한국사를 통해 보상받으려 하는 것이다.

결국 애국심 고취를 위해 주변국과의 교류보다 이웃 나라와의 전쟁을 강조하는 역사 서술은 한국인들이 국수주의 역사학의 주장에 쉽게 동조하도록 만들었다.

5. 나가는 말

20세기 초반 민족주의 역사학의 등장이 국가 상실이라는 위기 상황의 산물이었듯이, 해방 이후 민족주의 역사학도 식민사관의 극복과 선진국으로의 도약이라는 시대적 과제의 산물이었다. 21세기에도 민족국가nation-state로 구성된 세계 질서가 지속하는 한 민족주의nationalism는 소멸하지 않을 것이며, 그에 따라 역사학의 민족주의적 경향도 지속할 것이다. 그러나 파시즘의 사례에서 볼 수 있듯이 민족주의가 극단적 형태를 띨 때 그것은 그 사회뿐만 아니라 외부에도 치명적 해를 끼친다. 따라서 국수주의 역사학은 반드시 통제해야 하며, 그를 위해 학계도 본연의 임무를 수행해야 한다.

이 글은 이런 실천적 문제의식에서 한국에서 국수주의 역사학의 주장과 활동 및 존립 기반을 고찰했다. 특히 국수주의 역사학과 대척점에 서 있지만, 모순적이게도 그것의 존립에 기여하는 역사학계의 문제점을 지적했다. 이 글이 역사학계가 진지하게 자신들의 과잉 민족주의를 성찰하는 데 도움이 되기를 바라며, 마지막으로 국수주의 역사학의 토양이 되는 과잉 민족주의를 극복하기 위해 역사학계가 고려해야 할 몇 가지 '기준'을 제안한다.

첫째, 역사학계는 초역사적 민족 개념 사용에서 벗어나야 한다. 한민족이 태곳적부터 존재했던 것이 아니라 오랜 역사 과정을 거쳐 근대에 형성되었다는 점을 한국인에게 이해시켜야 한다. 한 가지 제안을 하자면, 교과서를 한반도와 중국과 만주, 일본 열도 모두를 포함한 동아시아의 맥락에서 여러 집단이 상호 교류하는 과정에서 한민족이 형성되었다는 점을 서술하는 것이다. 기존의 한국사는 고조선을 한민족 최초의 국가로 간주하면서 '특권적' 지위를 부여했는데, 기실 한민족은 한반도 북방의 고조선뿐만 아니라 그 주변의 주민들은 물론 그 이후 오랜 기간에 걸쳐 동아시아 여러 지역으로부터 유입된 이주민이 결합하여 형성되었다. 따라서 한반도를 중심으로 하되, 동아시아의 맥락에서 여러 지역의 상호 교류에 초점을 맞추어 한국사를 서술하는 방식을 취해야 한다.[31]

둘째, 역사학계는 근대 한민족의 시각이 아니라 '역사적 원근법'에 따라 당대의 시각에서 역사를 바라보아야 한다. 근대 한민족의 시각에서 역사를 바라보면 민족주의적 욕망이 투사되면서 역사를 시대착오적으로 인식하게 된다. 고구려와 수·당의 전쟁을 외세에 대한 민족 항쟁의 관점에서 바라보는 시각이나 삼국 통일을 외세의 개입에 의한 반민족적 통일로 인식하는 시각이 대표적인 사례이다. 한민족이 형성되기 전의 역사는 현재의 민족주의 시각을 걷어 내야만 '제대로' 인식할 수 있다.

셋째, 역사학계는 전근대의 정치체를 서술할 때, 독자가 근대국가와 동일시하지 않도록 그것이 가진 성격과 한계를 설명해야 한다. 특히 고대 정치체는 명확한 국경선으로 구분되는 근대국가와 달리 선으로 확정하기 힘들고 유동적인 강역을 지녔으며, 중앙과 주변의 차이가 엄존하고 주변 문화권과의 중복 혹은 공백 현상이 발생할 수 있다(권오영 2018, 249). 일반적으로 한국인은 이러한 차이를 인지하지 못한 채, 전근대의 정치체가 근대국가처럼 중앙집권화된 정부가 분명한 경계선으로 획정된 영토를 완전히 장악한 것으로 오해하고 있다. 그래서 고대에 존재하기 불가능한 거대한 영토

31_백제의 사례를 보면, 백제인의 주축은 토착인이며 부여나 고구려의 소수 주민이 이동하여 백제 왕실 구성에 일조했을 가능성도 크다. 또한 한강 유역의 재래 집단에 고구려계, 부여계, 옥저계, 예계가 합류하였을 개연성도 매우 높고, 이에 못지않게 신라계, 가야계, 중국계 주민도 고려되어야 한다. 그리고 왜인들이 한반도 서남부, 그리고 공주와 부여 일대에 집단으로 거주했음도 고고학적 발굴 조사로 밝혀지고 있다. 따라서 백제 사회는 고대의 다문화 사회였다(권오영 2018, 251). 이를 고려한다면 백제인보다 훨씬 큰 한민족은 더 다양한 주민이 결합하여 형성된 다문화 사회였을 것이다.

와 화려한 문명을 지닌 강력한 국가를 주장하는 국수주의 역사학에 쉽게 빠지게 된다.

넷째, 역사학계는 과거에 대한 '인식의 한계'가 존재한다는 사실을 교과서에 기술해야 한다. 역사에 등장한 정치체의 존재 여부는 "신빙성 있는 문헌 증거로 입증되는 실체"와 "고고학적으로 입증되는 실체"라는 전제 조건이 충족되어야만 확정할 수 있다. 특히 "최소한 그 중심지로 추정될 만한 성곽이나 묘지 등의 존재가 적절한 편년編年과 함께 제시되어야 한다"(심재훈 2016, 231). 그러나 고조선은 물론 읍루, 동예, 옥저 등 고대사에 등장하는 여러 정치체는 이러한 증거가 상당히 부족하다. 특히 "고조선은 알려져 있는 것이 매우 적은 수수께끼의 나라다." "단군 신화가 정말 고조선 당대의 이야기인지, 고조선은 언제 만들어졌는지, 고조선의 중심지는 어디인지, …… 불확실한 것 투성이다." 곧 "고조선에 대한 문자화된 역사 기록이 극히 적고," 유물들도 정말 고조선의 유물이 맞는지 불확실하므로 '신중한 해석'이 필요하다는 점을 알려야 한다. 교과서라고 해서 무조건 '확정적' 사실로 기술해야 한다는 강박관념에서 벗어나, 확실히 단정할 수 없는 역사에 대해서는 그 한계를 동시에 적시함으로써 현재 역사학의 한계를 드러내야 한다. 이는 한국인이 역사를 "한 발짝 떨어져 냉정하게 바라볼" 수 있게 도와줄 것이다 (기경량 2018, 34-35).

이상의 제안이 한국의 과잉 민족주의, 더 나아가 극단적 민족주의의 한 형태인 국수주의 역사학의 약화에 기여하기를 기대한다.

9장

한국인의 가치관과
미래 선호 가치

손현주·강정인

1. 들어가기

인간은 끊임없이 가난·질병·고통 등과 같은 장애물로부터 벗어나기 위해 살아왔으며, 자신의 운명을 선택할 자유를 꾸준히 추구해 왔다. 인류의 오랜 역사 속에서 인간은 자신의 운명에 영향력을 행사하는 사회·정치·경제·기술과 같은 네 가지 요소를 개발했다. 또한 인간은 가치관을 통해 환경의 변화에 적응하는 진화를 거듭해 왔다. 가치는 인간이 결정한 선택들과 인간이 살아가는 목적을 결정하는 중요한 역할을 한다. 가치는 무엇이 옳고 그른지, 어떤 것이 성공이고 실패인지, 무엇이 중요하고 중요하지 않은지, 무엇이 바람직하고 바람직하지 않은지, 무엇이 아름답고 추한지를 결정하는 기준을 제시한다. 그리하여 가치는 인간 행동의 방향을 결정하고 개인의 삶에서 좋아하고 좋아하지 않는 것을 결정하게 된다.

이런 가치는 사회변동의 중요한 요인으로 작용한다. 가치관의 변화가 사회변동에 끼친 영향에 대한 가장 대표적인 논의는 막스 베버 Marx Weber의 『프로테스탄티즘의 윤리와 자본주의 정신』*The Protestant Ethic and the Sprit of Capitalism*에서 발견할 수 있다(손현주·송영조 2018, 316). 베버는 서구 근대 자본주의 발전은 근면과 세속적 성공이 신의 구원의 상징이라는 캘빈주의에 근거한다고 보았다. 캘빈주의는 자수성가한 사람을 가치 있게 여기고, 신의 구원을 받는 선민으로 간주한다. 캘빈주의는 성실한 자본가와 노동자를 가능케 하고, 불평등한 분배는 노력한 사람들에게 주어지는 신의 은총으로 인식했다. 이처럼 캘빈주의와 같은 주관적 가치의식이 자본주의 발전의 원동력이라는 것이다.

인류의 역사는 발전 단계에 따라 크게 전근대·근대·탈근대로 나눌 수 있다. 전근대사회는 신·자연과 같은 초월적 존재의 힘에 의존하고, 자연의 법칙을 이해하고 파악할 수 있는 인간의 능력을 중시했다. 인간과 자연이라는 이분법에 기초한 신 중심의 전근대적 인간관은 신이나 자연의 힘을 숙명론적으로 받아들였다. 전근대적 가치관은 농경 가치관에 근거하고 있으며, 핵심적 가치로는 안정, 조화, 질서, 연대가 있고 수단적 가치로는 책임, 절약, 금욕 등이 있다.

근대적 사회는 정신과 육체라는 이분법에 기초한 이성 중심의 인간관을 갖고 있으며, 자유와 책임을 지니고 스스로의 도전을 통해 자신의 능력을 향상시키는 인간형을 추구했다. 이 시기는 르네상스와 종교개혁 등으로 신 중심의 사고에서 벗어나고 있었으며 시민혁명과 산업혁명 등으로 경제적 자유, 개인주의, 민주주의가 발전했다. 근대적 가치관은 산업혁명에 의해 크게 영향을 받았으며, 자유, 평등, 도전, 모험, 혁신의 가치를 중시하는 문화가 형성되었고, 자연과학·사회과학·인문과학 등에서 보편적인 지식을 추구했다.

탈근대 가치관은 이성 중심의 근대적 가치관의 한계를 넘으려는 시도에서 등장하였으며, 이성 중심의 근대사회가 가져온 비인간화를 비판하고 있다. 탈근대사회는 탈물질주의, 환경주의, 문화산업에 그 바탕을 두고 있으며 인간의 감정과 의지를 바탕으로 현실적 삶을 중시한다. 그리하여 탈중심적·다원적·탈이성적 사고를 추구한다. 탈근대사회는 정보혁명에 기반하고 있어서 물질적 생산에서 상징적 생산으로의 변화와 관련이 있다. 탈근대사회의 핵심적 가치는 자율, 사회정의(형평), 평화, 우애 등이며, 수단적 가치로는 유대감, 자기 존중, 자기표현, 삶의 질, 개성, 자아실현, 지적·미적 만족감, 불확실성 등이 있다.

전근대에는 신에 대한 믿음을 바탕으로 한 숙명론적 가치관을 중심으로 자연의 현상과 사회질서를 인식했고, 근대적 가치는 경제발전과 민주주의를 바탕으로 이성에 대한 신뢰와 진보에 대한 낙관적 관점을 갖고 있으며, 탈근대적 가치는 근대성의 문제를 비판하면서 개인의 자율과 감정을 중시하고 다양한 정체성, 다원적 사고, 환경보호를 강조하고 있다. 그러나 앞으로 100년 이내에 도래할 미래 사회는 상상을 초월하는 사회 발전을 성취해 가치관의 측면에서 과거 10만 년 동안 일어난 것보다 더 큰 변화가 일어날 수 있다. 그런 엄청난 사회변동은 가치관의 커다란 변화를 수반할 것이다.

인류학자인 이언 모리스Ian Morris는 〈그림 1〉과 같이 1700년대 이후부터 2100년이 넘는 기간까지 동서양의 전반적인 사회 발전 지수를 개발하였다(모리스 2015, 234). 그래프는 20세기의 성장률이 21세기에도 변하지 않는다는 전제에도 불구하고 2103년이면 동양과 서양의 사회 발전 지수가 모두 5,000점을 넘는 발전을 보여 준다. 또한 2103년에는 동양의 사회 발전 수준이 서양의 그것을 추월하고 있다. 이런 사회 발전 지수가 나타내는 함의는 첫째, 서양 중심의 가치관이 해체되고 다각적 네트워크 형성으로 다양성 기반의 새로운 가치관이 수립된다. 특히, 아시아가 세계경제의 중심지로 성장하면서 중국 및 아시아의 가치가 확산되어 가치관의 아시아화가 촉발될 것이다. 둘째, 앞으로 100년 안에 인간의 본성과 가치관이 상상할 수 없을 정도로 크게 변화한다. 100년 후의 사회 발전 상승폭은 빙하기부터 지금까지 상승폭의 4배를 초월해 인간의 존재 의미와 존재 방식을 바꾸는 혁명적인 변화가 진행될 것이다(모리스 2015, 233-235).

한국 사회도 다가오는 미래에 사회적 조건, 인간의 본성, 가치관이 엄청나게 변화할 것이다. 제4차 산업혁명에 따른 자동화 사회au-tonomous society, 인공지능이 인간의 노동과 의사 결정을 대체함으로써 인간의 권위·자유의 쇠퇴, 남북한의 통합의 물결, 저출산·고령화 시대, 불평등의 심화, 기후 온난화에 따른 생태계의 변화 등과 같이 사회변동의 범위가 전반적이어서 지배적인 가치, 신념 체계,

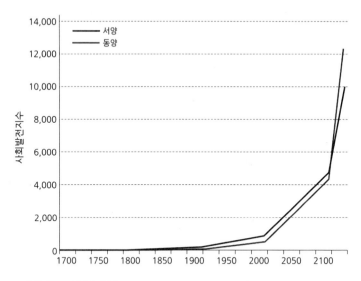

〈그림 1〉 미래의 모습? 21세기 사회 발전 추이

출처: 모리스(2015, 234).

사회 및 정치제도 등의 급격한 변동을 야기할 것이다. 이런 사회변
동은 사회의 본질적인 변화를 초래해 밑으로부터의 격변, 사회의
전체적인 갈등, 심각한 가치관의 혼란을 수반할 수 있다.

가치관의 혼란을 극복하고 미래의 바람직한 사회상을 형성하기
위해서는 다가오는 미래 사회의 변동을 살펴보고 한국인의 미래 선
호 가치가 무엇인지를 추적하는 것이 필요하다. 미래 선호 가치는
미래 사회의 행동과 판단을 인도할 수 있는 일련의 규칙과 목표를
포함한다. 미래 선호 가치는 미래 사회에 대해 사회 구성원들이 무
엇이 아름답고 중요하다고 정의하는지에 대한 개념 및 시각을 제공
한다. 미래 선호 가치는 인간 존재를 일정 부분 규정하고, 인간에게

모든 것을 설득할 수 있는 그 무엇이다. 미래 선호 가치는 전체로서 미래 세상의 의미를 결정하고, 미래 사회에서 사람의 행동과 사건의 현상이 갖는 의미도 결정한다. 그러나 미래 선호 가치에 대한 체계적인 연구는 충분하지 않다. 미래 선호 가치에 대한 연구는 한국인 가치관의 밑바닥에 흐르는 욕구·욕망·필요를 알 수 있게 해주고 그것들이 어떻게 구체화되는지에 대한 방향성을 제시함으로써, 한국인의 가치관의 변화를 설명할 수 있는 단초와 한국 사회의 미래상 및 미래 발전을 예견할 수 있는 관점을 제공할 것이다.

이런 맥락에서 본 연구는 한국인의 가치관 변화를 살펴보고, 미래 사회를 위한 바람직한 가치와 미래 사회에서 발생하게 될 미래의 가치가 무엇인지를 분석하고자 한다. 먼저 가치관 및 미래 선호 가치의 개념과 특성을 알아보고, 급속한 사회변동에 따른 한국인의 가치관 변화를 살펴볼 것이다. 그리고 한국인이 바람직하다고 생각하는 미래상과 미래에 발생할 수 있는 미래를 전망함으로써 미래의 선호 가치를 유추해 볼 것이다. 마지막으로는 그 동안 논의를 정리하고 미래의 선호 가치가 갖는 의미가 무엇인지를 논의할 것이다.

2. 가치관의 개념과 미래 선호 가치

가치는 사회의 구성원들이 삶에서 중요하다고 생각하는 그 무엇에 대한 개념이다. 우리가 어떤 것이 가치 있다고 여길 때란 대개 무언가 소유할 가치나 실천할 가치가 있다거나, 그것을 획득하기 위해서 노력해야 하는 것으로 간주할 경우이다. 진실이 가치 있다고 생각하는 사람은 그것을 추구하기 위해 엄청난 노력을 한다. 권력과 지배를 소중한 가치로 여기는 사람은 그와 접촉하는 사람들을 지배하려는 의지가 강하다. 반대로 어떤 것에 크게 가치를 두지 않을 경우, 그것을 얻기 위한 노력을 기울이지 않는다. 일반적으로 가치는 자신이 영위하고자 하는 생활의 형태를 형성하고, 어떤 종류의 사람이 될 것인가를 결정하는 가장 핵심적인 요소가 된다. 인간의 모든 행위는 개인이 갖고 있는 기본적인 가치를 반영하게 되고, 개인 및 사회에 중요한 가치는 개인과 사회를 이해하는 중요한 단서를 제공하게 된다.

그러나 가치 개념은 상황과 시대에 따라 다양한 의미를 갖는다. 마셜 살린스Marshall Sahlins는 『문화와 실용 논리』Culture and Practical Reason(1976)에서 가치란 물건의 가격, 한 단어가 지닌 차별적 의미, 그리고 경제적·도덕적 이유에서 소중하게 생각하는 무엇 등을 가리키는 다면적 의미를 갖고 있다고 주장한다(그레이버 2009, 53에서 재인용). 근대 이전 전통 사회에서는 근면과 근검이 중요한 가치 가운데 하나였고 소비는 죄악시되는 분위기가 팽배했다. 그리하여 전통 사회에서는 한 푼이라도 더 모아 저축하는 것이 미덕이었다. 오늘날 사회에서는 소비가 미덕이 되었고 사회를 움직이는 중요한 이데올로기가 되었다. 미래보다는 현재의 삶을 즐기는 것이 더 중요하여 저축보다는 소비를 지향하게 된다. 다른 한편, 경제적 의미의 가치는 유용성·교환·가격 등과 관련이 있고, 공공의 차원에서 가치는 사회의 모든 구성원들에게 권리와 사회적 지원을 보장하는 것과 관련이 있다. 경제학자에게 가치는 대상이 제공하는 사회적 의미나 사회적 필요성보다 교환에서 사용되는 대상의 수익성·효율성에 따라 좌우된다. 이처럼 가치라고 하는 것은 역사적·상대적 성격을 갖는다.

가치는 학문의 영역에서 상이한 개념으로 취급되고 있어서 학자들 간에 통일된 개념이 존재하기 힘들다. 철학, 문화인류학, 사회학, 심리학적 접근에서 가치란 각각의 필요, 근거, 관습에 기초한다. 예를 들면, 철학에서 가치란 선, 도덕, 윤리 등 어떤 조건도 붙이지 않고 시공간을 초월하는 보편타당한 것을 지칭한다. 철학자인 가르시아J. L. A. Garcia는 가치란 "도덕적으로 누구나가 바라고 추구해야 할 모든 대상"이며, 선을 최고의 가치라고 규정한다(Garcia 1989; 최규환 2001, 23에서 재인용). 문화인류학에서 가치란 사회를 존속·유지시키기 위해 모두가 지켜야 할 규범적 개념으로, 개인의 가치가 아닌 사회·집단의 가치를 연구 대상으로 삼는다(최규환 2001, 30). 미국의 인류학자인 클라이드 클럭혼Clyde Kluckhohn은 가치를 "선택을 하는 데 있어 영향을 줄 수 있는 바람직한 것에 대해 개인, 집단이 지니고 있는 명시적 혹은 암묵의 개념"이라고 정의하고 있다(Kluckhohn & Murray 1962; 최규환 2001, 23에서 재인용). 사회학에서 가치란 구성원들이 바람직하다고 여기는 이념, 이상, 규범 등을 가리키며, 복종, 질서, 건강, 독립, 이타심 등과 같은 사회적 가치를 중시한다. 사회학자인 스몰과 빈센트는 가치를 "특정 사회나 집단을 특징짓는 공통의 의지"(Samll & Vincent 1894; 최규환 2001, 31에서 재인용)라고 정의했고, 기든스는 "동일 그룹의 구성원이 공유하는 이상이나 감정"(Giddens 1970; 최규환 2001, 31에서 재인용)을 가치로 정의했다. 마지막으로 심리학에서 가치는 개인의 삶의 방식이나 인생의 목표에 영향을 주는 개인의 신념 체계로 구체적인 행동 양식을 이끌어 내는 기준이나 표준 역할을 한다. 심리학자인 알포트에 의하면 가치란 "선호나 선택에 의해 일어날 수 있는 행동에 대해 개인이 가지는 신념"이다(Allport 1973; 최규환 2001, 21에서 재인용).

가치관은 가치에 대한 관점 또는 가치를 중심으로 보는 관점으로, "개인의 의식구조 속에 내면화되어 있는 평가적 성향"으로 정의될 수 있다. 가치관은 태도, 선호, 생활양식, 규범적 틀, 상징적 세계, 신념 체계, 의미의 네트워크 등으로 구성되어 있으며, 가치의식, 가치 지향value orientation과 유사하게 사용된다. "직업관, 가족 윤리, 성윤리, 법의식, 국가 의식, 자연관, 시간관" 등은 가치관과 깊은 관련이 있다(이상주 1986, 3).

가치 체계는 "개인이나 집단이 가지고 있는 여러 가치가 상호 관련되어 있는 총체"를 지칭하며(이상주 1986, 3), 행동 및 의사 결정의 기준으로 개인, 조직, 사회에서 채택되어 발전하는 일련의 지속적인 형태를 갖는다. 가치 체계는 다양한 형태의 가치들로 뒤섞여 있다. 순수한 가치 체계는 인간의 마음속에 하나의 이상형으로 존재할 뿐, 현실 속에는 존재하지 않는다. 실제의 가치 체계는 혼합적이고 유동적이다.

가치의 유형은 기본적으로 내재적 가치와 도구적 가치로 나눈다(박이문 2017). 내재적 가치란 대상의 유용성과 상관없이 대상 그 자체에 가치를 갖는 경우이다. 예를 들면, 인간은 그 사람의 신분과 능력에 상관없이 생명이 있고, 의식이 있으며, 지적인 존재이기에 그 자체로 가치가 있다. 인간이 다른 사람에게 이타적인 것은 상대방으로부터 어떤 이득이나 혜택을 받기 위한 것이 아니라 인간의 존재 자체가 가치 있다고 여겨지기 때문이다. 도구적 가치는 기능에 의해서 다른 사람을 위해 무언가를 할 수 있는 객관적 속성으로 발현된다. 구체적인 욕구와 목적을 충족시키고 달성하는 데 유용한 도구로 인식되었을 때 갖는 가치이다. 예를 들면, 농사는 식량을 얻기 위한 도구적 가치를 갖는다. 교육은 지적 개발을 위한, 의약품은 질병 방지와 치료를 위한 가치를 갖는다. 그리하여 내재적 가치는 절대적 가치를 지향한다는 의미에서 궁극적 가치라고 할 수 있다. 반면 도구적 가치는 각기 다른 누군가의 어떤 목적을 달성하는 데 있어 논리적으로 유용한 도구로 인식된다는 면에서 상대적 가치의 특성을 갖는다. 내재적 가치와 도구적 가치의 예는 다음과 같다(〈표 1〉 참조).

가치관의 유형에 대한 분류는 많은 학자들에 의해 시도되었다. 최재희는 가치를 ① 인격적 가치, ② 정신적 가치, ③ 생명적 가치, ④ 감각적 가치로 구분했다(최재희 1981, 262-267; 오석홍 1995, 24-25에서 재인용). 여기에서 인격적 가치란 도덕적 가치이며 최상위의 가치이다. 정신적 가치는 예술적 창작, 진리의 탐구, 법의 연구 등과 같이 진·선·미를 지시하는 가치이다. 생명적 가치는 생명의 흥망성쇠, 건강과 질병, 사망 등에 관한 가치이다. 감각적 가치는 인간의 감각과 감정에 관한 가치이다. 바버Ian G. Barbour는 기술 문명 사회가 추

표 1. 내재적 가치와 도구적 가치의 사례

내재적 가치	도구적 가치
자유, 평등, 구원, 자존, 지혜, 성취감, 가족 안전, 성숙한 사랑, 즐거움, 행복,	청결함, 정직, 순종, 책임, 예의, 관대, 명랑, 자애, 자제력, 독립, 용감, 야심,

구해야 할 가치로 ① 개인적 차원의 가치(식량과 건강, 의미 있는 일, 개인적 성취), ② 사회적 가치(사회적 정의, 참여의 자유, 경제발전에 관한 것), ③ 환경적 차원의 가치(자원의 유지, 환경보호, 모든 형태의 생명에 대한 존중에 관한 것)를 열거했다(오석홍 1995, 25).

가치는 현재 중심의 개념이지만 미래 선호 가치는 미래 중심적이고 먼 미래에 발현되면 바람직하다는 가치이다. 이러한 미래 선호 가치는 사회에서 구성되고 회자되는 미래상에서 잘 드러난다. 왜냐하면 미래상은 바람직한 미래 사회의 이미지를 반영하고 있기 때문이다. 미래 선호 가치는 끊임없이 변화 발전한다. 사회적 조건의 변화와 새로운 기술의 전파와 발명은 새로운 인간의 욕구와 욕망을 만들고, 이런 변화된 욕구와 욕망은 새로운 가치와의 상호작용 속에서 새로운 삶의 목표와 양식을 형성한다.

미래의 선호 가치는 사회의 구성원이 미래 삶에서 중요하다고 생각하는 것에 대한 높은 수준의 추상적 개념으로 인간이 미래의 일을 선택하고 미래 사회의 목적을 결정하는 데 도움을 준다. 그리고 미래의 선호 가치는 인간의 미래 행위의 방향성, 강도, 지속성을 결정한다. 미래의 선호 가치는 전체 사회의 발전을 위하여 미래 세대의 이익을 실현할 수 있어야 한다. 미래 선호 가치의 실현 여부는 행정 및 정책 실시에 정당성을 부여하는 기능을 함으로써 이익집단 간의 갈등을 조정하고 타협을 위한 준거틀이자 행정 및 정책 등에 핵심적인 평가 기준이 되기도 한다.

미래 선호 가치의 기본 전제는 크게 세 가지가 있다. 첫째, 미래 선호 가치는 현재를 살아가는 사람들에게 미래의 바람직한 사회를 달성할 수 있도록 미래 사회에 대한 존재론적 질문에 답과 해결 방안을 제공할 수 있어야 한다. 둘째, 미래 선호 가치와 새로운 비전을 향한 욕망은 현재적 삶의 본래적 조건이다. 셋째, 미래 선호 가치는 미래라는 대상과 인간의 관계에서 발생하는 현상이다.

이런 미래 선호 가치는 다음과 같은 특성을 갖는다. 첫째, 미래 선호 가치는 장기적 관점을 지닌다. 가치는 과거에 바람직했던 가치, 현재에 필요한 가치, 미래에 적절한 가치가 있다. 미래의 선호 가치는 일반적인 가치관과 다르게 장기적으로 추구하는 이상을 반영할 수 있어야 한다. 둘째, 미래 선호 가치는 미래 세대를 고려해야 한다. 현 시대의 지배적인 가치관은 지금 세대의 필요, 욕구, 위험을 반영한다. 그러나 미래의 선호 가치는 미래의 주인이 될 미래 세대의 필요, 욕구, 위험을 반영해야 한다. 미래의 선호 가치는 미래 세대가 사회적 공유할 가치 지향이라 할 수 있다. 그래서 미래 사회에서 발생하는 다양한 현상과 경험을 예상하여 미래의 사람들이 공유하는 문화를 잘 파악할 수 있어야 한다. 셋째, 미래의 선호 가치는 위계성을 지닌다. 미래의 선호 가치는 개념의 쌍들로 구성되어 있어서 더 우월한 것으로 간주되는 것과 그렇지 않은 항의 대립으로 이루지는 경향이 있다. 또한 가치의 요소들 중에서 핵심적인 가치 혹은 궁극적인 가치가 있거나 상대적으로 덜 중요한 주변적인 가치 혹은 수단적인 가치가 있다.

3. 사회변동과 한국인의 가치관

사회변동은 사회구조의 중대한 변화를 말하며 사회질서의 변화와 관련이 있다(손현주·송영조 2018, 308). 사회변동은 일반적으로 규범, 가치, 상징적 의미 체계, 인간 행위와 관계, 제도, 문화적 현상, 사회구조의 변화를 포함한다. 모든 사회는 시간에 따라 외부 환경의 영향과 내적 요소의 구조적 긴장으로 변화한다. 왜냐하면 사회는 다양한 사회 구성 요소에 의해 영향을 받는 동적인 상태이기 때문이다. 사회변동을 설명할 때에는 변동의 구조적 결정 요인, 사회변동의 과정과 기제, 그리고 변동의 방향과 그 결과를 고려해야 한다. 사회변동은 개별적인 것에서부터 전체적인 것에 이르는 다양한 수준에서 발생하는 사회적 현상이기에 개인, 상호작용, 조직, 제도, 공동체, 사회, 문화, 문명 등의 수준에서 살펴볼 필요가 있다.

사회변동의 원인으로는 물질적 조건의 발달, 관념의 변화, 정부의 정책, 기타 등이 있다. 물질적 조건의 변화가 중요하다는 입장은 기술의 변화 및 경제적 조건 등과 같은 물질적 기반이 인간의 사고와 행위를 제약하고 인간 사회의 변동을 야기한다는 것을 강조한다. 대표적인 이론으로는 유물론과 기술 결정론을 들 수 있다. 관념의 변화를 사회변동의 주요 동인으로 보는 입장은 사람의 생각, 이데올로기, 가치관, 심리적 속성 등과 같은 관념적 특성이 사회변동을 주로 초래한다고 간주한다. 예를 들면, 민주주의, 사회주의, 민족주의, 반공 이데올로기, 경제성장 이데올로기 등과 같은 관념적 요소가 공식적인 영역뿐만 아니라 비공식적인 일상생활의 영역까지도 영향을 미쳐 사회변동에 중요한 역할을 한다. 정부의 정책도 사회변동의 중요한 요소가 될 수 있다. 예를 들어, 중국과 베트남 정부의 개방 개혁 정책은 중국과 베트남의 사회주의 계획경제를 자본주의적 경제로 전화시키는 중요한 계기가 되었다. 정부의 성평등 정책은 남녀의 지위, 권한, 상호간의 관계에 있어서 평등을 지향하는 역할에 일익을 담당했다. 기타 인구 변동, 기후, 자연환경, 전쟁 등과 같은 요인도 사회의 변동을 촉발시킬 수 있다.

가치관의 변화가 사회변동에 끼친 영향에 대한 학문적 논의는 다양하게 진행되어 왔다. 미래학자인 허만 칸Herman Kahn은 유교적 가치가 1970~1980년대 동아시아의 놀라운 경제성장의 동력이라고 주장했다(이호영 2008, 175). 동아시아 경제발전의 초기 단계에서 나타난 높은 저축률, 높은 교육열, 교육투자 등은 유교적 관습에 영향을 받는다. 국가 중심의 개발 정책은 유교 사회인 동아시아의 공동체주의와 국가에 대한 충효 사상과 관련이 있다. 유교적 공동체 사상이 기업 활동, 기업 구조, 노동 및 경제활동에 영향을 줌으로써 경제성장을 규정하는 요인으로 작용했다는 것이다.

경제발전에 대한 유교적 가치의 중요성은 한국에서도 논의된 유교 자본주의 담론에서 반영된다. 한국에서 유교 자본주의 담론은

1997년 경제 위기 이후에 본격적으로 대두되었다. 함재봉은 동아시아에서 유교 사상은 세속 윤리, 정치의식, 사회구조, 가치관 등의 영역을 지배하고 있어서 한국의 경제발전에 원동력이 되었다고 주장한다(윤원현 2004, 218-219). 그는 동아시아에서 경제발전의 근본 요인이 국가의 역할에 있었다고 보고, 특히 유교의 위민 사상과 민본주의가 국가에 강력한 권력을 부여하는 계기라 보았다. 유석춘도 동아시아의 발전은 유교적 유산이 없었다면 발전할 수 없었다고 주장한다(윤원현 2004, 219). 혈연·지연·학연이라는 유교적 연고주의와 국가의 효과적인 시장 개입이 자본주의 발전에 기여했다는 것이다. 유교 자본주의 담론은 한국의 경제성장에 유교적 가치의 공을 높이 평가하고 유교적 가치가 근면하고 성실한 노동 윤리로 체화하도록 압력을 가했다고 본다.

한국 사회의 전통적 가치는 구한말 개화기 이후 서양 문물이 도입되면서 본격적으로 위협받기 시작했고, 35년 동안의 일제 식민지 시대를 거치면서 크게 훼손되었다(이상주 1986, 4). 그러나 1945년 해방이 되기 전까지는 전반적으로 농경 사회의 특성이 유지되어 전통적 가치 규범이 지배적인 행동 원리로 작동하고 있었다.

1960년 이전의 한국인의 전통적인 가치관은 오복론五福論을 통해 간접적으로 짐작할 수 있다(임희섭 1997, 147-148). 오복론에 대해서는 크게 세 가지의 설이 있는데, 첫째는 수壽, 부富, 강령康寧, 유호덕攸好德, 고종명考終命 등이고, 둘째는, 수壽, 부富, 무병無病, 식재息災, 도덕道德 등이며, 셋째, 수壽, 부富, 귀貴, 강령康寧, 다남多男 등이다. 위와 같은 오복론이 전통 사회의 한국인의 삶의 가치를 명확하게 나타내는 것은 아니지만, 개인·가족들이 병을 앓지 않고 오래 살며 부귀영화를 누리는 삶, 도덕적으로 부끄러움이 없는 삶 등을 바람직한 것으로 여기고 추구했던 것으로 짐작할 수 있다.

이상주는 한국 사회의 전통적 가치로 다섯 가지를 제시하고 있다 (이상주 1986, 4-11). 전통적 가치의식은 외부 세계가 인간을 지배한다고 믿는 '숙명주의적 자연관', 도덕적 자질을 우선적 기준으로 삼는 '도덕주의적 인간관', 대인관계에서 감정적 유대와 정서적 만족을 중시하는 '인정주의적 관계관', 위계서열적 인간관계를 강조하는 '권위주의적 서열관', 가족의 번영, 명예, 애정, 책임을 강조하는 '가족주의적 집합체관' 등이다.

한국 사회는 1960년대 근대화가 시작된 이래 지난 60년간 "인구의 급격한 증가, 민주주의 이념과 제도의 수용, 공업화에 의한 경제성장, 도시로의 인구 집중, 교육의 대중화, 대중매체의 광범위한 보급, 현대적 과학기술의 도입과 이용, 각종 사회조직의 발생과 사회의 관료화" 등의 변화가 있었으며, 이로 인해 한국 사회의 가치관도 커다란 영향을 받았다(이경희 2012, 39). 1960년대에 산업화에 기초한 본격적인 경제성장과 도시화는 전통적 사회에서 근대적인 사회로의 이행을 가능케 하였으며, 그 과정에서 전통적 가치관이 서서히 해체되고 근대적 가치관이 등장했다. 이와 같은 사회변동으로 인한 한국 사회의 가치관의 변화를 살펴보면 다음과 같다(이경희 2012, 46-48).

첫째, 집단의 이익을 중시하는 집단주의에서 벗어나 '자신과 가족' 중심의 개인주의적 특성을 보이고 있다. 충효사상의 중요성은 감소되고, 국가보다는 자신과 가족을 더 중시하게 되었다. 또한 출세보다는 부모 공양이 중요하다는 가치관에서 부모 공양보다 출세가 더 효도라고 생각하는 경향을 보여 준다.

둘째, 지위고하를 막론하고 평등을 강조하는 탈권위주의를 지향하고 있다. 예전에는 회사나 기타 조직에서 직원을 채용할 때에 순종적인 사람을 선호했으나 지금은 책임감이 있는 사람을 선호하는 경향이 증가하고 있다. 상하 구별보다 직능 구분을 더 중요시한다. 또한 윗사람이 틀렸을 때에는 지적해야 한다고 주장하는 사람들이 늘고 있다.

셋째, 함께 행복하기 위해 불만이 있을 때 시정을 요구해야 한다는 강한 자기 주장성의 경향이 점차 감소하고 있다.

넷째, 불확실성 회피 경향이 증가하고 있다. 불확실성 회피 성향은 예측 불가능한 일이나 미지의 상황을 못 참는 정도를 나타내는 것으로, 일을 빨리 처리하거나 처음 보는 사람이나 외국인을 우대하면서도 경계 심리를 늦추지 못하는 것은 불확실성 회피 성향의 상대적 증가를 나타낸다.

다섯째, 시간 지향에서 현재보다는 미래를 중시하는 경향이 일반적이긴 하지만, 점차 미래보다는 현재를 중시하는 경향이 지속적으로 증가하고 있다. 또한 전통적인 관습이 문명 위기를 극복하는 데 큰 도움이 되지는 않다는 생각이 강하게 나타나고 있다. 과학기술의 빠른 발전과 사회의 급속한 변화 속에서 전통이 설 자리가 없어지고 있는 상황과 무관하지 않다.

여섯째, 남녀평등 의식이 확대되고 있다. 혼전 순결이 불필요하고 결혼한 여자도 활동을 해야 하며, 시댁과 친정이 동등한 대우를 받아야 한다는 생각이 주류 가치관으로 진입하여 확대되고 있다. 이러한 남녀평등 의식은 사회의 전반적인 권위적인 가치관에서 평등주의 가치관으로의 변화와 깊은 관련이 있다.

일곱째, 잘사는 인생이란 옳게 사는 것보다 풍요롭게 사는 것이라는 가치관이 확대되고 있다. 이런 경향은 돈의 필요성, 즉 돈은 꼭 있어야 한다는 가치관과 직결된다. 경제 능력의 중요성에 대한 사회적 분위기를 반영함과 동시에 여성의 사회적 활동의 확대와도 복잡하게 얽혀 있다.

이런 가치관의 변화와 더불어 한국 사회가 갖는 가치관의 특성은 이중 가치 체계에 있다. 한국 사회는 해방 이후 정치적, 경제적, 사회적 변화의 속도가 그 이전의 사회와 비교할 수 없는 압축적 근대화를 경험했다. 이에 전통적 가치관, 근대적 가치관, 외래적 가치관의 갈등과 혼란을 겪게 되면서 가치관의 비동시성의 동시성을 보여주고 있다. 또한 가치 체계와 사회구조 간의 부조화, 세대 간, 계층 간 가치관의 차이가 동시에 나타나고 있다.

한국인의 이중적 가치 체계에 대한 주요 논의는 다음과 같다. 이상주는 옛 가치와 새로운 가치 사이의 갈등의 형태로 크게 네 가지의 가치 혼란을 주장하고 있다(이상주 1986, 25-27). 그는 가치의 이원화는 불가피하다고 주장하면서 가치 갈등을 건강한 사회의 모습으로 간주한다. 첫째, 개인주의(개인의 자유, 자율, 인권, 편익, 개선, 창의성, 자발성)와 집합주의(집단을 위한 의무, 헌신, 충성, 질서, 협동)의 갈등이다. 둘째, 도덕주의(인격, 덕성, 예절, 절제, 학문의 강조)와 물질주의(재물, 소득, 지위, 안락, 산업을 강조)의 가치 갈등이다. 셋째, 평등주의(평등, 정의, 참여, 기회, 복지 등)와 권위주의(권위, 복종, 위계, 충성 등) 사이의 가치 갈등이다. 넷째, 합리주의(능률, 공정, 업적, 이익, 계약, 과학 등)와 인정주의(인정, 의리, 연고, 상부상조 등)의 가치 갈등이다.

이경희는 한국 사회에서 나타나고 있는 대표적인 이중적 가치관으로 집단주의/개인주의, 인본주의/물질주의, 권위주의/평등주의, 특수주의/보편주의를 제시하고 있다(이경희 2012). 이런 이중 가치 체계가 갖는 문제는 크게 네 가지가 있다(이경희 2012, 49). 첫째, 이중 가치 체계는 사회적 문제를 편의주의로 해석하게 하여 처세술을 통해 정당성을 확보하게끔 한다. 둘째, 자신의 의사대로 규범을 선택할 수 있는 사회적 강자들에게는 편리함을, 규범의 선택이 제한적인 약자에게는 불리함을 주게 되어 부정부패와 비리를 양산한다. 셋째, 전통이 갖는 특성을 피상적으로 이해하게 하여 새로운 전통의 수립을 방해하고 새로운 것에 대한 반감을 유도한다. 넷째, 이중 가치 체계는 갈등과 긴장을 발생시켜 사회 통합의 걸림돌이 된다.

4. 한국인의 미래 선호 가치

1) 미래상과 미래 선호 가치

미래상은 바람직한 미래에 대한 대중들의 공유된 이미지이거나 미래에 있을 수 있는 경험, 현상, 이벤트, 사회적 제도 및 구조를 반영한 상상의 세계를 가리킨다. 미래상은 정체성의 형성, 행동의 방향, 의사 결정과 관련된 대중들의 미래에 대한 의식을 나타낸다. 이것은 때때로 기대, 예상, 희망, 두려움 등의 용어와 동일시되곤 한다(Bell 1997, 28).

사회적 측면에서 보면, 미래상은 사회변동을 이해하는 데 중요하다. 프레드 폴락Fred Polak에 따르면, 미래상과 문화는 깊은 상관관계가 있다(Polak 1973). 만약 어떤 사회가 긍정적인 미래상을 표방하고 있다면 그 사회의 문화는 번창하고, 부정적인 미래상을 갖고 있다면 그 문화는 쇠퇴한다. 미래상은 현재와 미래에 대한 태도를 결정하고, 미래의 비전을 현실화할 수 있도록 사회 구성원의 행동을 격려한다. 미래상은 사람들이 갖고 있는 장기적인 목적을 달성할 수 있도록 도와주고, 현실 중심의 생각을 지양하고, 부정적인 마음 상태를 갖지 않게 한다. 또 현실 사회를 변혁시킬 수 있는 강력한 수단이 된다(Livingstone 1973, 180).

미래학자 짐 데이터Jim Dator는 미래상을 나타내는 대안 미래로 네 가지 형태 — 지속 성장, 붕괴, 지속 가능, 전환 — 을 제시하고 있다(Dator 2009). 첫째, 지속 성장 미래continued growth future는 현재의 트렌드와 환경이 큰 변화 없이 지속적으로 성장한다는 가정 하에, 경제적으로 부흥하고 기술이 발달하는 사회이다. 둘째, 붕괴 미래collapse future는 내적·외적 요인에 의해 발생한 위기로 사회의 체제가 제대로 작동하지 못해 엄청난 혼란에 빠진 사회이다. 셋째, 지속가능한 미래disciplined future는 부와 소비를 추구하는 대신에 이데올로기적, 종교적, 문화적 신념에 의하여 삶의 깊은 의미를 추구하는 사회이다. 넷째, 전환 미래transformational future는 로봇, 인공지능, 유전공학, 나노테크놀로지 등과 같은 기술의 급격한 발전으로 최첨단의 기술이 용해된 사회이다.

짐 데이터가 제시한 네 가지 대안 미래에 근거해 현대 한국 사회의 미래상을 다음과 같이 크게 네 가지로 살펴보았다. 첫째, 지속 성장의 미래를 상징하는 선진국 미래상이다. 둘째, 붕괴 미래를 나타내는 인구 위기론이다. 셋째, 지속가능한 미래로 통일 한국이다. 넷째, 전환 미래로 고高정보사회이다.

(1) 선진국 미래상: 지속 성장 미래

1960년대의 급속한 산업화 이후로 한국의 국가 비전은 '선진국화'였다. 선진국화에 대한 한국의 미래상은 풍요로운 경제, 자유로운 정치, 성숙한 문화와 관련이 있다. 국가 발전을 위한 경제의 팽창은 선진국 건설을 위한 가장 중요한 전제 조건 가운데 하나였다. 선진국 미래상은 일본·미국·북유럽 등과 같은 선진국이 되는 것을 한국 사회의 가장 이상적인 미래로 간주하는 것이다. 선진국 미래상은 한국의 근대화를 지탱하는 중요한 요소였지만, 다른 한편으로 노동자, 농민, 기타 소외 계층들에 대한 착취와 억압을 정당화시키는 기제로 작용했다.

그러나 선진국과 같은 소득수준이 되기 위한 선진국 담론은 1990년대 세계화 담론으로 근본적인 변화를 겪게 된다. 세계화 담론에 기반해 한국 사회의 문제를 해결하기 위한 다양한 개혁이 추진되었다. 한국의 세계화에 대한 비전은 신자유주의와 물질주의적 세계관에 의해 주도되었다. 선진화에 대한 미래상은 경제적 번영과 민주주의의 공고화, 그리고 세계화의 영향을 받아서, 경제성장 중심에서 균형 성장으로 변화하게 되었다. 그리하여 선진화에 대한 개념은 경제성장에 덧붙여 복지, 편안함, 문화, 행복 등에 더욱 무게를 두게 되었다.

선진화 담론에는 진보와 보수에 따라 여러 가지 다른 입장을 견지하고 있다. 보수의 입장에서 선진화 담론은 박세일의 '선진화론'으로 대표된다(『한국일보』 2018/03/05). 선진화론에 의하면 한국의 목표는 산업화, 민주화에 이어 선진화가 되어야 한다는 것이다. 선진화론의 핵심 주제는 공동체 자유주의와 선진화 5대 핵심 전략이다. 공동체 자유주의는 공동체의 가치를 중시하는 자유주의로, 공동체에 대한 개인의 성찰적 배려와 자율적 책임을 중시한다. 선진화 5대 핵심 전략은 교육과 문화의 선진화, 시장 능력의 선진화, 국가 능력의 선진화, 시민사회의 선진화, 국제 관계의 선진화로 구성되어 있다. 선진화의 목표는 부자 국민과 소프트 파워 강국의 결합을 의미하는 '부민덕국富民德國의 선진 일류 국가'이다. 그러나 선진화론은 성장과 개방을 강조함으로써 상대적으로 분배와 복지에 덜 관심을 갖고 있다.

진보가 지향하는 선진화 담론은 사회민주주의적 복지국가로 요약할 수 있다. 사회민주주의적 복지국가는 사회민주주의라는 정치·사회·경제 이념과 복지국가라는 국가의 한 형태가 결합한 개념이다. 사회민주주의의 핵심 가치는 자유, 평등, 연대이다. 사회민주주의에서는 강자의 이기적 자유와 획일적 평등을 반대한다. 평등은 단순한 기회의 평등이 아니라 실질적인 기회의 평등과 일정 정도 결과의 평등을 주장한다. 이런 맥락에서 평등은 자유의 전제 조건이자 사회 전체의 효율성을 증진시키는 역할을 한다. 사회민주주의가 연대의 가치를 중시하는 것은 사회 구성원은 상호 의존적일 수밖에 없고, 사회적 약자는 연대가 필요하기 때문이다. 복지국가적 특성은 국가의 광범위한 복지 정책의 실행으로 낮은 소득 불평등, 낮은 빈곤율, 높은 양성 평등을 지향하고, 보편적 복지 정책을 강조한다. 또한 광범위한 사회보험 및 공적 부조 제도를 운영하고 사회정책과 고용정책 간의 연계를 강조한다.

이런 사회민주주의적 복지국가론에 기반을 둔 한국 사회의 대안적 미래상은 다음과 같다. 첫째, '생태-평화 사회민주주의론'이다 (『한겨레신문』b 2007/03/05). 이 입장은 기존의 사회민주주의가 국가주의와 성장주의에 빠진 한계를 극복하기 위해 생태와 환경의 가치를 끌어안고, 군사주의와 팽창주의를 단절하는 반전·평화를 추구한다. 둘째, '노동 중심 통일 경제론'이다(『한겨레신문』a 2007/03/05). 이 입장은 자본주의 체제를 인정하지만 노동자가 생산 활동에서 중심 구실을 하는 경제 시스템을 대안으로 제시하고, 통일이 되었을 때 완결성을 갖추게 된다고 주장한다. 셋째, 사회 투자 국가론이다 (『한겨레신문』 2007/03/06). 이 입장은 사회가 사람에게 투자하는 국가를 지향하고, 복지를 생산 요소 및 투자로 본다. 그리하여 사회(복지)정책과 경제(성장)정책을 대립이 아닌 상호보완적 관계에 있다. 예를 들면, 기회의 평등을 중시하여 아이들이 자기 개발의 기회를 갖도록 공공 보육 확충 정책을 편다. 넷째, '사회 연대 국가론'이다(『한겨레신문』 2007/03/07). 이 입장은 연대의 이념을 기초로 한국형 복지국가 모델을 제시한다. 한국 사회의 성장 엔진을 지식 노동자에서 찾고 있으며, 교육 복지 강화를 중요한 전략으로 두고 있다. 이런 목적을 달성하기 위해 각 계층이 복지를 매개로 연대하는 복지 동맹을 강조한다. 다섯째, '신진보주의 국가론'이다(『한겨레신문』 2007/03/09). 이 입장은 연대뿐만 아니라 성장 전략도 강조하면서 역동적 공공성이 작동하는 사회경제 질서를 강조한다. 신진보주의 발전 모델은 개방, 혁신, 연대를 중심 가치로 두고, 대외관계, 국내 경제, 고용 복지 등과 같은 시스템에 적용한다. 또한 개방적이고 수평적인 협력 네트워크를 바탕으로 개방형 남북한 통합 민족경제, 동북아시아 지역 네트워크형 복합 공동체를 창출한다.

(2) 인구 위기론: 붕괴 미래

어떤 사회의 붕괴 가능성에 대한 논의는 중요한 주제이자 널리 퍼져 있는 관심 가운데 하나이다. 붕괴의 예로는 체제 붕괴, 사회적 붕괴, 경제적 붕괴, 생태계 붕괴, 급박한 비상 상태 등이 있다. 이런 명칭들은 실제 현상들과 정확히 일치하지 않지만 불길하고 거대한 무엇인가가 일어날 것을 의미한다. 붕괴와 관련된 미래상은 한 사회가 직면해 있는 두려움을 반영하고 가장 뜨거운 국가적 이슈와 관련이 있다.

이런 맥락에서 한국 사회에서 나타나는 붕괴 사회의 미래상 가운데 하나가 인구 위기론이다. 과거에 인구 위기는 보통 인구 폭발로 간주되었지만 오늘날 한국 사회에서 인구 위기는 저출산을 의미하며 인구학적 재앙으로 표현된다. 다른 서구 사회나 일본처럼, 한국도 저출산율에 따른 급속한 노령화 사회를 경험하고 있다. 저출산·고령화 인구 현상을 눈앞에 곧 닥칠 국가적 위기로 판단한다. 왜냐하면, 인구 위기는 국가의 재정적·경제적 문제와 관련되어 있기 때문이다. 인구 위기와 관련된 대중매체의 표어를 살펴보면 다음과 같다. "충격! 한국, 인구 감소로 국가 소멸 순위 세계 1위: 2020년 인구 절벽 맞는 대한민국, 살길은 없는가?"(『정경NEWS』 2015/07/06), "출생아 수 30년새 반토막 '인구 위기'"(『동아일보』 2018/03/01), "2020년 인구 재난 시작 …… 앞으로 5년이 '골든타임'"(『연합뉴스』 2015/10/18), "이토록 심각했나 …… 인구 절벽의 현장"(『조선일보』 2017/06/24), "본격화한 '인구 절벽' 현상, 국가 재난 차원으로 다뤄야"(『한국일보』 2018/08/29.), "4년 더 앞당겨진 인구 절벽 …… 성장 잠재력 추락, 암울해진 미래"(『매일경제』 2018/02/28) 등이 있다.

출산율이 세계 최저 수준에 이르면서 고령화가 가속화되고, 노동 생산성이 떨어지면서 사회보장의 부담이 급증함으로써 국가 성장률이 급격히 저하되어 미래에는 파산에 이르게 된다는 것이다.

또 다른 예로, 대다수의 한국인이 다른 나라로 모두 이민을 가버려서 인구가 없는 나라가 될 것이라는 예측도 있다. 엄경영·이효석·정현진·하채림(2006)는 『엑소더스 코리아: 저출산, 고령화로 본 한국의 미래상』에서 초고령 사회를 예측하면서 대탈출 시나리오를 제시했다. 한국의 젊은이는 미래에 과도한 세금으로 고통을 겪고, 노인에 대한 경제적 부양을 회피하기 위해 한국을 떠난다고 주장한다. 그리하여 한국은 과소인구의 위험에 직면하게 된다. 이처럼 저출산·고령화는 사회 안정을 위협하고 인구학적 재앙에 대한 미래상을 만들어 내고 있다.

(3) 민족 통일 사회: 지속가능한 미래

한국인에게 민족 통일은 민족이 하나 되고 동질성을 회복할 수 있는 가장 이상적인 미래 중의 하나로 간주된다. 평화통일은 남·북한의 적대감과 불신을 종식시킬 수 있고 한국민족의 문명사적 전환을 이끌어 낼 수 있는 중요한 정치적·문화적 가치이다. 대부분의 남한 사람들은 진정한 한국은 통일된 한국이라고 가정한다. 일제 식민지 지배에서 해방된 1945년 이후로 '통일'은 외적 적대감과 내적인 고통의 근원인 민족 분단을 극복하고 바람직한 발전 경로를 나타내는 온 한국인의 여망이었다.

그러나 1990년대 후반부터 통일에 대한 한국인의 태도와 생각이 탈냉전, 세대 격차, 1997년 경제 위기 등으로 변하게 된다. 한국인의 상당 부분이 경제에 피해를 입히지 않는 조심스러운 통일을 원하기 시작했다. 통일에 대한 접근이 두 가지 측면에서 조금씩 변화하고 있다. 첫째, 급작스런 통일에서 점진적인 통일로의 접근이다. 둘째, 한국 민족이 꼭 달성해야 할 궁극적 목표에서 내 시대에는 달성하기 어려운, 따라서 부담스러운 목표가 되어 가고 있다. 지난 수십 년 동안 한국인은 통일을 역사적 명령과 민족적 사명으로 간주하였다. 그러나 독일 통일의 학습 효과로 통일 후 사회적·경제적 혼란을 두려워하고, 세대 차이에 따른 통일에 대한 열망이 변함으로

표 2. 통일 시나리오의 통일 유형

연구자	통일 유형
양호민(1992)	① 북한 주도하의 통일, ② 남한 주도하의 통일, ③ 합의에 의한 통일, ④ 남북한 장기 공존
서진영(1997)	① 현상 유지적 체제 변화, ② 개혁 정권의 등장, ③ 내부 붕괴, ④ 폭발적 체제 변혁
안병준(2000)	① 현상유지 및 평화공존, ② 본격적 개방 및 개혁과 합의 통일, ③ 내부 갈등 심화 및 흡수(또는 자충수에 의한) 통일
박형중(2009)	① 공존공영의 동북아 중심 시대, ② 돌풍 후의 고진감래, ③ 상처뿐인 영광, ④ 축복받지 않은 결혼
이동윤(2009)	① 흡수형 통일, ② 무력적 통일, ③ 신탁형 통일, ④ 합의형 통일
한국정보화진흥원(2010)	① 평화 체제, ② 합의·흡수 통일, ③ 적대적 공존, ④ 흡수통 일
최진욱 외(2011)	① 북한의 점진적 체제 전환, ② 분단의 장기화 대비, ③ 급변 사태 대비

출처: 고경민 2015, p. 90에서 재구성.

써 통일을 망설이게 되었다.

그러나 북한의 새로운 정권교체, 북핵 문제, 미사일 개발, 탈북자, 북한 내부의 식량난과 에너지난, 경제 개방 등과 같은 북한 체제의 변화에 따른 다양한 통일 전망이 나오면서 통일에 대한 미래상이 통일 시나리오로 표출되었다. 그동안 논의된 통일에 대한 시나리오의 유형을 살펴보면 〈표 2〉와 같다(고경민 2015, 90).

위에서 언급한 통일 유형들은 대체적으로 "평화적 통일과 전쟁에 의한 통일, 남북한 각각이 주도하는 통일과 합의에 의한 통일, 현상 유지와 공존, 북한 내부의 폭발로 인한 자멸 또는 급변 사태, 체제 전환 이후의 통일" 등으로 나눌 수 있다(고경민 2015, 89). 이런 통일 시나리오들이 주장하는 미래상은 분단 이전의 상황으로 복원하는 것이 아니라 새로운 한반도의 미래를 설계하는 것이다. 통일의 발전적 경로는 한반도의 "냉전 구조 해체 → 평화 체제 구축 → 민족 공동체 형성 → 남북 연합/연방 단계 → 통일"의 과정이다(조민 2002, 5). 민족 통일의 핵심적인 미래상은 민족 공동체 통일 방안이다. 민족 공동체의 통일 방안은 남·북한 국가의 자주성을 전제로 한 국가연합과 평화, 남·북이 상호 협력과 공존공영의 관계를 도모하는 남북 연합의 형태로 연계된다. 민족 공동체 창출의 과정에서는 공존의 논리와 윤리의 회복이 요구된다. 통일 과정에서 남남갈등을 극복하고 남북한이 양극단의 논리를 지양하는 상생相生의 결과를 도출해야 한다. 그리하여 경쟁과 효율성을 허용하면서도 능동적인 사회정책을 통해 사회정의와 사회보장이 실현되는 공동체 민주주의가 이루어질 것이다. 다시 말해 효율성과 사회적 책임의 이중적 가치가 실현되는 통일 한국을 전망한다.

(4) 고高정보사회: 전환 미래

1997년 경제 위기 이후로 정보사회에 대한 비전이 한국 사회가 직면한 위기를 극복하고 세계화에 대처하기 위한 노력의 일환으로 널리 퍼졌다. 그리하여 '1999년 사이버 한국', '2002년 e-Korea', '2006 u-Korea' 등과 같은 미래지향적 정보 정책을 수립했다. 특히 유비쿼터스 한국2006 u-Korea과 같은 정책은 국가 경쟁력을 제고하기 위한 목적도 있지만 이상적 정보사회가 되기 위한 전제 조건으로 정보와 관련된 서비스의 보편적 접근을 강조하고 있다. 유비쿼터스 한국은 주택, 직장, 수송 체계, 의료 서비스, 여가 활동 등과 같은 인간 환경의 모든 분야에 주변 정보 시스템을 설치하고, 소형 컴퓨터 기기와 센서 감지기를 통해 일상생활의 모든 활동들을 그물 망처럼 연결시켜 누구든지 서로 소통할 수 있는 시대를 지향했다.

2010년대에 들어와서는 사물 인터넷IoT, 클라우드, 빅데이터, 인 공지능AI 등과 같은 지능 정보 기술의 활용이 가속화되면서 4차 산 업 혁명이 새로운 산업구조와 기업체 및 정부의 의사 결정 방식에 큰 영향을 끼치게 되었다. 이전의 사회 정보화 추세가 앞으로도 심 화·발전할 것이라는 전망에 기대어 '데이터 사회', '초연결사회', '지능정보사회' 등과 같은 고高정보사회론이 등장했다.

데이터 사회는 "데이터가 현대자본주의 가치 생산의 중심 추동 력이 되고 데이터 알고리즘(프로그램 명령어)을 통해 통치와 자본의 다이어그램을 조절하는 신종 기술 사회"이다(이광석 2016, 28). 이런 데이터 사회는 지능 정보사회와 거의 비슷하다. 데이터 사회는 데 이터의 기능에 중점을 두고 지능 정보사회는 지능 정보 기술에 의 한 기계의 자가 학습self-learning에 더 중점을 둔다는 점에 차이가 있 다. 이 두 개의 개념은 사회에 대한 운영 원리에 있어서 대동소이하 다.

초연결사회는 인간과 인간, 인간과 사물, 사물과 사물이 인터넷 으로 연결되어 네트워크를 형성하고 상호 유기적인 소통을 함으로 써 정보를 공유하고 활동하여 새로운 가치를 창출하는 사회 시스템 을 의미한다(김광석·권보람·최연경 2017). 사물 인터넷, 클라우드, 빅 데이터, 인공지능 등과 같은 디지털 기술의 발전이 사람-사물-데 이터를 연결시켜 줌으로써 '연결의 영역 초월'이 이루어지고 있다.

또한 오프라인과 온라인의 융합을 통해 새로운 가치 창출의 기회를 확대시킬 전망이다.

데이터 기반 인공지능 사회·초연결사회에 대한 미래상은 대중매체의 수사적인 표현에서 발견할 수 있다. 일반적인 이미지는 "4차 산업혁명 시대 초연결사회, 사무실은 필요 없다?"(SKT Insight 2017/07/25), "미래부, 교통·의료 사회 현안 빅데이터로 해결한다"(『중앙일보』 2017/03/14), "빅데이터 결합해 미래 예견적 국정 관리 모델 개발"(『연합뉴스』 2018/10/18), "과기정통부, '데이터·인공지능AI 경제 활성화 계획' 발표"(『방송기술저널』 2019/01/17) 등이 있다. 고정보 사회에서는 기술의 발전으로 사무실·공장 등과 같은 물리적 공간이 축소되고 대면 노동이 줄어들게 된다. 고정보사회에서 엄청나게 축적된 데이터는 다양한 사회문제를 해결하는 기폭제가 될 것이며, 컴퓨팅 능력과 저장 용량의 향상은 정교한 알고리즘 기반 예측이 가능해져서 재난 방지 및 의사 결정 능력을 향상시킬 수 있다. 또한 데이터 및 인공지능 5개년 계발 계획 등과 같은 프로젝트는 데이터 및 인공지능의 혁신을 통한 탈산업사회의 빠른 진입을 추구한다. 데이터 및 인공지능 등과 같은 새로운 기술은 새로운 산업과 새로운 기회를 제공해 새로운 경제적 부가가치를 창출하는 역할을 한다. 이런 기술은 사회와 정치에 새로운 발전 패러다임을 전파하는 혁신적인 요소가 되어 가고 있다. 이처럼 고정보사회의 미래 이미지는 높은 효율성과 다양한 사회문제 해결을 통해서 더 나은 사회를 만들 수 있다는 단선적 진보 및 진화 개념과 밀접한 관계가 있다.

표 3. 네 가지 미래상에서 유추한 미래의 선호 가치

순서	미래상	내재적 가치	수단적 가치
1	선진국 미래상 (지속 성장 미래)	경제적 풍요, 공동체, 자유, 평등, 연대, 복지	성장, 개방, 편안함, 자율적 책임, 효율성, 반전, 역동적 공공성, 개방, 혁신, 협력 네트워크
2	인구 위기론(붕괴 미래)	위기, 위험	붕괴, 두려움, 재난, 소멸
3	민족 통일 사회 (지속가능한 미래)	평화, 공존, 자주성, 협력	동질성, 탈냉전, 합의, 개방, 개혁, 갈등, 상생, 사회적 책임
4	고정보사회(전환 미래)	보편적 접근, 공유, 융합	새로운 가치창출, 혁신

(5) 미래 선호 가치

이제까지 언급한 네 가지 미래상 ─ 선진국 미래상, 인구 위기론, 민족 통일 사회, 고정보사회론 ─ 에서 유추한 미래의 선호 가치는 〈표 3〉과 같다. 네 가지 미래상은 미래 비전과 같아서 불확실한 미래를 예측하고 바람직한 미래를 창조하기 위한 방향을 제시하는 등대와 같은 역할을 한다. 선진국 미래상은 높은 경제성장과 복지를 추구하는 것으로, 핵심 가치는 경제적 풍요, 공동체, 자유, 평등, 연대 등이고, 수단적 가치는 성장, 개방, 효율성, 자율적 책임, 혁신, 협력 네트워크 등이다. 그리고 개인적·환경적 가치보다는 경제적·사회적 가치에 관심을 둔다. 근대사회에 탈근대사회로 넘어가는 과정에서 근대사회의 대표적인 가치인 자유주의는 유지되고 개인주의는 감소하는 양상이며, 신자유주의 폐해를 극복하고 사회 전체의 효율성을 높이려는 복지국가에 대한 염원이 반영되었다.

둘째, 인구 위기론으로 대변되는 붕괴 미래는 저출산·노령화에 대한 대응으로 미래에 다가올 위기, 위험을 나타낸다. 핵심적 가치는 위기·위험이고 수단적 가치는 붕괴, 두려움, 재난, 소멸 등이다. 사회적 불안과 위험의 내용은 자연재해나 환경오염과 같은 물리적 내용이 아니라 인구 감소에 따른 사회적 재난이다. 인구 위기는 사회적 위험이어서 인간이 아예 통제할 수 없는 위험은 아니다. 저출산·고령화 문제는 질병, 산업재해, 실업과 같은 전통적인 위험이 아니라 지속가능한 발전에 대한 불확실성, 개인의 삶의 질의 저하, 그리하여 국가 존립이 위협을 받는 미래에 대한 불안을 나타낸다.

민족 통일 사회의 가치는 오랫동안 민족의 염원이었으며, 분단국가의 상황에서 가장 중요한 선결 과제이다. 내재적 가치는 평화, 공존, 자주성, 협력 등이고, 수단적 가치로는 동질성, 탈냉전, 합의, 개방, 사회적 책임 등이 있다. 민족 통일 사회는 남한만의 미래가 아닌 북한이라고 하는 상대가 있는 미래에 대한 가치의 문제이다. 적대적 관계를 해소하기 위해서는 평화의 가치가 요구되고, 북한과 같은 다른 사회적 집단과 협력을 하고 좋은 관계를 유지하기 위해서는 공존과 협력의 가치가 필요하다. 이념적으로 상대방을 제압하려는 지배 혹은 권력 가치에 대한 반발로 공존과 협력의 가치가 부각된 것이다. 민족 통일의 가치에는 이타적이고 박애주의적 요소가 포함되어 있다. 자주성의 가치는 강대국의 휩싸여 있는 한반도의 지정학적 위치를 잘 나타내고 있다. 그리고 이런 내적 가치를 실현하기 위해서는 동질성 회복, 탈냉전, 합의, 개방, 사회적 책임과 같은 수단적 가치가 필요하다.

고정보사회론은 기술 발전이 이상적으로 사회에 수용됨으로써 바람직한 사회가 될 것이라는 낙관주의적 시각을 보여 준다. 내재적 가치는 보편적 접근, 공유, 융합이고, 수단적 가치는 새로운 가치 창출과 혁신이다. 데이터 사회, 초연결사회, 지능정보사회를 달성하기 위한 고정보사회의 가치는 정보의 보편적 접근이라 할 수 있다. 시민이든 기업체이든 누구나 자유롭게 정보에 접근할 수 있는 디지털 자유주의는 고정보사회를 위한 지고의 가치이다. 특히 초연결사회는 모든 것이 네트워크로 공유되고, 정보 기술, 생명 기술, 나노기술 등의 기술들의 융합, 기술과 인문학의 융합, 문화 예술과 과학기술의 융합 등이 폭넓게 전개되는 미래 사회의 문명사적 전환을 나타낸다. 이러한 융합은 고정보사회에 있어 이전과는 다른 새로운 가치 창출과 혁신을 일으키게 될 것이다.

2) 미래 사회 전망과 미래 선호 가치

로널드 잉글하트Ronald Inglehart는 가치관 변화의 원인으로 기술 혁신, 직업 구조의 변화, 경제성장, 교육의 보급, 매스컴의 발전, 연령층의 경험 차이를 제시했다(잉글하트 1971, 8-12; 김보미 2012, 13-15에서 재인용). 첫째, 기술혁신은 공업 사회를 가능케 했으며, 이런 공업 사회의 필요를 충족시키기 위해 교육의 기회를 확대함으로써 급격한 사회변동을 야기했다. 둘째, 공업 노동이 지식산업으로 바뀌면서 직업 구조가 변화했고, 이는 사람들의 사고방식과 행동에도 큰 변화를 야기했다. 셋째, 경제성장은 소득의 향상을 야기하여 일차적인 생존의 필요를 넘어서는 사회적 욕구, 존경 욕구, 자아실현 욕구 등을 추구하게끔 했다. 넷째, 교육의 보급은 정치의식 및 인지 기능의 발전을 야기해 가치관의 변화를 초래했다. 다섯째, 매스컴의 발전은 커뮤니케이션과 지식을 증대시켜 생활 영역의 변화를 초래했다. 여섯째, 연령층의 경험의 차이는 가치관의 차이를 노정하여 세대 차이와 가치 갈등을 유발한다.

사회변동에 따른 사회적 조건들은 그에 상응하는 가치관을 탄생시켰다. 새로운 시대에는 새로운 사회적 필요와 사고방식의 생성으로 새로운 가치관을 형성하게 된다. 이런 의미에서 미래 사회는 제4차 산업혁명에 따른 자율화 사회, 포스트 휴먼 시대, 디지털 공유 경제로 발전할 것으로 전망되고 있다. 아래에서는 네 가지 미래사회에 근거하여 발생 가능한 새로운 가치관을 도출해 보고자 한다.

(1) 제4차 산업혁명과 자율화 사회

미래 사회는 제4차 산업혁명의 영향으로 자율화 사회가 예상된다. 제4차 산업혁명에 대한 개념은 사람 및 지역에 따라 각기 다르게 정의하고 있어서 통일된 개념을 찾기 쉽지 않다. 제4차 산업혁명이란 용어는 클라우스 슈밥Klaus Schwab이 2016년 세계경제포럼 World Economic Forum에서 주창한 것으로 물리학 기술, 디지털 기술, 생물학 기술 등이 융합하고 상호 교류하여 산업, 고용구조, 교육, 보건 등의 사회 전반에 근본적인 변화를 초래하는 일련의 현상이다 (슈밥 2016). 제4차 산업혁명의 주요 기술은 빅데이터, 로봇공학, 인공지능, 클라우드, 사이버안보, 3D 프린팅, 공유 경제, 블록체인 등이다(슈밥 2016, 21). 슈밥은 이런 기술들을 바탕으로 디지털 연결성이 확대되고 지능로봇과 컴퓨터가 스스로 프로그래밍을 하고 문제를 해결하는 '자동탐색'automated discovery이 가능해지는 '디지털 초연결사회'hper-connected society의 미래를 예상하고 있다(슈밥 2016, 51).

제4차 산업혁명의 역사적 의의는 18세 말 제1차 산업혁명의 연속선상에 있으면서 기존의 산업혁명과는 속도와 범위에서 완전히 다르다는 것을 나타난다. 제1차 산업혁명은 1760~1840년경에 나타났으며 철도 산업과 증기기관이 원동력이 되어 기계에 의한 생산을 주도했다. 제2차 산업혁명은 19세기 말에서 20세기 초까지의 시기로 전기와 생산 조립 라인이 원동력이 되어 대량생산을 가능케 했다. 제3차 산업혁명은 반도체, 컴퓨터, 인터넷을 기반으로 지식정보 혁명을 이루었다. 제4차 산업혁명은 21세기에 시작해 "유비쿼터스 모바일 인터넷"ubiquitous and mobile internet, 더 저렴하고 작고 강력해진 센서, 인공지능과 기계 학습machine learning"(슈밥 2016, 25)을 특징으로 하며, 모든 것이 연결되고 지능화되는 만물 초지능 혁명을 가능하게 한다.

제4차 산업 혁명의 특성인 초연결성과 초지능성은 사회의 구조를 자동화를 넘어 자율화로 탈바꿈시킬 것이다. 제4차 산업 혁명은 최적의 가치를 만들기 위해 생산 설비의 지능화와 노동의 정보화를 통해 기계가 실시간 정보를 수집·판단·결정의 과정을 거쳐 완전히 자율화되는 것을 뜻한다(김연순·이종관 2017, 11). 자율화는 종속적이지 않고 독립적이며 스스로 다른 체계와 상호작용하면서 문제점을 파악하고 변화되는 환경에 맞추어 자가 조치를 하고 움직이는 체계이다. 이런 자율화는 구성 요소들이 스스로 질서를 만드는 현상을 의미하는 자기 조직화self-organization와 디지털화를 통해서 가능하다. 생산방식의 디지털화는 부품을 비롯한 각종 기계 및 설비 체계가 수동적 존재가 아니라 생산과정을 감시하고 규정하는 행위자가 되는 것이다(김연순·이종관 2017, 11). 기계가 단지 노동을 대신하는 도구에서 인간처럼 스스로 노동하고 노동과정에 개입할 수 있는 생산 주체가 되는 것이다.

산업 분야에서 대표적인 자율화는 지능형 공장인 스마트 팩토리 smart factory로 독일의 인더스트리 4.0이다. 인더스트리 4.0은 "사물 인터넷IoT, 사이버 물리 시스템Cyber Physical System, CPS, 센서 기술 등을 기반으로 생산 전 과정을 연결하고, 실시간 모니터링 및 피드백 기능을 통해 사물의 지능화를" 꾀하는 것이다(문선우 2016, 44). 인더스트리 4.0은 생산과정뿐만 아니라 제품 개발, 소비와 폐기, 소비자와의 소통 등을 통해 소품종 대량 생산에서 맞춤형 다품종 소량 생산으로 전화하는 것까지 포함한다(문선우 2016, 44). 인더스트리 4.0에서는 노동의 기계화와 기계의 완전 자동화를 통해 생산·유통·소비의 전 과정이 인간과 기계, 기계와 기계들의 자율적인 커뮤니케이션을 중심으로 이루어지게 된다.

생산의 자율화는 생산 현장에만 머무르지 않고 다양한 생활 세계로 연결되어 자기 조직화를 실현하게 된다. 사이버 시스템과 물리적 시스템이 융합하면서 생산, 유통, 소비생활에 적용되고 가상과 현실이 결합하는 양식은 사회·문화·정치·환경의 영역까지 확대하게 된다. 데이터와 정보는 오직 인간만의 소유물이었으나 제4차 산업혁명에 의해 사물도 데이터와 정보를 소유하고 활용할 수 있게 되어서 사회의 인간, 집단, 조직, 제도까지도 완전 자율화 체계에 편입되고 변화하게 된다. 예를 들면, 많은 기업들은 자동화 기술을 이용해 대용량의 데이터를 해독하여 지적 가치를 창출하는 데 투자한다. 구글Google은 정보과학과 알고리즘에 근거해 정보에 대한 검색뿐만 아니라 영상·문자 메시지·이메일 등의 정보를 분석해 소비자들의 소비 패턴을 예측하고, 그것에 기초해 소비자들에게 다양한 제품과 서비스를 제안함으로써 경제적 이득을 획득한다.

그러나 자율화 사회에 대한 입장은 긍정적인 측면과 부정적인 측면이 모두 상존한다. 긍정적인 측면은 빅데이터, 사물 인터넷, 인공지능에 근거한 제4차 산업혁명이 경제성장을 주도하여 미래의 산업을 이끌며 인간 사회의 많은 문제들을 해결할 수 있다는 점이다. 제4차 산업 혁명은 다양한 정보를 이용해 생산성, 효율성을 높이고 인간의 능력을 향상시켜서 전반적인 인간의 삶의 질을 향상시킨다. 또한 자동화는 인간의 정보 접근성을 확대하여 시민들의 알 권리를 증진시켜 누구나 싸고 쉽게 정보에 접근할 수 있는 디지털 자유주의를 실현시킨다. 반면, 부정적인 측면에서 자동화는 인간의 일자를 빼앗고, 빈부격차를 확대시켜 양극화를 초래하여 사회를 위험에 빠뜨린다. 또한 자동화는 안면 인식, 음성인식 등의 기술을 통해 시민에 대한 감시 활동을 구축하여 국가 행정의 시스템 효율성 위하여 통제를 강화한다. 비관론적 관점에서는 기술이 가져오는 인간의 해방적 요소보다는 인간의 자유를 축소하고 인간의 평등을 훼손하는 사회적 위험에 초점을 맞춘다.

(2) 포스트 휴먼 시대

정보 기술, 컴퓨터 공학, 나노기술, 생명공학 기술, 인지과학, 사이버네틱 기술 등과 같은 기술의 발전은 인간의 육체적·지적 능력을 도와주는 역할을 벗어나 인간의 능력을 향상시키고 인간을 근본적으로 변형시키고 있다. 따라서 "기술의 발전에 따라 육체와 정신의 확장, 디지털 네트워크화에 따른 시·공간 개념의 변화 및 육체성 없는 주체의 등장과 같은 탈경계적 현상"이 발생해 인간이 새로운 정체성을 갖는 포스트 휴먼post-human의 시대가 등장하고 있다(이원태 외 8인 2014, 4). 미래학자 레이 커즈와일Ray Kurzweil은 "2030년 안에 사람의 두뇌가 클라우드를 기반으로 한 기계적 의식과 결합해 하이브리드적 사고"를 하게 될 것이라 전망했다(이원태 2015, 18). 포스트 휴먼 시대에는 육체를 가진 인간, 컴퓨터 시뮬레이션, 사이버네틱스 메커니즘, 생물학적 유기체, 로봇 등이 갖는 목적들에 본질적인 차이나 절대적인 경계가 존재하지 않게 된다(이원태 외 8인 2014, 5). 포스트 휴먼 관점에서 인간과 사회를 이해하기 위한 지적·문화적 운동이 포스트휴머니즘post-humanism이다. 포스트휴머니즘은 인간 대 비인간이라는 이분법적 시각을 지양하고 인간중심주의를 벗어나려고 노력한다(이원태 외 8인 2014, 5).

포스트 휴먼 기술의 유형은 인간과 기술의 융합 형태와 활용 분야에 따라 다음과 같이 네 가지로 구분할 수 있다(〈그림 2〉 참조). 기술의 상대적 위치에 따라 신체 밀착형과 외부 인지형, 인간 역량 향상 분야에 따라 인지/관계형과 신체/활동형으로 구분한다. 포스트 휴먼 기술은 과거에는 인체 기능을 향상시키는 로봇 중심이었으나

그림 2. 포스트휴먼 기술의 유형화

출처: 이원태 외 8인 2014, 20

빅데이터·웨어러블 디바이스·사물 인터넷·인공지능 등의 발달로 인간과 기술 간의 상호작용이 더욱 확장되어 가고 있다. 그리하여 신체 이식, 인지 기능 강화, 웨어러블 착용 기술을 넘어서서 인간과 기술 사이의 커뮤니케이션으로 발달하고 있다(이원태 2015, 19).

포스트 휴먼 커뮤니케이션을 가능하게 한 가장 대중적인 것은 지능형 개인 비서 서비스이다(양희태·김단비 2017; 이아름 2017). 지능형 개인 비서는 인간을 대신해 일상생활 속에서 정보검색, 쇼핑, 예약, 주문, 결제 등의 서비스를 제공한다. 이런 서비스는 주요 IT 기업에서 제공하는데, 애플의 '시리'Siri, 구글의 '나우'Google now, 마이크로소프트의 '코타나'Cortana, 페이스북의 '엠'M, 아마존의 '에코'Echo 등이 있고, 국내 기업으로는 SK텔레콤의 '누구'NUGU와

'누구미니'NUGU mini, KT의 '기가 지니'GiGA Genie와 '기가 지니2', 카카오의 '카카오미니', 네이버의 '클로버'가 있다. 삼성전자의 '빅스비'Bixby는 딥러닝 기반의 음성 인식 플랫폼으로 지식 검색·금융 서비스·음악 추천 재생 등의 지원 서비스를 제공하는 스마트폰용 인공지능 가상 비서이다.

포스트 휴먼의 대표적인 사례는 사이보그일 것이다. 사이보그는 넓은 의미에서 "자연적인 요소와 인공적 요소를 하나의 시스템 안에 결합시킨 자가 조절 유기체self-regulating organism"로 정의할 수 있으며(그레이 2016, 15), 인간의 신체를 기계로 개조한 기계화된 인간을 말한다. 사이보그는 "인간의 몸과 유전자에 대한 직접적인 개조"로 인공 진화에 포함된다(그레이 2016, 45). 사이보그화의 예로는 성형수술, 심장 박동 조절 장치 체내 이식, 면역 체계를 조절하는 백신 주입, 인터페이스 장치, 의수의족, 유전공학을 통한 인간 개선 등이 있으며, 오늘날 인간은 유의미한 방식으로 기술적 개조가 진행되고 있다.

포스트 휴먼은 단지 기계의 도움을 받아 인간의 육체적·정신적·감정적 능력을 증진시킨다는 것이 아니라 인간과 기술이 유기적으로 통합되어 서로 공생적 관계가 된다는 것을 의미한다. 1960년 리클라이더J. C. R. Licklider가 "인간-컴퓨터 공생"Man-Computer Symbiosis 논문에서 "그리 멀지 않은 미래에 인간 두뇌와 컴퓨팅 기계가 아주 긴밀하게 결합하고, 그 결과로 나온 동반 관계가 어떤 인간 두뇌도 생각한 적이 없는 수준으로 생각하고, 우리가 오늘날 알고 있는 정보 처리 기계로는 상상도 할 수 없는 방식으로 자료를 처리할 것"이라고 주장했다(Licklider 1960; 아이작슨 2015에서 재인용). 공생적 관계는 인간도 기계도 모두 자기 자신만의 생존을 위하는 것이 아니라 서로의 다름을 인정하고 그 차이를 연결하는 노력을 말한다. 포스트 휴먼이 갖는 미래에 대한 의미는 기술이 발전하게 되어 인간과 기계 사이에 새로운 공생 관계가 형성될 것이라는 점이다.

포스트 휴먼 시대의 기계는 인간의 감각을 확장하고 인간이 무엇인가에 대한 새로운 정체성을 제시하게 된다. 기계는 인간에게 여섯 가지 측면에서 새로운 감각적 경험과 새로운 세계관을 제공한다(IFTF 2015). 첫째, 새로운 감각의 발견discovering이다. 과학과 의학의 차원에서 발견된 새로운 기술은 인간에게 새로운 감각을 발견할 수 있도록 도와준다. 둘째, 감각의 극대화amplifying이다. 신경 및 감각 기술은 인간이 자연 상태에서 느낄 수 없는 감각을 감지하게 한다. 특히 웨어러블 및 이식 가능한 기기는 많은 사람들에게 감각 경험을 극대화시킨다. 셋째, 감각을 빌리거나 모방하거나 새로운 감각을 창출borrowing, mimicking, invention할 수 있다. 수중 음파탐지기, 반향 위치 측정, 적외선, 야간 시력 등과 같이 동물들이 갖고 있는 능력을 기계를 통해 사람에게 부여할 수 있다. 넷째, 감각을 중재mediating한다. 기계 인터페이스는 인간의 두뇌와 몸을 외부 세계와 연결시켜 자연스러우면서도 섬세한 경험을 제공한다. 다섯째, 감각을 변형remixing한다. 기계는 냄새를 보게 하거나 밝음의 정도로 느낄 수 있게 하는 등 감각을 느끼는 기존의 방법을 변형시킬 수 있다.. 여섯째, 감각을 공유sharing한다. 개인이 느끼는 감각을 웨어러블 기기 등을 통해 다른 사람에게 전달함으로써 감각적 느낌을 공유할 수 있다.

포스트 휴먼은 사람과 기계의 친밀성을 높여 인간 경험의 영역을 새롭게 발굴하고 확장하는 긍정적인 측면도 있지만, 이와 동시에 새로운 문제점을 낳을 수밖에 없다. 포스트 휴먼에게 지식과 경험은 기계에 의해 매개되어 기계에 의존할 수밖에 없기 때문에 정보가 잘못 전달되거나 업데이트가 지연되었을 경우에 인간은 정신적·감각적·인지적으로 빈곤화될 가능성이 크다. 슈티글러B. Stiegler가 주장한 지식과 기억의 빈곤화에 따른 프롤레타리아화proletarianization 개념을 포스트 휴먼에도 적용할 수 있다. 테크노사이언스와 정보통신기술은 인간의 고유한 영역인 상상력을 도식화하여 지식과 기억을 박탈함으로써 인간을 바보가 된 상태로 만들어 프롤레타리아로 만들 수 있다(이원태 외 8인 2014, 72).

포스트 휴먼은 모든 것을 데이터를 통해 자기 인식을 하게 되는 양화된 자아quantified self가 지배적인 양식이 된다(한병철 2015, 84-87). 양화된 자아에서는 인간의 속성이 데이터로 치환되어 인간 고유의 특성이 사라지고 정신, 직관, 자유의지와 같은 것들이 인간의 지식에서 사라지게 된다. 데이터로 수량화된 개인은 데이터를 통해서 자기를 점검하고 확인하게 된다. 그리하여 포스트 휴먼 시대에서는 인간의 자유가 쇠퇴할 가능성이 크다. 또한 인간이 기계를 매개로 느끼는 경험·감정이 진짜 인간의 것인지 여부도 주요한 논쟁이 될 수 있다. 이런 경험과 감정이 소유권은 누구에게 있는지도 모호해질 수 있다(IFTF 2015). 이런 문제들은 인간이 무엇인지에 대한 본질적이 질문, 어디까지가 인간이고 어디서부터가 기계인지에 대한 여부, 인간과 기계의 책임 소재 등을 야기해 다가올 포스트 휴먼 미래가 진보인지 아니면 퇴보인지에 대한 고민을 수반한다.

(3) 디지털 공유 경제 시대

디지털 기술, 로봇, 유전학, 3D 프린팅, 빅데이터, 사물 인터넷을 포함하는 제4차 산업혁명은 새로운 비즈니스 모델과 결합하게 되고, 그 결과로 나타나는 것이 디지털 공유 경제이다. 이런 디지털 공유 경제와 관련된 것이 P2P 거래와 주문형on-demand 서비스, 차량 공유 서비스인 우버Uber와 숙박 공유 서비스인 에어비앤비Airbnb, 암호화폐인 비트코인btc과 블록체인 등의 현상들이다. 이런 현상들은 공유 경제sharing economy, 플랫폼 경제platform economy, 혹은 플랫폼 자본주의라고 불린다(정병유·정준호 2018, 116). 제레미 리프킨 Jeremy Rifkin은 『한계비용 제로 사회』*The Zero Marginal Cost Society*에서 포스트 자본주의로 "협력적 공유 사회"collaborative commons에[1] 기반한 공유 경제를 주장하고 있다(리프킨 2014, 7).

공유 경제에 대한 정의는 일관되지 않아서 '공유 기반 동료 생산' peer production, '협력 소비'collaborative consumption, '협력 경제'collaborative economy, '동료 경제'peer economy, '긱 경제'gig economy, '대여 경제'renting economy, '주문형 경제'on-demand economy 등의 용어로

1_리프킨은 협력적 공유사회를 "우리가 경제생활을 조직하는 방식에 변혁을 가하며 소득 격차의 극적 축소 가능성을 제시하고 글로벌 경제의 민주화를 촉진하는 한편 환경적으로 보다 지속 가능한 사회"라고 정의하고 있다(리프킨 2014, 7).

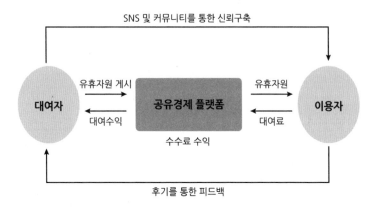

그림 3. 플랫폼 기반의 공유 경제 비즈니스 모델

SNS 및 커뮤니티를 통한 신뢰구축

대여자 — 유휴자원 게시 → 공유경제 플랫폼 — 유휴자원 → 이용자

대여수익 ← 대여료 ←

수수료 수익

후기를 통한 피드백

출처: 하나금융경영연구소 2015. 3.

사용되고 있다. 그러나 일반적으로 "개인이 타자와 재화와 서비스의 구매·임대·교환의 기회를 창출하기 위해 디지털 기술이 적용된 중간 플랫폼을 활용하는 광범위한 일련의 경제활동"이라 정의한다 (Codagnone, Biagi & Abadie 2016; 정병유·정준호 2018, 116에서 재인용). 스테파니는 "공유 경제의 가치는 사용 빈도가 낮은 자산에 인터넷으로 접근할 수 있도록 하여, 공동체가 이런 자산을 소유할 필요성을 감소시키는 데서 나온다"고 주장하고 있다(스테파니 2015, 33). 여기에서 공유 경제의 특징은 공유 대상은 유·무형의 자산으로 온라인 플랫폼을 기반으로 하며 유·무형 자산의 소유권이 아닌 접근권을 중시하는 교환 및 소비 활동이라 할 수 있다.

공유 경제의 비즈니스 모델은 〈그림 3〉과 같다. 유·무형 형태의 다양한 유휴 자산을 가진 대여자가 플랫폼을 통해 이것들을 필요로

하는 이용자에게 재화와 서비스를 제공하게 된다. 대여자는 유휴 자원을 제공한 대가로 플랫폼을 통해서 대여 수익을 얻고, 이용자는 유휴 자원을 소비하게 된 대가로 플랫폼에 대여료를 지불하게 된다. 이에 대여자나 이용자는 유휴 자산이나 노동력을 경제적 이득이나 사회적 가치로 전환할 수 있다. 플랫폼은 낮은 비용으로 각종 제품과 서비스를 사용할 수 있도록 중간 거래를 해준다. 인터넷·모바일 기술을 활용한 플랫폼은 정보 비대칭성과 계약 이행에 대한 거래 비용을 대폭 절감할 수 있는 장점이 있다. 댓글 달기·추천과 같은 후기를 통한 피드백(평판 평가)은 시장의 조정 기능을 수행하여 익명성에 따른 신뢰 저하의 문제를 해결하고 SNS 및 커뮤니티를 통한 신뢰 구축을 하게 되어 새로운 가치와 문화를 창출한다. 그리하여 공유 경제 비즈니스 모델은 참여자들에게 많은 정보와 권한을 주고, 낮은 비용을 다양한 제품과 서비스를 제공받아 혜택을 받게 된다. 또한 과도한 소비가 초래한 자원 낭비와 환경문제를 해결하고, 재능 기부 등을 통해 공동체의 공동선을 달성하는 데 기여할 수 있다.

공유 경제의 유형은 이윤 창출 수단이나 순수한 공유 목적 인가에 따른 수익형 여부, 기업이 개인에게 서비스를 제공하는 방식B2P인지 아니면 개인 간 거래P2P 방식인지의 여부, 공유의 대상이 노동형인지 아니면 자본형인지 등으로 구분할 수 있다(나승권·김은미·최은혜 2017, 25-26). 공유 경제는 수익형 여부, 개인 기반 여부, 공유 대상의 특징에 따라 짧은 시간 안에 다양한 분야로 확산되고 있다. 제러미아 오양Jeremiah Owyang이 실시한 공유 경제 확산 실태에 대

표 4. 공유 경제 구조도(collaborative economy honeycomb)

Ver. 1(6분야)	Ver. 2(12분야)	Ver. 3(16분야)
교통(transportation), 서비스(services), 음식(food), 제품(goods), 금융(money), 공간(space)	교통(transportation), 서비스(services), 음식(food), 제품(goods), 금융(money), 공간(space), 건강 및 복지(health&wellness), 물류(logistics), 기업(corporate), 유틸리티(utilities), 도시 행정(municipal), 교육(learning)	차량 공유(vehicle sharing), 운송 서비스(mobility services), 서비스(services), 음식(food), 제품(goods), 금융(money), 공간(space), 복지 및 미용(wellness&beauty), 물류(logistics), 기업 및 조직(corporate and organization), 유틸리티(utilities), 도시행정(municipal), 교육(learning), 노동자 지원(worker support), 분석 및 평판(analytics and reputation), 의료(health)

출처: 나승권·김은미·최은혜 2017, 23.

한 조사 자료에 따르면(〈표 4〉 참조), 공유 경제가 2014년 6개 분야에서 2016년에는 16개 분야로 확대·세분화하고 있음을 알 수 있다(나승권·김은미·최은혜 2017, 23). 공유 경제 시장은 주로 미국, 중국, 유럽 시장에 의해 주도되고 있다. 공유 경제의 시장 규모는 2013년 150억 달러에서 2025년 약 3,350억 달러로 성장해 기존의 전통적 거래 시장과 비슷한 규모를 형성할 것으로 전망된다(나승권·김은미·최은혜 2017, 26).

공유 경제가 확산되는 추세는 디지털 플랫폼 덕분이다(순다라라잔 2016, 69). 무료 소프트웨어, 분산 컴퓨팅, 무선 네트워크, 스마트폰 등과 같은 디지털 플랫폼은 유휴 자원의 많은 양을 쉽게 공유할 수 있도록 했다. 또한 소셜 미디어가 깔아 놓은 디지털 기반은 P2Ppeer to peer 방식을 활성화시켰다. P2P 방식은 탈중앙적인 분산 네트워크 쪽으로 사회·경제·정치를 변화시키고 동료로 불리는 동등한 개인들이 중심이 되는 활동 공간을 제공하게 된다(순다라라잔 2016, 71). P2P 방식은 누구나 네트워크에 접근할 수 있는 등위성·반편중주의 등과 같은 평등주의를 특징으로 한다. 그리하여 공유 경제에서는 모든 사람에게 정보와 지식의 사용이 분산되어 있고, 정보 이용자와 제공자, 노동자와 자본가 간의 정보 불균형이 줄어들어서 수평적 의사소통이 가능하다(순다라라잔 2016, 72).

그러나 이런 공유 경제는 양가적 속성을 갖고 있다. 한편으로는 공유 경제는 공유라는 가치와 공유화commoning의 증가를 보여 주지만, 다른 한편으로 이윤을 추구하는 비즈니스 모델을 갖고 있다. 가치와 공유화를 지향하는 공유 경제는 "공정, 투명성, 참여, 저탄소, 사회적 연대" 등을 주장하지만, 비즈니스 모델로서의 공유 경제는 "노동 착취, 저임금 노동자와 소수자에 대한 접근성 제한, 규제와 조세 회피, 왜곡된 생태계 효과" 등의 문제를 갖고 있다(정병유·정준호 2018, 119). 공유 경제에 반영된 이중적 모습은 디지털 기술에 기반한 경제적 구조와 밀접한 관계를 갖고 있다. 오늘날 디지털 플랫폼 기반 자본주의는 실리콘 밸리와 같은 거대 벤처 자본 투자자가 투자에 대한 의사 결정을 하고 기술 블랙박스의 알고리즘에 의해 수익 중심의 경제적 활동이 이루어지지만 공유, 지배, 개방, 협력 등과 같은 진보적인 개념이 핵심 담론으로 등장하고 있다. 즉 사회적 가치 지향과 이익 창출이라는 비즈니스 모델이 병존하고 있는 것이다.

(4) 미래 선호 가치

  제4차 산업혁명과 자율화 사회, 포스트 휴먼 시대, 디지털 공유 경제 등과 같은 미래 사회의 전망으로부터 도출한 미래의 선호 가치는 〈표 5〉와 같다. 제4차 산업혁명과 자율화 사회는 데이터, 알고리즘, 로봇에 의해 인간의 개입이 없이도 자율적으로 사회·경제·정치가 결정되고 움직이는 체계이다. 내재적 가치는 디지털 자유주의, 초연결성, 초지능성, 융합이고, 수단적 가치는 최적화, 네트워크, 데이터, 디지털화, 자기 조직화, 지적 가치, 알고리즘 등이다. 모든 공공서비스 및 정책에 인공지능 기반 알고리즘이 의사 결정을 지원하여 모든 분야에 예측이 가능해지고, 그 예측에 기반하여 문제를 해결할 수 있는 방법을 자동적으로 제시할 수 있는 자기 조절화가 가능하다. 정보 기술, 사물 인터넷, 클라우드, 빅데이터, 인공지능, 딥러닝, 지능형 모바일 등과 같은 제4차 산업혁명 기술은 새로운 기술과의 융합을 통해 시스템과 사회의 융합을 가능하게 한다.

  포스트 휴먼의 등장은 인간과 로봇이 상호작용하는 기계와의 공존이 핵심 가치로 떠올랐다. 포스트 휴먼 시대는 기술을 써서 인간의 능력을 향상시키는 것을 넘어서 인간과 기계의 공생 관계를 만들고, 사람과 기계의 공생이 만드는 변화가 새로운 가치를 창출하는 시대가 되었다. 내재적 가치는 트랜스 휴머니즘, 인간과 기계의 공생, 인공 진화, 초지능이고, 수단적 가치는 하이브리드적 사고, 자가 조절 유기체, 감각의 확장, 사이보그, 프롤레타리아화, 양화된 자아 등이다. 포스트 휴먼 시대에는 인간의 창의성과 기계의 고속 처리 능력이 합쳐지는 인간-기계의 하이브리드적 사고와 행위가

표 5. 세 가지 미래 사회 전망에서 유추한 미래의 선호 가치

순서	미래 사회 전망	내재적 가치	수단적 가치
1	제4차 산업혁명과 자율화 사회	디지털 자유주의, 초연결성, 초지능성, 융합	최적화, 네트워크, 데이터, 디지털화, 자기 조직화, 지적 가치, 알고리즘, 불평등
2	포스트 휴먼 시대	트랜스휴머니즘, 인간과 기계의 공생, 인공 진화, 초지능	하이브리드적 사고, 자가 조절 유기체, 감각의 확장, 사이보그, 프롤레타리아화, 양화된 자아
3	디지털 공유경제	협력, 평판, 공정, 투명성, 참여, 사회적 연대,	개인간 거래(P2P), 플랫폼, 대여, 주문형 경제, 저탄소, 노동 착취, 접근성의 제한, 조세 회피, 생태계 왜곡

일반화된다. 이는 인간의 조건 자체를 변화시키고, 이전과는 완전히 다른 가치를 생성시키는 한편 가치갈등을 야기할 수 있다.

디지털 공유 경제는 소유보다는 접근권이 중요해지고 협력적 소비를 통해서 새로운 비즈니스 모델을 개발하는 것이다. 내재적 가치는 협력, 평판, 공정, 투명성, 참여, 사회적 연대 등이고, 수단적 가치는, 개인 간 거래P2P, 플랫폼, 대여, 주문형 경제, 저탄소, 접근성의 제한, 조세 회피, 생태계 왜곡 등이다. 디지털 공유 경제는 플랫폼 자본주의 성격이 강해서 새로운 형태의 착취 구조를 지향하는 이익 중심의 공유 경제에 대한 비판에 근거한다.

5. 맺는말

지난 100 여 년 동안 한국은 사회적·정치적·경제적 변화에서 격정의 시대를 보냈다. 1960년 이전의 전통 사회에서는 오복론에 근거해 개인적 차원의 풍요로운 삶과 도덕적인 삶을 추구했다. 일제 식민지와 한국전쟁이라는 격동의 시기에 핵심적인 가치로 안정을 지향하고 있으며 수단적인 가치로는 절약을 들 수 있다. 구체적인 전통 가치로는 숙명주의적 자연관, 도덕주의적 인간관, 인정주의적 관계관, 권위주의적 서열관, 가족주의적 집합체관 등이 있다. 1960년대 이후 산업화와 도시화는 전통적 가치관에서 근대적 가치관으로의 변화를 가져왔다. 구체적인 근대적 가치관으로는 자신과 가족 중심 개인주의 증가, 남녀평등 의식 확대, 현재 중시 경향 증가, 탈권위주의의 확산, 자기 주장성 증가 경향의 둔화, 불확실성 회피 성향의 증가, 풍요로운 인생 추구 등이다. 한국의 근대적 가치관은 자유주의와 개인주의에 기반하여 자유, 평등, 탈권위라는 핵심적 가치와 자제력, 야심, 편익과 같은 수단적 가치를 수용하였다. 또한 압축적 근대화의 경험으로 전통적 가치관과 근대적 가치관이 혼재하는 이중적 가치 체계를 갖고 있다.

미래의 선호 가치를 추론하기 위해 선진국 미래상·인구 위기론·민족 통일 사회·고정보사회론과 같은 미래상, 제4차 산업혁명과 자율화 사회·포스트 휴먼 시대·디지털 공유 경제 등과 같은 미래 전망을 확인했다. 다양한 형태의 내재적 가치와 수단적 가치가 있었다. 미래의 선호 가치는 보편적 가치, 사회적 가치, 환경적 가치, 국가적 가치 등이 제시되었으나 정신적 가치와 인류 지향적인 가치 등과 같은 부분은 부족했다.

미래상을 통해서 살펴본 미래 선호 가치는 현실과 근본적으로 다른 급진적 가치보다는 장기적 차원에서 실행 가능하고 사회를 전환시킬 수 있는 가치를 추구하고 있다. 이때 미래 선호 가치는 현재 사회의 근본적인 사회 변화를 지향하는 것이 아니라 점진적 변화에 근거한 가치를 나타낸다. 그리하여 좀 더 좋은 삶의 가치를 실현하고자 한다.

반면에 미래 전망에 근거한 미래 선호 가치는 가상의 현실화와 현실의 디지털화와 같은 근본적인 변화를 추구하고 있다. 자율화와 인간과 기계의 공생은 인간이 할 수 있는 노동, 일, 활동을 변화시킬 것이고, 기술 발달에 따라 사람의 사회적·정치적·경제적 역할도 변화해 인간의 본질에 대한 근본적인 질문이 제기될 것이다. 그리하여 인간 중심의 가치가 인간-기계 공존의 가치로 전환하여 인간이 추구하는 가치가 새로운 국면에 접어들었음을 알 수 있다. 역사학자 브루스 매즐리시Bruce Mazlish는 오늘날 시대의 혁명적 변화를 맞이하여 "네 번째 불연속"의 타파를 주장하고 있다(매즐리시 2001; 그레이 2016, 43에서 재인용). 매즐리시는 인류의 역사를 불연속을 제거하는 과정으로 보았다. 첫 번째 불연속의 타파는 코페르니쿠스가 지구는 우주의 중심이 아니라고 밝힌 것이고, 둘째는 인간이 근본적으로 동물과 다르지 않다는 진화론, 셋째는 프로이트가 무의식을 통해 인간이 합리적인 존재가 아니라는 사실을 밝힌 것이며, 넷째는 유기적인 것과 기계적인 것, 생명과 기계 사이에 이분법을 깨뜨리고 기계 또한 인간 진화의 일부임을 인정하는 것이다. 그는 인공지능과 같은 기계의 등장은 인간의 지위를 기계와 다를 것이 없게 만들기 때문에 더 이상 인간은 위대하지도 않고 세상의 중심도 아니라고 주장한다. 이제까지 인간은 기계보다 특별하다고 생각해 인간과 기계 사이에는 불연속이 존재하였으나, 인간이 앞으로의 세계를 조화롭게 살아가고 문제를 해결하기 위해서는 인간과 기계의 불연속을 거부하고 인간과 기계의 공진화가 이루어져야 한다.

또한 디지털 공유 경제의 등장은 소유보다는 접근권이 중요해지고 소유할 것이 많지 않아서 상속할 것이 적어져 사적 소유 양식에 대한 근본적 의문을 제기할 수밖에 없다. 초지능·초연결성에 기반한 자율화 사회는 모든 것이 연결되어 있어서 모든 생산이 사회화되는 과정의 일환이다. 그리하여 공유된 지식, 집단 지성에 의한 생산, SNS 등을 통한 각종 형태의 협력과 커뮤니케이션은 데이터 기반 가치를 창출하여 더 이상 재화와 서비스를 사유재산의 형태로 남겨 놓을 수가 없게 된다. 모든 사람들의 일상생활의 움직임과 활동이 데이터가 되고 가치를 창출하기 때문이다. 디지털 공유 경제와 같은 변화는 현대 자본주의 사회에 대한 문제에 대한 탈자본주의적 해결 방안을 제시하고 이를 미래 사회의 핵심적 가치로 제시하고 있다.

한국 사회의 가치는 1960년대 산업화 시대에는 핵심 가치로 경제 가치가 중요했고, 1980년대에는 정치적 자유와 개인의 삶이 보장되는 사회 가치, 1990년대에는 세계화와 다양성, 경쟁과 효율성에 근거하는 시장가치, 2000년에는 공공의 이익과 사회적 가치 실현, 환경문제 극복과 협력적 소비를 위한 공유 가치로 발전했다. 앞으로의 사회는 물질적 풍요와 복지의 제도화에 따라 생존과 안정의 욕구가 달성되고 공유 가치 실현을 통해서 애정과 소속감을 충족시키는 사회 연결 욕구가 점진적으로 충족될 것이다. 또한 자동화에 따라 기계에 의한 인간 노동의 대체와 생산성 향상으로 정신적 가치를 추구하게 될 것이다. 예술적 창작, 진리의 탐구, 아름다움, 삶의 양식과 존재와의 조화 등이 중요한 일상생활이 되고 정신적 만족을 통해서 가장 큰 만족감과 행복감을 갖게 되는 것이다. 장기적인 관점에서는 인간과 기계가 공생하는 공존의 가치가 발현될 것이다. 그리하여 한국 사회에서 가치는 경제 가치 → 사회 가치 → 시장 가치 → 공유 가치 → 정신적 가치 → 공존의 가치로 진화·발전할 것이다.

| 참고문헌 |

1장

가라타니 고진(柄谷行人). 2016.『제국의 구조』. 조영일 옮김. 도서출판b.

강정인. 2008.『민주주의의 이해』. 문학과지성사.

권영성. 1998.『憲法學原論』. 법문사.

김경희. 2006. "데모크라티아(demokratia)를 넘어 이소노미아(isonomia)로."『한국
정치학회보』40(5). 한국 정치학회.

김상준. 2014.『유교의 정치적 무의식』. 글항아리.

김석근. 2000. "'민본'과 '민주' 사이의 거리와 함의." 김형효 외.『민본주의를 넘어서』.
청계.

김재홍. 2008. "아리스토텔레스의 시민정치론: 아리스토텔레스의 <시민교육>과
<공교육>의 이념."『시민과 세계』14. 참여연대 참여사회연구소.

나종석. 2012.『헤겔 정치철학의 통찰과 맹목』. 에코리브르.

디킨슨, G. L. 1989.『그리스인의 이상과 현실』. 박만준·이준호 옮김. 서광사.

로드, 카네스. 1995. "아리스토텔레스." 레오 스트라우스·조셉 크랍시 엮음.『서양정치
철학사 1』김영수 외 옮김. 인간사랑.

루소, 장 자크. 1999.『사회계약론(外)』. 이태일 옮김. 범우사.

손윤락. 2015. "아리스토텔레스에 있어서 시민교육과 그 대상의 문제."
『서양고전학연구』54(1). 한국서양고전학회.

스트라우스, 레오·조셉 크랍시 엮음. 1995.『서양정치 철학사 1』김영수 외 옮김.
인간사랑.

신철희. 2013. "'민'(demos)개념의 이중성과 민주주의(demokratia)의 기원."『한국
정치연구』22(2). 서울대학교 한국 정치연구소.

아리스토텔레스. 1999.『정치학』. 나종일 옮김. 삼성출판사.

           . 2002.『니코마코스 윤리학』. 최명관 옮김. 서광사.

           . 2014.『정치학』. 천병희 옮김. 숲.

이상익. 2016.『본성과 본능: 서양 인성론사의 재조명』. 서강대출판부.

_____. 2017.『본성과 본능: 쌍개념들의 탐구』. 심산.

이화용. 2010. "영국: 민주주의의 신화와 역사(1832-1928)." 강정인 외.『유럽 민주화의 이념과 역사』. 후마니타스.

장의관. 2011. "좋은 사람과 좋은 시민의 긴장: 아리스토텔레스 정치공동체의 가능성과 한계."『한국 정치학회보』45(2). 한국 정치학회.

장현근. 2016.『관념의 변천사』. 한길사.

키토, H. D. F. 2008.『고대 그리스, 그리스인들』. 박재욱 옮김. 갈라파고스.

투키디데스. 2014.『펠로폰네소스 전쟁사』상. 박광순 옮김. 범우.

플라톤. 1997.『국가·政體』. . 서광사.

_____. 2009.『법률』. 박종현 옮김. 서광사.

Aristoles. 1981. *POLITIKA*. tr by T. A. Sinclair. Penguin Classics.

_____. 1995. *POLITIKA*. tr by Ernest Barker. Oxford World's Classics.

沈長云. 1989.「中國古代沒有奴隸社會」.『天津社會科學』第4期.

『孟子集註』.『書經(書集傳)』.『春秋穀梁傳』

2장

강창규. 2018. "매월당 김시습에 대한 기록, 그 사실과 기억의 변증."『동양한문학연구』 51.

곽신환. 2005. "김시습의 經權과 隱顯론."『한중철학』9.

김보경. 2016. "김시습과 남효온, 추방된 비전과 굴원,초사 수용: 조선전기 정신사의 한 조망대로서."『동방한문학』67.

김봉곤. 2016. "생육신 漁溪 趙旅의 생애와 추숭."『남명학연구』49.

김연수. 1997.『매월당의 사상과 시문학』. 경인문화사.

김용곤. 1980. "김시습의 정치사상의 형성과정: 도의정치구현을 향한 그의 상황과 반응."『한국학보』6(1).

김진봉. 2015. "매월당 김시습의 인간관에 관한 연구: 정치철학적 관점에서." 9(2).

김풍기. 2003. "율곡 문학론에 있어서의 평정과 긴장: 율곡의〈김시습전〉을 중심으로."『율곡학연구』6.

_____. 2004. "김시습의 언해 사업 참여와 절의의 문제."『어문학보』26.

박종현. 1987. "플라톤의 생애와 대화편들."『플라톤: 메논·파이돈·국가』. 서울대학교출판부.

신형기. 1992. "정치현실에 대한 윤리적 대응의 한 양상: 이문구의 「매월당 김시습」."
　　『작가세계』 4(4).
심경호. 2003. 『김시습평전』. 돌베개.
아렌트, 한나. 2019. 『어두운 시대의 사람들』. 권영빈 옮김. 한길사.
엄기영. 2019. "16세기 관료·문인의 김시습에 대한 인식과 그 의미." 『민족문학사연구』
　　69.
이병도. 1989. 『한국유학사』. 아세아문화사.
이종호. 1999. 『매월당 김시습: 지조와 광기의 천재』. 일지사.
이홍식. 2013. "매월당 김시습의 백이 이해와 그 의미." 『한국고전연구』 27.
_____. 2013. "조선시대 백이 담론의 사적 흐름과 제 양상." 『고전학문과 교육』 26.
전성운. 2013. "김시습 이해의 시선과 그 의미." 『우리문학연구』 40.
전진성. 2005. 『역사가 기억을 말하다』. 휴머니스트.
정경환. 2015. "김시습의 세계관과 정치사상에 관한 연구." 『민족사상』 9(3).
정병욱. 1979. 『고전문학의 재인식』. 홍성사.
정주동. 1999. 『매월당 김시습 연구』. 민족문화사.
정출헌. 2005. "서거정과 김시습: 조선 전기 사대부 문인의 두 초상." 『동양한문학연구』
　　21.
_____. 2018. "유교문명으로의 전환과 '시대의 스승', 김종직과 김시습(I): 세종-세조대
　　유교지식인의 자기정체성 모색을 중심으로." 『민족문화연구』 80.
주영아. 2007. "西溪가 보는 陶淵明과 金時習의 실체: 『西溪集』을 중심으로." 『동방학』 13.
최준하. 1997. "이율곡의 김시습전 연구." 『한국언어문학』 37.
플라톤. 1982. 『소크라테스의 변명/잔치』. 조우현 옮김. 정음사.
허태용. 2019. "성리학으로 조선시대를 설명하는 연구 경향의 비판적 고찰." 『역사비평』
　　127.

Legge, James tr. 1970. *Confucian Analects, the Great Learning, and the Doctrine of the Mean*. Hong Kong:
　　Hong Kong University Press.
Youngmin Kim, Ha-Kyoung Lee, Seongun Park. 2019. "The Confucian Tradition and Politics."
　　Oxford Research Encyclopedia (Online Publication Date: Jul 2019).

金時習. 2000. 『梅月堂集』. 국역매월당전집 강원도.
南孝溫. 『秋江集』.
朴世堂. 『西溪集』.
徐居正. 『四佳集』.
申欽. 『桑村先生集』.
鄭道傳. 『三峯集』.

洪裕孫.『篠叢遺稿』.

『논어집주』
『대학장구』
『맹자』
『선조수정실록』
『선조실록』
『세조실록』
『숙종실록』
『정조실록』
『중종실록』
『태종실록』

3장

강상규. 2013.『조선정치사의 발견』. 창비.
계승범. 2008. "계해정변(인조반정)의 명분과 그 인식의 변화."『남명학연구』 26.
_____. 2018.『우리가 아는 선비는 없다』. 역사의 아침.
곽차섭. 1996.『마키아벨리즘과 근대 국가의 이념』. 현상과 인식.
김민혁. 2017. "숙종조 정치 상황에 따른 정치적 글쓰기."『한국한문학연구』 66.
김용흠. 2006.『조선후기 정치사 연구I』. 도서출판 혜안.
김준태. 2016. "권도론 연구: 최명길의 '주화'를 중심으로."『양명학』 44.
마류야마 마사오(丸山眞男). 1998a. "충성과 반역."『충성과 반역』. 나남출판사.
_____. 1998b. "근대일본사상에서 국가이성의 문제."『충성과 반역』.
　　나남출판사.
박상섭. 2017.『국가·주권』. 소화.
박현모. 2003. "10년간의 위기: 정묘-병자호란기의 공론정치 비판."『한국 정치학회보』
　　37(2).
손애리. 2011. "문명과 제국 사이."『한국동양정치사상사연구』 10(2).
심노숭. 2014.『자저실기』. 안대회 외 옮김. 휴머니스트.
양승태. 2014. "역사의식과 국가이성."『한국 정치학회보』 48(1).
이동수. 2018. "한국의 정치적 전통과 이념."『한국의 정치와 정치이념』. 인간사랑.
이재철. 1992. "지천 최명길의 경세관과 관제변통론."『조선사연구』 1.
정용화. 2005.『동아시아의 지역질서』. 창비.

주희. 2011. 『주자봉사』. 주자사상연구회 옮김. 도서출판 혜안.

한명기. 2000. "조선과 명의 사대관계." 『역사비평』. 299-316.

허태구. 2015. "병자호란 이해의 새로운 시각과 전망." 『규장각』 47.

_____. 2017. "정묘·병자호란 전후 주화·척화론 관련연구의 성과와 전망." 『사학연구』 128.

Viroli, Maurizio. 1992. "The Revolution in the Concept of Politics." *Political Theory* 20(3).

稲場岩吉. 1933. 『光海君時代の滿鮮關係』. 京城: 大阪屋號書店.

김상헌. 『淸陰集』

성혼. 『牛溪集』

이긍익. 『燃藜室記述』

이항로. 『華西集』

조경. 『龍洲遺稿』

최명길. 『遲川集』

『광해군일기』

『인조실록』

『승정원일기』

4장

가라타니 고진. 2012. 『세계공화국으로』. 조영일 옮김. 도서출판b.

_____. 2015. 인디고연구소 기획. 『가능성의 중심』. 궁리.

강신주. 2003. 『장자: 타자와의 소통과 주체의 변형』. 태학사.

강정인. 2013. 『넘나듦의 정치사상』. 후마니타스.

김선희. 2011. "정의 개념의 두 국면: 여성주의와 유학." 『한국여성철학』 16. 한국여성철학회.

김세서리아. 2016. "소수자에게 말걸기를 위한 포스트 유교적 윤리." 『유교사상문화연구』 65. 한국유교학회.

량수밍. 2005. 『동서문화와 철학』. 강중기 옮김. 솔.

량치차오. 2016. 『신중국미래기』. 이종민 옮김. 산지니.

리쩌허우. 2005. 『중국근대사상사론』. 임춘성 옮김. 한길사.

마키노 에이지. 2009. 『칸트읽기: 포스트모더니즘 이후의 비판철학』. 류지한 외 옮김. 울력.

미조구치 유조. 2016. 『방법으로서의 중국』. 서광덕·최정섭 옮김. 산지니.

미조구치 유조 등. 2012.『중국 제국을 움직인 네 가지 힘』. 조영렬 옮김. 글항아리.

백종현 편저. 2014.『동아시아의 칸트 철학』. 아카넷.

시라카와 시즈카. 2004.『사람의 마음을 움직여 세상을 바꾸리라』. 장원철 옮김. 한길사.

이연도. 2010. "정치유학의 의미와 문제: 대동, 소강설을 중심으로."『中國學報』 60.
　　　한국중국학회.

진태원. 2017.『을의 민주주의』. 그린비.

칸트, 임마누엘. 2010.『영구평화론』. 이한구 옮김. 서광사.

캉유웨이. 1991.『대동서』. 이성애 옮김. 민음사.

포퍼, 칼. 2016.『역사법칙주의의 빈곤』. 이한구 외 옮김. 철학과 현실사.

황쥔지에. 2016.『이천 년 맹자를 읽다』. 함영대 옮김. 성균관대출판부.

Elman, Benjamin A. 2010. "作爲哲學的考據: 淸代考證學中的觀念轉型."『經學·科學·文化史』.
　　　復旦大學文史硏究所 譯. 中華書局.

干春松. 復旦大學上海儒學院編. 2016.「康有爲與現代儒學思潮的關係辯析」.『現代儒學(第1輯)』.
　　　三聯書店.

康有爲.『孟子微』. 中華書局. 1987.

林慶彰·劉述先主編. 1995. "當代新儒家的周禮硏究及其時代意義"『當代儒學論集: 挑戰與回應』.
　　　中央硏究院中國文哲硏究所籌備處.

林毓生. 1998.『熱烈與冷靜』. 上海文藝出版社.

蕭公權. 1988.『康有爲思想硏究』. 汪榮祖 譯. 聯經出版社.

余英時. 2004.『歷史人物與文化危機』. 三民書局.

＿＿＿. 2006.『錢穆與現代中國學術』. 廣西師範大學出版社.

阮元. 2006.『揅經室集』. 中華書局.

汪榮祖. 1998.『康有爲』. 東大圖書公司.

王應麟. 2009.『困學紀聞』. 上海古籍出版社.

張灝. 2004.『時代的探索』. 聯經出版社.

周予同. 2012.『經學與經學史』. 上海人民出版社.

陳來. 2014.『仁學本體論』. 三聯書店.

『論語』

『孟子』

『禮記』

『周禮』

『淮南子』

『河南程氏遺書』

5장

박맹수. 2015. 『생명의 눈으로 보는 동학』. 모시는사람들.
이돈화. 1963. 『신인철학』. 한국사상연구회.
이준모. 2016. 『생태노동과 우주진화』. 문사철.
천도교중앙총부. 2001. 『천도교 경전』. 천도교중앙총부.
황종원. 2012. "최시형 식 사상의 종교생태학적 의의." 『신종교연구』 26. 한국신종교학회.

『尙書』
『二程遺書』
『張載集』
『周易』
『中庸』
『春秋繁露』

6장

金允植. 1955. 『續陰晴史』(上). 국사편찬위원회.
노대환. 2010. 『문명』. 소화.
박양신. 2008. "근대초기 일본의 문명개념 수용과 그 세속화." 『개념과 소통』 2. 한림대학교 한림과학원.
엘리아스, 노르베르트. 1999. 『문명화과정』 제1권. 한길사.
유길준·장인성. 2017. 『서유견문: 한국보수주의의 기원에 관한 성찰』. 아카넷.
이영석. 2014. 『지식인과 사회: 스코틀랜드 계몽운동의 역사』. 아카넷.
이종흡. 2003. "스코틀랜드 계몽주의와 자본주의적 사회질서." 『영국연구』 10. 영국사학회.
최덕수. 2013. "서거 100주년 유길준 연구의 현황과 과제." 『한국사학보』 53. 고려사학회.

『황성신문』 1889/09/23.

Berry, Christopher. 1998. "Scottish Enlightenment." *Routledge Encyclopedia of Philosophy* 3. London: Routledge.
Burton, John Hill. 1852. *Political Economy, for use in schools and for private instruction*. London and Edinburgh: William and Robert Chambers.
Craig, Albert. 2009. *Civilization and Enlightenment: The Early Thought of Fukuzawa Yukichi*. Cambridge:

Harvard University Press[アルバート・M. クレイグ. 2009.『文明と啓蒙:
初期福澤諭吉の思想』. 足立康・梅津順一訳. 東京: 慶應義塾大学出版会._일본어 번역본).

Trescott, Paul B. 1989. "Scottish political economy comes to the Far East: the Burton-Chambers
Political economy and the introduction of Western economic ideas into Japan and
China." *History of Political Economy* 21(3). Duke University Press.

梁台根. 2006.「近代西方知識在東亞的傳播及其共同文本之探索」.『漢學研究』第24卷第2期.

山室信一. 2001.『思想課題としてのアジア: 基軸・連鎖・投企』. 東京: 岩波書店.

森時彦. 2013.「清末におけるpolitical economyの受容」. 石川禎浩・狭間直樹編.『近代東アジア
における翻訳概念の展開』. 京都: 京都大学人文科学研究所.

兪吉濬. 1895.『西遊見聞』. 東京: 交詢社.

伊藤正雄. 1969.「『西洋事情』の福沢思想史上における重要性:
特にチェンバーズ『経済読本』の翻訳について」.『福澤諭吉論考』. 東京: 吉川弘文館.

佐々木武・田中秀夫編. 2011.『啓蒙と社会: 文明観の変容』. 京都: 京都大学学術出版会.

『文明論之概略』.『福澤諭吉全集』第4卷. 東京: 岩波書店. 1959.

『西洋事情初編』.『西洋事情外編』.『西洋事情二編』.『福澤諭吉全集』第1卷. 東京: 岩波書店. 1958.

7장

강상중・현무암(2012),『기시 노부스케와 박정희』. 이목 옮김. 책과함께.

강정인. 2014.『한국 현대 정치사상과 박정희』. 아카넷.

_____. 2016. "8·15와 한국사회: 한국 민족주의의 신성화와 그 퇴조."『신아세아』23(3).

강준만. 2004a.『한국 현대사 산책: 1960년대편 2』. 인물과사상사.

_____. 2004b.『한국 현대사 산책: 1960년대편 3』. 인물과사상사.

공제욱 편. 2008.『국가와 일상: 박정희시대』. 한울아카데미.

구경남. 2014. "1970년대 국정 <국사> 교과서에 나타난 애국심 교육과 국가주의."
『역사교육연구』19.

권혁범. 2004.『국민으로부터의 탈퇴: 국민국가, 진보, 개인』. 도서출판 삼인.

김기봉. 2004. "우리에게 국가란 무엇인가? 하나의 역사적 성찰." 한국철학회 편.『철학과
인접학문의 대화』. 철학과현실사.

김삼웅 편. 1997.『사료로 보는 20세기 한국사』. 가람기획.

김웅기. 2006. "일본의 '만주형' 발전모델이 박정희정부 산업화에 미친 영향."
한국학중앙연구원 박사학위 논문.

김육훈. 2015. "국가주의와 역사교육, 그 너머를 향하여."『역사와 교육』11.

김윤태. 2012.『한국의 재벌과 발전국가: 고도성장과 독재, 지배계급의 형성』. 한울.

김정렴. 2006. 『최빈국에서 선진국 문턱까지: 한국 경제정책 30년사』. 랜덤하우스중앙.

김한종. 2014. "역사교과서의 사회문화적 기능과 국가 이데올로기." 『역사교육』 131.

김형아(2005), 『유신과 중화학공업: 박정희의 양날의 선택』. 신명주 옮김. 일조각.

대통령비서실. 1973a. 『박정희대통령연설문집 1: 최고회의편(1961.07-1963.12)』.
　　　　대통령비서실.

　　　　. 1973b. 『박정희대통령연설문집 3: 제6대편(1967.07-1971.06)』.
　　　　대통령비서실.

　　　　. 1976. 『박정희대통령연설문집 5: 제8대편 상(1972.12-1975.12)』.
　　　　대통령비서실.

　　　　. 1979. 『박정희대통령연설문집 6: 제8대편 하(1976.01-1978.12)』.
　　　　대통령비서실.

박상섭. 2008. 『한국개념사총서 2 국가·주권』. 도서출판 소화.

박정희. 1962. 『우리 민족의 나갈 길: 사회재건의 이념』. 동아출판사.

　　　. 1963. 『국가와 혁명과 나』. 상문사.

박찬승. 2002. "20세기 한국 국가주의의 기원." 『한국사연구』 117.

오원철. 2006. 『한국형 경제건설: 엔지니어링 어프로치 3』. 기아경제연구소.

이강국. 2005. 『다보스, 포르투 알레그레 그리고 서울: 세계화의 두 경제학』(2판),
　　　　후마니타스.

이종은. 2004. "한국에서의 국가." 한국철학회 편. 『철학과 인접학문의 대화』.
　　　　철학과현실사.

임지현·권혁범·김기중 외. 2000. 『우리 안의 파시즘』. 삼인.

중앙일보 특별취재팀. 1998. 『실록 박정희: 한 권으로 읽는 제3공화국』. 중앙 M & B.

최형익. 2008. "입헌독재론: 칼 슈미트(Carl Schmitt)의 주권적 독재와 한국의 유신헌법."
　　　　『한국 정치연구』 17(1).

테렌스 볼·리처드 대거(2006), 『현대 정치사상의 파노라마』. 정승현 외 옮김. 아카넷.

토머스 홉스(2008), 『리바이어던 1』. 진석용·강정인·김수자 외 옮김. 나남.

한석정. 2010. "박정희, 혹은 만주국판 하이 모더니즘의 확산." 『일본비평』 3.

　　　. 2012. "만주국: 60년대 한국, 불도저 국가의 흐름." 『만주연구』 13.

황태연. 2000. "헤겔의 국가론과 정치철학." 『계간 사상』 46.

Amsden, Alice. 1989. *Asia's Next Giant: South Korea and Late Industrialization*. New York: Oxford
　　　University Press.

Gerschenkron, Alexander. 1962. *Economic Backwardness in Historical Perspective*. Cambridge, MA:
　　　Harvard University Press.

Gregor, A. James. 1979. *Italian Fascism and Developmental Dictatorship*. Princeton, NJ: Princeton
　　　University Press.

Johnson, Chalmers A. 1982. *MITI and the Japanese Miracle: The Growth of Industrial Policy, 1925-1975.* Stanford, CA: Stanford University Press.

Wade, Robert. 1990. *Governing the Market: Economic Theory and the Role of Government in East Asian industrialization.* Princeton, NJ: Princeton University Press.

Weber, Max. 1958. "Politics as a Vocation." H. H. Gerth and C. Wright Mills eds. *From Max Weber.* New York: Oxford University Press.

8장

국사편찬위원회. 2002. 『고등학교 국사』. 교육인적자원부.

권순홍. 2017. "민족주의 역사학의 표상, 신채호 다시 생각하기." 젊은역사학자모임. 『한국 고대사와 사이비역사학』. 역사비평사.

권오영. 2018. "백제와 부여의 계승성 여부에 대한 검토." 『동북아역사논총』 61.

기경량. 2017. "최근 한국 상고사 논쟁의 현황과 문제점." 『청람사학』 26.

_____. 2018. "고조선 역사, 어떻게 볼 것인가." 젊은역사학자모임. 『욕망 너머의 한국 고대사』. 역사비평사.

길윤형. 2017. "만리재에서: 국뽕 3각 연대." 『한겨레 21』 1167. http://h21.hani.co.kr/arti/reader/together/43714.html(검색일: 2019/03/04).

김기봉. 2008. "한국 고대사의 계보학." 『한국고대사연구』 52.

김대현. 2018. "<환단고기>에 숨은 군부독재의 유산." 젊은역사학자모임. 『한국 고대사와 사이비역사학』. 역사비평사.

김상태. 2013. 『한국고대사와 그 역적들』. 책으로보는세상.

김영욱·이주한·홍순대·황순종. 2017. 『매국의 역사학자, 그들만의 세상』. 만권당.

김한종. 2013. 『역사교육으로 읽는 한국현대사』. 책과함께.

김헌주. 2017. "'사이비역사학' 개념의 의미와 한계, 그리고 '올바른 역사'의 딜레마." 젊은역사학자모임. 『한국 고대사와 사이비역사학』. 역사비평사.

박노자. 2010. 『거꾸로 보는 고대사』. 한겨레출판.

박찬승. 1994. "분단시대 남한의 한국사학." 『한국의 역사가와 역사학 하』. 창작과비평.

송기호. 2007. 『동아시아의 역사분쟁』. 솔.

송호정. 2004. 『단군, 만들어진 신화』. 산처럼.

_____. 2014. "최근 '한국 상고사' 논쟁의 위험성에 대하여." 『내일을 여는 역사』 9.

_____. 2016. "최근 한국상고사 논쟁의 본질과 그 대응." 『역사와 현실』 100.

신형준. 2017a. "누가 유사역사를 키웠나." 『한겨레 21』 1188. http://h21.hani.co.kr/arti/society/society_general/44494.html(검색일: 2019/03/04).

_____. 2017b. "신라는 삼국을 통일했는가."『한겨레 21』1188. http://h21.hani.co.kr/arti/c
    ulture/culture_general/44532.html(검색일: 2019/03/04).

_____. 2018.『신라인은 삼국 통일을 말하지 않았다』. 학고재.

심재훈. 2016.『고대 중국에 빠져 한국사를 바라보다』. 푸른역사

안병직. 2008. "동아시아의 역사 갈등과 한국사회의 집단기억."『역사학보』197.

안정준. 2018. "'사이비역사학'과 '식민사학'에 대하여: 테이 정,「'사이비사학' 비판을
    비판한다」에 대한 논평."『역사비평』125.

여호규·임기환·송호정·김창석·김종복. 2016.『한국 고대사 1』. 푸른역사.

우실하. 2007.『동북공정 넘어 요하문명론』. 소나무.

위가야. 2017. "'한사군 한나반도설'은 식민사학의 산물인가." 젊은역사학자모임.『한국
    고대사와 사이비역사학』.

윤내현. 2017.『한국 고대사 신론』. 만권당.

윤종영. 1999.『국사교과서 파동』. 혜안.

이덕일. 2009.『한국사, 그들이 숨긴 진실』. 역사의아침.

_____. 2014.『우리 안의 식민사관』. 만권당

_____. 2015.『매국의 역사학, 어디까지 왔나』. 만권당.

이덕일·김병기. 2006.『고조선은 대륙의 지배자였다』. 역사의아침.

이문영. 2017. "『환단고기』의 성립 배경과 기원."『역사비평』118.

_____. 2018.『유사역사학 비판:『환단고기』와 일그러진 고대사』. 역사비평사.

이민자. 2018. "제4장 중국 민족주의와 한국, 일본과의 갈등." 동북아역사재단
    한일역사문제연구소 편.『탈냉전기 동아시아의 민족주의 갈등과 해결』.
    동북아역사재단.

이승호. 2017. "단군: 역사와 신화, 그리고 민족." 젊은역사학자모임.『한국 고대사와
    사이비역사학』. 역사비평사.

이용기·김광유·우정애·권한솔·정승현·기경량·송호정·김한종. 2017. "좌담"
    『청람사학』26.

이정빈. 2017. "한사군, 과연 롼허강 유역에 있었을까?" 젊은역사학자모임.『한국
    고대사와 사이비역사학』.

장문석. 2011.『민족주의』. 책세상.

장미애. 2017. "민족의 국사 교과서, 그 안에 담긴 허상." 젊은역사학자모임.『한국
    고대사와 사이비역사학』. 역사비평사.

장신. 2018. "유교청년 이유립과『환단고기』."『역사문제연구』39.

전재호. 2002. "한국 민족주의와 반일."『정치비평』9.

젊은역사학자모임. 2017.『한국 고대사와 사이비역사학』. 역사비평사.

_____. 2018.『욕망 너머의 한국 고대사』. 서해문집.

정요근. 2017. "청산되어야 할 적폐: 국수주의 유사 역사학."『역사와 현실』105.

조인성. 2000. "《환단고기》의 〈단군세기〉와 〈단기고사〉,《규원사화》." 『단군학연구』 2.
_____. 2016. "'고대사 파동'과 고조선 역사지도." 『한국사연구』 172.
_____. 2017. "'고대사파동'과 식민주의 사학의 망령." 『역사비평』 118.
지수걸. 2002. "'민족'과 '근대'의 이중주." 『기억과 역사의 투쟁』. 삼인.
진명선. 2017a. "유사역사의 공모자들." 『한겨레 21』 1168. http://h21.hani.co.kr/arti/society /society_general/43767.html(검색일: 2019/03/04).
_____. 2017b. "권력과 사이비 역사가 쓴 '고대사 침탈사'." 『한겨레 21』 1167. http://h21.hani.co.kr/arti/cover/cover_general/43709.html(검색일: 2019/03/04).
테이 정. 2018. "'사이비사학' 비판을 비판한다." 『역사비평』 124.
하일식. 2016. "상고사 부풀리기의 부당성과 위험성." 한국상고사학회 2016년 10월 학술대회 논문집.
한홍구. 2005. 『대한민국사 3』. 한겨레출판사.
홉스봄, 에릭 외. 2004. 『만들어진 전통』. 휴머니스트.
황순종. 2014. 『식민사관의 감춰진 맨 얼굴』. 만권당.

『경향신문』.
『조선일보』.

Snyder, Louis L. 1990. *Encyclopedia of Nationalism*. New York: Paragon House.

9장

고경민. 2015. "남북한의 정책 선택과 통일시나리오 분석." 『한국동북아논총』 74.
김광석·권보람·최연경. 2017. "4차 산업혁명과 초연결사회, 변화할 미래 산업." 『ISSUE MONITOR』 68. 삼정KPMG 경제연구원.
김보미. 2012. "가치유형이 정치적 태도 형성에 미치는 영향: 학교급벽에 따른 분석." 이화여자대학교 석사논문.
김연순·이종관. 2017. "제4차 산업혁명의 자동화와 적용형 자동화." 『인문과학』 65.
나승권·김은미·최은혜. 2017. "국제사회의 공유경제 추진형황과 시사점." 대외경제정책연구원.
데이비드 그레이버. 2009. 『가치이론에 대한 인류학적 접근 (Toward an Anthropological Theory of Value)』. 그린비
리프킨, 제러미. 2014. 『한계비용 제로 사회(The Zero Marginal Cost Society)』. 민음사.
모리스, 이언. 2015. 『가치관의 탄생(Foragers, Farmers, and Fossil Fuels)』. 반니.

문선우. 2016. "독일의 인더스트리 4.0과 노동 4.0."『국제노동브리프』9월호.

박이문. 2017.『동양과 서양의 만남: 노자와 공자, 그리고 하이데거까지』. 미다스북스.

손현주·송영조. 2018. "사회변동과 미래준비."『사회과학연구』31(1).

아룬 순다라라잔. 2016.『4차 산업혁명 시대의 공유 경제(The Sharing Economy)』.
    교보문고.

아이작슨, 월터. 2015.『이노베이터: 창의적인 삶으로 나아간 천재들의 비밀』.
    오픈하우스

알렉스 스테파니. 2015.『공유경제는 어떻게 비즈니스가 되는가(The Business of Sharing)』.
    한스미디어.

양희태·김단비. 2017. "지능형 개인비서 시장 동향과 국내 산업 영향 전망."
    과학기술정책연구원.

엄경영·이효석·정현진·하채림. 2006.『엑소더스 코리아: 저출산, 고령화로 본 한국의
    미래상』. 집사재.

오석홍. 1995. "행정과 가치."『행정논총』33(2).

윤원현. 2004. "유교자본주의 담론에 대한 비판적 검토."『동양철학』21.

이경희. 2012. "한국사회 이중가치체계의 특성과 변화."『윤리연구』84.

이광석. 2016. "데이터사회의 형성과 대항장치의 기획."『문화과학』87.

이상주. 1986. "해방 40년: 가치의식의 변화와 전망." 서울대학교 사회과학연구소 편.
    『해방 40년: 가치의식의 변화와 전망』. 편자.

이아름. 2017. "지능형 가상 비서 서비스 산업동향." 융합연구정책센터.

이원태. 2015. "포스트휴먼시대 인간과 기술의 소통모델: 네트워크사이보그."『Future
    Horizon』26.

이원태 외. 2014. "포스트 휴먼(Post-Human) 시대 기술과 인간의 상호작용에 대한
    인문사회 학제간 연구."『KISDI 보고서』. 정보통신정책연구원.

이호영. 2008. "동아시아 경제발전과 유교문화의 역할: 한국경제발전을 위한 유교문화의
    계승방향."『국제지역연구』12(1).

임희섭. 1997. "현대 한국인의 가치관: 삶의 목표가치와 규범가치를 중심으로."
    『민족문화연구』30.

정병유·정준호. 2018. "디지털 공유 경제와 블록체인."『동향과 전망』103.

조민. 2002.『화해협력정책과 남북한미래상 연구』. 통일연구원

최규환. 2001. "가치이론에 관한 학제적 고찰."『경영논총』22.

최재희. 1981.『人間主義倫理學』. 일신사.

크리스 그레이. 2016.『사이보그 시티즌(Cyborg Citizen)』. 김영사.

클라우스 슈밥. 2016.『제4차산업혁명(The Foruth Industrial Revolution)』. 새로운현재.

하나금융경영연구소. 2015. "공유경제 트렌드 확산에 따른 산업 생태계 변화."『하나
    CEO 경영정보』10.

한병철. 2015. 『심리정치: 신자유주의 통치술』. 문학과지성사

『동아일보』. "출생아 수 30년새 반토막 '인구위기'." 2018/03/01.
『매일경제』. "4년 더 앞당겨진 인구절벽 ⋯⋯ 성장잠재력 추락, 암울해진 미래." 2018/02/28.
『방송기술저널』. "'데이터·인공지능(AI) 경제 활성화 계획' 발표." 2019/01/17.
『연합뉴스』. "2020년 인구재난 시작 ⋯⋯ 앞으로 5년이 '골든타임'." 2015/10/18.
_____. "빅데이터 결합해 미래 예견적 국정관리 모델 개발." 2018/10/18.
『정경NEWS』. "충격! 한국, 인구감소로 국가소멸 순위 세계 1위2020년 인구절벽 맞는 대한민국, 살길은 없는가?" 2015/07/06.
『조선일보』. "이토록 심각했나 ⋯⋯ 인구절별의 현장." 2017/06/24.
『중앙일보』. "미래부, 교통·의료 사회현안 빅데이터로 해결한다." 2017/03/14.
『한겨레신문』a. "경제성장의 동력이 희망이다." 2007/03/05.
_____b. "반세계화 연대, 생태·평화로 묶자." 2007/03/05.
_____. "'복지도 투자' 성장주의 담론의 벽을 넘자." 2007/03/06.
_____. "연대바탕 '복지동맹' 저성장 기조 바꾸자." 2007/03/07.
_____. "혁신·대외개방은 인정, 연대로 양극화 메우자." 2007/03/09.
『한국일보』. "공동체 자유주의로 낡은 보수 구해내다." 2018/03/05.
_____. "본격화한 '인구절벽' 현상, 국가재난 차원으로 다뤄야." 2018/08/29.
SKT Insight. "4차 산업혁명 시대 초연결 사회, 사무실은 필요 없다?" 2017/07.25(https://www.sktinsight.com/92385).

Bell, Wendell. 1977. *Foundations of Futures Studies: Human Science for a New Era, vol.1: History, Purposes, and Knowledge*. New Brunswick: Transaction Publishers.
Dator, Jim. 2009. "Alternative futures at the Manoa School." *Journal of Futures Studies* 14(2).
IFTF. 2015. "Human+Machine in Full Color." Institute for the Future.
Livingstone, David W. 1983. *Class Ideologies & Educational Future*. London and New York: The Falmer Press.
Polak, Fred. 1973. *The Images of the Future*. San Franscisco: Jossey-Bass Inc.

● 이 책에 실린 글들의 최초 출전이 다음과 같음을 밝힌다.

1장   이상익. 2019. "理想國家의 구성원: 아리스토텔레스의 '市民'과 맹자의
      '四民'." 『한국동양정치사상연구』 18(1).

2장   김영수. 2020. "조선조 김시습론과 절의론: 남효온, 윤춘년, 이이,
      박세당의 김시습 전기를 중심으로." 『한국정치연구』 29(2).

3장   유불란. 2019. "'제 나라에 대한 의리'의 정치적 함의 문제: 최명길의
      주화론을 중심으로." 『한국정치학회보』 53(4).

4장   정종모. 2018. "소수자 담론으로서의 유학의 가능성: 康有爲『大同書』를
      중심으로." 『중국학보』 83.

5장   황종원. 2018. "최시형의 생태학적 사유와 평화." 『유교사상문화연구』 74.

6장   장인성. 2019. "유길준의 문명사회 구상과 스코틀랜드 계몽사상: 유길준,
      후쿠자와 유키치, 존 힐 버튼의 사상연쇄." 『개념과 소통』 23.

7장   강정인 2017. "박정희시대의 국가주의: 국가주의의 세 차원." 『개념과
      소통』 20.

8장   전재호. 2019. "2000년대 한국의 '극단적' 민족주의에 관한 비판적 연구:
      '국수주의 역사학'의 존립 기반을 중심으로." 『정치사상연구』 25(1).

9장   손현주·강정인. 2019. "한국인의 가치관과 미래 선호가치."
      『지역사회연구』 27(2).